Kaspar Villiger
Zukunft gestalten statt ängstlich verharren

Zukunft gestalten statt ängstlich verharren

Liberalismus in der Verantwortung

Ausgewählte Reden von Bundesrat Kaspar Villiger 1989–2003

Herausgegeben von Konrad Stamm

Mit einem Vorwort von Hugo Bütler

Verlag Neue Zürcher Zeitung

Umschlagabbildung:
Bundesrat Kaspar Villiger im Nationalrat in Bern
zu Beginn der Herbstsession 2003 anlässlich der Revision des Nationalbankgesetzes.

© 2004 Verlag Neue Zürcher Zeitung, Zürich

Dieses Werk ist urheberrechtlich geschützt. Die dadurch begründeten Rechte, insbesondere die der Übersetzung, des Nachdrucks, des Vortrags, der Entnahme von Abbildungen und Tabellen, der Funksendung, der Mikroverfilmung oder der Vervielfältigung auf anderen Wegen und der Speicherung in Datenverarbeitungsanlagen, bleiben, auch bei nur auszugsweiser Verwertung, vorbehalten. Eine Vervielfältigung dieses Werkes oder von Teilen dieses Werkes ist auch im Einzelfall nur in den Grenzen der gesetzlichen Bestimmungen des Urheberrechtsgesetzes in der jeweils geltenden Fassung zulässig. Sie ist grundsätzlich vergütungspflichtig. Zuwiderhandlungen unterliegen den Strafbestimmungen des Urheberrechts.

ISBN 3-03823-107-X
www.nzz-buchverlag.ch

Inhalt

Anmerkung des Herausgebers
    Eine Auswahl aus 1200 Reden 11

Vorwort
    Hugo Bütler
    Liberalismus in der Verantwortung 13

Einleitung
    Kaspar Villiger
    Reden schreiben und Reden halten 19

Ausgewählte Reden von Kaspar Villiger

28. Januar 1989
    Delegiertenversammlung FDP Schweiz, Baden
    FDP-Bundesräte sind jetzt besonders gefordert! 25

8. August 1989
    Eröffnung der «Diamant»-Wanderausstellung, Spiez
    Wir wollen nichts glorifizieren: Es gab Licht und Schatten! 29

27. Oktober 1989
    Abschluss-Rapport «Diamant», Bern
    Die Armee hatte im Zweiten Weltkrieg eine dissuasive Wirkung 34

1. Dezember 1989
   Heereseinheitskommandantenkonferenz, Spiez
   Von der GSoA-Initiative zur «Armee 95»   39

8. Dezember 1989
   Parteitag der Liberalen Partei des Kantons Luzern, Luzern
   Die Schweiz im Europa der 90er Jahre   51

22. August 1990
   Botschafterkonferenz des Eidgenössischen Departements
   für auswärtige Angelegenheiten (EDA), Bern
   Sicherheitspolitik in einem sich wandelnden Umfeld   62

24. Januar 1992
   Albisgüetli-Tagung der SVP des Kantons Zürich, Zürich
   Armee und Sicherheit heute   68

16. Juni 1992
   Vernissage der Ausstellung «Weil die Arena älter ist als die Welt», Bern
   Hermann Burger   81

27. Juni 1992
   «Berner Rapport», Casino Bern
   Es gibt noch etwas zu verteidigen!   85

8. Dezember 1992
   Parteitag der Liberalen Partei des Kantons Luzern, Luzern
   Wie weiter nach dem EWR-Nein?   100

27./28. August 1993
   Seminar der freisinnig-demokratischen Fraktion
   der Bundesversammlung, Ermatingen (TG)
   Zauberformel und Regierungsreform   117

8. Dezember 1993
   Fraktionsessen der FDP, Bern
   Die Schweiz: vom Sanierungsfall zum Aufbruch   124

27. Januar 1994
Vorlesung vor der Gesellschaft ehemaliger Polytechniker, ETH Zürich
Herausgeforderte Schweiz: mit Weitblick auf Nahziele 130

17. September 1994
100 Jahre FDP der Schweiz, Olten
Liberalismus als politische Vision 150

8. Dezember 1994
Feier anlässlich der Wahl zum Bundespräsidenten für 1995, Luzern
Ein hohes Amt als faszinierende Herausforderung 156

7. Mai 1995
Eidgenössische Räte, Bern
Gedanken zum Kriegsende vor 50 Jahren 161

15. September 1995
Jahrestagung des Schweizerischen Verbands
der Zeitungs- und Zeitschriftenverleger, Interlaken
Zwischen Auflage und Anspruch – Plädoyer für die gute, alte Zeitung 169

20. Januar 1996
Delegiertenversammlung der FDP Schweiz, Rapperswil
Mut zur finanzpolitischen Wende! 176

25. Oktober 1996
100-Jahr-Feier FDP Aargau, Suhr
Der Freisinn hat Geschichte gemacht – hat er auch Zukunft? 189

23. Januar 1997
Dolder-Meeting, Zürich
**Sanierung der Bundesfinanzen im Zerrspiegel
divergierender Ansprüche** 196

3. November 1997
Gesellschaft für Kapital und Wirtschaft, Zürich
Solidarität – Leerformel oder Staatsmaxime? 207

28. Juni 1998
    Galaabend im Hotel Bellevue Palace, Bern
    150-Jahr-Feierlichkeiten der Eidgenossenschaft 219

8. Oktober 1998
    Trauerfeier für alt Bundesrat Jean-Pascal Delamuraz, Lausanne
    Un pays a perdu un homme d'Etat 227

5. November 1998
    Jubiläumsveranstaltung 150 Jahre schweizerischer Bundesstaat,
    ETH Zürich
    **Sind die Grundideen des Bundesstaates von 1848
    noch zukunftsfähig?** 232

Frühjahr/Sommer 1999
    Grundsatzreferat an verschiedenen Veranstaltungen der FDP
    Die Schweiz braucht einen starken Freisinn! 243

17. September 1999
    Stiftung für Freiheit und Verantwortung, Lenzburg
    **Finanzausgleich: Herausforderung für einen Föderalismus
    mit Zukunft** 254

25. November 1999
    Verleihung des BZ-Preises für Lokaljournalismus, Bern
    Qualität kommt von Qual 268

1. August 2000
    1.-August-Rede, Rütli
    Für eine Kompromisskultur ohne faule Kompromisse 277

9. Mai 2001
    Verleihung des Journalistenpreises 2001, Zürich
    Sechs «Festnäpfchen» für den Festredner 289

6. Dezember 2001
    Empfang anlässlich der Wahl zum Bundespräsidenten für 2002, Luzern
    Auch mit der besten Politik ist nicht alles machbar! 295

18. Januar 2002
Albisgüetli-Tagung der SVP des Kantons Zürich, Zürich
Konsens und Dissens 300

31. Januar 2002
Eröffnung des World Economic Forum (WEF), New York
Kultur des Dialogs 316

10. September 2002
UNO-Vollversammlung, New York
Zum UNO-Beitritt der Schweiz 320

11. Januar 2003
Parteitag der FDP Schweiz, Luzern
Wozu es den Freisinn braucht 324

6. Mai 2003
Forum Helveticum, Bern
Zukunft gestalten statt ängstlich verharren 331

29. Oktober 2003
Wasserkirche, Zürich
Verleihung des Nanny-und-Erich-Fischhof-Preises 345

10. Dezember 2003
Vereinigte Bundesversammlung, Bern
Abschied vom Parlament 352

Biographie
Konrad Stamm
Kaspar Villiger: Unternehmer, Politiker, Staatsmann 356

Register
Die wichtigsten politischen Stichworte 367

Bildnachweis 372

Anmerkung des Herausgebers

Eine Auswahl aus 1200 Reden

Die vorliegende Auswahl von 37 aus rund 1200 Ansprachen und Reden, die Bundesrat Villiger während seiner knapp 15 Jahre dauernden Amtszeit gehalten hat, wurde vom Herausgeber in enger Zusammenarbeit mit Kaspar Villiger getroffen. Dabei wurde Wert auf eine möglichst vielseitige, das ganze Wirkungsfeld des Magistraten abdeckende Selektion gelegt: Sicherheitspolitische und finanzpolitische, also Reden, die Kaspar Villiger als Vorsteher seines jeweiligen Departements gehalten hat, wurden ebenso berücksichtigt wie staatspolitische und eher persönlich gefärbte. Andere, wie zum Beispiel die Antrittsrede vor der UNO-Vollversammlung, wurden wegen ihres Werts als Dokumente der Zeitgeschichte in die Auswahl aufgenommen. Einen Anspruch, die eidgenössische Politik der Jahre 1989 bis 2003 repräsentativ wiederzugeben, erhebt die getroffene Auswahl nicht. Alles in allem vermitteln die 37 abgedruckten Reden aber trotzdem einen spannenden Einblick in die Bundespolitik vor und nach der Jahrtausendwende.

An den Texten wurde, mit Ausnahme der Darstellung, möglichst wenig geändert. Um den Leserinnen und Lesern Wiederholungen und von der Zeit überholte, uninteressant gewordene Abschnitte zu ersparen, wurden einige Reden gekürzt. Die Kürzungen wurden mit (...) sichtbar gemacht. Wenn eine Rede in mehr als einer Sprachversion vorlag, wurde zur Publikation im vorliegenden Band die deutsche Fassung gewählt. Titel – und bei langen Reden auch Zwischentitel – wurden, wo sie fehlten, vom Herausgeber gesetzt. Ebenfalls vom Herausgeber stammen die vor den Haupttiteln eingefügten, kursiv gedruckten Zeilen, mit denen versucht wird, die jeweils folgende Rede in einen zeitlichen oder thematischen Zusammenhang zu stellen.

Der Herausgeber dankt Kaspar Villiger dafür, dass er nicht nur die Manuskripte zur Verfügung gestellt, sondern sich auch die Zeit genommen hat, bei der Auswahl der Reden mitzuwirken und einzelne Texte kritisch zu begutachten. Damit wurde die Veröffentlichung dieses Buches erst möglich gemacht.

Konrad Stamm

Vorwort

Liberalismus in der Verantwortung

Die weltpolitische Epochenwende von 1989/1991 hat in den letzten anderthalb Jahrzehnten zu einer tiefgreifenden Umgestaltung der politischen Landschaft auf unserem alten Kontinent geführt. Die Wiedervereinigung Deutschlands, die grosse Erweiterung der Europäischen Union im Osten und die Ausdehnung und Umformung der transatlantischen Verteidigungsgemeinschaft stehen als Stichworte für einen enormen Wandel. Er hat die Bedingungen für das Zusammenleben der Menschen und Staaten in Europa auf eine neue Grundlage gestellt. Der kalte Krieg ist Geschichte. Der alte Gegensatz von «westlicher Freiheit» und «totalitärem Zwang» im kommunistischen Osten hat als Orientierungsmuster auch in der Innen- und Parteipolitik ausgedient. Der Begriff der Freiheit von Individuum und Staat verlangt nach neuen Verankerungen. Die Wirtschaft agiert längst global und lässt den Ordnungsrahmen der Nationalstaaten hinter sich. Und die offene Gesellschaft sieht sich angesichts von Sars, Aids, organisiertem Verbrechen und terroristischem Fanatismus mit neuartigen Verletzlichkeiten und Herausforderungen konfrontiert.

Die neue geistige und politische Situation der Welt lässt selbstverständlich auch die Schweiz nicht unberührt. Ihr hergebrachtes Selbstverständnis als neutraler Aussenseiter und als besonderer Hort von politischer Freiheit und direkter Demokratie sieht sich durch die grossen Veränderungen in Europa und der Welt in Frage gestellt. Wie viel «Sonderfall», wie viel Alleingang ist sinnvoll und möglich auf einem Kontinent, dessen Nationen sich wirtschaftlich und politisch durch schrittweise Integration enger zusammenschliessen? Welches sind im Recht wie in der Politik die spezifisch schweizerischen Elemente von Freiheit und Bürgerverantwortung, die wir als unsere Sache betrachten, nötigenfalls auch gegen andere Vorstellungen behaupten und in die Zukunft unseres Landes mitnehmen wollen? Was können und wollen wir uns in einer Welt des verschärften Wettbewerbs mit neuen Konkurrenten an sozialstaatlichen Wohlstandszusagen künftig noch leisten? Wo geht es um sozial notwendige Zusicherungen, was fördert den Leistungswillen des Einzelnen, wo beginnt die Entmündigung des Bürgers in einer Art von sozialstaatlicher Abhängigkeit und Hörigkeit? Und schliesslich: Was ist die Rolle unseres Landes in der Gemeinschaft der Staaten, wenn es um Sicherheit, um Wissenschaft, Bildung, um Entwicklungsförderung, um Migration oder um politisches Asyl geht?

Die Fragen, die sich aus der stark veränderten Situation Europas und der Welt ergeben, führen mitten in die innenpolitischen Debatten dieser Jahre. Verändertes Wählerverhalten und Umschichtungen zwischen den traditionellen Parteien hängen eng mit ihnen zusammen. Die Schweizerische Volkspartei (SVP) hat sich beim Publikum vorderhand erfolgreich als Bewahrerin des «Früheren», als Hort von antieuropäischem Abseitsstehen und als Verteidigerin einer Neutralität positioniert, deren Gehalt um so klärungsbedürftiger wird, je mehr das nationalstaatliche Sicherheitsdenken verblasst. Die sozialdemokratische und grüne Linke präsentiert sich ihrerseits vorab als Anwältin und Schützerin sozialstaatlicher Errungenschaften. Sie tritt gerne als Kritikerin der «Globalisierung» auf, hat wirtschaftliches Wachstum oft verpönt, favorisiert aber den Ausbau des Sozial- und Steuerstaates ohne Rücksicht darauf, dass ab einem gewissen Punkt die Leistungskraft der Wirtschaft überfordert und der Leistungswille des Einzelnen erstickt wird.

Es ist nicht erstaunlich, dass in einer Zeit grosser Veränderungen und erheblicher Unsicherheit politische Parolen der nationalkonservativen Bewahrung einerseits und der sozialen Verteidigung andererseits kräftigen Zustrom haben. Die Freisinnigen, die den schweizerischen Bundesstaat von 1848 als ihr Werk verstehen und das eidgenössische Gemeinwesen wie auch das der meisten Kantone und Gemeinden stark prägten und bis heute mittragen, leiden zurzeit als Partei unter Auszehrung infolge dieser Flucht der Wähler in vorwiegend bewahrende Haltungen. Zweifellos spielen aber beim Verlust an Wählergunst der Freisinnigen auch eigene programmliche und personelle Schwächen eine Rolle. Zum einen haben die europapolitischen Dispute der Partei Anhängerschaft gekostet. Auf eine Linie «EU-Beitritt – nie und nimmer» à la SVP konnte sich die FDP als liberale Kraft nicht einlassen; doch das haben manche EU-Gegner in den eigenen Reihen nicht goutiert. Zum anderen hat sie zeitweise zu sehr auf sogenannt lösungsorientierte Zusammenarbeit mit der parlamentarischen Linken gesetzt und dadurch Vertrauen bei eher rechtsliberal eingestellten Kreisen verloren. Die nach dem Ende des Kalten Krieges da und dort aufgekommene Annahme, «Links» und «Rechts» seien überholte Kategorien, hat sich denn auch als Trugschluss erwiesen.

Bereits diese wenigen Hinweise führen vor Augen, dass eine intensive Besinnung auf die gedanklichen Grundlagen des schweizerischen Freisinns in der gegenwärtigen Zeit des innen- und aussenpolitischen Umbruchs not tut. Neues Nachdenken über liberale Positionen in Staat, Wirtschaft, Gesellschaft und Kultur ist besonders nötig in einer Situation, da es für Staat und Politik nicht mehr wie einst um die Verteilung eines ständig grösser werdenden Kuchens geht. Die Konjunkturflaute, verschärfte Wettbewerbs- und Standortpolitik, die Überfrachtung des Sozialstaats, die Überalterung der Gesellschaft zwingen zu Reformen und rufen nach neuen politischen und gesellschaftlichen Denkansätzen.

Das heisst nicht, dass die alten Grundlagen des Liberalismus ihre Gültigkeit verloren hätten. Im Gegenteil: eine neue Besinnung auf das alte Ideal des mündigen, selbstverantwortlichen Bürgers ist gefragt. Seine Rechte und seine Verantwortung in Bildung und Beruf, für Gesundheit und Vorsorge, im Dienst am Gemeinwesen und gegenüber den sozial Schwachen sind ins rechte Licht zu rücken gegenüber einem nachgerade auf fast alles Hand legenden Staat. Das Denken zugunsten der Selbstregulierungskraft einer freien Gesellschaft ist im Zeichen der moralphilosophischen Vorstellungen eines Adam Smith und der grossen Geister der Aufklärung neu zu beleben. Und das Menschenbild des politischen Liberalismus ist aufzufrischen. Dieses Bild hütet sich vor Naivität. Der Liberale weiss und geht bei seinem Handeln davon aus, dass Menschen weder Engel noch Teufel sind, sondern Mischwesen, die Anlagen zum Guten wie zum Schlechten in sich tragen. Entsprechend sind die politischen Institutionen und Gesetze zu gestalten. Die Versuchung der Macht ist durch Gewaltenteilung und demokratische Kontrollmechanismen zu bannen. Gewaltenteilung entgiftet Macht und schützt vor Missbrauch. Letztlich gilt es, damit die vom Liberalismus postulierte persönliche Freiheit zu schützen.

Liberalismus ist also viel mehr als bloss Lehre von Wettbewerb und freiem Markt, Freisinn viel mehr als eine «Partei der Wirtschaft». Wettbewerb und freier Markt sind, wie vieles andere, Instrumente im Dienste von persönlicher und gesellschaftlicher Freiheit sowie individueller Lebensgestaltung. Ohne rechtliche Bindungen, ohne Rahmen, den der Staat setzt, ist lebbare und tragfähige Freiheit nicht zu haben. Ohne Gesetz und Recht schlüge Freiheit in Chaos und Willkür um. Aber das Verhältnis der individuellen Freiheit zu der vom Staat per Gesetz zu schaffenden Sicherheit ist immer wieder neu zu erwägen. Von Benjamin Franklin, dem ersten Botschafter des 1776 unabhängig gewordenen Amerika in Paris, stammt das Wort: «Wer Freiheit aufgibt, um Sicherheit zu gewinnen, verdient weder Freiheit noch Sicherheit.» Der Satz gehört von heutigen Liberalen genauso reflektiert wie der scheinbare Gegen-Satz unseres Zeitgenossen Salman Rushdie, der als von islamischen Fundamentalisten verfolgter Schriftsteller vor ein paar Jahren gesagt hat: «Eine Freiheit jedoch muss verweigert werden. Nämlich die Freiheit, der Freiheit ein Ende zu setzen.»

Zum Liberalismus schweizerischer Prägung gehört seit mehr als anderthalb Jahrhunderten ein ausgesprochen starker Bezug zur praktischen Politik in unserem föderalistisch geprägten Bundesstaat. Reine Theorie ist nicht seine Stärke. Seine Prägung kommt aus der Verankerung in der konkreten politischen Verantwortung. Übungen in Oppositionspolitik um der Opposition willen sind nicht freisinnige Usanz und kein Markenzeichen dieser Partei. Aber Bejahung des Engagements für den schweizerischen Staat heisst umgekehrt nie einfach Bejahung und Bewahrung der erreichten staatlichen Einrichtungen und Regulierungen. Im Unterschied zum Konservativen stellt der Liberale Gewachsenes und politisch Festgezurrtes immer wieder in Frage, wenn äussere und innere Bedingungen sich ändern. Freiheit ist nie definitiv gesichert, sondern immer neu zu erkämpfen. Reformen sind für den Freisinn kein Schreckwort, sondern Wege, um der individuellen Freiheit und dem gemeinsamen Wohlstand jeweils wieder neue Chancen zu eröffnen. Verkrustungen wollen gegen den Strich gebürstet und aufgebrochen werden, wenn man politische Erstarrung vermeiden will.

Liberale wissen sich innerhalb und ausserhalb der freisinnigen Partei im Ringen um politische, wirtschaftliche und gesellschaftliche Freiheit verbunden, vereint in der Suche nach den besten Wegen und Lösungen für eine tragfähige Gestaltung unseres Gemeinwesens. Ständige Suche nach besseren Argumenten und Lösungen gehört zu ihrem politischen Naturell. Dieses Bestreben ist der Denkarbeit und des politischen Einsatzes der besten Köpfe würdig. Kaspar Villiger hat als Unternehmer und Parlamentarier, als Bundesrat und als politischer Redner liberales Engagement von solchem Zuschnitt über lange Jahre vorgelebt. Er hat nicht nur, soweit dies im Kollegium einer Konkordanzregierung möglich ist, Liberalismus im politischen Handeln praktiziert. Er hat sich vielmehr über die Tagespolitik hinaus unter liberalem Vorzeichen Gedanken gemacht über die Entwicklung der Schweiz und ihrer Institutionen, über ihren Umgang mit der eigenen Geschichte, über die Kultur des politischen Zusammenlebens, aber auch über Vergangenheit und Zukunft des Freisinns. Wir meinen, dass die Überlegungen Kaspar Villigers die weiteren Diskussionen über den schweizerischen Staat und unseren Liberalismus befruchten können. Daher legen wir eine Auswahl seiner Reden, in denen das Verantwortungsbewusstsein eines kämpferischen Liberalen für die Res publica treffend zum Ausdruck kommt, hier einem weiteren Publikum vor. Wenn das Buch neue liberale Köpfe und Debatten inspiriert, hat es seinen Zweck erfüllt.

Hugo Bütler

Einleitung

Reden schreiben und Reden halten

Eine Rede zu schreiben, ist oft ein schwieriger Prozess. Die Meinung vieler Freunde, mir sei das besonders leicht gefallen, trifft nicht zu. Um einige Reden habe ich recht eigentlich gerungen. Wenn ich dann am Tag darauf in der Zeitung aus der ganzen erlittenen Rede höchstens zwei Sätze fand, und diese erst noch im falschen Zusammenhang, fragte ich mich oft, ob sich der grosse Aufwand eigentlich lohne. Aber ich gebe es zu: Ich habe gerne Reden geschrieben und gerne Reden gehalten.

Reden können ganz unterschiedlichen Zwecken dienen. Das eine Mal will man beispielsweise die eigene Partei motivieren oder ihr etwas ins Stammbuch schreiben. Ein anderes Mal geht es darum, das Stimmvolk für eine Vorlage zu gewinnen. Ein drittes Mal muss man vielleicht einer Interessengruppe eine Standpauke halten oder ihr ein neues Projekt erläutern. Wieder ein anderes Mal hat man das Bedürfnis, sich zu etwas sehr Grundsätzlichem zu äussern. Die wichtigste Funktion einer bundesrätlichen Rede ist aber eine andere, nämlich das Erklären der Politik des Bundesrates. Fast alle Probleme sind überaus kompliziert geworden. Es gibt kaum mehr einfache Lösungen, und es gibt keine Lösungen, die nur Vorteile haben. Gleichzeitig werden Bürgerinnen und Bürger von einer Informationsflut sondergleichen bedrängt, die einerseits wohl wichtige Elemente zur Beurteilung des Problems liefert, andererseits auch verwirrt. Die Informationsverbreitung wird natürlich zunächst von den Medien, dann aber auch von finanzkräftigen Interessengruppen dominiert. In einer direkten Demokratie brauchen die Bürgerinnen und Bürger einen zureichenden Wissensstand, wenn sie an der Urne richtige Entscheide fällen sollen. Es ist deshalb nicht nur ein Recht der politischen Exekutive, sondern ihre Pflicht, Politik zu erklären und darüber zu informieren. In jüngster Zeit ist es Mode geworden, von den Bundesräten Zurückhaltung bei Äusserungen zu tagespolitischen Fragen oder bei Abstimmungskämpfen zu fordern. Interessant ist, dass diese Forderung meist von finanzkräftigen Interessengruppen, finanzkräftigen Oppositionsparteien oder von Medien kommt, die selber gerne die politische Kommunikation dominieren möchten. Es ist indes von grosser staatspolitischer Bedeutung, dass der demokratisch legitimierte Staat im Wettbewerb um Kommunikation mit konkurrenzfähigen Mitteln auftreten kann. Die bundesrätliche Rede ist eine der Möglichkeiten. Dabei ist es selbstverständlich, dass an bundesrätliche Information in bezug auf Wahrheit und Sachlichkeit besondere Anforderungen gestellt werden müssen.

Von der Einwegkommunikation zum Dialog

Die Rede ist im wesentlichen eine Einwegkommunikation. Allerdings nimmt der Redner durchaus auch Signale aus dem Publikum auf, spürt die allgemeine Stimmung und kann darauf reagieren. Ich habe aber im Laufe meiner Amtszeit zunehmend festgestellt, dass viele Menschen das Bedürfnis haben, mit dem Redner in einen Dialog zu treten oder – wenn sie sich selber nicht äussern wollen – einem solchen Dialog zu folgen. Deshalb habe ich in den letzten Jahren die Organisatoren der Anlässe, bei denen ich sprach, gebeten, dem Auditorium die Gelegenheit zu geben, Meinungen zu äussern und Fragen zu stellen. Diese Formel hat sich als sehr erfolgreich erwiesen und dreierlei bewirkt: Erstens kam sie beim Publikum sehr gut an, zweitens gab sie mir Gelegenheit, vertieft auf das einzugehen, was die Menschen beschäftigte, und drittens bekam ich einen wertvollen Eindruck davon, was das Volk wirklich dachte. Ein Bundesrat muss ja stets auf der Hut sein, dass er nicht das Gefühl für die Stimmung an der so genannten Basis verliert. Diesen wichtigen zweiten Teil einer Rede kann man in einem Buch natürlich nicht wiedergeben.

Ich habe mich oft gefragt, was man mit Reden überhaupt bewirken kann. Mit einem Zeitungsinterview erreicht man Zehntausende, mit einem Fernsehauftritt Hunderttausende, mit einer Rede bestenfalls Hunderte. Trotzdem habe ich die Erfahrung gemacht, dass Reden viel auslösen können. Nehmen wir eine umstrittene Volksabstimmung, vor der ein Bundesrat durchs Land reist und Reden hält: Vielleicht kommen nicht einmal so viele Besucher zu den einzelnen Anlässen und vielleicht berichten die lokalen Medien nur recht rudimentär darüber. Aber die Menschen beginnen zu spüren, dass da einer ist, der sich engagiert, der kämpft, der mit seinem konkreten Handeln den Tatbeweis dafür erbringt, dass ihm die Sache wichtig ist. Das macht Eindruck. Natürlich wird solcher Einsatz auch kritisiert, vor allem von den Gegnern einer Vorlage. Aber ein Bundesrat ist kein politisches Neutrum, das nicht für eine Sache kämpfen darf, von der es überzeugt ist, und er soll es auch nicht sein. Vor allem Vorlagen ohne finanzkräftige Lobby im Hintergrund brauchen bundesrätlichen Einsatz, wenn man eine Mehrheit gewinnen will.

Ich habe eingangs darauf hingewiesen, dass das Verfassen von Reden oft ein eigentlicher Leidensprozess ist. Man sitzt vor einem leeren Blatt und findet den Einstieg nicht. Man hat Mühe, den meist komplexen Stoff zu ordnen und aus der Unmenge von relevanten Fakten einige wenige so herauszudestillieren, dass sich trotz Beschränkung ein zutreffendes Bild ergibt. Es ist die Kunst des Politikers, komplexe Sachverhalte einfach darzustellen. Aber es ist der Betrug des Populisten, die Komplexität zu seinen Gunsten so zu vereinfachen, dass die Vereinfachung in Lüge umschlägt.

Früher fing ich jeweils damit an, dass ich auf dem weissen Blatt Papier, über das ganze Blatt verteilt, relevante Stichworte aufschrieb, bis sich eine Art geistiges Muster der Rede abzuzeichnen begann. Heute arbeite ich mit dem Mind map, das ein hervorragendes Instrument dafür ist, Gedanken zu ordnen, keinen Aspekt zu vergessen und die Einbettung in die grösseren Zusammenhänge zu sichern. Aus dem Mind map lässt sich relativ leicht eine Struktur der Rede herausarbeiten. Dann beginnt die Formulierung. Mit dem Schreiben wird ein neuer Denkprozess ausgelöst. Wenn ich formuliere, muss ich systematisch denken. Mit dem Mittel einer Rede kann ich eine Politik entwickeln. Bei der Erarbeitung eines Referates kann ich vertiefte Erkenntnisse – etwa über das Wesen unserer politischen Kultur – gewinnen. Vor wichtigen Reden habe ich oft Bücher gelesen, Unterlagen studiert, mir von meinen Mitarbeitern Dokumentationen erarbeiten lassen. Aus all diesen Gründen hat das Schreiben einer Rede einen Eigenwert. Es hilft mir, Erkenntnisse zu gewinnen, bevor ich die Rede überhaupt gehalten habe.

Wer schreibt die Reden der Bundesräte?

Das bringt mich zur Frage, die das Volk immer wieder beschäftigt: Schreiben Bundesräte eigentlich ihre Reden selber? Ich kann die Frage nur für mich beantworten. Natürlich haben mir hin und wieder auch Mitarbeiter Reden geschrieben. Natürlich habe ich manchmal dort, wo es mir nicht so wichtig war oder wo ich schlicht die Zeit zur Vorbereitung nicht fand, auch solche Reden gehalten. Aber es war dann wie verflixt: Die Rede wollte einfach nicht so flüssig über die Lippen, es sprudelte nicht so richtig aus mir heraus. Und ich hatte den Eindruck, dass das Publikum das merkte. Deshalb schrieb ich alle Reden, die mir wirklich wichtig waren, selber. Trotzdem hatten meine Mitarbeiter über das Materialsammeln hinaus beim Entstehen meiner Reden eine wichtige Funktion. Wenn man eine Rede selber schreibt, verliert man bisweilen die Distanz. Oder man verliebt sich in irgendeinen Satz, der im Grunde gar nicht so gut ist. Deshalb gab ich alle Entwürfe einigen Mitarbeitern zur kritischen Durchsicht, überdachte ihre Einwände und korrigierte dann den Entwurf.

Die höchste rhetorische Kunst wäre eigentlich die freie Rede. Bei meinen ersten politischen Auftritten hatte ich jeweils grosses Lampenfieber. Aus panischer Angst, den Faden zu verlieren, wagte ich es nie, frei zu sprechen. Später hielt ich hin und wieder auch freie Reden. Ich entdeckte allerdings drei Probleme: Erstens kann man freie Reden später nicht publizieren. Zweitens haben sie kaum Presseresonanz, weil nur sehr wenige Journalisten in der Lage oder gewillt sind, auf der Basis von eigenen Handnotizen eine zureichende Zusammenfassung zu machen. Und drittens läuft man Gefahr, sich in Details zu verlieren und am Schluss länger zu reden als mit Manuskript. Aber im Parlament ist die freie Rede auf weite Strecken unabdingbar, wenn man wirklich auf die in der Debatte gefallenen Argumente eingehen will. Ich versuchte aber immer, meine Manuskripte so zu gestalten, dass ich recht frei reden konnte, dies aber im Wissen darum, dass ich mich sofort wieder im Manuskript zurechtfinden könnte, wenn ich den Faden verlöre. Das eigentliche Salz der vorbereiteten Rede sind jedoch die Zwischenimprovisationen, die launigen Bemerkungen gerade noch diesseits der Grenze, die ein Bundesrat nicht überschreiten sollte, ist das spontane Eingehen auf irgendwelche Dinge, die im Saale gerade geschehen. Vielleicht macht jemand eine Zwischenbemerkung oder auch nur eine vielsagende Grimasse, vielleicht gibt es ein unmutiges Gebrummel, vielleicht einen Zwischenapplaus: alles Ereignisse, die man für eine träfe Zwischenbemerkung nutzen kann. Selbstverständlich riskiert man dabei immer, auch einmal daneben zu liegen. Alles das ist ebenso wichtig wie der eigentliche Text. Der Volksmund sagt es richtig: Eine Rede ist eben eine Rede und keine Schreibe. Deshalb kommt im Manuskript bei weitem nicht alles zum Ausdruck, was eine Rede ausmacht.

Ein wichtiger Teil politischer Denkarbeit

Ich habe in meiner Amtszeit, die Auftritte im Parlament nicht eingerechnet, über tausend Reden gehalten. Das hat enorm viel Zeit und Anstrengung gekostet. Hat es sich gelohnt? Ich wiederhole diese Frage zum Schluss bewusst noch einmal. Ich ziehe daraus eine positive Bilanz, und zwar nicht, weil nun ein Buch mit einem kleinen Ausschnitt aus dieser Redetätigkeit herauskommt, sondern weil das Verfassen der Reden ein wichtiger Teil meiner politischen Denkarbeit war, weil es mir gestattete, Politik zu erläutern, weil es half, Abstimmungen zu gewinnen, weil es mir erlaubte, faszinierende Anlässe zu besuchen – etwa die UNO-Vollversammlung –, und weil es mir gestattete, mit dem Volk eins zu eins in einen Dialog zu treten, der mir über die Stimmung im Land oft mehr sagte als Verwaltungsberichte, Studien und Medien zusammen.

Kaspar Villiger

28. Januar 1989

Unter dramatischen Umständen – im Zusammenhang mit den geschäftlichen Aktivitäten ihres Ehemannes – ist Elisabeth Kopp, die erste Frau im Bundesrat, zurückgetreten. Nachdem Ständerat Bruno Hunziker, Nationalrat Ulrich Bremi und Nationalrätin Vreni Spoerry auf eine Kandidatur verzichtet haben, hat die FDP-Fraktion der Bundesversammlung den 47jährigen Luzerner Ständerat Kaspar Villiger für die Kopp-Nachfolge nominiert. Sie negiert damit die Ansprüche der Zürcher FDP, die in der Öffentlichkeit nach der Kopp-Affäre als «Zürcher Wirtschaftsfreisinn» diskreditiert ist, auf den gewohnheitsrechtlich begründeten Zürcher Sitz in der Landesregierung.

Delegiertenversammlung FDP Schweiz, Baden

FDP-Bundesräte sind jetzt besonders gefordert!

Vor gut einer Woche hat mich die FDP-Fraktion der Bundesversammlung als Kandidaten für den Bundesrat nominiert. Die Fraktion hat mir damit einen grossen Vertrauensvorschuss gewährt. Ich empfinde Dankbarkeit gegenüber meinen politischen Freunden, bin mir aber bewusst, dass ich im Falle einer Wahl vor der schwierigen Aufgabe stünde, dieses Vertrauen zu rechtfertigen.

Seit dieser Nomination erhalte ich Briefe und Telefone in grosser Zahl, darunter bisher etwa vier bis fünf negative von Leuten, die einen Bundesrat Villiger unbedingt vermeiden möchten, und von ein paar wenigen, die sich für Gratisstumpen oder verbilligte Velos interessieren, darüber hinaus aber einige Hundert aufmunternde, die mich beschäftigen und bewegen. Ich erwähne das, weil die Briefe zeigen, dass die gegenwärtigen Ereignisse viele Mitbürger, vor allem auch uns wohlgesinnte, aufwühlen.

Aus diesen Botschaften lassen sich im wesentlichen drei Dinge herauslesen: Erstens: Die Angst, unser politisches System sei verlogen, viele politische Verantwortungsträger schützten vornehmlich ihre Pfründen, kaum einem Politiker könne man noch glauben.

Zweitens: Die ebenso bedrängende Angst, dunkle Wirtschaftsmächte steuerten die Politik dieses Landes aus dem Hintergrund.

Drittens: Die Hoffnung, es möge eine oder einer die Nachfolge von Frau Kopp anstreben, der, die glaubwürdig vorlebe, dass diese Ängste unbegründet seien.

Es ist eindeutig, dass die Glaubwürdigkeit unseres Regierungssystems und dass die Glaubwürdigkeit unserer Partei gelitten haben. Natürlich wissen wir, dass politische Konkurrenten dies ausnützen, um gegen uns Stimmung zu machen. Damit wird gezielt schon jetzt der Wahlkampf 1991 eröffnet. Wir würden es uns aber zu leicht machen, wenn wir nur diesen Aspekt des Problems sähen. Ich bin allerdings überzeugt, dass unsere Institutionen keineswegs morsch sind und dass die grosse Zahl der Politiker nach wie vor das Gute für dieses Land wollen. Ich glaube auch, dass es sich bei dem sogenannten Fall Kopp um einen untypischen Einzelfall handelt, der uns alle bewegt und traurig macht.

Trotzdem tut vorab auch eine selbstkritische Analyse not. Gestatten Sie mir dazu einige Gedanken, zuerst zur Interessenvertretung in der Politik:

Die schweizerische Eigenart, wonach sich der Bürger traditionell mit dem Gemeinwesen befasst, ist die Wurzel unseres durchgehenden Milizsystems in Politik und Armee. Milizpolitiker bringen ihren beruflichen Sachverstand in die Politik ein. Sie bleiben über den Beruf im realen Leben verwurzelt. Sie erleben zu Hause hautnah, was sie in der Politik anrichten. Das macht die Politik realitätsnah und auch bürgernah. Das Parlament wird damit zum Spiegelbild der schweizerischen Wirklichkeit. Aber es hat auch zur Folge, dass Interessen einfliessen: Der Bauer oder Gewerbler ist als Milizpolitiker genau so selbstverständlich wie der Gewerkschafter oder Beamtenvertreter. Aus diesen sich gegenseitig genau beobachtenden und kontrollierenden divergierenden Kräften entsteht jenes komplizierte Kräftepolygon, dessen Resultante die Politik bewegt.

Das ist unbedenklich, solange diese Interessenvertreter nicht egoistische Sonderinteressen für das eigene Portemonnaie vertreten, sondern ihre allgemeinen beruflichen Erfahrungen und ihre Sicht der Probleme redlich einbringen, um Lösungen für das Ganze zu suchen, und solange völlig transparent ist, wer wo steht. Nun sollte man aber nicht diese Art der Interessenvertretung mit ungleichen Ellen messen. Es ist unehrlich, wenn etwa ein Vertreter einer Konsumenteninteressengemeinschaft oder eines Angestelltenverbandes selber knallharte Interessenpolitik betreibt, sich aber trotzdem als völlig unabhängig darstellt und den Filz nur bei den sogenannten Wirtschaftsvertretern ortet.

Würde ein Parlament nur aus Menschen bestehen, die unter einer sterilen Glocke ohne jedes Interessenvirus leben, würde die Politik des Sachverstandes und der Bürgernähe beraubt. Die Politik würde ärmer und die Probleme würden zerredet statt gelöst. So gesehen ist ein Verwaltungsrat weder besser noch schlechter als ein Gewerkschafter oder ein Landwirt. Trotzdem sei die kritische Frage erlaubt, ob es klug ist, wenn sich einige Gesellschaften mit gar vielen Politikern garnieren, und ob ein Politiker mit zu vielen Mandaten seiner Verantwortung gegenüber seiner Firma noch seriös nachkommen kann. Warum sollen nicht auch wir solche Fragen offen diskutieren?

An ein Regierungsmitglied sind aber weit strengere Massstäbe anzusetzen als an einen Parlamentarier: In einer Regierung könnte der Kräfteausgleich nicht so transparent und vielfältig funktionieren wie im Parlament. In der Regierung wird deshalb zu Recht völlige Hingabe an das Amt erwartet. Dort ist wohl beruflich erworbener Sachverstand nötig, eine wirtschaftliche Verflechtung aber nicht tolerierbar.

Die aktuelle Diskussion trägt aber auch Züge einer gewissen Wirtschaftsfeindlichkeit, als ob der Einsatz für eine gesunde Wirtschaft an sich schon böse sei. Es mag sein, dass die tiefe Arbeitslosigkeit, die steigenden Reallöhne, die gut gefüllten Auftragsbücher die Einsicht da und dort haben verkümmern lassen, dass all das nicht selbstverständlich ist, sondern der ständigen Anstrengung und sorgsamen Pflege bedarf. Oft fehlt auch die Einsicht, dass es ohne eine starke Wirtschaft weder solide Sozialwerke noch einen leistungsfähigen Umweltschutz noch genügend Mittel für einen leistungsfähigen und starken Staat gäbe, dass ohne einen konkurrenzfähigen Wirtschaftsstandort Schweiz das Problem Europa 92 nicht zu bewältigen wäre.

Wilhelm Röpke hat diese häufig anzutreffende wirtschaftsfeindliche Geisteshaltung als abschreckenden «nationalökonomisch dilettantischen Moralismus» bezeichnet, der, wie Mephistopheles, stets das Gute wolle und das Böse schaffe. Röpke sagt allerdings weiter, ebenso abstossend sei ein «moralisch abgestumpfter Ökonomismus». Vielleicht müssen wir uns hier die Frage stellen, ob wir auch als Freisinnige doch nicht wieder vermehrt über ethische Aspekte der Politik und des Wirtschaftens sprechen sollten, über das, was nach Röpke «jenseits von Angebot und Nachfrage» liegt. Wir Freisinnigen sind überzeugt, dass die Menschen (und das gilt für Wirtschaft und Gesellschaft) Freiräume brauchen. Nur so entfalten sie ihre Kreativität, nur so erhalten sie ihre Lebensqualität.

Freiheit bedarf aber der verantwortlichen Nutzung. Missbräuche erzeugen Gegenkräfte, welche die Freiheit einengen wollen. Manche in der Wirtschaft, die Vorschriften beklagen, müssen sich die Frage gefallen lassen, ob sie diese nicht durch Missbräuche selber verursacht haben. Auch eine direkte Demokratie überlebt nur, wenn die Bürger in ihren Entscheiden immer auch die Folgen für das Gemeinwohl bedenken. Wir alle wissen, dass gerade dieser Gemeinsinn schleichend im Abnehmen begriffen ist, dass sich viele Menschen ins Private und Egoistische zurückziehen. Andere reduzieren die Probleme auf einfache Sündenböcke wie das Auto, die Ausländer, die Grünen oder die Kernkraftwerke. Sie wollen damit der Verunsicherung durch eine komplizierte Wirklichkeit entgehen.

Das alles erschwert das Gespräch in diesem Lande, erschwert den Konsens, welchen es zur Lösung der wichtigen Probleme dieses Landes immer noch braucht. Das schwächt aber auch schleichend die Basis der Regierungsparteien. Es macht die bürgerlichen Parteien anfällig für ein anbiederndes Schlingern etwa zwischen Grün und Auto. Ich bin deshalb froh, dass Parteipräsident Bruno Hunziker hier bekräftigt hat, unsere Partei wolle trotz dieser Polarisierungstendenzen unbeirrt ihre Linie verfolgen. Auch das ist ein wichtiges Element von Glaubwürdigkeit!

Ich bin alles andere als ein Moralist, aber vielleicht sollten wir den politischen Vertrauensverlust für eine eingehende Diskussion über Werte nutzen, für eine verstärkte Gewichtung auch der Komponente Verantwortung im Begriffspaar «Freiheit und Verantwortung», und dies sowohl im wirtschaftlichen als auch im gesellschaftlichen Bereich. Wenn es uns gelingt, glaubwürdig die Werte vermehrt in den Vordergrund zu stellen, und dies nicht nur verbal, sondern auch durch praktisches politisches Handeln, könnte dieser Vertrauensverlust zur Chance werden.

Ich bin mir bewusst, dass gerade jetzt der Bundesrat, und darunter die freisinnigen Bundesräte besonders gefordert sein werden. Ich habe grossen Respekt vor dieser Aufgabe. Ich kann Ihnen nicht versprechen, im Falle einer Wahl in den Bundesrat, nie Fehler zu machen, aber ich kann Ihnen versprechen, im Falle einer Wahl alles in meinen Kräften Liegende für dieses schöne Land zu geben. Am Mittwoch wird sich zeigen, ob mir die Bundesversammlung die Chance zugesteht, das zu beweisen!

8. August 1989

Nach seiner Wahl in den Bundesrat übernimmt Kaspar Villiger die Leitung des Eidgenössischen Militärdepartements. Sein Vorgänger Arnold Koller, der seinerseits ins Justiz- und Polizeidepartement wechselt, hinterlässt ihm das umstrittene Projekt «Diamant»: Mit Gedenkfeiern und mit der Wanderausstellung «Schweiz 1939–1945» soll der Zeit existenzieller Bedrohung während des Zweiten Weltkriegs, des nationalen Zusammenhalts und der schweizerischen Selbstbehauptung gedacht und der Aktivdienstgeneration Dank und Anerkennung gezollt werden.

Eröffnung der «Diamant»-Wanderausstellung, Spiez

Wir wollen nichts glorifizieren: Es gab Licht und Schatten!

Am 1. September 1939, also vor ziemlich genau 50 Jahren, ordnete der Bundesrat als Reaktion auf die stürmischen Ereignisse jener Zeit die Allgemeine Kriegsmobilmachung an. Es war jene schwere Zeit, als Hitler die Welt in einen grausamen und blutigen Krieg stürzte, als rational nicht nachvollziehbare Ideologien unendliches Leid über Europa und die Welt brachten. Auch unser Land musste Massnahmen treffen, die es ihm erlauben sollten, sich im schrecklichen Weltenbrand zu behaupten und möglichst unversehrt überleben zu können.

Die Kriegsmobilmachung war für die damals verantwortliche Generation eine eigentliche Zäsur, welche das Leben in diesem Land veränderte, welche einen nachhaltigen Eindruck machte und tiefe Spuren hinterliess. Die Mobilmachung steht symbolhaft für ein Geschehen, das eine ganze Generation prägte.

Das Bedürfnis, dieses Anlasses zu gedenken, ist verständlich und legitim. Ein Volk muss zu seiner Geschichte stehen. Die Zeit des Weltkrieges ist ein wichtiger Teil unserer Geschichte, und die Erinnerung an die Mobilmachung ist eine Gelegenheit, diesen Teil der Geschichte aufzuarbeiten. Dies ist der Sinn der «Diamant»-Veranstaltungen.

Die Nation war bereit, Opfer zu bringen

Sie wissen alle, dass die «Diamant»-Anlässe kritisiert worden sind und nach wie vor kritisiert werden. Es gehe nicht an, wurde etwa gesagt, den Kriegsausbruch zu feiern und den Aktivdienst zu glorifizieren. Wer so argumentiert, hat «Diamant» nicht verstanden oder will «Diamant» bewusst nicht verstehen. Wir wollen nichts glorifizieren. Wie in jeder Zeit gab es in unserem Land auch damals Licht und Schatten, und die Schatten sollen nicht verschwiegen werden. Wir weigern uns aber auch, in gezielter Schwarzmalerei zu machen, das Licht zu verdrängen und die Schatten breit zu überzeichnen.

Für meine Generation und für die noch jüngeren, die wir alle im Wohlstand und ohne akute äussere Bedrohung aufgewachsen sind, ist das Klima jener Zeit nur schwer nachfühlbar. Wir wissen heute, dass die Schweiz glücklicherweise verschont blieb und dass für unser Land alles gut herauskam. Das mag eine da und dort feststellbare, leicht überhebliche Selbstgerechtigkeit in der Kritik der Handlungsweise von Personen jener Generation erklären. Wer indessen damals unter die Waffen gerufen wurde, wusste nicht, ob es zum Kampf kommen werde oder nicht. Ungewissheit, wohl auch Angst prägte die Stimmung.

Es gab auch Menschen, denen der Nationalsozialismus imponierte und die deshalb für völlige Anpassung waren. Es gab wohl auch jene, die nur aus Angst vor dem mächtigen Deutschland der Anpassung das Wort redeten. Das alles aber darf uns nicht vergessen machen, dass die Stimmung grossmehrheitlich anders war, dass ein Gefühl des nationalen Schulterschlusses entstand und dass der Wille zur Selbstbehauptung intakt war. Die Nation wollte sich behaupten, und sie war bereit, dafür auch Opfer zu bringen.

Wir wissen heute, dass ausländische Generalstäbe die moralische Widerstandskraft der Armee und der Bevölkerung hoch einschätzten. Das vermochte weitere negative Tatsachen jener Zeit teilweise zu kompensieren, nämlich die Mängel in Rüstung und Ausbildung der Armee.

Es ging übrigens damals keineswegs nur um die Verteidigung unseres Landes, sondern es ging auch um die Verteidigung der Idee der Demokratie gegenüber dem Ungeist des Totalitarismus.

Wir mussten Kompromisse eingehen

Wir wollen heute unsere Dankbarkeit dafür bekräftigen, dass unser Land vom Krieg verschont blieb. Dabei verneigen wir uns vor jenen, die mit ihrem Blute der Freiheit in Europa wieder zum Durchbruch verhalfen. Sie haben unendlich viel mehr gelitten als wir, und das wollen und dürfen wir nicht verschweigen.

Über die Gründe dafür, dass wir verschont geblieben sind, ist schon viel geschrieben worden, und zwar nicht immer ohne politische Hintergedanken. Ich für mich weise die These zurück, nur die Leistungen der Schweizer Industrie für die Achsenmächte, nur die Finanzdrehscheibe Schweiz und nur die Transitleistungen für Deutschland (es waren nur Güter, nie Soldaten!) hätten das Überleben unseres Landes gesichert. Wir wollen nichts beschönigen. Die damals Verantwortlichen mussten Kompromisse eingehen. Unser Land brauchte auch in den Zeiten des völligen Eingeschlossenseins aussenwirtschaftliche Beziehungen, um überhaupt physisch überleben zu können. Es brauchte eine wirtschaftliche Landesverteidigung so gut wie eine politische und diplomatische.

Wir wissen aber auch, wie sehr die Demokratieinsel Schweiz mit ihrer noch verhältnismässig freien Presse den Nazischergen ein Dorn im Auge war und wie gerne sie diesen ideologischen Störefried ausgemerzt hätten. Ohne unsere Armee wäre die Eroberung der Schweiz ein Spaziergang gewesen, und dieser Spaziergang wäre mit Sicherheit gemacht worden. Dank unserer Armee konnte Deutschland nicht einfach über uns verfügen, sondern musste verhandeln, wenn es etwas von uns wollte. So gesehen war unsere Armee auch die Basis der wirtschaftlichen und politischen Landesverteidigung.

Die Schätzungen deutscher Generalstäbe über die Anzahl der zur Eroberung der Schweiz nötigen Divisionen schwankten zwischen 11 und 21. Spätestens nach Beginn des Russlandfeldzuges hätte Deutschland diese Divisionen nie mehr zur Verfügung gehabt, um unser strategisch doch begrenzt wichtiges Land niederzuwerfen. Unsere Armee war vielleicht keine hinreichende, sicher aber eine notwendige Voraussetzung dafür, dass wir verschont wurden.

Natürlich wäre die Existenz der Schweiz langfristig unmöglich gewesen, wenn Hitler den Kampf gegen die Alliierten letztlich nicht verloren hätte. Ich meine deshalb, dass wir auch den Befreiern Europas grössten Dank schulden.

Die drei Ziele der «Diamant»-Veranstaltungen

Die «Diamant»-Veranstaltungen verfolgen drei Ziele:
Erstens: Wir wollen der Aktivdienst-Generation für ihre Leistung danken. Jene Männer und Frauen, die entweder im Militärdienst zum Einsatz ihres Lebens bereitstanden oder die das wirtschaftliche Überleben des Landes als Zivilisten sichern halfen, mussten grosse Opfer bringen, dies vor allem im Vergleich zur heutigen Wohlstandsgeneration. Das wollen wir dankbar würdigen.

Zweitens: Wir wollen den jüngeren Generationen Informationen über diese schwere Zeit vermitteln. Ich meine, es stünde jenen, die heute im Wohlstand leben dürfen, gut an, sich mit jener schweren Zeit ohne Überheblichkeit und ohne Selbstgerechtigkeit zu befassen.

Drittens: Wir wollen jenen Völkern danken, die Europa wieder befreit haben und dadurch Freiheit und Demokratie zumindest in einem Teil Europas retteten.

Erkenntnisse aus der Geschichte

Ich bin mir bewusst, dass sich die Geschichte nie wiederholt. Trotzdem scheint mir der Versuch wichtig, Lehren aus der Geschichte zu ziehen. Es gibt grundlegende Erscheinungen auch in der Geschichte, die sich immer wieder, wenn auch in veränderter Form, wiederholen können.

Ich möchte versuchen, fünf Erkenntnisse herauszudestillieren, die nach meiner Meinung zeitlos sind.

Erstens: Noch vor dem Zweiten Weltkrieg glaubten viele, der ewige Friede sei in greifbare Nähe gerückt. Das Erwachen war schmerzlich. Dies zeigt, wie rasch sich strategische Grosswetterlagen ändern können. Wir leben heute in einer Zeit mit, glücklicherweise, vielen positiven Entwicklungen. Die strategische Grosswetterlage ist anscheinend besser als nur vor wenigen Jahren. Vor kurzem zeigte aber das Beispiel China, wie rasch auch heute positive Entwicklungen umschlagen können. Die Geschichte beweist, dass es sich lohnt, wachsam zu bleiben.

Zweitens: Die schlechte Vorbereitung der Armee auf einen Konflikt war den Verantwortlichen bewusst, als die Spannung in Europa stieg. Es zeigte sich, dass es fast nicht möglich war, in kurzer Zeit nachzuholen, was an Rüstung und Ausbildung versäumt worden war. Eine Armee muss deshalb auch in Zeiten der Entspannung auf einem kriegstüchtigen Stand sein, wenn sie für immer mögliche Wetterumschläge gewappnet sein soll.

Drittens: Der Wille zur Selbstbehauptung und die moralische Widerstandskraft sind so wichtig wie die übrigen Elemente der Dissuasion. Als 1798 die napoleonischen Truppen die Schweiz eroberten, fehlte es weniger an der materiellen Rüstung als an der inneren Bereitschaft, der Gefahr entgegenzutreten und das Vaterland zum äussersten zu verteidigen. Die Aktivdienstgeneration hat 1939 diesen Willen gehabt. Er hat sich ausgewirkt.

Viertens: Dissuasion, also die Politik der negativen Kosten-Nutzen-Rechnung für einen potentiellen Angreifer oder, wie man auch sagen könnte, die Strategie des hohen Eintrittspreises, braucht mehr als nur die Armee. Aber ohne Armee ist sie wertlos.

Fünftens: Nach anfänglichen Schwierigkeiten ist es den Demokratien gelungen (wenn ich jetzt vom europäischen Osten absehe), sich im Krieg gegen eine starke Diktatur zu behaupten. Dies zeigt, dass die Staatsform der Demokratie auch im Konfliktfall stark sein kann, wenn sie an ihre Ideale glaubt. Es lohnt sich deshalb, alles zu tun, damit sich diese Staatsform weltweit mehr und mehr durchsetzt. Kriege können nicht allein durch Abrüstung verhindert werden. Nur wenn die Ursachen der Kriege, nämlich die Spannungen, abgebaut werden, kann der Krieg besiegt werden. Dies bedeutet die Durchsetzung von Werten wie Selbstbestimmungsrecht der Völker, Menschenrechte und Demokratie. (…)

27. Oktober 1989

> *Zehntausende von Aktivdienstveteranen besuchen in den Monaten August und September die «Diamant»-Gedenkfeiern, die 50 Jahre nach Kriegsbeginn die Erinnerung an die allgemeine Kriegsmobilmachung vom 1. September 1939 wachhalten sollen. Armeekritiker indes verunglimpfen den «Diamanten» als «Klunker»: Das als Veranstalter auftretende Eidgenössische Militärdepartement muss sich den Vorwurf gefallen lassen, es missbrauche den tragischen Anlass des Kriegsausbruchs, um Jubiläumsfeste abzuhalten und Propaganda für die Armee zu betreiben.*

Abschluss-Rapport «Diamant», Bern

Die Armee hatte im Zweiten Weltkrieg eine dissuasive Wirkung

Ich habe «Diamant» nicht erfunden, sondern übernommen. Das gibt mir zu dieser Idee eine gewisse innere Distanz, und ich unterliege keinem inneren Rechtfertigungszwang. Heute darf ich zugeben, dass ich «Diamant» nicht ohne eine gewisse Skepsis antrat. Auch ich fragte mich, ob nicht die Gefahr des Überbordens bestehe, das Risiko auch des unreflektierten Hurra-Patriotismus, der angesichts der traurigen geschichtlichen Ereignisse während des Krieges eher peinlich gewesen wäre. Nichts von alledem ist eingetreten. Die Anlässe liefen durchwegs würdig ab, den geschichtlichen Ereignissen angemessen, und nirgends kam es zu unkritischer Schönfärberei. Natürlich gehörte auch Kameradschaft und Fröhlichkeit (nicht Ausgelassenheit!) dazu. Ernst und Heiterkeit schliessen sich im menschlichen Leben nicht aus. So wurden denn die «Diamant»-Anlässe für die Eingeladenen zu unvergesslichen Erlebnissen.

Vorab möchte ich Ihnen dafür danken. Sie haben das richtige Mass gefunden. Die Kritiker von «Diamant» haben unrecht bekommen. Aber vielleicht dürfen wir ihnen trotzdem etwas zugute halten: Sie haben uns ständig gezwungen, «Diamant» kritisch zu überprüfen, und das hat sicher nicht geschadet. Ich freue mich, dass ich heute die Feststellung machen darf, dass «Diamant» ein Erfolg war.

Eine Geschichtsdiskussion ausgelöst

«Diamant» hat in unserem Land eine breite und engagierte Geschichtsdiskussion ausgelöst. Das ist wichtig. Wir leben in einer Zeit der rasanten Entwicklungen, der Überflutung auch mit Informationen. Täglich sehen wir, was auch in den entlegensten Gegenden der Welt passiert. Angesichts der Geschwindigkeit des Wandels hat sich die Erfahrung als Lehrmeister entwertet. Dies alles schwächt unseren Sinn für Geschichte. Der Zeitgeist ist dem Geschichtsbewusstsein nicht förderlich. Das ist ungut. Ein Volk, das seine Zukunft sucht, muss dies aus einer geschichtlichen Verwurzelung heraus tun, wenn es nicht in die Irre gehen soll. «Diamant» hat unser aller Geschichtsbewusstsein gefördert und geschärft. Das ist überaus wertvoll.

Die Geschichtsdiskussion ist kontrovers geführt worden. Man mag sich – je nach Standpunkt – darüber freuen oder ärgern. Ich beurteile es positiv. Gerade die Kontroverse hat das Interesse breiter Kreise geweckt, hat die Diskussion erst so recht in Schwung gebracht. Und gerade eine kontroverse Darstellung erlaubt dem Bürger, sich ein eigenes Urteil zu bilden. Das ist in einer Demokratie nicht zu kritisieren. Ich traue dem Bürger auch zu, die richtigen Schlüsse zu ziehen.

Wir alle neigen dazu, bei der Beurteilung politischer oder historischer Fragen eine vorgefasste Meinung zu haben, bevor wir uns mit den Fakten auseinandersetzen. Nachher suchen wir nach Argumenten. Fakten, welche die Meinung stützen, werden stark gewichtet, und Fakten, welche der Meinung widersprechen, werden relativiert oder verdrängt.

Manchmal habe ich den Eindruck, auch Historiker seien vor solchem Gebaren nicht immer völlig gefeit. Die Meinung bezeichnen sie als Hypothese und die Gewichtung der Fakten als Interpretation. So stehen wir denn häufig vor der Situation, dass die widersprüchlichsten Hypothesen mit den gleichen Fakten begründet werden. Deshalb muss für den Bürger nicht alles heilig sein, was sich wissenschaftlich gibt. Die bekannten Fakten der Kriegszeit lassen es durchaus zu, dass sich der denkende Bürger ein eigenes Urteil bildet. Ich nehme dieses Recht auch für mich in Anspruch!

Dabei scheint es mir wichtig, dass man die Handlungsweise der Akteure anderer Epochen aus der jeweiligen Zeit heraus bewertet. Natürlich darf dies kein billiger Vorwand sein, um alles und jedes zu entschuldigen. Aber es verhindert die Selbstgerechtigkeit dessen, der erstens aus der behaglichen Situation von Freiheit und Wohlstand heraus urteilt und der zweitens weiss, wie sich die Geschichte seit jener Epoche entwickelt hat.

Die Nation war bereit, Opfer zu bringen

Die während der Kriegsjahre aktive und verantwortliche Generation hat in einer schwierigen Zeit eine schwierige Aufgabe gelöst. Unser Land überlebte und wurde vom Krieg verschont. Natürlich war diese Generation, waren die Verantwortlichen nicht unfehlbar. Das hat auch nie jemand behauptet. Dass die Schweiz mit den Achsenmächten Handel trieb und auch Waffen exportierte, dass Züge mit Kriegsmaterial (nie mit Soldaten!) die Schweiz durchquerten, dass Nachrichten ausgetauscht und Finanztransaktionen getätigt wurden, ist gewiss nicht schön. Die Kritiker sind indessen bisher die Antwort schuldig geblieben, wie anders die völlig eingeschlossene Schweiz, die ohne Importe nicht leben konnte, hätte überleben sollen.

Wir alle wissen, dass viele Flüchtlinge dank der Schweiz überleben konnten. Aber wir wissen auch, dass andere an der Grenze zurückgewiesen und damit in den Tod getrieben wurden. Diese Tatsache darf und soll uns auch heute noch bewegen. Wir alle fragen uns, ob das nicht anders ebenfalls gegangen wäre.

Es gab auch Menschen, denen der Nationalsozialismus imponierte und die deshalb für völlige Anpassung waren. Es gab wohl auch jene, die aus Angst vor dem mächtigen Deutschland der Anpassung das Wort redeten. Das alles darf uns aber nicht vergessen machen, dass die Stimmung grossmehrheitlich anders war. Offiziere, die gerne mit Deutschland kollaboriert hätten, wurden aus den wichtigen Positionen der Armee entfernt. Es entstand ein Gefühl des nationalen Schulterschlusses, und der Wille zur Selbstbehauptung war intakt. Die Nation wollte sich behaupten, und sie war bereit, dafür auch Opfer zu bringen.

Auch General Guisan war ein Mensch, der Schwächen hatte. Trotzdem war seine staatsmännische Leistung eindrücklich. Seine mutige Rede etwa auf dem Rütli hat aufgerüttelt, hat die Entschlossenheit zum Widerstand bei vielen erst geweckt und bei allen gefestigt. Ich bin der Meinung, dies sei eine historische Tat, die auch heute noch Respekt verdient.

Die Rolle der Armee

Es sei dem Vorsteher des EMD gestattet, noch ein Wort zur Rolle der Armee zu sagen. Sie war bei Kriegsausbruch nicht optimal gerüstet, weil die militärische Landesverteidigung in der Zwischenkriegszeit aus Wehrverdrossenheit und einem Mangel an politischem Konsens sträflich vernachlässigt worden war. Noch knapp zur rechten Zeit wurden aber grosse Anstrengungen unternommen, um die Situation zu verbessern. Ausländische Generalstäbe schätzten die moralische Widerstandskraft von Volk und Armee hoch ein. Ein Eintrag im Kriegstagebuch des Oberkommandos der Wehrmacht spricht davon, dass «das schweizerische Bundesheer die deutsche Wehrmachtführung zu einem kühlen Respekt nötigte». Es steht somit fest, dass die Verteidigungskraft der Schweiz im wesentlichen gut bewertet wurde. Damit aber hatte unsere Armee schon damals eine stark dissuasive Wirkung.

War das alles nichts?

Sicher, Deutschland profitierte von einer unversehrten Schweiz. Wäre die Schweiz unverteidigt gewesen, hätte Deutschland kampflos einmarschieren und sich die Vorteile gratis sichern können. Die direkte Verbindung von Deutschland nach Italien durch die Inbesitznahme der Alpenbahnen und Alpenstrassen hätte den Achsenmächten grosse Vorteile gebracht. Die Eingliederung der Schweiz hätte es ermöglicht, deren Arbeitskräftepotential voll auszubeuten und Soldaten für die Ostfront zwangszurekrutieren. Zudem hätte man das Ärgernis einer unabhängigen und demokratischen Schweiz im Herzen Europas beseitigt. Es ist auch anzunehmen, dass die Schweiz bei Kriegsende zum letzten Kriegsschauplatz, möglicherweise zur letzten Alpenfestung des Dritten Reiches geworden wäre.

Im übrigen war die Armee nicht zuletzt die Basis unserer wirtschaftlichen und diplomatischen Landesverteidigung. Nur dank der Armee musste Deutschland mit uns verhandeln, wenn es etwas von uns wollte. Sonst hätte man einfach diktatorisch über uns verfügt. Ich bleibe auch nach dem intensiven Studium vieler Publikationen des «Diamant»-Sommers bei meiner schon mehrfach geäusserten Meinung: Unsere Armee war vielleicht keine hinreichende, sicher aber eine notwendige Bedingung dafür, dass wir verschont wurden. Der Einsatz jener, die Aktivdienst leisteten, hat sich mithin gelohnt. Sie haben unseren Dank verdient.

Wir müssen aber in diesen Dank auch jene einbeziehen, die keinen Dienst leisteten, denn wichtig war nicht nur die Leistung der Armee, sondern die Leistung des ganzen Volkes. Gerade auch die Frauen spielten eine entscheidende Rolle. Sie mussten von einem Tag auf den andern in die Lücke springen, welche die Männer, die im Aktivdienst waren, hinterliessen. Sie waren den Aufgaben und der Verantwortung gewachsen. Jeanne Hersch mag recht haben, wenn sie sagt, vielleicht habe die Veränderung der Rolle der Frauen in der Gegenwart ihre Wurzel in der Kriegszeit, als die Frauen von einem Tag auf den andern enorme Zusatzleistungen bewältigten.

Ziele weitgehend erreicht

Bei der Eröffnung der «Diamant»-Wanderausstellung in Spiez habe ich für «Diamant» drei Ziele gesetzt. Das erste Ziel war es, der Aktivdienstgeneration für ihre Leistung zu danken. Dieses Ziel haben wir erreicht. Ich habe Dankesbriefe von Aktivdienstveteranen erhalten, die mich tief bewegten. Manch einer hat sich auch beklagt, hat auf die damaligen tiefen Löhne, die hohen Arbeitszeiten, die mageren Sozialleistungen hingewiesen, hat mit einer gewissen Bitterkeit die privilegierte Situation der Nachgeborenen erwähnt. Aber der Dank für seinen Einsatz damals hat ihn gefreut, hat ihm das Gefühl des Vergessenseins gemildert.

Das zweite Ziel war es, der jüngeren Generation Informationen über die Kriegszeit zu vermitteln. Ich glaube, dass auch dieses Ziel erreicht worden ist. Viele jüngere Mitbürgerinnen und Mitbürger haben sich mit der Aktivdienstzeit auseinandergesetzt, haben einen Eindruck unserer jüngeren Geschichte bekommen. Die Medien haben mitgeholfen, das Interesse zu wecken.

Ich habe eine Zeitlang befürchtet, die Auseinandersetzungen um «Diamant» könnten einen Keil zwischen die Generationen treiben, die Alten könnten sich von den Jungen unverstanden fühlen und die Jungen die Alten belächeln. Das ist – von Ausnahmen abgesehen – nicht eingetreten. Dafür bin ich dankbar. Dort, wo Rekruten bei «Diamant»-Anlässen tatkräftig mithalfen, ergab sich meistens eine ausgesprochen positive Atmosphäre.

Das dritte Ziel, nämlich jenen Völkern zu danken, die Europa wieder befreit haben und dadurch Freiheit und Demokratie zumindest in einem Teil Europas retteten, ist vielleicht da und dort etwas zu kurz gekommen. Es war für die Schweiz eine schwere Zeit, aber für andere Völker, die Hunderttausende oder gar Millionen von Toten beklagen mussten, eine noch unendlich viel schwerere. Die Existenz der Schweiz wäre langfristig unmöglich gewesen, wenn Hitler den Krieg nicht verloren hätte. Ich meine deshalb, dass wir den Befreiern Europas grössten Dank schulden. Ich möchte diesen Dank hier in aller Form abstatten! (...) Mit diesem Dank schliesse ich die Reihe der «Diamant»-Gedenkanlässe offiziell ab!

1. Dezember 1989

Wohl nicht zuletzt unter dem Eindruck der sich in Osteuropa abzeichnenden welthistorischen Ereignisse, die das Ende des kalten Kriegs ankündigen, haben am 16. November 35,6 Prozent der Stimmenden Ja gesagt zur Abschaffung der Schweizer Armee. Das ist ein unerwartet grosser Anteil armeekritischer Stimmen und gemäss allgemein vorherrschender Einschätzung ein für das Militär niederschmetterndes Resultat. Nun hält EMD-Chef Kaspar Villiger vor den ranghöchsten Offizieren seine erste grosse Rede nach dem Verdikt über die GSoA-Volksinitiative «für eine Schweiz ohne Armee».

Heereseinheitskommandantenkonferenz, Spiez

Von der GSoA-Initiative zur «Armee 95»

Unsere Welt ist nicht mehr genau so wie vor dem 26. November. Zwar stehen die Kasernen noch, Wehrmänner rücken ein, leisten Dienst und werden wieder entlassen, unsere Uniformen haben sich nicht verändert, EMD und Armee existieren weiter. Aber es weht ein anderer Geist, und ich gehe davon aus, dass wir Jahre vor uns haben, die uns politische Turbulenzen bescheren werden, Jahre, die uns fordern werden. Es wird schwieriger sein, unsere Verantwortung wahrzunehmen, aber niemand wird uns von dieser Verantwortung entbinden.

Es ist dies meine erste Rede seit der Abstimmung. Es fiel mir nicht leicht, sie vorzubereiten. Noch habe ich selber nicht letzte Klarheit darüber, was im Detail jetzt vorgekehrt werden muss. Trotzdem bin ich froh, dass ich heute Gelegenheit habe, erste Gedanken zu äussern und erste Skizzen dessen vorzulegen, was nun zu tun sein wird. Und es wird viel zu tun sein!

Ich möchte mich zu folgenden Problemkreisen äussern:
– zur sicherheitspolitischen Lage
– zur «Armee 95»
– zur Abstimmung und zu den sich ergebenden Konsequenzen.

Zur sicherheitspolitischen Lage

Wir erleben derzeit Gewaltiges, Faszinierendes und möglicherweise Historisches. Völker strömen auf Strassen und Plätze, fordern friedlich und trotzdem eindrücklich Freiheit und Demokratie. Diese kollektive Aufwallung eines Freiheitsdranges, der während Jahrzehnten unterdrückt, aber nie erdrückt wurde, imponiert, nötigt Bewunderung ab. Wie grossartig hebt sich das doch ab vom kleinkarierten politischen Gezänk einer Wohlstandsgesellschaft, deren Wille zur Freiheit mählich zu erlahmen scheint!

Die Bewegung im Osten gibt zu Hoffnungen Anlass. Und trotzdem: Wer verspürte nicht eine gewisse Beklemmung ob des atemraubenden Tempos der Veränderung! Zeiten des Umbruchs sind auch Zeiten besonderer Risiken.

Zuerst konnten sich in Polen und Ungarn demokratische Kräfte Freiräume erkämpfen. Nun ist es auch in der DDR, in Bulgarien und in der Tschechoslowakei zu gewichtigen Veränderungen gekommen. Noch handelt es sich keineswegs um Siege der Demokratie, sehr wohl aber um erste und wichtige Ansätze. Dass diese Entwicklung durchaus mit Risiken verbunden war und bleibt, zeigt der Schiessbefehl Honeckers vom 9. Oktober. Es dürfte noch einige Zeit vergehen, bis in allen osteuropäischen Staaten frei gewählte und stabile Regierungen an der Macht sein werden. Es ist dies eine überaus schwierige Zeit, und dies nicht nur wegen der unzähligen zu lösenden Probleme, sondern auch wegen der unterschiedlichen Geschwindigkeit der Entwicklungsprozesse in den verschiedenen Ländern. Wohl beeinflussen sich diese Prozesse gegenseitig, sie laufen aber keineswegs koordiniert ab. Das ergibt im Jargon eines Ingenieurs unstabile Regelkreise.

Zudem fällt der Aufbruch Osteuropas mit einem Winter zusammen, der die schwierigen Versorgungsprobleme bedenklich akzentuieren könnte. Schliesslich spielen sich diese osteuropäischen Ereignisse im Schatten der Veränderungen in der Sowjetunion ab. Gorbatschew steht vor einer eigentlichen Verbundkrise. Versorgungslage, darnieder liegende Wirtschaft und Nationalitätenkonflikte belasten ihn. Keiner weiss, ob er die fast übermenschliche Kraft aufbringen wird, diese gewichtigen Probleme zu lösen.

Im Osten ist mithin noch wenig gesichert und beinahe alles mit Risiken und Problemen verknüpft. Trotzdem müssen wir erkennen, dass die europäische Nachkriegsordnung zutiefst im Wandel begriffen ist. Europa ist im Umbruch. Sowohl die Teilung Deutschlands als auch der Zusammenhalt der Blöcke erscheinen nicht mehr als auf ewig zementiert. Die weitere wirtschaftliche und politische Integration Europas könnte durch die Entwicklung in Osteuropa tief beeinflusst werden. Die Zukunft ist offener, aber auch unsicherer geworden. Zwischen dem, was politisch in Bewegung gekommen ist, und dem, was sich militärisch noch nicht verändert hat, klafft eine gefährliche Kluft. Das macht die Bedeutung der Rüstungskontrollverhandlungen um so wichtiger. Das kommende Jahr könnte zu einer bedeutungsvollen Periode, ja zu einer eigentlichen Schicksalsperiode werden. Ich will sie mit Prognosen verschonen. Ich wundere mich bloss über jene, die jetzt schon wieder detaillierte Modelle der Zukunft entwerfen, obwohl sie noch vor zwei Monaten nicht in der Lage gewesen sind vorauszusagen, was heute ist.

Welche Konsequenzen hat all das für unsere Armee? Das politische Tauwetter darf nicht nur wegen der erwähnten Unsicherheiten zum Nachlassen unserer Verteidigungsbereitschaft führen, sondern auch wegen der uns umgebenden militärischen Potentiale, die nach wie vor gewaltig sind. Immer noch gilt die napoleonische Erkenntnis, wonach sich eine Armee nie nach den deklarierten Absichten der Politiker richten darf, da sich diese stets wieder ändern können. Sie muss von den effektiv vorhandenen Waffen- und Mannschaftspotentialen ausgehen. Diese Potentiale sind aber gerade in Mitteleuropa nach wie vor so gross wie nie zuvor in der Geschichte und auf einem Punkt der Erde. Erst, wenn diese Potentiale signifikant reduziert sind und zudem eine nichtangriffsfähige Struktur erhalten haben, wäre eine Anpassung unserer Wehrbemühungen zu prüfen. Es ist nicht auszuschliessen, dass die laufenden Rüstungskontrollverhandlungen näher zu diesem Ziel führen. Wir müssen aber realisieren, dass der Abrüstungsprozess niemals zu einer Welt ohne Waffen führen wird. Die Sicherheitssysteme der Zukunft werden ebenso auf Armeen beruhen wie die heutigen. Leider sind indes Konflikte auf jedem Rüstungsniveau möglich. Auch nach einer Halbierung des heutigen Potentials (wobei eine solche Reduktion derzeit nicht zur Debatte steht!) stünde in Mitteleuropa mehr Zerstörungskraft als bei Ausbruch des Zweiten Weltkrieges.

Die Verwirklichung der laufenden und zu erwartenden Abrüstungsschritte würde zu einer militärischen Verdünnung führen. Diese würde aber durch höhere Mobilität und Wirksamkeit der Waffensysteme wahrscheinlich weitgehend kompensiert. Weiter müssen wir uns vor Augen halten, dass im Bereich der indirekten Kriegsführung gesteigerte Aktivitäten und Anstrengungen zu erwarten sein werden. Ich glaube deshalb nicht, dass unsere Armee so bald entbehrlich sein wird, sofern wir nach wie vor eine eigenständige, nicht erpressbare und selbstbewusste Willensnation bleiben wollen.

En ce qui concerne «Armée 95»

«Armée 95» est un projet de réforme très important, c'est même le plus important depuis l'Organisation des troupes (OT) de 1961. Nous devons réussir sa réalisation. Les jalons ont été posés, les autorités politiques en ont pris connaissance et les ont approuvés, quant à l'opinion publique, elle attend. A la fin du mois de mai, j'ai déjà indiqué quelles en étaient les grandes lignes politiques. Permettez-moi de les rappeler:
- L'âge limite du service obligatoire sera abaissé, pour les soldats et les sous-officiers, de 50 à 42 ans. Les effectifs de l'armée en seront réduits d'un tiers (625 000 à 450 000).
- Les classes d'âge de l'armée (élite, landwehr, landsturm) seront ramenées de 3 à 2 (élite et landwehr), cette notion de classe d'âge pourrait éventuellement être supprimée.
- L'organisation pour l'aide en cas de catastrophe sera encore améliorée.
- Les traditions et la subordination de troupes cantonales seront sauvegardées dans la mesure du possible.
- La participation de l'armée à la composante dynamique de notre politique de sécurité sera développée.

Deux piliers importants ne seront pas touchés par «Armée 95»:
- l'obligation de servir et le système de milice.

Le but du projet est de rationaliser l'armée en conservant sa puissance combative, supprimer la graisse, mais conserver le muscle. (...) Toutes les réflexions faites permettent de conclure que les principes qui fondent notre défense militaire tels qu'ils ont été exprimés dans le rapport du 6 juin 1966, restent valables dans leur essence pour «Armée 95».

Die Kommission für Militärische Landesverteidigung (KML) hat die folgenden operativen Zielsetzungen für die verschiedenen strategischen Fälle erarbeitet und formuliert:

Im Normalfall:

«Sicherstellen einer stufengerechten Führungs- und Einsatzbereitschaft mit dem Ziel, der jeweiligen Lage entsprechende Massnahmen zu veranlassen sowie die guten Dienste der Armee im Ausland nach Massgabe des Zumutbaren zur Verfügung zu stellen.»

Damit sind alle Massnahmen und Mittel im Rahmen der ausgreifenden Komponente der Sicherheitspolitik sowie die Bereitschaft der Alarmformationen und die Vorbereitungsmassnahmen für die «Führung ab Bern» gemeint.

Im Krisenfall:
«Sicherheitsbedürfnisse im Rahmen der Gesamtverteidigung abdecken sowie Hilfe an zivile Behörden leisten.»

Hier geht es beispielsweise um die Sicherstellung der Führung, um die Bewachung und um Massnahmen im Bereich der koordinierten Dienste.

Im Neutralitätsschutzfall:
«Kraftvoll jeglicher Verletzung schweizerischen Hoheitsgebietes zur Erde und zur Luft entgegentreten.»

Dies bedeutet eine eindeutige Willenskundgebung zum Kampf ab Landesgrenze und eine unmissverständliche Demonstration des uneingeschränkten Verteidigungswillens.

Im Verteidigungsfall:
«Durch hohe Anfangsleistung den Kampf ab Landesgrenze nachhaltig führen und in jenen Räumen, denen eine besondere strategische und/oder operative Bedeutung zukommt, den Gegner entscheidend schlagen.»

Damit wir diese Forderung erfüllen können, müssen wir die notwendigen Voraussetzungen schaffen. Dies bedeutet den Aufbau einer Kampfinfrastruktur, die Beschaffung moderner Hochleistungssysteme, eine umfassende operative und taktische Schulung usw. Weiter sollen durch «langdauernde Verteidigung eines Teils unseres Staatsgebietes die Voraussetzungen zur Wahrung der politischen und militärischen Handlungsfreiheit geschaffen werden».

Im Besetzungsfall:
«Mit den verbleibenden Kräften den militärischen Widerstand fortführen mit dem Ziel, den Besetzer zu zermürben, ihn zu Verhandlungen zu zwingen und die Befreiung unseres Landes vorzubereiten.»

Im Katastrophenfall:
«Sicherstellung der Hilfeleistung an die zivilen Behörden, soweit es der Hauptauftrag der Armee zulässt.»

Hier soll die Einführung einer selbständigen Teil-Mob-Aufgebotsgruppe geprüft werden. Wo nötig, sind die materielle Ausrüstung, die Ausbildung und die Führungsstruktur zu verbessern. (…)

Zur Abstimmung und zu den sich ergebenden Konsequenzen

Eigentlich hat mich das Ergebnis der Volksabstimmung über die Abschaffung der Armee erschüttert. Ich konnte es fast nicht fassen, dass über ein Drittel der Schweizer dieser Armee untreu geworden sind. Ich brauchte eine Zeitlang, um mich an diese Erkenntnis zu gewöhnen. Ich habe mich aufgefangen, aber ein Unbehagen bleibt. Die Frage, ob die Schweiz wirklich noch die Schweiz sei, beschäftigt mich, und zwar nicht nur wegen der Armee, sondern weil ich mich häufig frage, welches die Aufgabe, die Stellung und das Selbstverständnis dieser Schweiz im sich rasch verändernden Europa sein werden.

Wenn man sich indessen einmal innerlich von der fixen Idee gelöst hat, praktisch alle Schweizer stünden letztlich hinter unserer Armee, verliert das Ergebnis der Volksabstimmung etwas an Dramatik. Die Schweiz behält nämlich ihre Armee, und ungefähr zwei Drittel der Bürger haben sich dafür ausgesprochen. Dieser Entscheid kam bei einer ausgesprochen hohen Stimmbeteiligung zustande. Dies zeigt, dass der demokratiemüde Schweizer bei wichtigen Fragen hinter dem Ofen hervorgekrochen kommt und an die Urne geht. Und es macht das Ergebnis der Abstimmung repräsentativ. Das ist von enormer staatspolitischer Bedeutung. Es gibt an diesem Entscheid nichts zu deuteln, er ist kein Zufallsentscheid, er ist für helvetische Verhältnisse klar ausgefallen. Es gibt auch keinen Anlass, die Sieger als Verlierer und die Verlierer als Sieger darzustellen. Die Mehrheit der Schweizer wollen eine Armee, und zwar eine glaubwürdige und eine, die ihre Aufgabe zu erfüllen in der Lage ist.

Wenn wir alle uns auch nicht mehr ganz so vom Volk getragen fühlen, wie dies vielleicht vor dem 26. November der Fall war, so bleibt doch der klare Auftrag des Volkes. Wir haben die Pflicht, eine schlagkräftige Armee zu erhalten. Das Volk hat die Strategie der Dissuasion klar abgesegnet. Wir müssen alles daran setzen, diese Pflicht zu erfüllen. Wir tun es im Gegenwind, aber ein guter Segler kommt auch im Gegenwind rasch vorwärts.

Trotzdem: Der hohe Ja-Stimmen-Anteil muss uns zu denken geben. Es ging immerhin um eine staatspolitische Grundsatzfrage, um eine Frage, die für unser Staatswesen – dies ist nach wie vor meine Überzeugung – schicksalhaft war.

Die Gründe, welche viele Mitbürgerinnen und Mitbürger zu einem Ja führten, sind vielfältig und müssen eingehend analysiert werden. Die Rundschau des Schweizer Fernsehens hat unlängst eine erste Analyse präsentiert. Sie entspricht etwa dem, was ich schon vor der Abstimmung den vielen Leserbriefen und den zahllosen Zuschriften, die ich bekommen habe, entnehmen konnte. Anscheinend wollten nur etwa 39 Prozent der Ja-Stimmenden die Armee wirklich abschaffen. Dies entspricht 15 Prozent der Stimmenden. Man darf also durchaus sagen, dass ungefähr 85 Prozent der Stimmenden nach wie vor eine Armee für nützlich halten. Es scheint eine ganze Palette von Gründen gewesen zu sein, welche in der Summe zu diesem doch beachtlichen Ja-Stimmen-Anteil geführt haben. Ich darf einige aufzählen:

- Einige mögen glauben, der Wunsch nach Frieden könne am besten ohne Waffen verwirklicht werden.
- Andere kamen auf Grund der hoffnungsvollen Entwicklung in Osteuropa zum hoffentlich nicht trügerischen Schluss, das bewaffnete Risiko habe erheblich abgenommen.
- Wieder andere glauben fälschlicherweise, die beiden Blöcke hätten schon signifikant abgerüstet.
- Es gab unter den Befürwortern der Initiative solche, die ganz klar eine Veränderung unserer Gesellschaft und unserer Institutionen anstreben.
- Viele Bürger gaben mit einem Ja ihrer Verdrossenheit über ihrer Ansicht nach zu kleine Renten, zu viele Ausländer oder zu hohe Mieten Ausdruck.
- Ein sehr grosser Teil der Ja-Stimmenden wollte der Armee einen Denkzettel erteilen. Sie wollten ein deutliches Signal zu Reformen geben.
- Und ein weiterer grosser Teil der Bürger ist schlicht und einfach der Meinung, die Armee sei zu teuer.

Interessant ist, dass die Überzeugung, es brauche Reformen, auch beim grössten Teil derjenigen festzustellen ist, welche die Initiative abgelehnt haben. Dies gilt es zur Kenntnis zu nehmen, ob uns das angenehm ist oder nicht.

Wenn diese Analyse richtig ist, wird die Armee auch in den nächsten Jahren auf hohe Akzeptanz stossen, wenn sie sich richtig verhält. Zwei Dinge geben mir aber zu denken:

Erstens: Wenn viele Mitbürgerinnen und Mitbürger mit einem Denkzettel ihren persönlichen Unmut über das grundsätzlich Wichtige stellen, über das, was für diesen Staat langfristig schicksalhaft ist, ist das ein Warnzeichen. Es zeigt, dass der Gemeinsinn abnimmt, dass die nationalen Werte am Verblassen sind. Das gibt an der Schwelle zum neuen Europa zu denken, und das lässt ermessen, dass die Politik in diesem Lande nicht einfacher werden wird. Unsere nationale Identität ist angekratzt, der Wille zur Willensnation nicht ungebrochen. Wir sind moralisch nicht ganz so gut gerüstet, wie dies angesichts künftiger Herausforderungen wünschenswert wäre.

Zweitens: Neu ist für mich die Erscheinung, mit welcher Dreistigkeit sich die Verlierer als Sieger geben und lautstark Forderungen stellen, die «subito» erfüllt werden müssen. Das entspricht nicht unserer politischen Kultur. Mehrheitsentscheide, und gar, wenn sie so deutlich sind, wurden bisher akzeptiert, hatten eine hohe Legitimation. Wenn immer weitere Gruppen die Legitimität von Volksentscheiden aus gruppenegoistischen Gründen faktisch in Zweifel ziehen, wankt eine Hauptsäule der Demokratie. Jene, die während der ganzen Kampagne Gesprächsbereitschaft gefordert haben, führen nun lautstark der

Bevölkerung die Unfähigkeit zum Gespräch vor Augen – leider ohne dass es die Medien zur Kenntnis nehmen! – und geben damit ein Beispiel extremer politischer Unkultur. Das müsste eigentlich jene nachdenklich machen, die mit ihrer leichtfertigen Ja-Stimme dieser Unkultur zu einem vermeintlichen Triumph verholfen haben.

Es ist unverkennbar, dass der hohe Ja-Stimmen-Anteil eine eminent politische Bedeutung hat, die wir zur Kenntnis nehmen müssen. Ich möchte einige politische Konsequenzen aufzählen:

– Armeekritische Kreise erhalten Auftrieb, und das wird sie beflügeln, an allen Fronten erneut vorzugehen, sei es in den Parlamenten oder mit dem Mittel von Volksinitiativen.
– Es wird schwieriger, genügend Mittel für die Budgets der Armee bereitzustellen.
– Das Image der Schweiz, früher ein Felsen der Solidität und Stabilität, hat Risse bekommen. Wir senden in der letzten Zeit seltsame Signale in die Welt. Dies wirkt sich im Moment im Frankenkurs, längerfristig vielleicht in schmerzlicheren Nachteilen aus.
– Bei den militärischen Kadern und bei vielen Verantwortlichen im Departement sind Ansätze einer Identitätskrise feststellbar, die auf die Motivation durchschlagen könnte. Es könnte schwieriger werden, die Besten in diesem Lande für die Mitarbeit an der Landesverteidigung zu gewinnen. Das wiederum würde dem Ruf dieser Landesverteidigung schaden.

Dabei möchte ich durchaus noch einmal festhalten, dass die leisen Krisensymptome, die sich bei dieser Abstimmung zeigten, nicht nur armeespezifisch sind. Wir werden uns vermehrt an vieles gewöhnen müssen, was mit dem Wort vom Wertewandel beschönigend bezeichnet wird; wir werden wohl mit einem weiter abnehmenden nationalen Konsens rechnen müssen, und wir werden gezwungen sein, das Leben in schmerzhaften politischen Polaritäten ertragen zu lernen. Wir müssen damit leben lernen, dass uns nicht alle mehr lieben werden.

Trotzdem ist das Resultat so klar, dass wir eine durchaus genügend grosse Basis haben, um unbeirrt und motiviert jenen Weg weiterverfolgen zu können, von dessen Richtigkeit wir überzeugt sind.

Welche Konsequenzen müssen nun EMD und Armee aus dieser Abstimmung ziehen?

Wir dürfen vorerst mit Genugtuung festhalten, dass der Weg, den wir mit unserem Reformvorhaben «Armee 95» eingeschlagen haben, richtig ist. Wir brauchen keine neue Philosophie. Aber vielleicht sind wir jetzt alle etwas überzeugter als zuvor, dass der Reformweg unausweichlich ist.

Zehn persönliche Überlegungen

Meine engsten Mitarbeiter und ich hatten noch keine Gelegenheit, die Strategie der nächsten Jahre im Lichte der Abstimmung neu zu definieren. Was ich Ihnen jetzt sage, sind erste persönliche Gedanken. Lassen Sie mich zehn Überlegungen anstellen, die Elemente einer solchen Strategie sein könnten:

Erstens: Es ist für mich völlig klar, dass die Armee der Hauptpfeiler unserer Sicherheitspolitik bleibt. Sie muss so ausgerüstet, strukturiert und ausgebildet sein, dass sie ihren Auftrag der Kriegsverhinderung durch Abhaltewirkung glaubwürdig erfüllen kann. Dieses Erfordernis gilt ohne Wenn und Aber, und dafür haben wir auch gegen politische Widerstände anzutreten. Dass diese Armee ständig neuen Bedrohungsformen und Herausforderungen angepasst werden muss, ist selbstverständlich.

Zweitens: Das finanzielle Umfeld wird schwieriger. Dem Bund werden nach wie vor ständig neue Aufgaben übertragen, ohne dass jemand dafür die Rechnung begleichen will. Wir müssen deshalb davon ausgehen, dass nicht zuletzt angesichts des sicherheitspolitischen Umfeldes reale Zuwachsraten der Militärausgaben kaum mehr denkbar sein oder sich in sehr engem Rahmen bewegen werden. Dies verschärft den Zwang zu klaren Prioritäten. Wir wollen und müssen uns aber mit allen Kräften für Budgets einsetzen, welche eine schleichende Überalterung unserer Rüstung verhindern und die Erhaltung der Glaubwürdigkeit der Armee ermöglichen.

Drittens: Wir müssen verhindern, dass in Armeeführung und EMD Resignation und Selbstzweifel aufkommen. Das geht nur, wenn wir uns selber klare Ziele setzen und diese konsequent anstreben. Wir wollen diese Armee den neuen gesellschaftlichen, politischen, wirtschaftlichen und sicherheitspolitischen Rahmenbedingungen anpassen, und wir wollen in ihr einen dynamischen, modernen, aufgeschlossenen und sportlichen Geist schaffen. Diese Reformanstrengungen wollen wir unter den Sammelbegriff «Armee 95» stellen.

Viertens: Ich weiss, dass einige in EMD und Armee den plötzlichen Übergang von «Armee 2010» zu «Armee 95» überhastet fanden und dass viele zweifeln, ob eine so rasche Umstrukturierung solid überhaupt machbar sei. Für mich ist ein Zeithorizont von 20 Jahren für eine solche Planung unrealistisch. Es fehlt der Realisierungsdruck, und niemand hat den Eindruck, es geschehe wirklich etwas. Zudem ändert sich die Welt derzeit so rasch, dass niemand sagen kann, wie die Welt 2010 beschaffen sein wird. Damit würden sich die Planungsgrundlagen ständig verschieben. Wir müssen jetzt einen hohen Reformdruck erzeugen und merkliche Richtungsänderungen vornehmen. Ich unterschätze das Beharrungsvermögen der Milizarmee, das Gewicht von Kantonen und Traditionen nicht. Aber in dieser Welt sind schnelle Anpassungen nötig. Man erwartet das von uns, und wir stehen unter grossem Erfolgsdruck. «95» ist deshalb nicht einfach eine Bezeichnung, sondern eine Zeitvorstellung, mit der uns ernst ist.

Fünftens: Die jungen Menschen von heute sind anders als diejenigen vor 20 Jahren. Sie haben mehrheitlich in der Abstimmung der Armee den Rücken gekehrt. Trotzdem muss diese Armee auf ihnen gründen. Sie sind unser grösstes Kapital. Deshalb müssen wir uns ehrlich fragen, was wir falsch machen. Wir müssen, so meine ich, in der Armee wieder vermehrt an die Menschen denken, und zwar an die Menschen, wie sie heute sind. So müssen wir uns fragen, ob der Ton überall in der Armee richtig ist; müssen uns fragen, ob wir genügend informieren, ob unsere Ausbildungsformen den modernen Vorstellungen wie Förderung von Motivation und Verantwortung entsprechen; müssen uns fragen, ob nicht mehr in die Menschen statt in Sachen investiert werden muss. Vielleicht müssen wir unsere Bauprogramme umgestalten und rascher für die Sanierung der alten Kasernen sorgen, auch wenn dafür die Kampfbauten etwas zu kurz kommen. Vielleicht müssen wir die neuen Uniformen beschleunigen, die neuen Schuhe auch, dafür anderes strecken. Einige unserer jungen Mitbürger sind in der Armee gut motiviert. Wir müssen aber versuchen, alle gut zu motivieren.

Sechstens: Als ich zum ersten Mal die Idee eines Ombudsmannes für die Armee in Diskussion brachte, stiess ich bei meinen Mitarbeitern fast durchwegs auf grosse Skepsis. Nach dieser Abstimmung bin ich fast sicher, dass es so etwas wie einen Ombudsmann braucht. Eine moralische Autorität, an die sich junge Menschen wenden können, wenn sie ein militärisches Problem haben, würde präventiv wirken und könnte Spannungspotentiale abbauen. Natürlich ist das für einige Vorgesetzte unbequem. Aber nur für schwache.

Siebtens: Das EMD ist von den Kritikern – nicht ohne Böswilligkeit – zum Symbol von Tolpatschigkeit, Unbeweglichkeit, Beharrungsvermögen und Herrim-Hause-Mentalität geworden. Ich kann es mittlerweile beurteilen: Diese Qualifikation ist ungerecht. Aber vielleicht ist doch das Bewusstsein, dass wir ein Dienstleistungsunternehmen zum Wohle des Bürgers sind, noch nicht überall im Departement verbreitet. Vielleicht sollten wir jährlich die zehn liebenswürdigsten Briefe, den freundlichsten Telefonanruf oder die offenste Information prämieren, vielleicht auch den freundlichsten Beamten auszeichnen, um Zeichen zu setzen. Wir beliefern keinen Verkäufermarkt mehr, wir müssen intensiv um die Gunst des Bürgers werben.

Achtens: Ganz entscheidend ist die Qualität unserer Kader. Dies hat mit Auswahl und mit Ausbildung zu tun. Natürlich müssen wir mit jenen Menschen arbeiten, die wir haben, und das sind begabte, mittelmässige und unbegabte. Wir müssen die Kader besser ausbilden (daran arbeiten schon Generationen), und wir müssen dafür sorgen, dass das Weitermachen für die Besten attraktiv bleibt. Hier stellen sich wiederum viele Fragen. Muss wirklich jeder Einheitskommandant während der wichtigsten Zeit seines zivilen Karriereaufbaus vier Monate an einem Stück abverdienen? Was hat im Grunde genommen ein abverdienender Bataillons- oder Abteilungskommandant zu tun? Dies sind nur kleine Beispiele. Es gibt weitere.

Neuntens: Es gab in der Geschichte der Schweizer Armee noch keinen höheren militärischen Vorgesetzten, der nicht heroisch den Kampf gegen den Leerlauf aufgenommen hätte. Zu viele haben diesen Kampf immer wieder verloren. Früher nahm der Wehrmann den Leerlauf stoisch als etwas hin, was halt zum Militär gehört. Heute ist der Wehrmann beruflich überlastet, mit Verantwortung beladen, von Reizen überflutet und von steter Betriebsamkeit besessen. Er erträgt den Leerlauf nicht mehr. Der Sieg über den Leerlauf ist von schicksalhafter Bedeutung für die Zukunft der Armee. Einmal mehr müssen wir den Kampf dagegen aufnehmen. Motivationsprobleme in der Armee haben vielfach auch damit zu tun, dass die Dienstzeit dem Wehrmann in beruflich angespannter Lage als verlorene, vergeudete Zeit vorkommt. Wir können den Dienst mit der Waffe nicht in einen Kurs in Betriebswirtschaft umwandeln. Armeedienst bleibt auf die Landesverteidigung ausgerichtet. Aber wir sollten uns Gedanken machen, ob es nicht – neben der sportlichen Ertüchtigung – noch andere Schnittpunkte zwischen militärischen und zivilen Ausbildungsinteressen gibt.

Zehntens: Wir tun viel Gutes in Armee und EMD, aber keiner merkt es. Wir müssen vermehrt nach dem bewährten Grundsatz leben, das Licht nicht unter Scheffel zu stellen. Deshalb haben wir auch ein neues Informationskonzept erarbeitet. Es steht, aber wir müssen ihm Leben einhauchen. Konzepte zu machen ist leicht, sie zu leben ist schwierig. Die Armee muss jede Möglichkeit der positiven Selbstdarstellung nutzen. Alle Ereignisse in Armee und EMD, die sich eignen, müssen kommunikativ genutzt werden, um das Bild einer glaubwürdigen Armee im Volk zu vertiefen. Die Mitarbeiterinnen und Mitarbeiter im EMD müssen das Gefühl bekommen, für etwas Wichtiges und Gutes tätig zu sein. Sie dürfen nicht einfach das Gefühl haben, sie würden Gebäude reinigen, Formulare ausfüllen, Personalcomputer bedienen oder Triebwerke zerlegen, nein, sie müssen einen gewissen Stolz empfinden, dass sie für die Sicherheit dieses Landes tätig sein dürfen.

Ich weiss, dass einige, die zeitlebens ihren vollen Einsatz der Armee und dem EMD gewidmet haben, meine Forderungen nach Reformen als Kritik an ihrer

Tätigkeit empfinden könnten. Sie fragen sich vielleicht, ob sie denn bisher alles falsch gemacht hätten, dass da einer komme, der plötzlich einiges anders haben wolle. Sie fragen sich, ob sich denn das alles nicht bewährt habe, ob denn alle bisher blind gewesen seien und ob denn überhaupt nichts in Sachen Reformen gegangen sei.

Ich nehme dazu gerne sehr deutlich Stellung: Doch, was die Schweizer Armee und das EMD bisher geleistet haben, ist eindrücklich. Es ist weit besser als der Ruf. Ich ziehe den Hut vor dem, was in den letzten Jahren geschehen ist. Die Truppe ist leistungsfähig, das Ausland nimmt uns ernst, die Organisation funktioniert. Ich habe grosse Achtung vor all jenen, die das aufgebaut haben. Wenn ich der Veränderung das Wort rede, dann ist das keine Kritik an Ihnen. Das Bestehende ist gut. Aber die Zeiten ändern sich dramatisch, dramatischer als früher. Das merken auch Wirtschaftsunternehmen. Wer sich dort nicht anpasst, verschwindet. Das war bei Armeen früher nicht möglich. Seit man aber die Volksinitiative als Armeevernichtungsinstrument entdeckt hat, ist das auch bei der Armee nicht ausgeschlossen. Wir unterliegen einem enormen Anpassungsdruck, und wir müssen ihn auffangen, wenn wir das Vertrauen der Mehrheit der Schweizer behalten oder gar das Vertrauen der am letzten Sonntag abtrünnigen Schweizer zurückgewinnen wollen.

Nutzen wir diese Chancen!

Das umfassende Reformprojekt «Armee 95» verlangt den vollen Einsatz von uns allen. Ich weiss, dass mancherorts noch Skepsis gegenüber diesem Projekt besteht. Bestehende Vorurteile müssen indessen abgebaut werden. Wir haben in diesem politischen Umfeld keine Wahl mehr. Wir müssen den politischen Reformdruck so nutzen, dass das schwierige politische Umfeld zur einmaligen Chance wird. Schliesslich habe ich noch ein Anliegen, das mir sehr am Herzen liegt. Ich bin dankbar für kontroverse Meinungen und Anregungen. Nach aussen aber wollen wir bei diesem anspruchsvollen Unternehmen Geschlossenheit zeigen. Das in Zukunft rauhere politische Klima erfordert dies. Wenn wir gemeinsam diesen schwierigen Weg begehen, wenn wir die einmalige Gelegenheit zu innovativen Lösungen ergreifen, dann werden wir dieses grosse Werk zu einem guten Ende führen. Wer auf dieser Welt etwas bewegen will, muss Risiken eingehen. Das grösste Risiko ist es, Risiken zu scheuen. Ich bin bereit, das Risiko von «Armee 95» auf mich zu nehmen. Wenn Sie mitmachen, ist es ein kalkuliertes Risiko. Kritische Momente bieten immer die grössten Chancen. Nutzen wir diese Chancen!

8. Dezember 1989

Einen Monat nach dem Fall der Berliner Mauer, während des antikommunistischen Aufbruchs in Osteuropa und am selben Tag, an dem die Staats- und Regierungschefs der EG die Einberufung eines Treffens über eine gemeinsame Währungsunion beschliessen, plädiert Bundesrat Villiger – mit gewissen Vorbehalten – für die Beteiligung der Schweiz am Europäischen Wirtschaftsraum (EWR), über welche die Schweizer Stimmberechtigten fast auf den Tag genau drei Jahre später zu befinden haben und zu dem sie, wie wir heute wissen, in einer knapp ausgehenden Volksabstimmung Nein sagen werden.

Parteitag der Liberalen Partei des Kantons Luzern, Luzern

Die Schweiz im Europa der 90er Jahre

Vor zwei Jahren, am gleichen Anlass, habe ich mich zum gleichen Problem geäussert. Damals schien alles einfach: Hier eine wirtschaftlich starke, politisch robuste und solide Schweiz, dort ein rasch zusammenwachsendes Westeuropa, hier eine Schweiz, die pragmatisch, Schritt für Schritt, eine Annäherung an dieses Europa sieht, dort ein verhandlungswilliges Europa, das bereit war, mit dem kleinen, aber wirtschaftlich bedeutenden Handelspartner gangbare Lösungen zu suchen, Lösungen, die diesem seine Identität und den Kern seiner Selbstbestimmungsfähigkeit belassen hätten. Aus heutiger Sicht erscheint dieser Ansatz fast idyllisch. Die Dinge haben sich verändert. Ein kühler Biswind bläst uns ins Gesicht. Wir, Volk, Parlament, Regierung, sind gefordert. Vielleicht stehen wir vor der grössten Herausforderung der letzten Jahrzehnte. Und ich bin nicht sicher, ob wir innerlich so stark und gerüstet sind, wie wir dies sein sollten. Zudem sind die Dinge derart im Fluss, dass ich Ihnen heute keine pfannenfertigen Rezepte unterbreiten kann. Es geht mir vielmehr darum, vitale Fragen aufzuwerfen. Lösungsansätze kann ich nur andeuten.

Integration im Westen, Aufbruch im Osten

Wer bedenkt, welche Gegensätze Mitteleuropa bis zum Zweiten Weltkrieg zerrissen, wie ausgeblutet und erschöpft das gleiche Europa den Krieg beendete, der kann nur staunen, was in 44 kurzen Jahren aus diesem Europa geworden ist. Am Anfang der Nachkriegsgeschichte stand die Forderung nach einer politischen Einigung des Kontinents. Das erste Ergebnis dieser Bestrebungen war die Schaffung des Europarates im Jahre 1949. Über den Europarat sollte Winston Churchills Vision der «Vereinigten Staaten von Europa» verwirklicht werden.

Die Bemühungen um einen politischen Zusammenschluss scheiterten allerdings, als 1954 die französische Nationalversammlung die Schaffung einer europäischen Verteidigungsgemeinschaft ablehnte. Vor diesem Hintergrund wurden dann 1957 die Europäischen Gemeinschaften gegründet. Das Ziel einer politischen Einigung sollte nicht mehr auf direktem Weg, sondern über die Verschmelzung der nationalen Volkswirtschaften verwirklicht werden. Man wollte ein für allemal über den Weg der wirtschaftlichen Integration eine militärische Auseinandersetzung unter europäischen Nachbarn verhindern und durch die Stärkung des ökonomischen Potentials das Gewicht Europas in der Welt fördern. Diese letztlich politische Zielsetzung der EG wurde immer wieder bekräftigt, zuletzt in der Einheitlichen Europäischen Akte, mit der die EG-Mitgliedstaaten ihren Willen unterstrichen haben, die Gesamtheit ihrer Beziehungen in eine Europäische Union umzuwandeln.

Der grosse Gedanke der Integration hat Früchte getragen. Die historischen Feindschaften in Europa sind überwunden, die Nationen sind wirtschaftlich eng verflochten, ein einzigartiger Wohlstand hat sich herausgebildet, ein europäisches Bewusstsein ist im Werden begriffen. Zwar ist Europa noch kein politisches Schwergewicht auf der Weltbühne. Die politisch-militärischen Machtzentren liegen noch immer in Moskau, Washington und Peking. Diesem machtpolitischen Dreieck steht jedoch ein wirtschaftspolitisches gegenüber, in welchem die EG neben den USA und Japan ebenfalls eine massgebliche Rolle beansprucht. Und die Visionäre der EG-Integration sehen als Ziel eine europäische politische Union, wo die bisherige Diskrepanz zwischen wirtschaftlichem und politischem Gewicht aufgehoben und Europa den grossen Blöcken und Handelsmächten ebenbürtig ist.

Im Blick auf dieses Ziel schreitet die Vollendung des EG-Binnenmarkts unbeirrt und kontinuierlich voran, und es ist, als ob der zentralistisch geprägte Entwurf definitiv Wirklichkeit werde. Das Bewusstsein der Menschen in Europa wird dadurch, so scheint es, entscheidend geprägt. In den meisten EG-Staaten scheint das Bewusstsein zu dominieren, an einem epochalen Aufbauwerk beteiligt zu sein.

Gleichzeitig ist auch plötzlich Bewegung in jenen Teil Europas gekommen, der bis vor kurzem hermetisch von Freiheit, Demokratie und Marktwirtschaft abgeschottet schien. Jahrzehntelange Unterdrückung hat offenbar nicht genügt, um in den Völkern Mittel- und Osteuropas den Willen zur Selbstbestimmung auszulöschen. Wir erleben heute die Niederlage einer Ideologie der Gleichmacherei und Repression und gleichzeitig den Triumph liberalen Gedankenguts.

Der Aufbruch der Ostvölker ist gewaltig, aber noch haben sich keine dauerhaften und stabilen Strukturen gebildet, noch sind die Risiken einer unkontrollierten Entwicklung beträchtlich. Allerdings bestand noch nie derart viel Grund zur Hoffnung. Die Reformen in Mittel- und Osteuropa können in der Tat zu einer Neugestaltung unseres ganzen Kontinents führen, wo politische Stabilität und Entspannung nicht mehr nur Formeln, sondern Wirklichkeit sind. Allerdings könnte das noch sehr viel länger dauern, als viele Optimisten heute annehmen.

Selbstverständlich müssen wir uns auch bewusst sein, dass jede Neuordnung den legitimen Sicherheitsinteressen sowohl des Ostens wie des Westens Rechnung zu tragen hat. Sowohl Generalsekretär Gorbatschew wie auch der amerikanische Präsident Bush haben denn auch betont, dass bestehende Bündnissysteme zum heutigen Zeitpunkt nicht in Frage gestellt werden sollen.

Niemand weiss, wie sich die Bewegung in Mittel- und Osteuropa auf die Einigung Westeuropas auswirken wird. Wir stellen fest, dass die deutsche Frage plötzlich wieder aufgebrochen ist. Wir stellen fest, dass nationalistische Bestrebungen im Baltikum und anderswo in der Sowjetunion darauf hindeuten, dass das nationale Element in den Völkern offenbar nicht auf ewig gebannt ist. Ist dies ein Zeichen dafür, wo auch die Grenzen der westeuropäischen Integrationsbestrebungen liegen könnten? Heisst das, dass auch in einer künftigen Europäischen Union dem Nationalstaat eine zentralere Rolle zukommen wird, als es derzeit erscheinen mag? Und wie werden die politischen und wirtschaftlichen Gewichte in einer solchen Union verteilt sein? Wir stehen vor lauter Fragen, und gleichzeitig stellen wir fest, dass diese neuen Bewegungen in Europa auch von uns Schweizern eine Antwort verlangen, dass wir nur wenig Zeit haben werden, unser Verhältnis zur europäischen Integration zu definieren.

Wertewandel in der Schweiz

Wie präsentiert sich unser Land in dieser turbulenten Zeit? Stehen wir den neuen Herausforderungen selbstbewusst, gefestigt, einig und stabil gegenüber? Sicher leben wir heute in einer beispiellosen wirtschaftlichen Hochkonjunktur. Noch nie war der schweizerische Wohlstand grösser als heute, noch nie konnten dermassen viele Ansprüche der Schweizer problemlos befriedigt werden, noch nie hatte unsere Jugend bessere Chancen, ihre Wünsche nach Selbstverwirklichung und einem hohen Lebensstandard, nach Weltoffenheit und Erkundung anderer Kontinente und alternativer Lebensweisen zu befriedigen. Eigentlich müssten wir ein ausserordentlich glückliches Volk sein, wenn wir unsere Verhältnisse mit denjenigen anderer Länder vergleichen. Sind wir es wirklich?

Ich habe Zweifel. Die Erhebung der Selbstverwirklichung zum Ideal sozialen Verhaltens hat eine Mentalitätsänderung und einen eigentlichen Wertewandel bewirkt. Dieser Wertewandel trennt Teile der Generationen. Die Konsensfähigkeit der staatstragenden politischen Gruppierungen nimmt ab. Effekthascherei und Kritik um der Kritik willen gefährden die konstruktive Suche nach tragfähigen Lösungen. Die klassischen staatstragenden Parteien werden an den Rändern abgebaut. Neu entstehen kleinere Gruppierungen, die mit fundamentalistischem Eifer politische Marktnischen besetzen. Die Glaubwürdigkeit der Institutionen wird systematisch angezweifelt, sie werden eigentlichen Verdächtigungskampagnen ausgesetzt, und unbestreitbare Schwächen führen zu Eruptionen der kollektiven Empörung. Der Gemeinsinn nimmt ab, und viele Menschen reagieren politisch nur noch dort, wo sie direkt betroffen sind. Die Neigung zur emotionalen Reaktion überlagert die Bereitschaft zur konstruktiven Auseinandersetzung. Bei Grundsatzproblemen wird nicht nach dem Kriterium des allgemeinen Interesses, sondern nach einem persönlichen oder rein partikularen Interesse entschieden. Ich überzeichne bewusst. Eine Vielzahl der Bürger denkt keineswegs so, aber die Tendenz ist merklich. Und was schlimmer ist: Es wird wenig getan, um diese Tendenz zu bekämpfen und um bei unserer Jugend, aber auch in einer breiten Öffentlichkeit, den Sinn für die Selbstverantwortung und die Verantwortung für das Gemeinwohl zu stärken.

Wir erleben heute, dass unsere bisherige Identität in Frage gestellt wird. Tun wir alles, um die Suche nach einer neuen Identität zu stärken und zu unterstützen?

Teilhabe an Europa

Das Thema ist unsere Zukunft in Europa. Diese Zukunft kann für uns nur heissen: Teilnahme an der Gestaltung der Geschicke dieses Kontinents. Die Frage ist aber: Teilnahme in welcher Form und bis zu welchem Grad? Wenn wir an Europa teilhaben wollen, müssen wir vorerst wissen, wie wir uns selbst in diesem sich laufend verändernden wirtschaftlichen und politischen Gebilde sehen. Welches soll unsere Rolle in Europa sein? Welche nationale Identität wollen wir in diesem Europa zur Geltung bringen?

Sich in die westeuropäische Entwicklung zu integrieren, heisst auf einen Teil der Entscheidungsfreiheit verzichten, sich angleichen. Bis wohin können wir Entscheidungskompetenzen abtreten, ohne uns selber aufzugeben? Können wir uns integrieren und gleichzeitig ein selbstbewusster, eigenständiger Teil Europas bleiben, oder müssen wir uns mit dem Status eines wirtschaftlich einigermassen florierenden Satelliten begnügen? Können wir auch im grösseren Ganzen unsere nationale Identität bewahren, oder laufen wir Gefahr, von den grossen uns umgebenden sprachlichen und kulturellen Räumen aufgesogen zu werden?

Um diese Frage zu beantworten, müssen wir wissen, welches unsere heutige und künftige nationale Identität ist. Wir müssen wissen, was dieses Land im Innersten zusammenhält und weiter zusammenhalten soll.

Da ist zunächst eine lange gemeinsame Geschichte unserer so verschiedenartigen Landesteile. Das Neben- und Miteinander von mehreren Kulturen und Sprachen in unserer Willensnation ist in vielerlei Hinsicht einmalig. Dank dieser Vielfalt sind wir seit je mit Europa eng verbunden. Unsere Öffnung gegen aussen hat Tradition und gehört zu unserer nationalen Identität. Zu dieser Identität gehört aber auch ein unverrückbares Bedürfnis nach Wahrung der Unabhängigkeit. In diesem Sinne ist auch unsere bewaffnete Neutralität im Laufe der Zeit zu einem Element des nationalen Selbstverständnisses geworden. Ein Hauptmerkmal unserer Identität ist schliesslich unsere politische Kultur, für mich der wichtigste Kitt in diesem Land. Dank den Instrumenten der direkten Demokratie kann der Bürger unmittelbar in den politischen Entscheidungsprozess eingreifen, grundsätzliche Weichen stellen und an der Gestaltung dieses Staates mitwirken. Durch das Milizprinzip ist der gleiche Bürger auf allen Ebenen in die Verantwortung für die Führung der Staatsgeschäfte eingebunden. Unser Föderalismus stellt sicher, dass die Macht des Staates geteilt und gebändigt wird und dass die Entscheidungen so nahe beim Bürger wie möglich getroffen werden. Zweikammersystem und Ständemehr garantieren den Minderheiten und Kleinen in diesem Lande einen gewissen Schutz vor der Majorisierung durch die Grossen. In diesem politischen System ist der mündige Bürger wirklich ein Bürger im tiefsten Sinne des Wortes. Hier ist das realisiert, wovon jene Völker in Mittel- und Osteuropa träumen, die sich derzeit aufbäumen und nach mehr Demokratie verlangen. Dies sind für mich die wichtigsten Elemente unserer nationalen Identität. Sie ermöglichen erst das harmonische Zusammenleben kultureller und sprachlicher Minderheiten.

Und doch: Woher stammt dann das Unbehagen hierzulande, die verbreitete Staatsverdrossenheit? Ist diese politische Kultur noch zum Nennwert zu nehmen oder zeigt sie Erosionserscheinungen? Ist sie allenfalls nur noch Fiktion oder bestenfalls Folklore? Diese Fragen müssen wir uns stellen, wenn wir unser Verhältnis zu Europa neu gestalten wollen und dabei notfalls auch Abstriche an unserer Souveränität in Kauf nehmen müssen.

Volksrechte gegen Mitentscheidung

Bis zum vergangenen Jahr war die schweizerische Europapolitik geprägt von einer schrittweisen, pragmatischen Annäherung an die Europäische Gemeinschaft. Mit der Rede von EG-Kommissionspräsident Jacques Delors haben sich die Verhältnisse radikal geändert. Heute ist die EG nicht mehr bereit, mit einzelnen EFTA-Ländern, also auch mit uns, allein zu verhandeln. Sie ist nicht mehr gewillt, uns eine Zusammenarbeit à la carte zuzugestehen, wo wir bestimmen, wo für uns ein Interesse an der Zusammenarbeit besteht und wo nicht. Heute wird von den EFTA-Ländern verlangt, dass sie sich unter sich einigen und mit einer Stimme gegenüber der EG auftreten. Heute geht es um Verhandlungen und den Abschluss eines Vertrages, mit dem die EFTA-Länder den relevanten Teil des EG-Binnenmarktrechts übernehmen sollen. Sonderlösungen werden ihnen nur noch in begrenztem Umfang zugestanden. Im Falle der Schweiz wird dies unter anderem für die Bereiche Freizügigkeit für Personen und Landwirtschaft gelten. Auf zahlreichen anderen Gebieten werden wir dagegen um Anpassungen nicht herumkommen. Auch ohne EG-Beitritt werden wir deshalb in den Verhandlungen über die Schaffung eines Europäischen Wirtschaftsraumes auf viele Sonderwünsche verzichten und eine Einbusse an Handlungsfreiheit in Kauf nehmen müssen.

Von entscheidender Bedeutung wird sein, welche Möglichkeiten der Mitwirkung an der Ausgestaltung des neuen europäischen Rechts uns zugestanden werden. Eine schweizerische Eingliederung in den Europäischen Wirtschaftsraum wird einen grossen Einfluss haben auf unser eigenes Wirtschaftsrecht. Dabei ist der Begriff Wirtschaft in einem ziemlich breiten Sinne zu verstehen:

Darunter fallen auch die Verkehrspolitik, Umweltschutznormen, Normen des Ausländerrechts oder die Zusammenarbeit im Bereich der Forschung und Ausbildung. Und wenn sich die EG über den Binnenmarkt hinaus in Richtung auf eine Wirtschafts- und Währungsunion weiterentwickeln sollte, wird auch ein künftiger Europäischer Wirtschaftsraum, in dem die EFTA-Länder mitwirken, davon nicht unberührt bleiben. Die Schweiz beansprucht deshalb mit einigem Recht, dass ihr echte Mitentscheidungsmöglichkeiten eingeräumt werden.

Die Tragweite eines künftigen Vertrags zur Schaffung eines Europäischen Wirtschaftsraums kann erst dann vollumfänglich beurteilt werden, wenn der Umfang und die Qualität des zu übernehmenden Rechts analysiert ist, wenn die Sonderregelungen ausgehandelt sind und wenn über das Mitentscheidungsrecht Klarheit besteht. Es ist aber jetzt schon sicher, dass ein solcher Vertrag grosse Bereiche des schweizerischen Wirtschaftsrechts der Möglichkeit von Referendum und Initiative entziehen wird. Es ist ebenfalls klar, dass eine gewisse Kompetenzverlagerung von Volk und Parlament zur Exekutive die Folge sein wird. Die Volksrechte werden eingeschränkt. Die Teilnahme am Europäischen Wirtschaftsraum wird also ihren institutionellen und politischen Preis kosten. Es gilt nun, Vor- und Nachteile eines Mitmachens abzuwägen, also sozusagen eine Kosten-Nutzen-Analyse vorzunehmen.

Die Alternative: punktuelle Kooperation

Die Vorteile einer Beteiligung an der Schaffung des Europäischen Wirtschaftsraumes sind offensichtlich. Wenn wir hier mitmachen, können wir die Gefahr einer Diskriminierung unserer Wirtschaftsunternehmen auf dem EG-Markt weitgehend bannen. Das kann für eine exportorientierte Volkswirtschaft lebenswichtig sein. Wenn wir mitmachen, stehen uns Möglichkeiten der Beteiligung an EG-Programmen offen, zum Beispiel auf den Gebieten der wissenschaftlichen Forschung und technologischen Entwicklung. Wenn wir mitmachen, beteiligen wir uns an der europäischen Suche nach Lösungen für die dringenden Probleme unserer Zeit, zum Beispiel auf dem Gebiet des Umweltschutzes oder des Flüchtlingsproblems. Wenn wir mitmachen, signalisieren wir gegen aussen, dass wir uns kulturell und geistig nicht abkapseln wollen, sondern dass wir unserer Jugend den Anschluss an die europäische Entwicklung offen halten.

Wenn wir andererseits an diesem umfassenden Gesamtvertrag nicht mitwirken können, zum Beispiel weil wir keine echte Mitentscheidungsmöglichkeit erhalten oder weil wir nicht bereit sind, eine Einschränkung der Volksrechte in Kauf zu nehmen, bedeutet dies nicht notwendigerweise, dass wir inskünftig völlig isoliert dastehen werden. Die Schweiz ist immerhin ein wirtschaftlich recht bedeutender Partner der EG. In einzelnen Gebieten, zum Beispiel dem Verkehr, haben wir sogar Schlüsselpositionen inne. Es dürfte also vermutlich möglich sein, auch weiterhin punktuelle Formen der Zusammenarbeit mit der EG zu vertiefen, auch wenn dies langsamer und weniger umfassend geschehen würde als im Falle der Vollbeteiligung am Europäischen Wirtschaftsraum. Allerdings müsste man sich bei diesem Szenario vor Augen halten, dass die Attraktivität des Industriestandorts und Werkplatzes Schweiz im Verhältnis zum EG-Raum eher abnehmen würde, vor allem für ausländische Direktinvestoren aus Übersee. Und schliesslich wäre auch die Gefahr einer psychologischen Aussenseiterstellung kaum vollständig zu bannen.

Die Vorteile einer Mitwirkung am Europäischen Wirtschaftsraum kosten ihren Preis. Wir geben Entscheidungsbefugnis ab und entziehen wichtige Bereiche der Politik dem Mitspracherecht des Volkes. Die Frage ist, ob dieser Preis vertretbar ist. Abschliessend beurteilen kann man den Umfang dieses Opfers erst, wenn ein ausgehandelter Vertragsentwurf vorliegt, ein Entwurf, der im übrigen dem Volk zur Genehmigung unterbreitet werden muss. Das heisst, das Volk wird sich darüber aussprechen können, ob es einer Einschränkung seiner Rechte zustimmen will oder nicht.

Wir stehen vor Grundsatzfragen. Wir müssen die Frage nach unserer nationalen Identität in doppeltem Sinn neu stellen: Nach den Grundwerten, die für unser Selbstverständnis unverzichtbar sind, und nach dem Platz, den wir diesen Grundwerten und damit unserer Identität in einem europaweiten Rahmen geben wollen.

Wir müssen analysieren, ob der Teilverlust an direkter Demokratie wirklich so bedeutend ist. Ich will dazu nur Fragen stellen, keine Antworten geben. Befasst sich unsere direkte Demokratie noch mit den zentralen Fragen der Politik oder führt sie ein Scheinleben, weil die wirklich grundlegenden Fragen in einer Flut von weniger wichtigen Volksentscheiden untergehen? Sind die zahlreichen Initiativen der letzten zwei Jahrzehnte Ausdruck des Volkswillens zu grundsätzlichen Weichenstellungen, oder sind sie nur Mittel missionarischer Randgruppen, ihre Partikularinteressen mit Hilfe medienwirksamer Referenden besser zur Geltung zu bringen und allenfalls durchzusetzen? Deutliche Anzeichen für das letztere sind unverkennbar: Wenn die Befürworter der Armeeabschaffung nicht bereit sind, den klaren Entscheid des Volkes für die Armee zu akzeptieren, sondern am Tage der Abstimmung bereits weitere Schritte für künftige Volksentscheide ankünden, so macht dies deutlich, dass es hier nicht darum geht, in einem demokratischen Verfahren einen Grundkonsens zu erarbeiten, der nach der Auseinandersetzung vom ganzen Volk mitgetragen wird. Ist sich der Verein für die Abdankung der Armee (ADA) eigentlich bewusst, dass er mit seinen grossformatigen Inseraten im «Blick» für ein Nein zur Armee einen jahrhundertealten Grundsatz schweizerischer Politik, nämlich die Akzeptierung eines Volksentscheids, in Frage stellt?

Sollen unsere Volksrechte integral erhalten werden, auch wenn dies wirtschaftliche und aussenpolitische Nachteile mit sich bringt, wenn sich immer mehr Bürger auf ihre Privatinteressen berufen und im Abstimmungsverhalten immer weniger das langfristige Interesse des Landes im Auge behalten? Was ist uns unser Milizprinzip wert, wenn sich mehr und mehr Bürger von der Belastung durch öffentliche Aufgaben dispensieren, vielleicht, weil sie die mit öffentlichen Ämtern verbundene ständige Kritik scheuen? Ist unser Föderalismus noch ein echtes Anliegen oder werden darüber nur noch Scheingefechte geführt?

Es fällt schwer, als Antwort auf alle diese Fragen in voller Überzeugung das hohe Lied unserer direkt-demokratischen Institutionen zu singen. Und sogar wenn die Idylle des interessierten und am Gemeinwohl orientierten Bürgers noch zuträfe: Ist das die Welt, welche die junge Generation noch fasziniert? Denkt die Jugend nicht weltoffener, globaler? Interessiert sie angesichts der Globalisierung vieler Kernprobleme der Menschheit das Mitmachen im helvetischen Gärtchen noch? Schlägt auch hier der Wertewandel durch?

Kennmarken staatspolitischer Selbstbesinnung

Ich kann keine abschliessende Antwort geben. Aber ich weiss, dass jetzt eine Phase der intensiven staatspolitischen Selbstbesinnung not tut. Dieser Prozess ist dringlich. Die Verhandlungen über die Schaffung eines Europäischen Wirtschaftsraums sollen gemäss den Vorstellungen unserer europäischen Partner sehr bald, binnen ein bis anderthalb Jahren, abgeschlossen sein. Die Fragen sind uns bereits gestellt. Wir müssen die Antworten rasch haben, um einen inneren Zersplitterungsprozess abzufangen und um die Beziehungen nach aussen neu zu gestalten.

Ich versuche, einige Kennmarken dieser staatspolitischen Selbstbesinnung zu skizzieren:

Erstens: Unsere Demokratie ist nicht mehr die Idylle, die wir so gerne preisen. Aber sie hat sich im wesentlichen bewährt. Sie ermöglicht dem Bürger, Weichen zu stellen, einzugreifen, wenn Not am Mann ist. Sie erlaubt eine wirksame Kontrolle der politischen Macht. Sie ist ein Vorteil für die Minderheiten, die sich artikulieren können, und sie war bisher ein Mittel der Konsensfindung. Unsere politische Kultur darf ihrer Grundsubstanz nicht beraubt werden, auch nicht durch eine Öffnung gegenüber Europa, wenn unser Land an innerem Zusammenhalt nicht noch mehr verlieren soll.

Zweitens: Die Schweiz darf sich nicht der Illusion hingeben, sie bleibe von den Umwälzungen in Europa unberührt. Wir dürfen in diesem Europa keine Eigenbrötler sein, sondern wir müssen eine Art solidarischer Eigenständigkeit anstreben. Wir müssen mit unserer weltweit verflochtenen Wirtschaft gegenüber Europa offen bleiben und diese Offenheit unseren Nachkommen erhalten.

Drittens: Die Forderungen nach Erhaltung der politischen Kultur und europäischer Öffnung widersprechen sich zum Teil, rufen nach einem Kompromiss. Der Zutritt zu Europa hat seinen politischen Preis, aber dieser Preis kann nicht beliebig hoch sein.

Viertens: Wir werden EG-Wirtschaftsrecht übernehmen müssen. Die Rechtsangleichung sollte aber begrenzt sein. Es darf nicht sein, dass durch die Vernetzung verschiedener Rechtsbereiche unsere direkte Demokratie und der Föderalismus faktisch ausgehöhlt werden. Und es muss sichergestellt sein, dass wir bei der Weiterentwicklung des Europäischen Wirtschaftsraums institutionalisierte Mitwirkungsrechte haben und dass wir nicht zum blossen Satelliten herabgesetzt werden, der das EG-Recht nachvollziehen muss. Sollte ein ausgehandeltes Abkommen diesen Grundsätzen nicht genügen, sollte es Kernelemente unserer nationalen Identität herausbrechen, würde ich meinen, dass der nicht sehr einfache Alleingang erwogen werden müsste.

Fünftens: Ein Beitritt der Schweiz zur EG kommt für mich unter den heutigen Umständen nicht in Frage. Nach meiner Auffassung wäre der politische Preis dafür zu hoch. Aber spätere Generationen müssen in der Lage sein, diese Frage immer wieder zu prüfen. An uns liegt es, ihnen dafür eine gute Ausgangslage zu verschaffen.

Sechstens: Wir müssen für die Definition unseres Verhältnisses zu Europa auch wirtschaftlich von einer Position der Stärke ausgehen können. Nur dann haben wir die Kraft, eine eigenständige Position zu bewahren. Das bedeutet, dass gute und liberale wirtschaftspolitische Rahmenbedingungen für unser Land lebenswichtig sind. Dem müssten Regierung und Parlament Rechnung tragen.

Ich bin mir bewusst, dass über diese Fragen in der schweizerischen Öffentlichkeit kein Konsens besteht. Es gibt Mitbürger, die einen baldigen EG-Beitritt befürworten. Andere sträuben sich gegen jede Öffnung. Wieder andere sprechen sich allgemein für eine sofortige Öffnung aus, plädieren dann aber im einzelnen für Sonderlösungen und den Schutz des eigenen Gärtchens. Vielleicht ist diese letzte Haltung typisch helvetisch. Jedenfalls widerspiegelt sie ein bisschen die

Tendenz, den Partikularinteressen Vorrang zu geben. Ich fürchte, dass dieses Verhaltensmuster gegenüber Europa nicht Erfolg haben wird. Ich glaube nicht, dass wir uns werden aus der Verantwortung stehlen können, die wirklichen Grundsatzfragen zu stellen und auch zu beantworten.

Die Antworten auf diese Grundsatzfragen können nur gefunden werden, wenn der Zusammenhalt des Volkes intakt ist, wenn der Bürger voll zu seinen Institutionen und zum Landesinteresse steht. Es gibt keine Fertigrezepte. Deshalb müssen wir uns auf unsere Grundwerte und unsere nationale Identität zurückbesinnen. Diese Selbstbesinnung ist dringlich. Alle Bürger sind gefordert.

Gerade wir Liberalen und Freisinnigen müssen intensiv an der Gestaltung unseres Verhältnisses zu Europa mitarbeiten. Wir haben in den Regierungen und Parlamenten von Bund und Kantonen Leute mit Sachverstand und Engagement, wir haben in unseren Reihen die so dringend nötige Sachkompetenz in reichem Masse, wir dürfen auf unzählige Bürgerinnen und Bürger von hohem Verantwortungsbewusstsein und zutiefst demokratischer Gesinnung zählen. Das alles müssen wir aktivieren, in die Diskussion um unsere Zukunft einbeziehen. (…)

Ich rufe Sie auf, die Reihen zu schliessen, nach vorne zu blicken und die Ärmel hochzukrempeln. Packen wir zu!

22. August 1990

Jeden Sommer treffen sich die weltweit im Einsatz stehenden schweizerischen Botschafter zur Diskussion aktueller Fragen in Bern. Seit der letzten Botschafterkonferenz hat sich angesichts der welthistorischen Ereignisse in Mittel- und Osteuropa auch das strategische Umfeld der Schweiz fundamental verändert. Die Antwort des EMD-Chefs auf die zwischen Atlantik und Ural sicherheitspolitisch tiefschürfend umgepflügte Landschaft ist das Konzept der «Armee 95», einer umfassenden Reform, die unter anderem den dreifachen Auftrag an die Armee zur Kriegsverhinderung, Verteidigung und Hilfeleistung an die Zivilbevölkerung beinhaltet sowie eine Bestandesverminderung um einen Drittel vorsieht.

Botschafterkonferenz des Eidgenössischen Departements
für auswärtige Angelegenheiten (EDA), Bern

Sicherheitspolitik in einem sich wandelnden Umfeld

(...) Es verwundert nicht, dass in einem bewegten Umfeld im Parlament und im Volk der Ruf nach einer umfassenden Neubeurteilung der sicherheitspolitischen Lage und nach einem Überdenken der Sicherheitspolitik laut wird. Der Bundesrat wird die geforderte Standortbestimmung vornehmen, obwohl er sich bewusst ist, dass sich die Lage ständig ändert und dass auch Prognosen über die mutmassliche Weiterentwicklung sehr schwierig sind. Wir brauchen aber eine Standortbestimmung, weil
– sich die strategische Bedrohungslage als Folge der historischen Umwälzungen in Europa stark verändert hat;
– die Diskussionen über die Zukunftsentwicklung unseres Landes, über die Sicherheit und den Sicherheitsapparat Sinn und Richtung bekommen sollen;
– und den sicherheitspolitischen Instrumenten wie Diplomatie, Armee, Zivilschutz usw. eine klare Marschrichtung gegeben werden muss.
 Am Anfang unserer Überlegungen muss die Erkenntnis stehen, dass unsere Sicherheit nicht allein – und im Moment vielleicht nicht einmal vor allem – von den sicherheitspolitischen Anstrengungen im eigenen Land abhängt, sondern von der Sicherheit unserer Umgebung, von der Sicherheit Europas also. Wir haben deshalb ein primäres Interesse daran, dass dieses Europa möglichst sicher

wird. Wir haben gesehen, dass wir in einer Zeit leben, welche ganz einmalige Chancen für ein besseres Europa bietet, einer Zeit aber auch, in welcher gravierende Risiken noch keineswegs beseitigt sind. Es muss deshalb unser vordringliches Bestreben sein, aktiv dazu beizutragen, dass die Chancen realisiert und die Risiken bewältigt werden. Wir müssen also solidarisch mit anderen europäischen Völkern einen Beitrag an ein sicheres und besseres Europa leisten. Wir müssen mit anderen Worten auf die Karte der Hoffnung setzen! Wir dürfen das aber nicht in Naivität tun: Die Verantwortung gegenüber unserem Lande gebietet es, dass wir für mögliche Rückschläge gewappnet bleiben.

Man könnte vier Hauptaufgaben für eine solche Sicherheitspolitik definieren: Erstens: Eine ständige angemessene und flexible Bereitschaft für die unterschiedlichsten Entwicklungen (nach dem Motto: Wachsam bleiben und sich rasch an neue Situationen anpassen können).

Zweitens: Die Leistung eines substantiellen Beitrags zur Friedensförderung und Zusammenarbeit in der Welt, speziell aber in Mitteleuropa.

Drittens: Die Fähigkeit, den Frieden schlimmstenfalls durch Verteidigungs- und Durchhaltefähigkeit zu wahren (um auf allfällige Rückschläge reagieren zu können und um kein strategischer Risikoraum zu werden).

Viertens: Die Leistung eines Beitrages zur allgemeinen Existenzsicherung durch Hilfe und Retten im Katastrophenfall, weil sich einige Mittel der Sicherheitspolitik wie Armee und Zivilschutz dafür besonders eignen.

Die Voraussetzungen für eine solche Politik sind in Bund, Kantonen und Gemeinden weitestgehend schon vorhanden. Diplomatie und Aussenwirtschaftspolitik, Armee, Zivilschutz, wirtschaftliche Landesversorgung, koordinierte Dienste usw. bilden wie bisher das Instrumentarium. Aber es ist nun ganz entscheidend, dass angesichts der neuen Entwicklungen in allen diesen Bereichen diese Instrumente wesentlich flexibler werden und auch flexibler eingesetzt werden müssen.

Lassen Sie mich zuerst einige Ausführungen zu unserem Beitrag an ein sicheres Europa machen. Ich denke hier an vier Politikbereiche:

Erstens: Dauerhafte Sicherheit wird vor allem dann möglich, wenn Konfliktursachen beseitigt werden. Diktatur, Verletzung der Menschenrechte, Unterdrückung von Minderheiten usw. sind solche Konfliktursachen. Wir müssen deshalb durch politische Kooperation einen Beitrag dazu leisten, dass die vom Joch der Diktaturen befreiten Länder in Mittel- und Osteuropa Demokratien aufbauen können, die auf individueller Freiheit, Menschenrechten und Achtung der Minderheiten beruhen. Hier hat gerade unser Land einiges an Erfahrung einzubringen.

Zweitens: Auch Armut ist eine Konfliktursache. Durch wirtschaftliche Kooperation können wir einen Beitrag dazu leisten, dass sich stabile Marktwirtschaften bilden können und dass mit der Zeit ein gewisser Wohlstand entsteht.

Drittens: Durch rechtliche Kooperation können wir dazu beitragen, die neuen Beziehungen zwischen West- und Osteuropa vertraglich abzusichern und einen europäischen Rechtsraum zu schaffen, der von einem glaubwürdigen demokratischen Rechtsverständnis geprägt ist. Dazu gehört auch, dass Mechanismen für gewaltfreie Konfliktregelungen gefunden werden.

Viertens: Im engeren militärischen und militärpolitischen Bereich können wir im Rahmen der sogenannten ausgreifenden Massnahmen der Sicherheitspolitik wichtige Beiträge zur Konfliktbewältigung und Friedensförderung leisten.

Diese Bereiche haben wir in der letzten Zeit zielstrebig ausgebaut. Ich darf hier etwa an den Kredit von 250 Millionen Franken zu Gunsten von Polen und Ungarn erinnern, den Bundesrat und Parlament beschlossen haben. Eine besondere Bedeutung hat in diesem Zusammenhang der KSZE-Prozess. Wir können durchaus unseren Erfahrungsschatz aktiv und verstärkt in den KSZE-Prozess einbringen. Ich denke dabei nicht nur an unsere Erfahrungen im Bereich des Föderalismus, der direkten Demokratie und des Minderheitenschutzes, sondern auch an das System der obligatorischen Streitbeilegung, an den Bereich der Menschenrechte und der freien zwischenmenschlichen Kontakte.

Lassen Sie mich nun einige Ausführungen zum militärischen Beitrag an ein sichereres Europa machen.

Die Fähigkeit unserer Armee, ein strategisch wichtiges Territorium im Zentrum Europas – und insbesondere einen strategisch noch an Bedeutung gewinnenden Luftraum – berechenbar und glaubwürdig zu schützen, gewinnt in einem instabilen Europa, dessen positiver Entwicklungsprozess noch fragil ist, an Bedeutung. In Zeiten der Unsicherheit sind stabile Räume besonders wichtig. Wir müssen also unsere Verteidigungsanstrengungen so gestalten, dass sie im gesamteuropäischen Rahmen stabilisierend und nicht destabilisierend wirken. Umfang und Bewaffnung unserer Armee müssen der gesamteuropäischen Sicherheitslage bewusst Rechnung tragen.

Die Verlängerung des neutralen Luftkorridors durch Ungarn zeigt, dass wir unsere Luftverteidigung auch im Interesse Europas modernisieren müssen, wenn wir in weiteren Horizonten denken. Wir können nicht einfach die vielzitierte Friedensdividende kassieren und militärische Lücken in unserer Landesverteidigung entstehen lassen, die im gesamteuropäischen Rahmen zusätzliche Risiken schaffen. Wir dürfen, soll unsere Landesverteidigung europafähig bleiben, nicht zum sicherheitspolitischen Trittbrettfahrer werden. Allerdings werden die geplanten Rüstungsreduktionen und die sich abzeichnende Verbesserung der politischen Lage in Europa auch eine Reduktion unserer Armee im Rahmen von «Armee 95» erlauben.

Unsere Armee muss auch in der Lage sein, aktive Beiträge zur internationalen Friedenssicherung zu leisten, wenn dies notwendig wird. Der Bundesrat hat wiederholt die grundsätzliche Disponibilität der Schweiz erklärt, im Rahmen des Möglichen aktive Beiträge im Verifikationsbereich zu leisten. Wir haben unser Engagement im Bereich der friedenserhaltenden Massnahmen in jüngster Zeit stark ausgebaut. Solche Aktionen könnten im noch unruhigen neuen Europa von morgen eine grössere Bedeutung erhalten. Auch solche Überlegungen müssen in die Konzeption von «Armee 95» einfliessen. Dies alles bedeutet, dass Flexibilität und Mobilität nicht nur in Ausrüstung und Ausbildung, sondern auch im Denken notwendig werden.

Sie wissen, dass in jüngster Zeit sogar unser Milizsystem umstritten ist. Dieses hat sich jedoch in der Vergangenheit nicht nur bewährt, sondern es geniesst im Ausland einen guten Ruf. Unsere Armee sitzt nicht in den Kasernen und wartet auf den Krieg. Sie ist vollständig integriert in Gesellschaft und Volkswirtschaft, und sie wird nur dann gerufen, wenn man sie braucht. Unser anpassungsfähiges Mobilmachungssystem sorgt für ein problembezogenes und massgeschneidertes Aufgebot.

Ich habe in der lezten Zeit die Überzeugung gewonnen, dass das Know-how unseres Milizsystems exportfähig ist. Anlässlich eines vertraulichen Gespräches mit dem Verteidigungsminister eines Oststaates konnte ich dies sehr deutlich feststellen. Man ist an unseren Erfahrungen und militärischen Konzepten interessiert. Ich werde deshalb nicht zögern, auf dieses Interesse positiv zu reagieren und unsere Erfahrungen weiterzugeben. Denkbar wäre, eine eigentliche Task Force aus Berufs- und Milizoffizieren zu bilden und mit dieser Aufgabe zu betrauen. Vielleicht kann hier der Neutrale etwas bieten, was einerseits von der Sowjetunion nicht mehr gefragt ist und was andererseits die NATO nicht anbieten kann und sollte, um nicht sowjetische Ängste zu provozieren.

Selbstverständlich gibt es noch viele kleinere Bereiche, in denen wir verstärkt Aktivitäten entwickeln können. Ich denke etwa an die Waffenstillstandsbeobachter, deren fünf derzeit im Golan sind. Ich denke an die Ausbildung sicherheitspolitischer Experten, an denen weltweit Mangel herrscht. Ich denke auch an die Stärkung der sicherheitspolitischen Forschungsbasis.

Soll diese dynamische Seite unserer Sicherheitspolitik wirklich langfristig wirksam werden und Erfolg haben, so werden wir über den Bereich der blossen friedenserhaltenden Massnahmen hinaus in jenen der friedensgestaltenden Massnahmen und Aktionen vorstossen müssen. Auf europäischer Ebnene bedeutet dies, dass wir einen Beitrag an den Aufbau einer stabilen europäischen Sicherheitsordnung leisten. Dazu gehört die Mitwirkung an der Errichtung von Mechanismen der friedlichen Konfliktbewältigung ebenso wie die Beteiligung an der Rüstungskontrolle. Auch die Entsendung von Truppenverbänden (UNO-Blauhelmen) soll in absehbarer Zeit Wirklichkeit werden. Sollte die weitere Entwicklung der europäischen Integration dereinst tatsächlich dazu führen, dass ein gesamteuropäisches Sicherheitssystem mit einer militärischen Komponente realisiert wird, wird sich natürlich auch für die Schweiz die Frage stellen, wie sie sich dazu verhalten soll. Es ist klar, dass in einem solchen Fall nicht zuletzt die Zukunft der bewaffneten Neutralität unseres Landes überprüft werden müsste.

Die Rolle der Streitkräfte

Nach dieser sicherheitspolitischen Lageanalyse möchte ich einige allgemeine Gedanken zur Rolle der Streitkräfte äussern. Das Bild des Krieges befindet sich in stetem Wandel. Technik, Doktrinen und Organisation verändern sich zurzeit besonders schnell. Ein moderner Krieg wäre zuallererst ein Luftkrieg. Raketen und Luftwaffen können auf grosse Distanzen empfindliche Punkte wie Infrastruktureinrichtungen, politische und militärische Führungszentren, Verbindungswege, wichtige Waffenstellungen und Flugplätze treffen. Der Widerstandswille eines Volkes kann durch Terrorangriffe aus der Luft gebrochen werden. Raketenangriffe mit C-Waffen sind nicht auszuschliessen. Am Boden und in der Luft entscheidet weitgehend die elektronische Kriegsführung über Erfolg oder Misserfolg. Zum Angriffsinstrumentarium gehören heute neue konventionelle Waffen mit grosser Wirkung und hoher Präzision, lufttransportierte Sturmabteilungen, kleine und im anzugreifenden Land versteckte Verbände mit Aufträgen zur Leitung von Raketenanschlägen, zu Terror- und Verwirrungsaktionen.

Verteidigung und Angriff werden sich damit verändern. Die Besetzung ganzer Territorien als operatives Ziel wird hinter den Versuch zurücktreten, die feindlichen Streitkräfte mit raschen Schlägen und Stössen zu lähmen, Schlüsselobjekte in Besitz zu nehmen und so dem Gegner die Handlungsfähigkeit zu rauben. Der Verteidiger wird danach trachten, die Absichten des Angreifers rechtzeitig zu erkennen, Angriffe aus der Luft zu überleben, Stösse am Boden aufzufangen, um dann im Gegenangriff die territoriale Integrität wieder herzustellen.

Die militärischen Warnzeiten steigen. Politische Überraschungen werden indessen auch in Zukunft nicht ausbleiben. Weder Bau noch Abbruch der Berliner Mauer wurden langfristig vorausgesehen, und auch der jüngste Golfkrieg brach überraschend aus: Zwar kannte man über Satellitenaufklärung den irakischen Panzeraufmarsch, und Saddam Hussein hatte seine expansionistischen Absichten ja keineswegs verschwiegen. Aber dennoch war die ganze Welt erstaunt, als die Angriffswelle zu rollen begann. Die Verlagerung der kriegerischen Gewalt in die Luft bringt es mit sich, dass auch weiterhin Angriffe mit sehr kurzer Vorwarnzeit technisch möglich sind.

Man kann heute schon mit Sicherheit sagen, dass auch ein europäisches Sicherheitssystem der Zukunft auf Armeen beruhen wird. Es werden aber kleinere und hoffentlich defensiver ausgerichtete Armeen sein. (…)

24. Januar 1992

Christoph Blocher hat als Zürcher SVP-Kantonalpräsident Ende der 1980er Jahre die Albisgüetli-Tagung ins Leben gerufen. Er nutzt den Anlass jeweils als Podium für eine meistens polemische Rede, in der er mit der angeblichen «classe politique» abrechnet. Zur SVP-Jahrestagung im Schützenhaus Albisgüetli wird regelmässig auch ein Bundesrat als Gastredner eingeladen. EMD-Vorsteher Kaspar Villiger profitiert von seinem Auftritt vor der generell EU- und integrationsskeptischen SVP, um seine sicherheits- und europapolitische Lagebeurteilung unter die Leute zu bringen.

Albisgüetli-Tagung der SVP des Kantons Zürich, Zürich

Armee und Sicherheit heute

Es ist für mich ein besonderes Vergnügen, heute zu Mitgliedern einer Bundesratspartei sprechen zu können, die keinen Gegensatz sieht zwischen Armee und Sicherheit, sondern weiss, dass eine bewaffnete Landesverteidigung nach wie vor eine unabdingbare Notwendigkeit darstellt.

Unser strategisches Umfeld befindet sich in schnellem und tiefgreifendem Wandel. Der Kalte Krieg ist vorbei. Die Gefahr eines bewaffneten Ost-West-Konfliktes hat markant abgenommen. Warschauer Pakt und Sowjetunion haben sich aufgelöst. Deutschland ist wieder geeint. Es wird viel von einer europäischen Sicherheitsordnung gesprochen. Neue Chancen sind entstanden. Es gibt durchaus Anlass zur Hoffnung.

Allerdings stehen diesen Chancen Risiken gegenüber. In Europa wird heute wieder geschossen, sind Menschen auf der Flucht. Die Demokratien und Volkswirtschaften im Osten sind alles andere als gefestigt. Die sozialen und politischen Spannungen nehmen zu, nicht ab. Armut ist ein Nährboden für Nationalisten, Demagogen und Diktatoren. Internationale Beobachter fürchten die Gefahr eines Rückfalls in ein autoritäres System, das versucht sein könnte, sich durch militärische Drohgebärden neuen innen- und aussenpolitischen Handlungsspielraum zu verschaffen. Die Geschichte unseres Jahrhunderts hat gezeigt, dass sich solche Befürchtungen bewahrheiten können.

Das Risiko von Konflikten kann deshalb nicht ausgeschlossen werden. Das Nukleararsenal der ehemaligen UdSSR gibt dem eine zusätzliche, gefährliche Dimension. In der chronisch instabilen Dritten Welt verbreiten sich Massenvernichtungswaffen. Die Anziehungskraft des religiösen Fundamentalismus wächst. Neue Dimensionen der Sicherheitspolitik – vom international organisierten Verbrechen bis hin zu Migrationsströmen grossen Ausmasses – gewinnen an Bedeutung. Der Golfkrieg hat bewiesen, dass zwischen neuen Gegnern hochtechnologische Kriege wieder geführt werden können – und auch geführt werden.

Der Weltfriede ist – leider – noch nicht gesichert. Wir leben in einer unruhigen Zeit des Überganges. Niemand weiss, wohin die Entwicklung gehen wird. Ich habe, als ich vor drei Jahren mein Amt übernahm, niemanden getroffen, der mir die gewaltigen Umwälzungen, die wir alle erlebt haben, vorhergesagt hätte. Niemand weiss heute, wie die Lage in weiteren drei Jahren – geschweige denn in fünf oder zehn Jahren – aussehen wird. Wer dennoch behauptet, er wisse, dass es für unser Land keinerlei militärische Bedrohungen mehr geben könne, ist entweder naiv oder intellektuell unredlich. Geschichte ist nicht vorhersehbar. Das haben die letzten Jahre einmal mehr belegt.

Daneben bleiben gewaltige Waffenarsenale bestehen: Die Armeen verkleinern sich zwar durch Abrüstung. Der Technologiewettlauf und die Modernisierung gehen aber weiter. Es geht mir nicht darum, die internationale Lage zu dramatisieren. Es gilt nur, nüchtern festzuhalten, dass wir trotz der neuen Chancen nach wie vor Gefahren gegenüberstehen, die die Armeen weiterhin zu unerlässlichen Elementen der Sicherheitspolitik machen.

In einem unsicheren Umfeld mit möglichen militärischen Bedrohungen bleibt die Armee ein zentrales Instrument des Krisenmanagements. Politisch werden heute zwei grundlegende Armeekonzepte diskutiert: das billige, nicht technologische Infanterieheer und die moderne, bewegliche und technologisch hochstehende, feuerstarke Armee. Die erste Variante kann vielleicht das Grenzwachtkorps unterstützen. Im übrigen ist sie, unabhängig von der Grösse, sinnlos, weil sie keinerlei kriegsverhindernde Wirkung entfaltet. Gegenüber einem hochtechnisierten Gegner ist eine solche Armee kaum mehr als eine Guerillatruppe, die vielleicht im besetzten Land kämpfen, aber den Kampf nicht von diesem Land fernhalten kann. Nur die zweite Variante ist in der Lage, den Auftrag der Kriegsverhinderung zu erfüllen. Eine solche moderne Armee kann aus unserer heutigen Armee heraus entwickelt werden. Und damit sie das leistet, was sie leisten muss, muss sie drei Bedingungen erfüllen:

Erstens: Sie muss imstande sein, auf jede Entwicklung der sicherheitspolitischen Lage glaubwürdig, flexibel und angemessen antworten zu können. Eine

Armee – und erst recht eine Milizarmee – kann man nicht aus- oder abbauen je nachdem, ob man sie zwei Monate später braucht oder nicht. Ausbildung und Rüstung sind langfristige Prozesse. Trotzdem muss eine Armee an verschiedene Entwicklungen angepasst werden können.

Zweitens: Eine Armee muss kriegstauglich sein. Alles andere wäre verantwortungslos. Dazu braucht sie eine angemessene Ausbildung und Ausrüstung.

Drittens: Wir müssen und wollen am Prinzip der Milizarmee festhalten. Dies entspricht unserer demokratischen Tradition. Es ist auch die bei weitem kostengünstigste Lösung.

Die Armee 95, auf die ich später eingehen werde, entspricht diesen Bedingungen:

1. Sie passt sich nahtlos ein in unsere sicherheitspolitische Gesamtschau, die im Bericht 90 des Bundesrates zur Sicherheitspolitik dargestellt ist. Dieser Bericht wurde bekanntlich vom Parlament gut aufgenommen.
2. Sie hat einen klaren Auftrag, der im Sicherheitsbericht definiert ist.
3. Sie ist so strukturiert, dass sie diesem Auftrag entspricht. Stichwort ist hier das neue Armeeleitbild, das nächstens dem Parlament zugeleitet wird.
4. Sie muss so ausgerüstet sein, dass sie ihren Auftrag auch erfüllen kann, was wir mit unseren jährlichen Rüstungsprogrammen anstreben.

Ich will auf jeden dieser Punkte näher eingehen.

Sicherheitspolitik und militärische Lagebeurteilung

Der Bundesrat hat eine neue Sicherheitspolitik, die unserer heutigen Lage Rechnung trägt. Der Denkansatz dieser neuen Politik wird auch in 20 Jahren noch stimmen.

Vereinfacht geht es um folgende drei Punkte:

Erstens: Weil unsere Sicherheit von der Sicherheit der Umgebung abhängt, wollen wir Beiträge dazu leisten, dass diese Umgebung sicherer wird. Das ist eine politische Aufgabe. Die Armee spielt hier nur eine subsidiäre Rolle.

Zweitens: Weil nach wie vor Risiken bestehen und neue Risiken auftauchen, müssen wir dafür gewappnet bleiben. Hier liegt das Schwergewicht der Verantwortung bei der Armee.

Drittens: Weil sich das sicherheitspolitische Instrument Armee dafür eignet, soll es auch für die allgemeine Existenzsicherung eingesetzt werden.

Ich habe schon darauf hingewiesen, dass die heutige internationale Lage vor allem durch Unsicherheit gekennzeichnet ist. Wenn man nicht genau weiss, was in Zukunft geschehen wird, muss man sich am Ziel orientieren, das man erreichen will. Genau das tut unsere Sicherheitspolitik. Und das Ziel ist klar: Mehr Stabilität in Europa. Das kann nur erreicht werden, wenn es gelingt, Mittel- und Osteuropa zu stabilisieren. Die jungen mittel- und osteuropäischen Demokratien haben zwar eine frühere demokratische Tradition, aber noch wenig unmittelbare demokratische Erfahrung. Ihre wirtschaftlichen, sozialen und politischen Probleme sind ernst. Sie suchen die Rückkehr nach Europa. Der Westen – und auch wir – müssen sie dabei unterstützen. Darum hat der Bundesrat gewichtige Hilfspakete für Osteuropa geschnürt, welche diesen Ländern wirtschaftliche und politische Unterstützung bieten sollen.

Neben dieser direkten Hilfe an einzelne Länder müssen wir jedoch auch – und vor allem – aktiv zum Aufbau einer europäischen Sicherheitsordnung beitragen. Dies ist Aufgabe der sogenannten dynamischen Komponente unserer Sicherheitspolitik. Sie stellt gewissermassen unsere erste Verteidigungslinie dar. Ich erwähne hier unsere Beteiligung an der Konferenz für Sicherheit und Zusammenarbeit in Europa (KSZE). Ich denke an unsere Politik der Guten Dienste, an unsere Rolle im Europarat, an unsere Beiträge zu friedenserhaltenden Aktionen, an unseren Vorschlag zur Schaffung eines obligatorischen Systems der Streitbeilegung.

Es gilt aber auch, einige Dinge offen beim Namen zu nennen:

Erstens: Ein gesamteuropäisches System der kollektiven Sicherheit, das uns die Aufgabe abnehmen könnte, uns notfalls selber zu verteidigen, bleibt wohl noch auf lange Sicht hinaus eine Wunschvorstellung.

Zweitens: Die KSZE ist vorläufig im Bereich der Konfliktregelung nur bedingt handlungsfähig. Ihre Entschlüsse werden nach dem Konsensprinzip gefasst. Sie konnte daher weder nach dem Putsch in der UdSSR noch im Falle Jugoslawien viel unternehmen. Ihre Leistungsfähigkeit liegt vorläufig vor allem auf dem diplomatischen Gebiet der Vertrauensbildung und der Menschenrechte.

Drittens: Wer von Ansätzen zu einem europäischen Sicherheitssystem spricht, der kann zum jetzigen Zeitpunkt kaum etwas anderes meinen als ein Bündnis der westlichen Demokratien. Ob der Eckpfeiler nun NATO, Westeuropäische Union oder EG heisst, ändert daran wenig. Eines aber steht fest: Ein solches europäisches Sicherheitssystem entbindet niemanden von der Aufgabe, die nötigen Mittel für die Landesverteidigung bereitzustellen. Jedes Mitglied in einem Bündnis hat einen Teil der gemeinsamen Lasten zu übernehmen.

Viertens: Wer für eine Beteiligung der Schweiz an einem europäischen Sicherheitssystem eintritt, der muss zudem auch ehrlich erklären, dass er bereit ist, den notwendigen Preis zu bezahlen. Dieser Preis heisst Aufgabe der Neutralität und Beitritt zu einer militärischen Allianz.

Ich will diese sicherheitspolitische Lagebeurteilung durch eine militärische Überlegung ergänzen: Europa bleibt, selbst wenn alle unterzeichneten und geplanten Rüstungskontrollabkommen verwirklicht werden sollten, die am höchsten gerüstete Region der Welt. In Europa denkt heute, mit Ausnahme der GSoA, niemand daran, die Armeen abzubauen. Die Streitkräfte werden wohl überall umfangmässig reduziert, sie werden aber weiter modernisiert und gewinnen an Mobilität, Feuerkraft und Flexibilität. In der Luft rüstet gar niemand ab. Vielmehr werden, angesichts der abnehmenden Streitkräftedichten am Boden, die Luftstreitkräfte als jenes Element gesehen, das es am besten gestattet, Feuerkraft sofort, massiv und gezielt am entscheidenden Punkt zu konzentrieren.

Die militärischen Hauptrisiken sind heute:
- Die Möglichkeit von gefährlichen Rückschlägen im Umwandlungsprozess im Osten, die zu einer völligen Veränderung der Lage führen können.
- Die nach wie vor bestehende Möglichkeit zwischenstaatlicher Konflikte.
- Innerstaatliche Konflikte in Europa, die sich zu Konflikten mit grenzüberschreitendem Charakter ausweiten können.
- Der weite Bereich der neuen Dimensionen der Sicherheitspolitik.
- Das Konfliktpotential in der Dritten Welt, welches sich jederzeit gefährlich aktualisieren und auch Europa in seinen Sog ziehen kann.

Wir haben heute die Chance, ein demokratisches, freiheitliches und sichereres Europa aufzubauen. Dieses Europa ist aber nicht Realität, sondern Ziel. Realität ist ein Europa, in dem Konflikte wieder führbar geworden sind. Realität ist ein Europa, in dem Menschen auf der Flucht sind. Realität ist auch ein Europa, das sich über seine künftige Sicherheitsarchitektur noch keineswegs einig ist. Realität ist schliesslich ein Europa, in dem wir wohl beraten sind, weiterhin unser Land notfalls auch verteidigen zu können.

Der Auftrag der Armee

Aus der Lagebeurteilung leitet sich der Auftrag der Armee ab. Der Bericht 90 des Bundesrates zur Sicherheitspolitik definiert ihn wie folgt:
1. Beitrag zur Friedensförderung.
2. Kriegsverhinderung durch Verteidigungsbereitschaft.
3. Einsatz der Mittel der Armee zur allgemeinen Existenzsicherung.

Das neue Armeeleitbild präzisiert diesen Auftrag wie folgt:
- Angesichts der nach wie vor bestehenden Ungewissheiten und Risiken hat die Armee als Hauptauftrag nach wie vor die Kriegsverhinderung durch Verteidigungsfähigkeit.

- Die Armee muss zudem fähig sein, ein Übergreifen von Konflikten, die unsere Nachbarn in ihren Sog ziehen könnten, auf die Schweiz zu verhindern.
- Die Armee muss ferner in der Lage sein, unseren Luftraum in allen Bedrohungs- und Krisenlagen wirksam zu schützen.
- Die Armee muss im Falle grösserer Flüchtlings- oder Migrationsströme in der Lage sein, die Grenzschutzorgane zu entlasten sowie schnell und wirksam humanitäre Hilfe zu leisten. Ebenso muss sie in der Lage sein, die zivilen Behörden im Falle von Unruhen zwischen verfeindeten ausländischen Parteien auf schweizerischem Boden zu unterstützen.
- Die Armee muss einen friedenspolitischen Beitrag an eine sicherere Welt leisten. Militärbeobachter überwachen Waffenstillstands-Übereinkommen. Spezialisten verifizieren, ob Abrüstungsabkommen auch wirklich durchgeführt werden. Blaumützen beteiligen sich an friedenserhaltenden Aktionen der UNO, und schliesslich unterstützt die Armee auch Massnahmen im Bereich der Guten Dienste, z. B. die Sicherung internationaler Konferenzen auf schweizerischem Boden. Und vielleicht wird sie einmal Blauhelme stellen.
- Die Armee muss ferner in der Lage sein, bei Katastrophen grossen Ausmasses, z. B. Naturkatastrophen, die zivilen Organe schnell und wirkungsvoll mit ihren Mitteln zu unterstützen. Geeignete Verbände sollen auch im grenznahen Ausland Hilfestellung leisten können.
- Die Armee muss schliesslich einen Ausrüstungsstand bewahren, der auch in Zukunft eine selbständige Landesverteidigung ermöglicht. Dafür brauchen wir moderne Waffensysteme. Wir dürfen und wollen nicht zulassen, dass wir nicht mehr frei darüber entscheiden können, ob wir einem europäischen kollektiven Sicherheitssystem beitreten wollen. Der Stand unserer militärischen Ausrüstung darf nicht auf ein Niveau absinken, das einen Beitritt zu einem Bündnis erzwingen würde, um den Schutz unseres Territoriums und Luftraumes sowie der Bevölkerung weiterhin garantieren zu können.

Diese Aufträge der Armee sind klar und konkret. Sie entsprechen der Lage. Sie bewahren uns alle Handlungsfreiheit. Wir können auf jede Lageveränderung flexibel und glaubwürdig reagieren.

Ich will mir ein offenes Wort gestatten: Ich verlange von jedem, der weitere Abstriche an unserer Landesverteidigung fordert, ganz präzise Auskunft darüber, welchen dieser Aufträge er streichen will. Ich verlange von ihm ferner, dass er dafür die politische Verantwortung übernimmt und zu ihr steht. Das EMD-Budget ist kein Selbstbedienungsladen. Man kann eine Armee auch durch Verweigerung von Krediten austrocknen, statt sie offen abzuschaffen. Das Resultat ist genau das gleiche. Es geht nur langsamer. Wir haben gegenüber der ursprünglichen Finanzplanung in der laufenden Legislatur bereits über drei Milliarden Franken eingespart. Das EMD hat sich – als einziges Departement – in dieser Legislaturperiode zu einem nominellen Nullwachstum entschlossen, was zu einer realen Abnahme der Militärausgaben bis 1995 von mindestens 15 Prozent führt.

Denken in Varianten

Wir planen die neue Armee bereits seit 1989, als sich die grossen Umwälzungen erst abzuzeichnen begannen. Natürlich ist es eine Selbstverständlichkeit, dass wir unsere Armeeplanung angesichts der seitherigen Entwicklungen sehr ernsthaft überprüft haben und laufend weiter prüfen. Einiges haben wir an die neuen Verhältnisse angepasst. Anderes haben wir beibehalten, weil es immer noch gültig ist. Grundsätzlich gestalten wir die neue Armee so, dass ihre Struktur und ihre Einsatzkonzeption auch in Zukunft den sich ändernden Verhältnissen angepasst werden können.

Dieses zukunftsgerichtete Denken in Varianten ist ein Kernstück des neuen Armeeleitbildes. Das Armeeleitbild ist ein Schritt in einem dynamischen und nicht genau vorhersehbaren Entwicklungsprozess. Eine Milizarmee benötigt allerdings – auch dies sei unterstrichen – eine gewisse Stabilität in der Planung. Anpassungsschritte können nicht laufend, je nach tagespolitischer Aktualität, sondern nur in gewissen Abständen vorgenommen werden. Ansonsten zerstören wir diese Armee. Unser Armeeleitbild hält uns deshalb Varianten offen, die den Rahmen für weitere Entwicklungen ziemlich genau abstecken, aber uns die Entscheidungsfreiheit lassen, später die eine oder andere Möglichkeit zu realisieren.

Welches sind die Entwicklungsvarianten, die in der Zukunft auf uns zukommen könnten? Ich sehe zwei denkbare Variantenpaare:

Das erste: Weiterhin eine eigenständige Verteidigung im Rahmen der bewaffneten Neutralität oder Anlehnung an ein Bündnis der westlichen Demokratien.

Das zweite: Anpassung an ein sich stark verbesserndes oder sich stark verschlechterndes sicherheitspolitisches Umfeld.

Zum ersten Variantenpaar:

Technologisch ist eine eigenständige Verteidigung heute nach wie vor möglich. Zumindest dann, wenn man uns jene Mittel gibt, die der Bundesrat, nach eingehender Prüfung, zur Beschaffung vorschlägt.

Längerfristig mag sich dies angesichts der waffentechnischen Entwicklung verändern. Ich sage auch das offen. Dabei denke ich etwa an die wachsende Bedeutung weltraumgestützter Führungs- und Einsatzsysteme oder den Bereich der Raketenabwehr. Solche Systeme kann sich – mit Ausnahme der USA – heute kein Staat im Alleingang leisten. Verzichten wir heute aber auf die uns möglichen, der Lage angepassten Rüstungsschritte, insbesondere auf das neue Kampfflugzeug, so wird die Option des souveränen Alleingangs sehr schnell zu einer Illusion.

Sollte sich dieses Land aber eines Tages tatsächlich für eine verteidigungspolitische Zusammenarbeit mit Europa entscheiden – und das ist ein politischer Entscheid, kein Entscheid der Armee –, so muss die Armee eine Struktur und einen Ausrüstungsstand haben, die uns eine Eingliederung in ein weiteres, europäisches Verteidigungsdispositiv tatsächlich gestatten. Es ist naiv anzunehmen, wir würden nicht zur Kasse gebeten, wenn wir diese Grundvoraussetzung nicht vorweisen können. Der Anteil des Verteidigungshaushaltes am Bruttosozialprodukt liegt in den NATO-Staaten über dem unsrigen. In Europa haben nur gerade Irland und Österreich noch nicht den Schritt zu einer modernen Kampfflugzeugflotte vorgenommen. Wer hier billige Lösungen vermutet, täuscht sich. Die wirkliche Wahl lautet, ob wir unsere eigenen Flugzeuge kaufen, oder jene von anderen zahlen. Die Möglichkeit des Trittbrettfahrers gibt es nicht.

Ich komme zum zweiten Variantenpaar:

Verbessert sich die sicherheitspolitische Lage in unserem strategischen Umfeld, dann wird man bei der Armee in einigen Jahren allenfalls weitere geplante Abbauschritte vornehmen können. Ich betone das Wort «geplant». Es ist nicht zu verwechseln mit «willkürlich» oder mit «politisch im Hinblick auf die nächsten Wahlen heute nützlich».

Sollte sich die Lage aber wieder verschärfen, müsste unsere Armee durch eine weitere Modernisierung der Waffensysteme und durch eine Intensivierung der Ausbildung leistungsfähiger gemacht werden. Das ist, wie wir vor dem Zweiten Weltkrieg schmerzlich erleben mussten, in sehr kurzer Zeit nicht möglich.

Noch eine etwas spekulative Überlegung zur Zukunft der Neutralität. Sollte sich Europa dauerhaft eine gemeinsame Verteidigungsordnung geben, so könnte ich mir durchaus vorstellen, dass die klassische Neutralität in Europa an Bedeutung schrittweise verlieren würde. Wir müssten in diesem Falle eines Tages möglicherweise den Übergang zu einer differenzierten Neutralität in einem grösseren europäischen Rahmen erwägen. Differenzierte Neutralität würde heissen, dass wir bei Konflikten ausserhalb Europas oder zwischen europäischen Demokratien neutral bleiben, im Falle eines Angriffs von aussen auf unseren ganzen Kontinent aber unseren solidarischen Beitrag zur Verteidigung unserer Grundwerte leisten. Aber auch das wäre ein politischer Entscheid, der vom Volk mitgetragen werden müsste.

«Armee 95»

Die «Armee 95» entspricht diesen politischen, sicherheitspolitischen und militärischen Vorgaben. Sie trägt dem sicherheitspolitischen Wandel in unserem strategischen Umfeld Rechnung. Sie entspricht dem internationalen Trend in Richtung kleinere, moderne Armeen. Sie berücksichtigt aber auch andere neue Rahmenbedingungen wie den gesellschaftlichen und wirtschaftlichen Wandel.

Es handelt sich um die bedeutendste Armee-Reform, die unser Land je in Angriff genommen hat. Eine Reduktion der Bestände um mehr als ein Drittel (auf rund 400 000 Mann), die Verringerung des Wehrpflichtalters auf 42 Jahre und der individuellen Dienstpflicht um rund zehn Prozent sowie die Ersetzung der bisherigen drei Heeresklassen durch eine einzige sind gewichtige Schritte.

Gestatten Sie mir, sofort ein Wort zum Umfang der künftigen Armee beizufügen. Ich höre immer wieder, 400 000 Mann seien «überrissen», wenn die deutsche Bundeswehr nur 370 000 Mann, die neue Nationalgarde der Ukraine «nur» 400 000 Mann habe. Solche Kommentare verkennen die wirklichen Realitäten vollkommen: Deutschland hat ein stehendes Heer von 370 000 Mann. Der Mobilmachungsbestand liegt heute knapp unter einer Million. In Deutschland stehen zudem Truppen der NATO und der USA, der einzigen verbleibenden Weltmacht.

Die Dinge liegen auch in der Ukraine anders. Diese will pro Jahr 500 000 Mann ausheben. Ein Teil dieser Soldaten geht in die eigenen Streitkräfte. Ein Teil soll in den verbleibenden vereinten Streitkräften des Staatenbundes dienen. Das Reservistenpotential wird in Millionen zu bemessen sein.

Der Umfang der «Armee 95» entspricht ihrem Auftrag. Das haben wir immer wieder überprüft. Soll der Umfang weiter abgesenkt werden, so müssten an diesem Auftrag Abstriche vorgenommen werden. Eine Armee von 150 000, 200 000 oder 300 000 Mann, die man dieser Tage so leichten Herzens und mit dem offenen Portemonnaie in der Hand da und dort vorschlägt, ist keine Option. Ein wirksamer Abwehrkampf gegen einen hochmobilen Gegner erfordert die Fähigkeit zur raschen Bildung von Schwergewichten in der Verteidigung. Solange wir unsere Infanterie nicht vollständig mobil gemacht, das heisst z. B. mit Kampfhelikoptern ausgerüstet haben, so lange brauchen wir mehr

Infanterieverbände, die schon an Ort und Stelle sind. Zum jetzigen Zeitpunkt ist aber die Mobilisierung der Infanterie aus finanziellen Gründen nicht möglich. Darum brauchen wir höhere Minimalbestände der Armee. Zudem sind die Aufgaben auf der Territorialstufe wie Sicherung sensibler Objekte oder subsidiäre Hilfe für die zivilen Behörden personalintensiv.

Die bestandesmässig verkleinerte «Armee 95» muss einen komplexeren Auftrag ausführen können. Dies erfordert eine umfassende, auf die internationale Lage und deren Entwicklungsmöglichkeiten feinstens abgestimmte Einsatzkonzeption. Die alte Einsatzkonzeption war, angesichts der harten Realitäten des kalten Krieges, praktisch ausschliesslich auf die Verteidigung ausgerichtet. Die neue Armee kann und darf sich nicht hierauf beschränken. Ihre Einsatzkonzeption umfasst mehrere, dem neuen Auftrag entsprechende Teilkonzeptionen für die Bereiche
– Friedensförderung
– Existenzsicherung
– Kriegsverhinderung
– Kampf und Verteidigung

Es muss dabei in Rechnung gestellt werden, dass mehrere Anforderungen gleichzeitig an die Armee gestellt werden können. Es ist z. B. durchaus denkbar, dass Mannschaften und Material im Rahmen friedenserhaltender Aktionen im Ausland engagiert sind, bei uns schwere Gewitterschäden Hilfestellung erfordern und gleichzeitig die Spannungen in Europa wieder zunehmen. Entsprechend flexibel und modern müssen die Führungsstrukturen ausgestaltet sein. Dies erfordert auch ein Mehr an Flexibilität und Mobilität bei der Truppe und in der Ausbildung. Die Armee 95 wird daher eine kleinere, aber nicht eine billige Armee sein.

Das neue Kampfverfahren im Verteidigungsfall ist die «dynamische Raumverteidigung». Ist sie alter Wein in neuen Schläuchen? Das mag dem so erscheinen, dessen Blickwinkel sich auf die Gefechtstechnik des Infanteristen verengt. Dieser kämpft in der Tat auch in der «Armee 95» nicht viel anders als heute, abgesehen von der besseren Ausrüstung und Bewaffnung. Aber schon die Gegenschläge der Mechanisierten verlaufen heute wesentlich anders als gemäss der alten Konzeption, nämlich in freien Räumen und nicht verzahnt im Infanteriestützpunkt. Die Hauptunterschiede der neuen Konzeption liegen auf operativer und strategischer Ebene: «Armee 95» beendet die in Beton gegossene, flächendeckende Abnützungsstrategie zugunsten eines künftig strategischen Handelns von Landesregierung und Oberbefehlshaber. Die Mittel sollen dort konzentriert werden können, wo es die aktuelle Lage erfordert. Militärische Entscheidungen sind dort zu suchen, wo sie unter Minimierung von Aufwand und Schaden den grössten Nutzeffekt bringen. Nutzeffekt kann Zeitgewinn, Schaffung günstiger Voraussetzungen für aussenpolitische Initiative oder Pfandnahme für eine nächste Runde sein.

Sollte sich der Souverän eines Tages für eine Beteiligung an einem europäischen Sicherheitssystem entschliessen, so wären die neuen beweglichen Kampfelemente und die Flugwaffe in einen solchen Verbund problemlos integrierbar.

Die Armee 95 gestattet uns aber auch, im Falle eines Festhaltens an unserer bisherigen Konzeption der Neutralität, aktiv und wirksam zur internationalen Stabilität beizutragen:

- indem wir unser eigenes Territorium und unseren Luftraum glaubwürdig und wirksam schützen;
- indem wir der Staatengemeinschaft Personal, Material und Fachwissen im Bereich der friedenserhaltenden Aktionen anbieten können;
- indem wir mit dem neu zu schaffenden Katastrophenhilfe-Regiment nicht nur im Inland, sondern auch im Ausland schnell und wirksam Hilfestellung leisten können.

Das neue Kampfflugzeug

Vorab mache ich auf eine ganz simple Wahrheit aufmerksam: Jedes Rüstungsgut muss einmal ersetzt werden, weil es überholt oder technisch veraltet ist. Das passiert immer schubweise. Einmal sind es Sturmgewehre, einmal Panzer, einmal Flabgeschütze, einmal Raketenrohre, und alle dreissig Jahre sind es halt Flugzeuge. Das ist etwas völlig Normales.

Die Konzeption unserer Armee ist modern. Unsere Luftwaffe ist es nicht. Geben wir den Schutz unseres Luftraumes auf, so gehen wir untragbare Risiken ein. Wir geben aber auch einen Teil unseres Souveränitätsanspruches auf. Wir würden dann den Schutz unseres Luftraumes de facto anderen überlassen. Ob das im Notfall jemand tatsächlich tun würde, bliebe völlig offen. Offen bliebe auch, ob er das in einer Art und Weise tun würde, die mit unseren Zielen identisch wäre. Klar wäre nur, dass der Preis ebenso hoch wäre wie die Risiken.

Die Bedeutung der Luftstreitkräfte wächst weiter an. Sämtliche Studien belegen dies. Ich zitiere als Beispiel aus einem offiziellen norwegischen Bericht zur Auswertung des Golfkrieges: «Wir können den Schluss ziehen, dass ein gewisses Mass an Luftverteidigung die Voraussetzung für jeden anderen Verteidigungsfall bildet. Ohne diese Fähigkeit zur Verteidigung der Infrastruktur und der wesentlichen Verbindungen bleibt die Fähigkeit zur Fortsetzung eines organisierten Kampfes gering. Die Aufstellung einer entsprechenden Luftverteidigung, selbst auf Kosten der übrigen Truppengattungen, ist daher zwingend».

Man muss aber in der Tat kein Experte sein, um zu diesem Schluss zu kommen. Wir alle haben die Bilder vom Golf gesehen. Sie bedürfen keines Kommentars. Eine Armee ohne Luftschirm hat keine Chance. Es wäre ehrlicher, sie dann gleich abzuschaffen. Der Bedarf für ein neues Kampfflugzeug besteht unabhängig von jeder Konzeption. Weiter zuzuwarten, nochmals zu erwägen, erneut zu prüfen, noch mehr Experten zuzuziehen, verändert diese einfachen Wahrheiten auch nicht. Die simplen Gesetze des modernen Krieges gelten im nächsten Jahr genauso wie in diesem. Die internationale Lage wird ebenfalls nicht wunderbarerweise plötzlich völlig übersichtlich sein. Das einzige, was sich in einem oder zwei Jahren verändert haben wird, sind die Beschaffungskosten – und zwar nach oben.

Wir benötigen dieses Flugzeug – und wir können es uns auch leisten. Natürlich sind 3,5 Milliarden Franken viel Geld. Es handelt sich hier aber nicht um zusätzliche Ausgaben. Es handelt sich um ein ganz normales Beschaffungsprojekt im Rahmen des Finanzplans. Dieser Finanzplan wurde zudem, ich habe es erwähnt, bereits um über 3 Milliarden Franken gekürzt. Das heisst, wir haben freiwillig bereits mehr eingespart, als dieses Flugzeug kostet. Das EMD hat seinen Beitrag zur Sanierung der Bundesfinanzen geleistet. Noch eine Zahl: Der Anteil unseres Budgets am Gesamthaushalt des Bundes betrug 1960 noch volle 32 Prozent, 1990 waren es 17 Prozent. 1995 werden es noch ganze 12 Prozent sein. Keiner kann ehrlicherweise behaupten, die Bauern oder Rentner müssten wegen des Kampfflugzeuges Opfer bringen. Es handelt sich auch nicht um ein «Jahrhundertgeschäft» oder ähnliches. Teuerungsbereinigt war die Panzerbeschaffung teurer, hätten die 57 Mirage, die wir in den sechziger Jahren beschafften, 5 Milliarden Franken gekostet. Wir dürfen nicht den Blick für die Proportionen verlieren und sollten sachlich bleiben.

Ich stehe auch zur Typenwahl. Unser Evaluationsprozess ist ausserordentlich solide und international einzigartig. Hinter der Botschaft stehen 4000 Budgetzahlen. Es wurden 70 000 Einzelheiten geprüft. Es wurde ein hochkomplexer Vertrag, der unserer Wirtschaft dringend benötigte Kompensationsaufträge bringen wird, ausgehandelt. Wir haben alle denkbaren Typen für die Flugzeugbeschaffung eingehend geprüft und studiert. Ich habe persönlich – und gegen grosse Widerstände – zusätzlich noch eine Nach-Evaluation des Mirage 2000-5 durchgesetzt, um eine billigere Lösung zu suchen. Wenn wir, nach all diesen Abklärungen, den F-18 vorschlagen, so tun wir es mit Grund.

Der F-18 bietet uns, pro investierten Franken, die grösste Leistung, das grösste Modernisierungspotential und damit die längste Einsatz-Lebensdauer. Es gibt auf dem Flugzeugmarkt schlicht und einfach nicht den billigen Jakob. Was die vermeintlichen sensationellen Billigangebote nämlich verschweigen, ist die simple Tatsache, dass die Kosten am Schluss einfach anderswo wieder auftauchen. Lassen Sie es mich mit einem Bild sagen: Unsere Armee am Boden ist modern und leistungsfähig. Aber der Luftschirm hat Löcher. Ich vergleiche das mit einem frisch renovierten Haus. Küche, Stube und Schlafzimmer sind schön geworden, aber das Dach ist leck. Beim nächsten Regen geht alles kaputt. Jetzt müssen wir das Dach sanieren, und zwar rasch. Wenn das Gewitter schon im Anzug ist, ist es zu spät.

Schlussbetrachtungen

Wir sehen uns heute neuen Herausforderungen gegenüber. Wir haben auf diese Herausforderungen aber auch Antworten – und zwar klare Antworten. Unser Volk will von Bundesrat und Parlament zu Recht Führungsstärke, es will Entscheide. Das trifft gerade auch für die Sicherheitspolitik zu. Es ist in letzter Zeit Mode geworden, von uns immer neue Studien, Auslegeordnungen, Berichte, Zusatzberichte und Ergänzungsberichte zu verlangen. Das beschäftigt zwar zahllose Beamte, und es gestattet, unbequeme und vermeintlich unpopuläre Entscheide immer wieder elegant zu vertagen und so der Verantwortung auszuweichen. Das bringt uns aber nicht weiter, schadet unserer Glaubwürdigkeit und fördert nur Verunsicherung, wo Verunsicherung nicht am Platz ist. In der Privatwirtschaft und im Alltag geht kein Mensch so vor. Ein Unternehmen, das umstrukturiert werden muss, könnte sich das nie leisten. Es wäre schon pleite, bevor die letzten Berichte abgeliefert wären. Wir müssen handeln, und zwar jetzt. Alle Grundlagen liegen auf dem Tisch.

Wir benötigen eine tragfähige Sicherheitspolitik und nicht ein permanentes sicherheitspolitisches Studien-Seminar. Mit Papier allein kann man weder eine glaubwürdige Sicherheitspolitik schaffen noch einen Luftraum schützen. Der Bundesrat hat seinen Teil der Verantwortung übernommen. Es ist nun am Parlament, seinen Teil ebenso klar und unzweideutig zu übernehmen. Sie als Bundesratspartei haben hier eine ganz besondere Verantwortung.

16. Juni 1992

Kaspar Villiger und der 1942, ein Jahr später, geborene Hermann Burger sind sich durch eine gemeinsame Schul- und Pfadfinderzeit verbunden. Sie treffen sich in Zürich wieder, wo Burger an der Universität Germanistik und Kunstgeschichte studiert. Nach seiner Habilitation mit einer Studie über zeitgenössische Schweizer Literatur wirkt Burger als Privatdozent an der ETH. Er wohnt in Brunegg (AG). Mit «Schilten», «Diabelli», «Die künstliche Mutter», «Der Schuss auf die Kanzel» und «Brenner» wird er als Schriftsteller international bekannt. Am 28. Februar 1989, vier Wochen nach Villigers Wahl in den Bundesrat, nimmt er sich das Leben.

Vernissage der Ausstellung «Weil die Arena älter ist als die Welt», Bern

Hermann Burger

I.

Hermann Burgers Tod ging mir nahe. Da er als Schriftsteller gewissermassen zur öffentlichen Person geworden und mir als Bundesrat das gleiche widerfahren war, bat man mich häufig, mich öffentlich zu unserer oftmals nicht ganz einfachen Freundschaft zu äussern. Bisher habe ich solches abgelehnt. Auch öffentliche Personen sollen private Bereiche vertraulich bewahren dürfen. So mag ich denn nicht alles ausbreiten, was uns verband, was mich bei seinem Tod bewegte und schmerzte. Nachdem ich nun etwas Distanz gewonnen habe, mache ich mir zum heutigen Tage gerne einige Gedanken zu dieser für mich wichtigen Freundschaft.

II.

Erst während unseres Studiums in Zürich kamen wir uns wirklich nahe. Wohl stammten wir aus dem gleichen Tal. Aber er ging in Menziken, ich in Pfeffikon und Reinach zur Schule. Wohl waren wir beide Kantonsschüler in Aarau, waren beide in der gleichen Verbindung. Aber ich war der Ältere, er der Jüngere. Und die Jüngeren achten mehr auf die Älteren als die Älteren auf die Jüngeren. Er scheint mich schon zu einer Zeit, als ich ihn noch kaum beachtete, als eine

81

Art älteren Bruder empfunden zu haben. Er hat mir später überaus präzis Begegnungen geschildert, an die ich mich nicht erinnern konnte. Erst in Aarau näherte er sich mir. Und in Zürich wurde er für mich zum Freund, zur intellektuellen Herausforderung auch, bisweilen sogar zu einer Art zweitem Ich. Was uns verband, war neben einer Affinität, die sich der Beschreibung entzieht, die Musik, die Sprache und die Literatur.

III.

Beide waren wir enthusiastische Jazzfans. Er spielte Klavier und Saxophon, später noch Vibraphon, ich Trompete. Beide spielten wir in Bands, indessen seltsamerweise nie zusammen. Aber das «Africana», damals Jazz-Treffpunkt in Zürich, mit einem Interpretenspektrum, das von Bluessänger «Champion» Jack Dupree über Irène Schweizer, Hans Kennel oder Franco Ambrosetti bis zum Pianisten Dollar Brand reichte, dieses «Africana» wurde zur Stätte endloser Gespräche, die sich auf der Strasse oft bis ins Morgengrauen fortsetzten. Wörter faszinierten ihn. Stundenlang stellten wir Listen mit alten Dialektausdrücken aus dem Wynental zusammen, die längst verschwunden sind. Sein Grossonkel Bertrand, seine Grosstante Ottilie, auch mein Grossvater mütterlicherseits brauchten noch solche Wörter, und wir versuchten, uns zu erinnern. Oft erfand er Wörter, schon damals Assoziationen und Klangverwandtschaften geschickt nutzend.

IV.

Ausgeprägt war sein Sinn für das Absurde. Er entdeckte es überall, in der Bemerkung des Tischnachbarn so gut wie an der Litfasssäule gegenüber. Überall fiel ihm das Absonderliche im Alltäglichen, das Befremdliche im Vertrauten auf, und er verstand es meisterlich, es sicht- und fühlbar zu machen. Nach meiner Erinnerung war dieser Sinn für das Absurde und Skurrile damals noch nicht von jener dunklen und morbiden Färbung, die er später mit zunehmender Depression angenommen hat. Er war von menschlicher Wärme, von Humor und Heiterkeit durchtränkt. Obwohl Hermann Burger durchaus Probleme hatte, die dann in der «Künstlichen Mutter» grell sichtbar wurden, sah ich damals nie Anzeichen dafür, dass er ihnen etwa durch Selbstmord zu entrinnen suchte. Er war ein heiterer Freund, auch in eher melancholischen Stimmungen.

V.

Die Literatur bewegte, beschäftigte uns beide. Beiden hatte Professor Bagdasarianz an der Kantonsschule Aarau den Sinn dafür geweckt. Er entdeckte Hermann Broch, ich Robert Musil. Sie wurden für uns wichtig. Zusammen besuchten wir die Vorlesungen von Karl Schmid und von Emil Staiger. Vor allem die «Neuerscheinungen» von Schmid wurden unentbehrlich.

Zuerst hatte er an der ETH Architektur studiert, was ihn, obwohl auch zeichnerisch sehr begabt, nicht befriedigte. Er wechselte an die Universität und studierte, wozu er sich berufen fühlte. Obwohl er oft zu schwanken schien, ging er seinen Weg zur Schriftstellerei zielstrebig und konsequent. Er begann, Akrobatik ohne Netz zu betreiben. Er blieb jener Welt treu, die wir in Zürich entdeckten, während ich mich für das Handfeste, das Greifbare, das Tatkräftige entschied: Unternehmer, dann Politiker. Der Reiz seiner Welt lockte auch mich bisweilen, liess mich anfänglich zweifeln, ob es nicht auch andere Wege gegeben hätte. Ihm schien es mit anderen Vorzeichen ähnlich zu gehen. Das Reale lockte, interessierte ihn. Oft schien es ihn zu beschäftigen, warum das Geschick nicht ihm die Leitung einer Fabrik anvertraut hatte.

Hin und wieder verblüffte er mit einem fast kaufmännischen Sinn für Realität, mit einem handfesten Talent für Marketing und Kommunikation.

VI.

Später sahen wir uns weniger häufig. Wenn wir uns trafen, waren die Weine und Zigarren teurer als früher, aber die Gespräche erreichten die Dichte der Studienjahre seltener. Ich stellte eines Tages fest, dass wir beide uns allmählich verändert hatten. Sein Sinn für das Absurde hatte an Heiterkeit verloren, hatte oftmals etwas fast Bitteres, sein Hang, über seine beginnenden Leiden zu sprechen, sich mit sich zu beschäftigen, nahm zu. Die Depression wuchs, erfasste ihn in Wellen. Bisweilen entstand wieder die alte Nähe, bisweilen fand ich mich hilflos, ausserstande, die Hülle der Depression zu durchdringen. Ich begann zu ahnen, dass es so kommen könnte, wie es kam. Oft sprach er über Selbstmord, wie man über ein Experiment spricht, das man eines Tages, eher beiläufig, machen will.

VII.

Als es passierte, war es in einem Moment, als ich es eigentlich nicht erwartet hatte. Plötzlich, für mich eher überraschend, waren wir uns wieder nähergekommen. Er besuchte mich häufiger, um über Tabak zu sprechen. Er begleitete mich an die Bremer Sumatrabörse. Er studierte Tabakliteratur. Er bestand darauf, in einer Jubiläumsschrift einen Beitrag zu schreiben. Als Geste eines Freundes. Er verfolgte meinen Schritt in den Bundesrat aufmerksam. Wir führten wieder lange Gespräche, über Politik, Sprache, Tabak, Krankheiten, aber auch über sein letztes Werk. Er wirkte wieder heiterer, gelöster. Ich war überzeugt, dass er das letzte Werk vollenden wollte. Dann begann ich meine neue Arbeit in Bern und verlor während weniger Wochen den Kontakt. Und dann tat er es.

Ich will nicht über meine Empfindungen reden. Auch nicht über die bohrenden Fragen: Wäre es anders gekommen, wenn? Hätte man dies oder jenes sollen? Hätte man es verhindern können? Die Fragen sind da, sie belasten. Ist die Feststellung, dass die Krankheit stärker war, eine Ausrede? Hat man als Freund versagt?

Am Morgen erfuhr ich es. Am Nachmittag fuhr ich im Sonderzug nach Luzern, Tausende säumten die Strassen, feierten den neuen Bundesrat. Und im Kunsthaus bewiesen die Luzerner, dass ihre Feste unübertrefflich sind. Ein Bundesrat hat zu strahlen, wenn man ihn zu Hause feiert.

VIII.

Über sein Werk will ich nicht sprechen. Es gibt dafür Berufenere. Für mich ist es nicht einfach Literatur. Ich kenne die Täler, die Wälder, die Dörfer, die Menschen, die Wörter, die Stimmungen, die Düfte. Nein, es ist für mich nicht einfach Literatur. Es ist ein Stück Heimat. Das Zeugnis eines Freundes.

27. Juni 1992

Während die «Gruppe für eine Schweiz ohne Armee» (GSoA), beflügelt von ihrem Achtungserfolg mit der Armeeabschaffungsinitiative, in der Rekordzeit von vier Wochen 500 000 Unterschriften unter ihre Volksinitiative «für eine Schweiz ohne neue Kampfflugzeuge» sammelt und damit die vom EMD geplante Beschaffung des amerikanischen Kampfjets F/A-18 in Frage stellt, nimmt EMD-Vorsteher Kaspar Villiger am «Berner Rapport» vor den Kommandanten aller Stufen vom Armeekorps bis zum Bataillon eine militärpolitische Standortbestimmung vor.

«Berner Rapport», Casino Bern

Es gibt noch etwas zu verteidigen!

Nichts ist unangefochten

Nichts ist zurzeit in unserem Land unangefochten. Während sich Europa im Aufbruch befindet und beharrlich das historische Ziel der politischen Einigung verfolgt, durchlaufen wir eine Phase der inneren Verunsicherung, der Selbstzweifel und der politischen Unrast. Wir bekunden Mühe, unsere Identität im heutigen Europa neu zu definieren. Das Spektrum der Meinungen reicht von der Illusion, nur Abschottung nach aussen rette unsere Identität, bis zur Überzeugung, die Idee Schweiz habe ausgedient und der Auflösung der Schweiz im neuen Europa stehe eigentlich nichts entgegen.

Es wäre geradezu erstaunlich, wenn in solchem Umfeld nicht auch die Landesverteidigung angefochten wäre, und zwar unabhängig von den tiefgreifenden sicherheitspolitischen Umwälzungen. Das, was man früher als das psychologische Fundament jeder Armee betrachtete, der sogenannte Wehrwille, wird auch von innen her in Frage gestellt. So möchten sich die einen subito in einen europäischen Sicherheitsverbund eingliedern, während andere resigniert feststellen, man könne mit der Armee ruhig abfahren, weil ja der Bundesrat die Schweiz an Europa verkaufen und die Grenzen aufheben wolle. Es ist wahrlich nicht einfach, in solcher Zeit der Verunsicherung den richtigen Kurs zu finden.

Eine Armee wird nur dann als sinnvoll empfunden, wenn es etwas zu verteidigen gibt. Und dieses Etwas kann nie nur Landschaft, nur Geographie sein, es muss auch Werte, Identität und Überzeugung enthalten. Es muss mit anderen Worten auch eine Idee, also die Idee Schweiz umfassen. Oder noch anders ausgedrückt: Wehrwille entsteht nur, wo auch der Wille zur Staatlichkeit besteht.

Die Geschichte zeigt, dass sich Vielvölkerstaaten nur selten langfristig und erfolgreich entwickelt haben. Die Erfolgsgeschichte der Schweiz ist die Ausnahme. Hier muss eine Idee gewirkt haben, die neben günstigen historischen Umständen das Zusammenleben unterschiedlicher Kulturen ermöglicht hat. Für mich ist es unsere einzigartige politische Kultur, die diese Entwicklung begünstigte. Die direkte Demokratie band den Bürger in die Verantwortung für das Gemeinwesen ein und verschaffte den Minderheiten die Möglichkeit, sich zu artikulieren. Das Milizprinzip führte zu einer starken Identifikation aller Schichten mit dem Staat. Der Föderalismus brachte die Entscheidungskompetenz nahe zum Bürger und bändigte die Staatsmacht zur Teilung. Zweikammersystem und Ständemehr waren für Minderheiten Garanten dafür, dass eine schonungslose Majorisierung durch Mehrheiten nicht möglich war. Die Neutralität hielt uns nicht nur von fremden Händeln fern, sondern sie verhinderte auch, dass ausländische Konflikte das Zusammenleben unserer Kulturen zu stark belasteten.

Ich weiss so gut wie Sie, dass diese Wesenselemente der politischen Kultur an Strahlungskraft verloren haben. Sie bedürfen der Anpassung an neue Umstände. Aber abgedankt haben sie nicht. In Mittel- und Osteuropa brechen zentralistisch konzipierte Vielvölkerstaaten gegenwärtig auseinander. Im zusammenwachsenden Europa ist das Problem des Ausgleichs zwischen Zentralismus und Föderalismus noch nicht gelöst. Alles das zeigt, dass sich das Modell Schweiz nicht überlebt hat. Die Staatsform, in welcher der mündige Bürger selber zum Rechten schaut, hat nichts von ihrer Faszination verloren. Ich spüre denn auch bei vielen Bürgern wieder ein offenes Bekenntnis zu dieser Schweiz. Viele erwarten von den Exponenten dieses Staates, dass sie wieder klarer zu ihm stehen. Sie hoffen, dass die ständige Infragestellung dieser Schweiz endlich überwunden wird. Es gibt nach wie vor die Schweiz, zu der zu stehen es sich lohnt. So zweifle ich selber keine Sekunde daran, dass im Falle einer fühlbaren Bedrohung der Wehrwille wieder aufflammen würde wie eh und je. Ich zweifle nicht daran, dass dieses Land auch diesmal, wie so häufig in der Geschichte, die Phase der Irritation überwinden wird. Wenn ich unsere jungen Männer in den militärischen Schulen an der Arbeit sehe, stimmt mich das zuversichtlich. Wir werden unsere Identität auch mit der notwendigen Öffnung nach Europa vereinbaren können.

Es gibt auch mit offenen Grenzen etwas zu verteidigen, und Identität kann man nicht mit Schlagbäumen bewahren.

Die Antwort auf den Umbruch: die neue Sicherheitspolitik

Die politischen Umbrüche in Europa in den letzten drei Jahren haben neue und faszinierende Aussichten für die Zukunft unseres Kontinents eröffnet. Es besteht die Chance, dass auch der östliche Teil unseres Kontinents zu Demokratie, zur Einhaltung der Menschenrechte und zu politischer Stabilität findet. Dieser Aufbruch ist zwar eine Chance, aber bei weitem noch keine endgültige Realität. Der Ausgang der Entwicklung ist offen. Noch ist die Stabilität nicht garantiert. Rückfälle sind denkbar, weil Mentalitäten und Waffenpotentiale weniger rasch ändern als politische Parolen. Enttäuschte Hoffnungen, Armut, wirtschaftliche Misere, ethnisches Konfliktpotential, Reste alter Machtstrukturen, enorme Waffenarsenale und fundamentalistische religiöse Strömungen können zum Nährboden für Nationalisten, Demagogen, Diktatoren und andere Volksverführer werden. Gerade jetzt erleben wir ein Beispiel dafür im ehemaligen Jugoslawien, nur wenige hundert Kilometer von unserer Grenze entfernt. Durch die unkontrollierbare Verbreitung von Technologien für Massenvernichtungswaffen wird mittelfristig im Umfeld Europas ein enormes Gefährdungspotential entstehen. Unsere Welt ist keine friedliche Welt, und wer nicht weltfremd sein will, kann die Augen vor dieser Tatsache nicht verschliessen. Aber Geschichte ist prinzipiell nicht vorhersehbar.

Das alles rät, neben der Genugtuung über positive Entwicklungen, die Vorsicht nicht zu vernachlässigen. Wer heute behauptet, es gebe für die Schweiz auch in Zukunft keine militärische Bedrohung mehr, der spekuliert. Und zwar spekuliert er nicht mit Geld, sondern mit einem viel höheren Gut: mit der Sicherheit und Freiheit unseres Landes. Eine verantwortungsvolle Regierung darf solche Spekulationen nicht riskieren. Weil man die Zukunft nicht voraussagen kann, muss man eine Politik betreiben, welche die Entwicklung zum wünschbaren Zustand begünstigt. Sollte die Entwicklung aber schlechter verlaufen, muss man auch dafür gewappnet bleiben. Diese doppelte Strategie ist der Kern der neuen Sicherheitspolitik der Bundesrates.

Erstens wollen wir dazu beitragen, dass sich in Europa die Chancen realisieren. Wir wollen die politische und wirtschaftliche Zusammenarbeit mit den neuen Demokratien im Osten intensivieren. Wir setzten auch die Armee für die Friedenssicherung ein, für Beobachtermissionen, für Blaumützenaufgaben, später hoffentlich für Blauhelmeinsätze.

Zweitens wollen wir für verbleibende und neue Risiken gewappnet sein. Hier ist die neue Armee gefordert.

Das ist unsere Antwort auf die neue Lage, nicht etwa der F/A-18, wie behauptet wird. Das neue Kampfflugzeug brauchen wir, damit die Armee neben ihren neuen Aufgaben auch ihren wichtigsten Auftrag weiterhin erfüllen kann: nämlich das Land verteidigen. Weil sich die sicherheitspolitischen Instrumente Armee und Zivilschutz dafür eignen, sollen sie auch für die allgemeine Existenzsicherung eingesetzt werden. Hier ist das Stichwort Katastrophenhilfe. Dies ist das dritte Element der neuen Sicherheitspolitik. Sie stellen fest, dass die neue Sicherheitspolitik der Armee nach wie vor hohe Bedeutung beimisst!

Auch im neuen Europa wird die Sicherheit auf Armeen beruhen!

Alle europäischen Länder denken ähnlich. Darum werden auch die Sicherheitsordnungen der Zukunft auf Armeen beruhen. Allerdings verändern sich diese Armeen. Sie erhalten neue Funktionen, damit sich die Chancen geordnet realisieren lassen. In der Vergangenheit waren Armeen Instrumente zur Fortsetzung der Politik mit anderen Mitteln, sei es zur Aggression, oder zur Verteidigung. Das ändert sich. Niemand darf den Wandel und die Ungewissheit militärisch für seine machtpolitischen Zwecke missbrauchen können. Deshalb braucht es Armeen, die verteidigen können.

Neue militärische Aufgaben sind zu erfüllen, von der Katastrophenhilfe über die Bewältigung von Massenflüchtlingsströmen bis zur Sicherung von Waffenstillständen. Deshalb braucht es Armeen, die mehr können als verteidigen.

Die Armeen sollen aber nicht bedrohlich wirken und Misstrauen verbreiten. Deshalb braucht es Armeen, die nicht angreifen können. Hier liegt der Sinn der Abrüstung und der Änderung der Doktrinen. Solche Armeen sichern den Wandel. Sie sind Stützmauern der Chancen. Sie sind unentbehrliche Instrumente des politischen Krisenmanagements.

In jüngster Zeit hört man oft die Forderung, die Schweiz könne den Schutz des Luftraumes oder gar die ganze Verteidigung im neuen Europa anderen Ländern überlassen. Meist ist der Hintergrund dieser Forderung die Absicht, die Kosten für die eigene Landesverteidigung zu sparen. Oft sind es gerade jene Kreise, die immer von europäischer Solidarität sprechen, die unsere Verteidigung als Trittbrettfahrer ausländischen Steuerzahlern überlassen wollen.

Nach meiner Überzeugung entspricht die Rolle des Trittbrettfahrers nicht unserer wehrpolitischen Tradition und unserem politischen Selbstverständnis. Natürlich könnten wir einem europäischen Verteidigungsbündnis beitreten.

Hier gibt es aber heute nur eines, die NATO. Ein NATO-Beitritt dürfte aber alles andere als gratis sein. Ein deutscher Experte hat vor der Sicherheitspolitischen Kommission des Nationalrates ausgeführt, dass wir auch als Partner im NATO-Bündnis unseren Beitrag leisten müssten. Dieser Beitrag könnte auch nicht nur aus Geld bestehen. Es gibt in einem Verteidigungsbündnis auch die Verpflichtung, politische Lasten gemeinsam zu tragen. Darunter fallen auch unangenehme Pflichten, z. B. eine Flugzeugbeschaffung. Für den Bundesrat steht ein Beitritt zu einer militärischen Allianz nicht zur Diskussion. Und einem gesamteuropäischen Sicherheitssystem können wir nicht beitreten, weil es ein solches noch gar nicht gibt.

Natürlich setzen wir uns für eine europäische Sicherheitsordnung ein. Die Schweiz spielt in der KSZE eine aktive Rolle. Dazu gehören auch unsere Anstrengungen zur Friedensförderung und friedlichen Konfliktbeilegung. Solche erste Ansätze zu einer europäischen Sicherheitsordnung verdienen unsere volle Unterstützung. Doch sie reichen noch lange nicht aus, um bewaffnete Konflikte wirksam zu verhindern. Die Hilflosigkeit Europas angesichts des jugoslawischen Konfliktes zeigt dies sehr schmerzlich.

Deshalb gibt es für uns im Augenblick auf militärischem Gebiet noch keine Alternative zur bewährten Maxime der bewaffneten Neutralität. Zur Neutralität gehört, dass wir alle zumutbaren Anstrengungen unternehmen, um Verletzungen des eigenen Territoriums und Luftraumes durch kriegführende Parteien zu verhindern. Zum Zumutbaren gehört auch, dass wir eben unseren Luftraum selber schützen. Man kann doch nicht in guten Treuen behaupten, für uns sei nicht zumutbar, was zahlreiche andere kleine Staaten in Europa wie Finnland, Schweden, Norwegen, Dänemark, Belgien und Holland schon tun oder zu tun im Begriffe sind.

Selbstverständlich verfolgen wir die Entwicklung in Europa ganz genau. Sollte einmal eine gesamteuropäische Sicherheitsordnung mit einer gemeinsamen Verteidigung entstehen, werden auch wir den Beitritt prüfen müssen; dies wäre aber kein Entscheid der Armee. Es wäre auch kein Entscheid, den wir mit einer Vernachlässigung unserer Armee präjudizieren sollten. Es wäre ein hochpolitischer Entscheid, zu dem sich neben Regierung und Parlament auch das Volk äussern müsste.

**Die Armee muss sich anpassen;
sonst verliert sie ihre demokratische Basis**

Aus der Lagebeurteilung und der neuen Sicherheitspolitik leitet sich der Auftrag der Armee ab. Im neuen Armeeleitbild wird dieser Auftrag präzisiert. Nach wie vor muss die Armee im Notfall das Land verteidigen können. Auch in Zukunft soll der hohe Eintrittspreis kriegsverhindernd wirken.

Die Armee muss neue Lagen bewältigen können. Im Falle grösserer Flüchtlings- oder Migrationsströme soll sie Betreuungsaufgaben übernehmen und humanitäre Hilfe leisten. Im Falle erhöhter Spannung muss sie unentbehrliche Objekte der Infrastruktur schützen.

Auch die Armee muss einen friedenspolitischen Beitrag an eine sichere Welt leisten. Militärbeobachter überwachen Waffenstillstandsübereinkommen, Spezialisten überprüfen, ob Abrüstungsabkommen auch wirklich eingehalten werden, Blaumützen beteiligen sich an friedenserhaltenden Aktionen der UNO, und besondere Einheiten sichern internationale Konferenzen auf schweizerischem Boden. Nach dem Willen des Bundesrates wird die Armee auch einmal Blauhelme stellen.

Weiter muss die Armee in der Lage sein, bei Katastrophen grossen Ausmasses, seien sie natürlicher, zivilisatorischer oder kriegerischer Ursache, die zivilen Organe schnell und wirkungsvoll zu unterstützen.

Die Armee muss das alles einzeln können, oder à la carte kombiniert, oder eskalierend bis zur Verteidigung, oder alles zusammen simultan.

Eine solche Armee ist kleiner und flexibler als die heutige. Die Dienstleistung ist kürzer, aber intensiver. Die Ausbildung stützt sich auf eine zeitgemässe Infrastruktur. Die Kader instruieren nach modernen Grundsätzen und haben genügend Vorbereitungszeit. Ausrüstung und Ausbildung schaffen den Sprung in die moderne Technologie. Das Ziel unserer Reformbemühungen ist also eine Armee, welche Antworten auf die Risiken der nächsten Jahre gibt und die den Wandel mit vollziehen kann. Eine solche Armee muss ein multifunktionales und glaubwürdiges Instrument des politischen Krisenmanagements sein.

Nicht nur das neue Aufgabenspektrum der Armee, die Veränderung der sicherheitspolitischen Lage und die Veränderung der Armeen in unserem Umfeld machen Reformen unausweichlich. Auch die Veränderung anderer Rahmenbedingungen der Landesverteidigung macht die Anpassung unserer Armee zwingend. Ich nenne nur zwei Bereiche:

Die Schweizer Wirtschaft ist völlig anders strukturiert als vor dreissig Jahren. Die Mobilisierung von über 700 000 Mann, darunter ein grosser Teil der wirtschaftlichen Elite, wäre heute nicht mehr zu verkraften.

Und zweitens ist die Haltung vieler Menschen zu den überlieferten Werten im rasanten Umbruch: Auch das hat unweigerlich Auswirkungen auf eine Volksarmee und muss zu Anpassungen führen.

Ich bin überzeugt, dass unsere Armee ihre demokratische Basis verlieren wird, wenn wir sie nicht zu einem glaubwürdigen Instrument des Krisenmanagements der Jahrtausendwende machen, zu einem Instrument, das Antworten auf die neuen Risiken gibt. Wir müssen die Armee für die heutige Zeit sozial- und wirtschaftsverträglich machen, um weiterhin auf die Unterstützung des Volkes zählen zu können. Ohne diese demokratische Basis ist eine Armee in einer direkten Demokratie in ihrer Existenz gefährdet.

Genau das ist der Grund, warum wir nicht nur unnachgiebig sind gegenüber jenen, die eine glaubwürdige Armee in Frage stellen, sondern auch gegenüber jenen, die sich gegen die Reformen sträuben. Es führt nichts darum herum, zwischen Kritik von allen Seiten konsequent den geraden Weg der Reform zu gehen. Einige verdiente Offiziere empfinden die Reform als Kritik an dem, was sie aufgebaut haben, wofür sie eingestanden sind. Das darf man nicht so sehen. Die alte Armee war und ist eine gute Armee. Nicht umsonst erhalte ich im Ausland viele Komplimente. Sie war richtig für ihre Zeit. Jetzt passen wir sie an eine andere Zeit an.

Wir wissen alle, dass man eine Milizarmee nicht jeden Tag reformieren und umbauen kann. Sie braucht viel Zeit für die Beschaffung von Ausrüstung und für die Durchsetzung der Ausbildung und der Doktrin. Das Erfordernis der periodischen Anpassung und das Erfordernis der Stabilität widersprechen sich. Wir müssen den Widerspruch lösen, indem wir in Optionen denken. Wir müssen also eine Armee schaffen, die wohl für einige Jahre richtig ist, die aber später in verschiedenen Varianten weiterentwickelt werden kann. Das zukunftsgerichtete Denken in Varianten ist deshalb das Kernstück des neuen Armeeleitbildes.

Sollten sich in einigen Jahren alle Chancen in Europa realisieren, ist eine weitere Verkleinerung unserer Armee denk- und machbar. Sollten sich die Risiken kumulieren, müsste die Kampfkraft gesteigert werden können. Sollten wir einer europäischen Sicherheitsordnung beitreten wollen, so müsste die Armee auch in zwanzig Jahren noch dieses Land autonom verteidigen können. Die Strukturen der neuen Armee enthalten diese Entwicklungsmöglichkeiten.

Der sicherheitspolitische Umbruch hat zur Folge, dass es keine Bedrohung in Form eines personifizierten Feindbildes mehr gibt. Wir haben damit eine bequeme und unausgesprochene Motivationshilfe für unsere Militärdienste verloren. Glücklicherweise! Wenn heute der Übungsleiter auf dem Schiessplatz angreifende Panzer und Helikopter mit Rollscheiben markiert, hängt stets unausgesprochen die Frage in der Luft, woher denn diese Panzer und Helikopter stammten. Gleiches passiert in der Politik. Nicht nur bei einem Kampfflugzeug, sondern bei jedem neuen Munitionsmagazin oder bei jeder Beschaffung von neuen Rucksäcken will man von mir wissen, weshalb es dann das noch brauche, wo doch weit und breit kein Feind mehr auszumachen sei.

Man kann die gestellte Übungsaufgabe heute nur noch abstrakt begründen. Die Bedrohung wird wohl intellektuell noch verstanden, nicht aber emotional perzipiert. Wir stehen vor dem Problem, dass wir die Verteidigungsfähigkeit beherrschen müssen, auch wenn kein Feind in Sicht ist. Wir müssen die Soldaten überzeugen, dass das Training eben deshalb nötig ist, weil Konflikte rascher aufbrechen können, als eine abgewrackte Milizarmee wieder kriegsgenügend aufgebaut werden kann.

Im Grunde stehen wir vor der schwierigen Aufgabe, dass wir das vorbereiten müssen, was sich gar nicht vorbereiten lässt, weil wir es nicht vorhersehen. Der amerikanische General Schwartzkopf soll unlängst gesagt haben, er habe sehr viele Kriege vorbereitet und geübt, nur den nicht, den er dann im Golf habe führen müssen. Wir kommen also nicht darum herum, flexibel analysieren, denken und handeln zu lernen.

Wir alle, wir im Departement und Sie in Ihren Stäben, sollten die Phantasie, das Beurteilungsvermögen und die Weltkenntnis auf die Szenarientechnik ansetzen, handgeschneidert in unseren Bereichen. Und dies im Wissen darum, dass im Ernstfall die Wirklichkeit noch anders aussehen würde.

Mit unserer bewährten Dissuasionsstrategie wollen wir nach wie vor jeden potentiellen Aggressor von Kriegs- oder Erpressungshandlungen gegen die Schweiz abhalten, indem wir verteidigungsfähig bleiben. Der Satz: «Kämpfen können, um nicht kämpfen zu müssen», bleibt auch in Zukunft richtig. Genau das müssen die Kommandanten ihrer Truppe immer wieder sagen und erläutern. Weil es aber keine mächtemässig und geographisch fixierbare Bedrohung mehr gibt, ist das «Kämpfenkönnen» zum Abstraktum geworden. Zuerst und zuvorderst müssen wir durch eine glaubwürdige Verteidigungsbereitschaft eine Abhaltewirkung erzielen, wer immer auch uns gewaltsam bedrohen möge und welche Mittel er auch immer einsetzten möge.

Die neue Doktrin der dynamischen Raumverteidigung trägt dieser neuen Lage Rechnung. Früher flächendeckende, nach einer Himmelsrichtung ausgerichtete, verpflockte und teilweise sogar betonierte Abwehrdispositive wird es nicht mehr geben. Künftig werden frei verfügbare Verbände dort eingesetzt, wo die Lageentwicklung dies situativ erfordert. Dies wird aber die Anforderungen an die geistige Beweglichkeit von Stäben und Truppen ganz beträchtlich erhöhen.

Die Kampfbereitschaft im Verteidigungsdispositiv kann geographisch kaum mehr geplant und einexerziert werden. Um so mehr muss das Handwerk der Verteidigungsfähigkeit sitzen, gerade weil es nicht mehr in einem längst bekannten Kampfraum eingeübt werden kann. Auch die Schweizer Armee wird vermehrt die Kunst der «Power projection» beherrschen müssen, wie dies anderen Armeen längst vertraut ist. (…)

Rüstung und Finanzen

Jede Armee hat zwei Pfeiler: die Ausbildung und die Rüstung. Der bestausgebildete Soldat kann mit der Hellebarde im modernen Gefecht nichts ausrichten. Und der beste Leopard-Panzer nützt nichts, wenn ihn der Soldat nicht beherrscht. Schlecht ausgebildete Soldaten sind nicht motiviert, ebenso wenig motiviert aber sind Soldaten, die kein Vertrauen zu ihrem Gerät haben.

Wir haben die Rüstungsprioritäten für die neue Armee bis über das Jahr 2000 hinaus genau definiert. Sie müssen finanziert werden können, wenn «Armee 95» realisiert werden soll. Angesichts des Endes des Kalten Krieges und des damit verbundenen Endes des Rüstungswettlaufs hält der Bundesrat indes eine reale Senkung der Militärausgaben auch bei uns für verantwortbar. Auch wir können den Erneuerungsrhythmus verlangsamen, weil unsere Bodenarmee sehr modern und leistungsfähig ist. (…)

Es ist möglich, innerhalb eines real abnehmenden Budgets auch das Kampfflugzeug zu finanzieren. Allerdings wird die Armee etwa ab 1995 wieder mindestens den Teuerungsausgleich benötigen, wenn das geplante Investitionsprogramm realisiert werden soll. Diese Überlegungen zeigen, dass die Frage nach den Kosten eines einzelnen Rüstungsgutes falsch gestellt ist. Die Frage ist doch die, ob wir für die ganze Armee langfristig eine Versicherungsprämie von 10 bis 12 Prozent der Bundesausgaben bezahlen wollen oder nicht. Ich bin überzeugt, dass wir diese Frage mit Ja beantworten müssen. Innerhalb dieses Betrages muss dann aber die Verteilung nach rein militärisch-technologischen Gesichtspunkten geschehen und nicht nach emotionalen.

Dies bringt mich zum Kampfflugzeug. Ich weiss, dass auch unter Offizieren Kritik an dieser Beschaffung laut geworden ist. Wer indessen diese Beschaffung kritisiert, denkt unsere Landesverteidigung nicht zu Ende. Ohne einen modernen Luftschirm kann unsere Armee nicht einmal richtig mobilisieren, verlieren die Mechanisierten Brigaden ihren Vorteil der Mobilität und sind die modernsten Panzer schutzlos dem Abschuss freigegeben. Eine moderne mechanisierte Truppe vermag ihren Auftrag nicht zu erfüllen, wenn sie sich nicht mehr bewegen kann. Das weiss man seit dem Zweiten Weltkrieg, und der Golfkrieg hat es dramatisch bestätigt.

Dazu kommt ein weiteres. Es ist zwar richtig, dass ein Krieg, in den die Schweiz verwickelt werden könnte, gegenwärtig unwahrscheinlich ist. Eines aber wissen wir sicher: Wenn es je wieder zu einem bewaffneten Konflikt kommen sollte, dann wird er zuallererst in der Luft stattfinden. Darum ist mir keine Armee bekannt, die glaubt, ohne eine Luftraumverteidigung mit modernsten Flugzeugen auszukommen. Und dies völlig unabhängig von Konzeption und Doktrin!

Ich halte auch unsere Neutralität ohne modernen Luftraumschutz für ein Phantom. Ein strategisches Vakuum in unserem Luftraum wäre für jede mögliche Konfliktpartei ein unannehmbares Risiko. So hat denn vor der Sicherheitspolitischen Kommission des Nationalrates der kanadische Experte unmissverständlich gesagt, dass unsere Nachbarn im Konfliktfall gezwungen wären, unseren Luftraum zu verletzen, wenn wir ihn nicht selber schützen könnten. Sie müssten dies für ihre eigene Sicherheit tun. Im Klartext heisst das, dass andere über unserem Land einen Luftkrieg führen würden und dass unsere Zivilbevölkerung die Folgen zu tragen hätte. Und es heisst auch, dass unsere Neutralität nicht respektiert würde. Leider sind unsere heutigen Flugzeuge veraltet. Sie sind zum Teil eigentlich Veteranen. Vertreter ausländischer Flugwaffen haben sie ganz offen als «gute Ziele» bezeichnet. Im Luftkampf steht Technologie gegen Technologie. Es gibt für den Zweitplacierten keine Silbermedaille, sondern nur den Abschuss.

Wir rüsten auch nicht auf, wie oft tendenziös behauptet wird. Wir liquidieren 130 obsolete Flugzeuge, und wir schaffen an ihrer Stelle 34 leistungsfähigere an. Damit machen wir das gleiche wie Europa um uns herum. Wir reduzieren die Luftwaffe um einen Drittel, aber wir modernisieren sie. Wir brauchen diese Modernisierung für eine Landesverteidigung, die diesen Namen verdient.

Es scheint, dass der Schweizer gegenüber hochtechnologischen Kampfflugzeugen keine besondere Sympathie hat. Vielleicht hat das nicht zuletzt damit zu tun, dass diese in den Übungen unserer Armee immer sein Feind sind. Kaum hört unser Soldat Düsenlärm, muss er in Deckung rasen, sein Fahrzeug tarnen und sich kritisieren lassen, wenn das nicht rasch genug geschieht. Vielleicht sollten unsere Füsiliere, Pontoniere und Panzerfahrer in Übungen auch erleben, dass die eigenen Flugzeuge Schutz bieten und die Mobilität am Boden erst ermöglichen!

Die Armee als Element des nationalen Selbstverständnisses

Ich möchte nun zur Armee noch etwas sagen, das zu sagen heute nicht mehr sehr in Mode ist. Die Armee ist nicht nur ein Mittel der Sicherheitspolitik. Sie ist auch ein wichtiges Element des Selbstverständnisses und des Zusammenhalts unseres Landes. Es ist kein Zufall, dass alle neuen Staaten im Osten als erstes eigene Armeen wollen. Eine Armee drückt Selbstbehauptungswillen aus. Sie ist ein Signal nach aussen. Ich brauche hier nicht zu betonen, dass auch die Abschaffung einer Armee ein Signal wäre. So wurde etwa die Diskussion über unsere Armeeabschaffung im Ausland nicht als Zeichen einer besonders fortschrittlichen friedenspolitischen Denkweise empfunden, sondern als Signal der inneren Verunsicherung und der zerfallenden Identität. Als ein negatives Signal, welches Vertrauen in unsere Stabilität und Berechenbarkeit gemindert hat.

Banal, aber immer noch richtig ist die Erkenntnis, dass junge Schweizer aller Schichten und aus allen Landesteilen in der Armee lernen, miteinander umzugehen, sich zu achten und sich zu verstehen. Das hat für den Zusammenhalt des Landes Bedeutung. Es hat auch Bedeutung, dass sich Teile der Elite des Landes als Milizkader gemeinsam um Probleme des Landes kümmern, die Bewältigung von Krisen üben und dafür grosse persönliche Opfer bringen. Es entsteht in der Armee auch ein Beziehungsgeflecht, das für dieses Land positive Auswirkungen hat. Nach wie vor ist die Armee ein Instrument der nationalen Kohäsion.

Man beklagt – und ich meine mit Grund – häufig den Verlust an Gemeinsinn in diesem Land, das Umsichgreifen eines übersteigerten Individualismus und Egoismus. Man muss sich aber auch hier vor Pauschalierungen hüten. Gerade unsere Milizarmee beweist, dass es den Gemeinsinn in diesem Land noch gibt. Sie alle hier sind ein Beispiel dafür. Ohne Ihren Idealismus und Ihre Opferbereitschaft wäre die Milizarmee nicht denkbar. Sie verkörpern deshalb etwas von dem, was dieses Land stark macht und auch in Zukunft stark machen wird. Das ist mir wichtig.

Die Attacken

Seit einiger Zeit wird die Armee durch Initiativen politisch bedrängt. Die Volksinitiative für ein Flugzeugmoratorium ist das jüngste Beispiel dafür. Wahrscheinlich sind sich nicht alle Unterzeichnerinnen und Unterzeichner bewusst, dass sie mit einem Ja zur Initiative einen entscheidenden Schritt zur Selbstentwaffnung unseres Landes begünstigen würden. Die Initiative wendet sich ja nicht gegen ein spezielles Flugzeug, sondern gegen die Erneuerung unserer Luftwaffe ganz allgemein.

Ich habe auf die beiden Pfeiler Ausbildung und Rüstung der Armee hingewiesen. Vier Initiativen zielen gegenwärtig konsequent auf beide Säulen und damit auf die Substanz der Landesverteidigung überhaupt!

– Die Rüstungsinitiative zielt auf den Lebensnerv unserer Rüstungsindustrie.
– Die Waffenplatzinitiative zielt auf den Lebensnerv der Ausbildung.
– Die Kostenhalbierungsinitiative will unsere Armee zur Ortswehr ohne jede Dissuasionswirkung verkommen lassen.
– Die Kampfflugzeuginitiative zielt auf den Lebensnerv der Flugwaffe und damit auf einen Lebensnerv der Armee. Sie ist eine Weichenstellung: Sie stellt das Volk vor die Alternative einer modernen, beweglichen und glaubwürdigen Armee oder einer Armee, die den Weg in die schleichende Folklorisierung einschlägt.

Ich habe den Eindruck, dass all das System hat. Die Armee wird zwar nicht abgeschafft, aber sie wird stückweise zerlegt. Im Endeffekt kommt das auf dasselbe hinaus.

Einige Offiziere haben nicht verstanden, dass ich schon bei der Einreichung der Initiative sagte, das Volk solle sich dazu äussern können. Sie hielten es für falsch, dass man nicht den politisch verlockenden Weg der Ungültigkeitserklärung angestrebt hatte. Es kann zwischen strikter Rechtsstaatlichkeit und unbegrenzter Demokratie Zielkonflikte geben. Seit Jahrzehnten hat man im Zweifel Initiativen immer gültig erklärt. Es geht mir nicht um die Initianten. Es geht mir um das Volk, das sich weniger theoretische Grundsatzüberlegungen macht. Es darf nicht den Eindruck bekommen, man wolle eine politisch missliebige Initiative juristisch bekämpfen. Der verbreitete Eindruck, «die in Bern täten ja doch, was sie wollten», würde neue Nahrung erhalten. Daraus könnte für die Armee ein irreparabler politischer Schaden entstehen. Es führt nichts um die schmerzliche Erkenntnis herum, dass die Auseinandersetzung um diese Initiativen politisch bewältigt werden muss.

Zu denken gibt mir, wie rasch es engagierten jungen Leuten gelang, in Rekordzeit eine halbe Million Unterschriften zu sammeln. Wo bleiben hier die verantwortungsbewussten Staatsbürger und Armeefreunde? Bis jetzt habe ich nur wenig Zeichen von Leuten bekommen, die sich selber engagieren wollen. Um so mehr wurde ich ultimativ von Bürgern aufgefordert, von Staates wegen endlich etwas gegen diese Initianten zu unternehmen. Das EMD darf keinen Abstimmungskampf führen, und es verfügt auch über keine Steuergelder für diesen Zweck. Allerdings haben wir äusserst offensiv informiert. Pressekonferenzen,

Medienauftritte und zahllose Referate waren unser Gegengewicht zu einem Megatrend, der gegen uns läuft. Es gelang, nach skeptischen Politikern auch skeptische Medien davon zu überzeugen, dass unsere Dossiers solide sind.

Information ist ein Prozess. Einen Wissensstand kann man nicht von heute auf morgen aufbauen. Erst recht dann nicht, wenn Vorurteile, Klischees und Wunschvorstellungen überwunden werden müssen. Die Orientierungslosigkeit löst, und das haben wir wissenschaftlich nachgewiesen, paradoxerweise nicht zwingend ein gesteigertes Interesse aus. Etwas anderes geschieht: Wenn die Information die eigenen Kreise stört, wird sie zunächst verweigert. Deshalb ist es unentbehrlich, dass man mit Glaubwürdigkeit Vertrauen schafft.

Wenn die Bürger nicht selber gegen diese und andere Abschaffungsinitiativen mobilisieren und sich hartnäckig und öffentlich für die schweizerische Landesverteidigung einsetzen, dann wird der erwähnte Megatrend nicht gebrochen werden können. Es braucht jetzt nicht in erster Linie bezahlte PR-Artikel oder Plakate, sondern es braucht das Engagement von Menschen. Jetzt muss Flagge gezeigt werden.

Es gibt den in der Kommunikationswissenschaft bekannten Effekt der Informationsspirale. Eine Meinung, hier die Gegnerschaft zum Kampfflugzeug, wird Mode, wird chic, wird als fortschrittlich, aufgeschlossen und weltoffen deklariert. Wer für das Flugzeug ist, wird umgekehrt als hinterwäldlerisch, uneinsichtig, als kalter Krieger diffamiert. Nun beginnt die Spirale. Wer für dieses Flugzeug ist, versteckt diese Meinung, wagt sie nicht mehr zu sagen, und wer dagegen ist, bekennt sich stolz zur Verweigerung. Diese Spirale kann nur durchbrochen werden, wenn Mutige der andern Seite an die Öffentlichkeit treten und zum Flugzeug, zur Armee stehen. Die bevorstehenden Abstimmungen können gewonnen werden. Aber es braucht dazu jene, die Flagge zeigen.

Erste Anzeichen für ein Erwachen sehe ich. So haben sich 103 Nationalrätinnen und Nationalräte unter Namensaufruf zum Flugzeug bekannt. Das braucht Mut. Weitere Persönlichkeiten in der Öffentlichkeit beginnen sich zu rühren. Diese Zeichen müssen sich mehren. Von Ihnen als Staatsbürger erwarte ich, dass Sie sich mit den Anliegen der Armee eingehend auseinandersetzen und – soweit es Ihre politischen Überzeugungen zulassen – dafür ausserhalb des Militärdienstes auch öffentlich einstehen.

Während Ihrer Einsätze als Truppen- und Kurskommandanten gelten allerdings die besonderen Regeln des Dienstreglements. Sie haben im Militärdienst einen Informationsauftrag. Die Meinungsfreiheit setzt eine aktive, objektive und sachliche Information voraus. Jede Schweizer Bürgerin und jeder Schweizer Bürger soll sich eine Meinung über den Inhalt der von Bundesrat und Parlament getroffenen Entscheide machen können, soll informiert sein. Machen Sie keine Propaganda und geben Sie keine Empfehlungen ab, sondern informieren Sie. Seien Sie in der Diskussion tolerant gegenüber anderen Meinungen, aber bringen Sie ihr Wissen und Ihre Überzeugung ein.

Drei Erwartungen zum Schluss

Damit komme ich zum Schluss. Ich möchte drei Erwartungen formulieren: Erstens: Fast alle Schweizer und viele Schweizerinnen leisten Militärdienst oder haben Militärdienst geleistet. Ihre Einstellung zur Armee ist von diesem Dienst geprägt. Sie als militärische Führer haben Einfluss darauf, ob diese Einstellung positiv oder negativ ist. Wenn Sie die Dienste anspruchsvoll und interessant gestalten, wenn Sie professionelles Engagement mit Kritikfähigkeit und menschlichem Führungsstil verbinden, werden die meisten der Ihnen anvertrauten Angehörigen der Armee Botschafter dieser Armee sein. Dann haben es die Armeeabschaffer schwer. Ich ermutige Sie, diese Aufgabe auch weiterhin mit Engagement und Kreativität anzupacken.

Zweitens: Wir dürfen uns nicht auseinanderdividieren lassen. Ich weiss natürlich, dass nicht alle Einzelheiten des grossen Reformwerkes jeden Geschmack zu treffen vermögen. Da gibt es Verbände, die aufgelöst werden sollen. Das ist eine schmerzliche Operation. Ich erwarte, dass die letzte Dienstleistung besonders gut organisiert und würdig abgeschlossen wird. Kein Verband wird aufgelöst, weil er in der Vergangenheit nicht nötig gewesen wäre oder seine Pflicht nicht erfüllt hätte. Seit der Eröffnung der Archive in den Oststaaten wissen wir, dass die Bedrohung im Kalten Krieg keine Erfindung sturer Militärköpfe war. Sie war Realität, und in manchen Belangen noch erschreckender, als wir angenommen haben. Die abtretenden Armeeangehörigen und die aufgelösten Verbände haben ihre Pflicht erfüllt. Die Armee hat das Ihre geleistet. Ich weiss, dass es einige in diesem Lande gibt, die voll zur Armee stehen, die Reform aber lieber anders gehabt hätten. Die einen mögen denken, man hätte nicht so stark zu reduzieren brauchen. Andere wären wesentlich weiter gegangen, und wieder andere hätten die neue Armee anders gegliedert. Die einen sehen alte Traditionen bedroht, die andern halten die neue Aufteilung der Diensttage für verfehlt. Ich selber habe vor der Publikation des Armeeleitbildes die ganze Reform noch einmal kritisch hinterfragt und mit kleinen Expertengruppen die Annahmen nochmals überprüft. Was vorliegt, ist nicht ein Schnellschuss, sondern ein gut durchdachtes Ganzes. Wir alle, die daran gearbeitet haben, sind davon überzeugt. Wir glauben, dass das, was vorliegt, für einige Jahre eine angemessene Antwort auf die neue Herausforderung ist. Jetzt geht es um die Realisierung. Jetzt geht es darum, Widerstände zu überwinden und zu handeln. Ich erwarte deshalb, dass auch jene, die persönlich nur zu 80 Prozent von der Reform überzeugt sind, die Reform zu 100 Prozent mittragen. Eine Lösung, die alle hundertprozentig überzeugt, gibt es nicht. Wir dürfen uns jetzt nicht auseinanderdividieren lassen, weil wir sonst das Geschäft der Armeeabschaffer betreiben.

Drittens: Es genügt nicht mehr, selber im stillen Kämmerlein überzeugt zu sein. Wenn nur noch die Armeekritiker die öffentliche Meinung zu mobilisieren verstehen, steht es schlecht um die Zukunft dieses Landes. Wir alle, Sie und ich, müssen vermehrt Überzeugungsarbeit leisten. Am Familientisch, am Arbeitsort, im Bekanntenkreis, in politischen Parteien, in Leserbriefen. Wieder einmal ist eine Epoche gekommen, wo der Bürger selber vor die Haustüre treten muss, um zum Rechten zu sehen, wie das Gottfried Keller im «Fähnlein der sieben Aufrechten» schildert. Als Stabsoffiziere und Kommandanten sind Sie ganz besonders in die Pflicht genommen. Sie sind die glaubwürdigsten Träger dieser Armee. Sie sind die Multiplikatoren. Es geht um die Zukunft unserer Heimat!

8. Dezember 1992

> *In der Volksabstimmung vom 6. Dezember 1992 wird der Beitritt der Schweiz zum Europäischen Wirtschaftsraum (EWR) bei einer sensationell hohen Stimmbeteiligung von 78,3 Prozent mit 50,3 Prozent Nein-Stimmen verworfen. Ein Graben tut sich auf: Die französischsprachigen Kantone sagen alle Ja zum EWR, alle deutschsprachigen Kantone mit Ausnahme der beiden Basel verwerfen den Beitritt. Weitherum herrscht Ratlosigkeit: «Brücken bauen», «Revitalisierung und Liberalisierung der Wirtschaft» lauten die wenig konkreten Empfehlungen. Zwei Tage nach dem Volksverdikt ist Kaspar Villiger der erste Bundesrat, der – in einer kurzfristig umgeschriebenen – öffentlichen Rede zum EWR-Nein Stellung nimmt.*

Parteitag der Liberalen Partei des Kantons Luzern, Luzern

Wie weiter nach dem EWR-Nein?

Unser Volk stand vor zwei Risiken. Es hat das weitaus grössere gewählt. Das macht mir Sorgen! Unser Volk entschied sich gegen einen sorgfältig vorbereiteten Entscheid des Bundesrates und des Parlamentes. Das bedaure ich. In unserem Volk zeigt sich ein tiefer Graben zwischen der welschen und der deutschen Schweiz. Das macht mich nachdenklich. Unser Volk verstand es immer wieder, sich in schwierigen Situationen aufzuraffen und zuzupacken. Das macht mich zuversichtlich. In unserem Volk spricht man miteinander, steht zusammen, bevor irreparable Schäden entstehen. Darauf vertraue ich.

Es ist nicht leicht, zwei Tage nach einer entscheidenden Weichenstellung Gültiges zu sagen. Der Bundesrat hat eine klare Strategie gehabt. Er hat den bestmöglichen Vertrag ausgehandelt. Er hat zielbewusst geführt. Diese Strategie ist gescheitert. Er kann heute nicht sofort eine alternative Patentlösung vorlegen, wie der Zauberer ein weisses Kaninchen aus dem Zylinder springen lässt. Es gibt diese Patentlösung nicht. Ich habe sie auch bei den Gegnern nicht gefunden. Der flammende Aufruf, sich auf unsere helvetischen Stärken zu besinnen, nützt meinen Tausenden von Rekruten nichts, die ich arbeitslos ins Leben entlassen muss. Das einzige, was ich heute tun kann, ist laut nachdenken über Fragen, die uns während der nächsten Zeit beschäftigen werden.

Gestatten Sie mir noch zwei Vorbemerkungen: Das Volk hat entschieden. Ob es richtig oder falsch entschieden hat, ist jetzt unerheblich. Der Entscheid gilt, und er ist ohne Wenn und Aber zu akzeptieren. Die neue Richtung gilt.

Und das zweite: Der Bundesrat wird trotz seiner Niederlage das Heft ganz klar in der Hand behalten. Bei einem Volksmehr von 50,3 Prozent, das in der Zufallsgrenze liegt, kann im übrigen diese Niederlage nicht als so total betrachtet werden. Nun gilt es, die Lösung der Probleme anzupacken. Auch unsere Partei wird eine führende Rolle spielen müssen. Gerade sie scheint mir geeignet, zwischen Befürwortern und Gegnern sowie Welschen und Deutschschweizern wieder Brücken zu bauen.

Vom verblassenden Glanz einer Erfolgsstory

Bevor ich eine persönliche Analyse der Abstimmung vornehmen will, möchte ich einige Gedanken zum Zustand der Schweiz im neuen Europa äussern. Es fällt auf, dass der Glanz der Erfolgsstory unseres aus vier Kulturen bestehenden Kleinstaates verblasst und dass wir zunehmend von Selbstzweifeln und Identitätsproblemen befallen sind. Bisher war das Modell des Vielvölkerstaates Schweiz beispiellos erfolgreich. Ein rauhes Völklein in einer rauhen, rohstoffarmen Gebirgsgegend brachte es zu Wohlstand und erwarb sich weltweiten Respekt. Zugegeben, da mag historische Gunst und gütige Vorsehung mitgespielt haben. Da hat gewiss auch die Achtung so verstaubter Werte wie Fleiss, Verlässlichkeit, Risikofreude oder Selbstverantwortung eine massgebliche Rolle gespielt. Vor allem aber legte eine einzigartige politische Kultur die Basis zu einer Gesellschaft, welche den Bürger eng in die politische Verantwortung einband, das Spannungsfeld zwischen Individuum und Kollektiv austarierte, das Zusammenleben von sozialen, ethnischen und geographischen Minderheiten ermöglichte und zu erstaunlicher politischer Stabilität führte.

Ich darf einige wesentliche Elemente dieser politischen Kultur nennen. Die direkte Demokratie bezog den Bürger massgeblich in die politische Diskussion ein, gab ihm politische Artikulationsmöglichkeiten und überliess ihm den letzten Entscheid in den wesentlichen Fragen. Der Föderalismus bändigte die Macht des Staates durch Teilung, führte zu einem gesunden Wettbewerb der Problemlösungen und beliess den Minderheiten Gestaltungsmöglichkeiten. Das Subsidiaritätsprinzip brachte die Entscheidungsgewalt nahe zum Bürger. Zweikammersystem und Ständemehr schützten die Minderheiten vor der ungebremsten Majorisierung durch Mehrheiten. Das Milizsystem nutzte den Sachverstand breiter Kreise des Volkes und bot dem Bürger ein kreatives Betätigungsfeld zum Wohle des Gemeinwesens. Die Neutralität brachte Sicherheit und sicherte den nationalen Zusammenhalt. Ein Staat, der auf diesen Prinzipien beruhte, blieb menschlich, bürgernah, überblick- und kontrollierbar. Man identifizierte sich mit ihm. Er verkörperte in idealer Weise die Idee Schweiz, die Idee des Bürgerstaates schlechthin. Es war ein Staat, um den man uns beneidete, der zum Modell wurde, von dem Vielvölkerstaaten im Ausland nur träumen konnten.

Plötzlich nun scheint dieses Modell seinen Glanz zu verlieren, sendet dieses Volk Zeichen innerer Verunsicherung aus, wird diese Staatsidee angefochten. Und zwar von innen und von aussen! Die direkte Demokratie verlangt einen Bürger, der neben den legitimen Eigeninteressen immer auch das Ganze bedenkt. Der Zerfall einer Gesellschaft in sich unerbittlich bekämpfende egoistische Interessengruppen lässt die Demokratie zu einem unschönen Gezänk um Partikularinteressen verkommen. Die Regulierungswut der Politik nagt an der Substanz des Föderalismus, und die Kantone haben zuviel Eigenständigkeit für ein subventionspolitisches Butterbrot verkauft. Das Zweikammersystem wird als bremsend und effizienzhindernd diffamiert. Das Milizsystem verliert an Durchschlagskraft, wenn der Gemeinsinn nachlässt und der Dienst am Staat an Faszination verliert. Und wenn die Nachbarn Neutralität nicht mehr als in ihrem Interesse liegend, sondern als egoistisches Abseitsstehen empfinden, verliert sie an sichernder Wirkung und damit an Substanz.

Aber auch wirtschaftlich befindet sich die Schweiz nicht in bester Verfassung. Die Arbeitslosigkeit ist explosionsartig gestiegen und wird zum echten sozialen Problem, gerade auch in der Westschweiz. Die paradiesischen Zinssätze gehören der Vergangenheit an. Die Teuerungsrate konnte nur mit Mühe wieder gesenkt werden, und die Defizite der öffentlichen Hand nehmen ein besorgniserregendes Mass an. Das Schlagwort von der neuen Armut macht die Runde, der Mittelstand bangt um seinen bisherigen Status, Rentner fürchten sich vor einer Destabilisierung der Sozialwerke, die täglichen Meldungen von neuen Entlassungen erzeugen Ängste um den Arbeitsplatz. Der Strukturwandel beschleunigt sich, und viele Menschen vermögen ihn kaum mehr zu begreifen. Mieten, Asylanten, Krankenkassenprämien, Umwelt sind weitere Stichworte, die zur Beunruhigung beitragen. Alles das führt zu einem seltsamen Klima der Verunsicherung, der Verängstigung und der Verhärtung. Die Problemlösungsfähigkeit des Staates wird angezweifelt, und trotzdem wird er zur Lösung jedes Problemchens angerufen. Und es überrascht nicht, dass viele Menschen vor der komplizierten und unsicheren Wirklichkeit zu fliehen versuchen und bei einfachen Heilslehren, Feindbildern oder Sündenbocktheorien Halt suchen. Das gibt ein dankbares Betätigungsfeld für Vereinfacher, Populisten und Demagogen.

Von aussen wird unsere Staatsidee von Europa angefochten. Eine kleine Exportnation wie die unsere ist auf freien Zugang zu den europäischen Märkten angewiesen. Sie muss sich anpassen, da sie nicht erwarten kann, dass sich der stets grösser und mächtiger werdende Nachbar ihr anpasst. Immer mehr Rechtsbereiche muss sie freiwillig angleichen, wenn sie der Diskriminierung ihrer Wirtschaft entgehen will. Und weil immer mehr Probleme nurmehr gemeinsam lösbar sind, ist auch der Kleinstaat auf engste Kooperation mit andern Staaten angewiesen. Autonomie verkommt allmählich zur Scheinautonomie, Souveränität zur Scheinsouveränität. Auch das muss die politische Kultur schwächen. Sie verliert an Glanz und an Überzeugungskraft.

Diese Anfechtungen, die inneren wie die äusseren, müssen Anlass sein, die Staatsidee Schweiz, also die staatliche Ausprägung unserer politischen Kultur, zu überdenken. Wir müssen uns die Frage stellen, ob das Modell Schweiz ausgedient habe oder ob gar der nationale Zusammenhalt durch die Erosion der politischen Kultur gefährdet werden könnte.

Gedanken zum Abstimmungsresultat

Bei solchen Abstimmungen ist es immer schwierig, die Beweggründe der Bürger zu eruieren. Ängste, Unzufriedenheit und Verunsicherung mögen das Abstimmungsresultat beeinflusst haben. Der fällige Abschied vom Mythos einer völlig unabhängigen Schweiz mag für viele zu schnell gekommen sein. Der eine oder andere Stimmbürger wollte sich mit dem Stimmzettel in guter Schweizer Tradition schlicht und einfach gegen die da oben auflehnen. Furcht vor Überfremdung und Lohndruck, in Einzelfällen gar Fremdenfeindlichkeit hat da und dort ebenfalls mitgespielt. Einige Deutschschweizer mögen der Behauptung geglaubt haben, der EWR sei mit der EG gleichzusetzen, oder das eine führe zwangsläufig in das andere. Für viele Mitbürgerinnen und Mitbürger scheint der arme EWR sozusagen zum Ersatzobjekt geworden zu sein, auf das man alles Üble, Verdächtige, Missbräuchliche und Kritikwürdige projizieren konnte. Der EWR als Sündenbock par excellence gewissermassen.

Es wäre indessen ungerecht, allen Neinstimmenden derart negative Motive unterschieben zu wollen. Offensichtlich fühlten viele Bürgerinnen und Bürger Werte bedroht, die ihnen lieb sind. Das ist ein Beleg dafür, dass diese Werte noch Lebenskraft haben. Das ist etwas durchaus Positives.

In vielen Gesprächen gewann ich auch den Eindruck, dass bei vielen Menschen in diesem Lande eine Art Reaktion auf die eigentümliche Phase der Selbstanschwärzung, der übersteigerten Selbstkritik festzustellen ist, die wir in den letzten Jahren durchlebt haben. Das Zerrbild einer selbstsüchtigen, unsolidarischen, egoistischen Fluchtgeldschweiz, die im Weltkrieg nur dank böser Kollaboration mit dem Naziregime überlebt habe, einer perfiden Überwachungsschweiz mit morschen Institutionen, einer in überheblicher Sonderfallmentalität verkrusteten Schweiz ohne Visionen, dieses Zerrbild einer «700-Jahre-sind-genug»-Schweiz begann viele Bürgerinnen und Bürger zunehmend und zu Recht zu nerven.

Manche verstanden nicht, warum in einem Jubiläumsjahr so wenig von unseren Stärken, von den Vorzügen der Idee Schweiz die Rede sein durfte, warum alles verpönt schien, was auch nur entfernt an Heimatliebe und Stolz erinnerte. Auch hier entstanden Gräben. Vielleicht projizierte sich nun dieser aufgestaute Unmut auf das falsche Objekt EWR, vielleicht musste diese Entladung einmal kommen.

Ich glaube nicht, dass dieses Nein als ein Votum für eine abgeschottete, eingeigelte, eigenbrötlerische und selbstgerechte Schweiz aufgefasst werden darf. Dieses Nein kann durchaus auch als ein konstruktiv gemeintes Votum für etwas interpretiert werden, nämlich für die Erhaltung des Überblickbaren und Kleinräumigen im neuen Europa, für die Erhaltung unserer Eigenart und Autonomie, für die integrale Erhaltung unserer politischen Kultur und für die Erhaltung des Vielfältigen in Europa.

Die Westschweiz hat anders reagiert. Anscheinend sah sie angesichts unserer grossen wirtschaftlichen Probleme im EWR – und ich meine zu Recht! – eine Chance zur Verbesserung. Zudem hat die Westschweiz traditionell weniger Berührungsängste mit dem Ausland. Ein Beispiel dafür ist der Völkerbund, der dank der massiven Zustimmung in der Westschweiz und trotz der Ablehnung in der Deutschschweiz gesamthaft eine Ja-Mehrheit fand. Die Westschweiz hat vorgestern ein klares Signal der Öffnung gegeben, das nicht übersehen werden darf.

Ganz klar geht aus dem Abstimmungsergebnis auch hervor, dass unser Volk derzeit keinen EG-Beitritt will. Man darf bei der Interpretation nicht übersehen, dass sehr viele für den EWR stimmten, obwohl oder gerade weil sie ausdrücklich keinen EG-Beitritt wollten. Auch das gilt es zur Kenntnis zu nehmen. Wenn diese Interpretation richtig ist, so verlangt das Volk durchaus eine Politik der Öffnung und der Kooperation, aber unter Wahrung maximaler Eigenständigkeit und unter Wahrung unserer politischen Kultur.

Die Folgen dieses Neins

Ich halte die Folgen dieses Neins für schwerwiegend. Ich sage dies nicht als wehleidiger Verlierer, sondern es ist für mich das Resultat einer nüchternen Analyse. Anscheinend haben jene 49,7 Prozent der Schweizerinnen und Schweizer, die für den EWR gestimmt haben, diese Meinung auch geteilt.

Ich erwarte im wesentlichen sechs negative Konsequenzen:

Erstens: Der Entscheid wird unsere wirtschaftliche Lage mittelfristig zweifellos verschärfen, und zwar aus faktischen und aus psychologischen Gründen. Gewichtige Massnahmen zur Verbesserung der wirtschaftlichen Rahmenbedingungen, also beispielsweise ein dringend nötiger Liberalisierungsschub, werden nun ausbleiben. Weil sich der europäische Binnenmarkt auch ohne uns bilden wird, schafft dieser Markt eine neue Qualität, er bietet den Unternehmen im EWR Vorteile, die unsere Unternehmen nicht haben werden. Deshalb bedeutet das Nein unseres Volkes nicht die Beibehaltung des Status quo, sondern den Weg in eine faktische Benachteiligung unserer Exportindustrie.

Ebenso schlecht ist die psychologische Wirkung dieses Neins. Das Ausland wird die Schweiz nicht mehr als vollwertigen Wirtschaftsstandort in Europa empfinden. Das wird auf allfällige Neuansiedlungen in unserem Land und auf Erweiterungen schon hier ansässiger internationaler Firmen einen negativen Einfluss haben. Wahrscheinlich droht auch die beschleunigte Verlagerung von hiesigen Arbeitsplätzen ins europäische Ausland. Diese Probleme werden sich zu den ohnehin schon schwierigen rezessionsbedingten Problemen addieren.

Zweitens: Wenn unsere Wirtschaft zu lange in der Talsohle bleibt, werden sich die Finanzprobleme der öffentlichen Hand, die schon dramatisch genug sind, noch verschärfen. Das muss, wenn die öffentlichen Haushalte nicht zusammenbrechen sollen, zu Engpässen führen, und zwar in allen Bereichen, vom Sozialbereich angefangen über den Verkehr bis zur Bildung und Forschung. Es wird nicht möglich sein, diese Engpässe durch das Aushungern des EMD zu vermeiden, denn die Wachstumsraten der übrigen Politikbereiche sind derart hoch, dass sogar ein völliges Wegsparen des EMD die Grundproblematik nicht zu lösen vermag.

Die Defizite müssen wir in den Griff bekommen, weil sonst der Wirtschaftsstandort in seiner innersten Substanz gefährdet wird. Es wird nicht gehen, ohne den Gürtel enger zu schnallen. Alles andere sind Illusionen. Und es wird nicht mehr möglich sein, dass jeder Schweizer fürs Sparen ist, aber nur den andern meint. Jetzt müssen die Verantwortlichen den Mut haben, klare Prioritäten zu setzen, auch wenn das unpopulär ist. Ich fürchte, dass aus diesen

Gründen die Verteilungskämpfe härter werden könnten und dass das politische Klima noch rauher werden dürfte.

Eine weitere wahrscheinliche Zunahme der Arbeitslosigkeit dürfte nicht nur das Volk und die Wirtschaft zusätzlich belasten, sondern könnte sich zum explosiven sozialen Problem ausweiten. Mir macht vor allem auch die Jugendarbeitslosigkeit Sorge. Eine Jugend ohne Perspektive, nach der Ablehnung des EWR auch ohne europäische Perspektive, wäre das Schlimmste, was unserem Land geschehen könnte. Das ist ein weiterer Graben, der mir Sorgen macht!

Drittens: Wahrscheinlich werden nun einige Politiker versuchen, das Nein des Volkes gegen die etablierte politische Führung zur politischen Vertrauenskrise hochzustilisieren. Möglicherweise werden Köpfe gefordert, da und dort mag sich einer zur Forderung nach Neuwahlen versteigen, für Spektakel wird gesorgt sein. Besonders tragisch nehme ich das allerdings nicht.

Viertens: Ernster nehme ich den tiefen Graben, der sich zwischen den Welschen und den Deutschschweizern aufgetan hat. Das Verhältnis zwischen den Sprachgruppen und Kulturen macht mir schon seit einiger Zeit Sorgen. Die institutionellen Voraussetzungen wie Föderalismus, Zweikammersystem und direkte Demokratie sind notwendige Bedingungen des Zusammenlebens. Sie genügen indessen nicht. Sicher: einige im Abstimmungskampf bekannt gewordene herzlose und dumme Äusserungen von Deutschschweizern über das Verhältnis zu den Welschen geben die Haltung der überwältigenden Mehrheit der Deutschschweizer nicht im entferntesten wieder. Aber eine gewisse Gleichgültigkeit den anderen Sprachgruppen gegenüber ist doch festzustellen. So eine «Wir-lassen-Dich-in-Ruhe, aber-lass-auch-Du-uns-in-Ruhe»-Mentalität ist unverkennbar, eine Art Geringschätzung der gewaltigen Bereicherung, die aus unseren vier Kulturen entspringt. Es genügt nicht, denen in Brüssel selbstgerecht zuzurufen, sie sollten doch gefälligst bei uns lernen, wie man über Sprachgrenzen hinweg zusammenlebe, und im übrigen für dieses Zusammenleben nichts zu tun.

Was nun am Sonntag geschehen ist, könnte das Problem gravierend verschärfen. Natürlich bin ich sicher, dass unsere welschen Miteidgenossen den Willen zur Schweiz auch nach dem 6. Dezember noch haben werden. Sie werden genauso wie wir gewillt sein, die demokratischen Spielregeln einzuhalten, und sie werden den Volksentscheid akzeptieren. Die Gefahr besteht aber mittel- und langfristig. Bei jeder Verschärfung der wirtschaftlichen Lage – und sie ist in der Westschweiz noch schlechter als in der Deutschschweiz – werden einige wenige Scharfmacher den Deutschschweizern die Schuld zuweisen. Sie werden ständig Stimmung machen, und daraus könnte ein Aufschaukelungsprozess entstehen, der ernsthaften Schaden stiften könnte. Das dürfen wir nicht leichtnehmen!

Fünftens: Wir könnten in eine internationale Isolation geraten. Selbstgerechte, kurzsichtige und überhebliche Miteidgenossen mögen darüber lachen. Ich nehme das ernst! Wir stehen ohnehin schon im Ruf, wir würden vor allem und stets an den eigenen Nutzen denken. Dieser Ruf wird sich nun verstärken. Unser Goodwill bei den europäischen Regierungen dürfte stark gesunken sein. Die EG, deren Handreichung wir nun ausgeschlagen haben, besteht auch in Zukunft im wesentlichen aus den gleichen Köpfen wie heute. Die werden sich an die Abstimmung erinnern, wenn wir etwas von ihnen wollen. Aus der Partnerschaft der EFTA sind wir ebenfalls ausgeschert, und das wird die EFTA-Partner nicht zu besonders engen Freunden machen. Auch das wieder ein Graben!

Ich habe schon darauf hingewiesen, dass wir viele Probleme nur noch gemeinsam mit den andern Völkern Europas lösen können. Ich denke hier an das Asylwesen, das Drogenproblem, das organisierte Verbrechen, den Umweltschutz und dergleichen. Kooperation ist nötig, Kooperation braucht aber den Goodwill der anderen. Dass auch die Exportwirtschaft auf ein gutes Image im Ausland angewiesen ist, sei nur am Rande erwähnt.

Nach der Armeeabschaffungsinitiative, dem Fichenskandal, der Selbstentwaffnungsinitiative der Gruppe für eine Schweiz ohne Armee gegen die Erneuerung unserer Flugwaffe und jetzt nach dem EWR-Nein stehen wir nicht als ein Volk da, welches im Ausland als zuverlässiger Verhandlungspartner einen hohen Kredit geniesst!

Sechstens: Denkbar ist auch, dass unsere Institutionen noch mehr unter Druck geraten werden. Die Frage, ob direkte Demokratie und Konkordanz noch geeignet seien, unsere dringenden Probleme im modernen Europa zu lösen, ist schon seit einiger Zeit aufgeworfen worden. Aus der Sicht vieler Fachleute hat sie neue Aktualität erlangt.

Was ist zu tun?

In meinen EWR-Referaten habe ich immer gesagt, das Ja oder Nein zum EWR sei nicht die Wahl zwischen Himmel und Hölle oder zwischen Weiss und Schwarz. Der EWR eröffne Chancen, der Alleingang enthalte vor allem Risiken. Wie ich eingangs sagte, haben wir den Weg der Risiken gewählt. Er ist schwierig. Aber er ist begehbar. Die Schweiz kann auch ohne EWR leben. Aber es wird Opfer kosten, und wir alle werden gefordert sein. Wir werden die Reihen schliessen müssen. Wir werden den Alleingang als nationale Schicksalsgemeinschaft bewältigen müssen. Und gerade das dürfte schwieriger werden, wenn die Probleme schwieriger werden.

Ich kann Ihnen wie gesagt heute keine fertigen Rezepte vorlegen, sondern lediglich einige Skizzen entwerfen. Der Bundesrat wird sich für die Konzipierung des weiteren Vorgehens Zeit lassen. Zuerst drängen sich breite Konsultationen auf, mit den Parteien und den Kantonen so gut wie mit den Verbänden, den Sozialpartnern oder anderen wichtigen Gruppierungen im Lande. Dann wird man versuchen müssen, eine Politik zu definieren, die sowohl wirksam als auch konsensfähig ist.

Gestatten Sie mir nun einige Bemerkungen zu den sechs erwähnten Problemkreisen:

Erstens: Unsere wirtschaftlichen Rahmenbedingungen sind nicht gar so schlecht, wie sie häufig gemacht werden. Die Inflation bekommen wir langsam wieder in den Griff, und die Zinsaussichten sind nicht allzu schlecht. Trotzdem: diese Rahmenbedingungen haben sich im Vergleich zum Ausland in den letzten Jahren eindeutig verschlechtert, und zwar einerseits, weil andere besser geworden sind, und andererseits, weil wir nachgelassen haben. Der EWR wird wie gesagt die Rahmenbedingungen für unsere wichtigsten Konkurrenten in Europa weiter verbessern. Deshalb ist es für uns lebenswichtig, die Verbesserung unserer wirtschaftlichen Rahmenbedingungen nachhaltig anzupacken, damit wir trotz den selbstgewählten Nachteilen wettbewerbsfähig bleiben. Wir müssen mit allen Kräften versuchen, dem Attraktivitätsverlust des Wirtschaftsstandortes Schweiz Einhalt zu gebieten.

Wir werden uns überlegen müssen, ob wir einige Gesetzesanpassungen im ordentlichen Verfahren in unser Recht übernehmen wollen, die wir im Hinblick auf das EWR-Abkommen vorbereitet haben. Ich denke hier etwa an die Harmonisierung technischer Vorschriften, den Konsumentenschutz, das Wettbewerbs- oder Gesellschaftsrecht. Das sogenannte Revitalisierungsprogramm für unsere Wirtschaft muss rasch konzipiert und politisch umgesetzt werden. Die Ausländerpolitik muss so modifiziert werden, dass unsere Wirtschaft den Bedarf an qualifizierten Arbeitskräften decken kann. Dass dabei einheimischen Arbeitnehmern der Vorrang gewährt werden muss, ist selbstverständlich. Der Angst vor der Überfremdung muss Rechnung getragen werden. Mit dem Dreikreismodell hat der Bundesrat dafür die Voraussetzung geschaffen.

Was ich jetzt sage, wird die Bauern nicht freuen. Aber das GATT, jener Vertrag, der einen möglichst freien Welthandel anstrebt, wird für unser Exportland zur Überlebensfrage. Nicht mehr und nicht weniger. Und trotzdem: Wir brauchen unsere Bauern. Das weiss der Bundesrat.

Wir müssen also Zusätzliches leisten. Wir müssen den Kraftakt der internen Liberalisierung und Deregulierung wagen, wir brauchen mehr Wettbewerb im eigenen Lande, wir müssen der Überforderung des Staates Einhalt gebieten und die Bürger wieder von der unbändigen Kraft der Selbstverantwortung überzeugen, wir müssen der Dynamik und Kreativität der Menschen in der Wirtschaft Freiräume bewahren und erweitern, wir müssen uns vom Besitzstanddenken lösen und wieder Mut zum Risiko schöpfen. Wir müssen gewissermassen unsere Stärken stärken!

Es ist wichtig, dass wir das alles energisch anpacken. Die Wirtschaft, die nach dieser Volksabstimmung Zweifel am Willen der Schweiz zur Regenerierung der Standortbedingungen haben wird, braucht ein klares politisches Signal. Das wird den EWR zwar nicht ersetzen, aber als Element der Schadenbegrenzung ist es nötig.

Viele EWR-Gegner haben ähnliche Massnahmen gefordert. Sie werden beim Wort zu nehmen sein. Viele waren gegen den EWR, um das eigene Gärtchen zu schützen. Ob sie alle mitmachen werden, wage ich allerdings jetzt schon zu bezweifeln.

Diese Revitalisierung ist allerdings auch wegen der Lage der Bundesfinanzen nicht einfach. In eine nachhaltige Verbesserung der Rahmenbedingungen müssten auch Fiskalmassnahmen eingeschlossen werden. Dort besteht aber derzeit kaum Handlungsspielraum.

Zweitens: Verteilungskämpfe werden dann erträglicher, wenn es mehr zu verteilen gibt. Deshalb muss die Erholung der Wirtschaft Priorität haben. Aber wir müssen jetzt auch den Mut finden, den Bürger wieder vermehrt darauf aufmerksam zu machen, dass in erster Linie er selber und nicht der Staat für ihn zu sorgen hat. Wir müssen den Mut haben, ihn wieder auf die Grenzen der staatlichen Machbarkeit hinzuweisen. Das wird vor allem im Sozialbereich schmerzlich sein. Ich möchte richtig verstanden werden: Ein sicheres soziales Netz ist von grösster Wichtigkeit, auch für die wirtschaftlichen Standortbedingungen. Wir müssen alles tun, es intakt zu halten. Der Besitzstand steht nicht zur Disposition. Wir müssen aber realisieren, dass jetzt die Sicherung vor dem Ausbau klare Priorität hat. Die im Laufe der Abstimmung aufgebrochenen Ängste zeigen auch, dass eine Politik der Solidarität nach innen wichtig ist. Wir müssen dafür sorgen, dass nicht immer mehr Gruppen aus dem wirtschaftlichen, gesellschaftlichen und politischen Leben ausgegrenzt werden. Auch das ist in Zeiten der Finanznot schwer zu haben.

Drittens: Gestatten Sie mir nun ein Wort zur politischen Vertrauenskrise. Die Schweizerinnen und Schweizer haben bei Abstimmungen immer wieder Weichen in einer anderen Richtung gestellt, als dies Regierung und Parlament gerne gehabt hätten. Diese Art der Opposition ist ein Wesenselement der direkten Demokratie. So gesehen war das Verdikt vom letzten Sonntag mit nur 50,3 Prozent Nein-Stimmen nicht einmal besonders dramatisch. Zu unserem System mit dem Volk als Opposition gehört auch, dass bei einem Nein weder einzelne Bundesräte noch die ganze Regierung zurücktreten. Regierung und Parlament nehmen den Entscheid zur Kenntnis, akzeptieren ihn und suchen neue Wege zur Lösung des Problems. Ich glaube nicht, dass der Wechsel von Köpfen beim Volk zu mehr Vertrauen führen würde. Gerade die bunte Koalition der Neinsager wäre alles andere als regierungsfähig.

Wir sind bekanntlich ein politisch auflüpfisches Volk, das aus lauter sprachlichen, ethnischen, konfessionellen und regionalen Minderheiten besteht. Die Regierungssysteme solcher Völker müssen besondere stabilisierende Elemente enthalten, damit Kontinuität zum Wohle des Ganzen gewährleistet bleibt. Zu was instabile Systeme führen, zeigen die Beispiele einiger anderer europäischer Länder. Ein solches stabilisierendes Element ist die Verfassungsvorschrift, wonach der Bundesrat während der Legislatur nicht abgewählt werden kann. Das gibt dem Regierungskollegium Stärke, Kontinuität und Unabhängigkeit, und es gibt ihm die Möglichkeit, ungeachtet jeder Popularitätshascherei immer nach dem Richtigen zu suchen. Vielleicht dürfte der Bundesrat diese Vorteile noch stärker nutzen. Es kommt sicher nicht von ungefähr, dass unsere Verfassungsväter sich für ein solches System entschieden haben. Ich bin überzeugt, dass der Bürger letztlich einen Bundesrat vorzieht, der eigene Meinungen vertritt und nicht mit dem nassen Finger im Wind politisiert, auch wenn er diesen Bundesrat gelegentlich desavouiert.

Viertens: Wir müssen mehr für den Zusammenhalt unserer vier Kulturen tun. Dieses Zusammenleben ist nie ein für allemal erreicht und gesichert. Es ist eine sehr hochstehende kulturelle und politische Leistung, die der sorgsamen Pflege bedarf. Sie erträgt auf Dauer die Gleichgültigkeit nicht. Man muss diese Leistung bewusst erbringen wollen. Wir sind ein Modell. Aber wir müssen, und vor allem die Mehrheit muss mehr dafür tun, es bewusster pflegen. Mir selber ist erst durch meine engen Kontakte mit Welschen und Tessinern als Bundesrat in der ganzen Tiefe bewusst geworden, welcher Reichtum aus dieser Begegnung fliesst. Sie ist ein Stück Schweiz, ohne das die Schweiz nicht mehr die Schweiz wäre. Wir dürfen gerade jetzt die wirtschaftlich noch stärker gebeutelte Westschweiz nicht alleine lassen. Ich meine das nicht gönnerhaft, aufdringlich, anbiedernd, sondern im Sinne einer gleichwertigen, loyalen Partnerschaft.

Vielleicht sollten wir eine aus geachteten Persönlichkeiten aus Politik, Kultur, Wirtschaft und Wissenschaft zusammengesetzte «Groupe de réflexion» bilden, welche Ideen zur Erneuerung dieses Zusammenlebens entwickelt. Damit könnte man der Idee Schweiz wieder neues Leben einhauchen. Denkbar wäre vieles, angefangen von vermehrtem Jugendaustausch über eine gezielte Bewusstseinsbildung oder Ferienprogramme bis zu verstärktem Kulturaustausch, Partnerschaften von Dorfvereinen oder regionalpolitischen Impulsen. Auch die Armee ist ein Instrument des nationalen Zusammenhalts. Ich lasse prüfen, ob die Armee ein vermehrtes zum Zusammenleben unserer Kulturen tun kann. Alle meine departementalen Führungsgremien sind aus Welschen und Deutschschweizern zusammengesetzt. Das ist für mich ein äusserst positives Erlebnis.

Ich glaube leider nicht, dass die Wunde vom 6. Dezember so rasch vernarben wird. Wir Deutschschweizer als Mehrheit müssen aber erkennen, dass besonders wir gefordert sind.

Fünftens: Wir dürfen uns aussenpolitisch nicht in die Isolation abtreiben lassen. Deshalb brauchen wir eine prononcierte Politik der Öffnung und der Kooperation. Weltoffenheit gegenüber anderen Ideen und Kulturen hat uns immer gestärkt. Äussere Einflüsse wurden bei uns immer kritisch gefiltert und konstruktiv umgesetzt. Das hat uns genützt. Wie viele Namen von Einwanderern leben in den Firmierungen renommierter Schweizer Firmen nach! Wie viele Ausländer halfen, den Ruf unserer Hochschulen oder Kulturstätten zu begründen! Wie viele fremde Ideen, etwa das Zweikammersystem, fanden in unserem Rechtswesen konstruktiven Niederschlag! Wie viele auflüpfische Ideen, die sich später weltweit durchsetzten, konnten von Flüchtlingen im Schweizer Asyl hochgehalten werden! Offenheit nach aussen stärkt uns selber. Das muss die Devise sein. Trotz dem Nein zum EWR. Gerade wir, die wir eine grosse und fruchtbare Tradition der Assimilierung des Fremden haben, gerade wir dürfen die Ungeheuer des Fremdenhasses und des Nationalismus niemals aufkommen lassen. An dieser Haltung der verantwortungsvollen Bürger dieses Landes dürfen nie Zweifel entstehen.

Wir müssen uns auch um die Probleme der Welt kümmern, und zwar nicht mit dem Scheckbuch, sondern durch den Einsatz von Menschen aus Fleisch und Blut und durch konstruktive Mitarbeit an der Lösung der gemeinsamen Probleme. Wir haben auf dieser Welt auch Pflichten zu erfüllen, nicht ideologisch, nicht missionarisch, sondern nüchtern, effizient und effektiv. Besonders jetzt, nachdem die EWR-Abstimmung im Ausland falsch interpretiert werden könnte.

Sechstens: Wir müssen unsere Institutionen anpassen, aber nicht tiefgreifend verändern. Ich weiss, dass in der letzten Zeit zunehmend Zweifel an unseren politischen Institutionen laut wurden. Die Regierung sei überlastet, finde kaum mehr Zeit zur Reflexion über die langfristigen, grossen strategischen Probleme, und sie sei durch Kollegialität und Konkordanz gelähmt. Die direkte

Demokratie sei viel zu schwerfällig, ganz abgesehen davon, dass das Volk angesichts der komplizierten Gegenwartsprobleme überfordert sei.

Natürlich, es gibt kein politisches System, das zu jeder Zeit und unter allen politischen Umständen zum bestmöglichen Resultat führt. Und trotzdem teile ich diese Kritik so pauschal nicht. In der Politik sind Effizienz, Management und dergleichen nicht die einzigen Kriterien. Identifikation mit dem Staat, das Gefühl, mitbestimmen zu können, als Minderheit der Mehrheit nicht ausgeliefert zu sein, einen menschlich begrenzten Staat zu haben: alles das ist mindestens so wichtig. Deshalb würde der Bürger zu Recht die direkte Demokratie nie preisgeben. Das EWR-Nein darf durchaus auch in dieser Richtung interpretiert werden.

Ob andere Systeme, etwa die rein parlamentarischen, besser funktionieren in einer schwierigen Zeit, bezweifle ich. Die Probleme sind eben kompliziert und schwierig zu lösen, und deshalb ist an der Schwierigkeit der Lösung nicht immer die Institution schuld. Und ich frage, ob es etwa in Italien, Deutschland, Frankreich, Schweden oder Belgien besser läuft. Und müssen nicht mehr und mehr Staaten – etwa mit grossen Koalitionen oder Absprache mit der Opposition – mühsam Elemente der Konkordanz einbauen, um Probleme lösen zu können? Greift man nicht mehr und mehr – siehe Maastricht – auf Volksabstimmungen zurück, um nach Legitimation zu suchen? Und zersplittern sich in andern Ländern die politischen Kräfte nicht auch in einer Weise, mit der wir schon lange zu leben gewohnt sind?

Unser politisches System löst die schwierige Aufgabe – zwar unter Schmerzen und Rückschlägen, aber immerhin –, in einer fast chaotischen und von lauter ethnischen, politischen, regionalen, religiösen und sozialen Minderheiten charakterisierten politischen Landschaft zu akzeptierten und akzeptablen Ergebnissen zu kommen. Das ist nicht wenig!

Wir müssen deshalb die wesentlichen Elemente unserer politischen Kultur im Kern erhalten, aber in einer zeitgemässen und verwesentlichten Form. Vielleicht können wir ihnen sogar neue Substanz verleihen. Ich denke etwa an die Unterstellung national wichtiger Verwaltungsakte unter das Referendum, wie das bei den Bahnen – Stichworte NEAT und Bahn 2000 – schon bisher möglich war. Eine Verwesentlichung der direkten Demokratien ergäbe sich auch, wenn deren missbräuchliche Nutzung, etwa zum Unterlaufen der verfassungsmässigen Kompetenzordnung, erschwert werden könnte. Der Föderalismus ist weniger von Europa als von den zentralistischen Neigungen der eigenen Politiker her gefährdet. Wir brauchen wieder den Mut, nicht alles gleich zu machen. Das Milizsystem hat sich nicht überlebt, auch wenn seine reine Form wohl zur

Illusion geworden ist. Ich glaube noch immer, dass in der Politik mehr Gewicht und Einfluss hat, wer aus seinem Berufsleben in Bern Substanz einbringt, als wer in Bern Substanz holen will. Es soll nicht einer etwas werden wollen, indem er Politik betreibt, sondern es soll Politik betreiben, wer etwas ist. Auch das Regierungssystem kann verbessert werden. Aber zu glauben, dies sei in unserer zersplitterten Landschaft ohne Konkordanz oder mit Leadership à la USA möglich, ist eine Illusion.

Die zukünftige Integrationspolitik

Gestatten Sie mir noch ein Wort zum europäischen Umfeld und zur zukünftigen Integrationspolitik. Dieses Umfeld ist seit dem Zusammenbruch des Kommunismus durch eigentümlich widersprüchliche Entwicklungen gekennzeichnet. Während sich auf der einen Seite Vielvölkerstaaten wie von Schnellfäule befallen auflösen und damit alte Flaschengeister wie Nationalismus oder religiösen Fundamentalismus freisetzen, wächst Westeuropa weiter zusammen und entfaltet eine fast magische Anziehungskraft auf neue Staaten, die kaum in der Lage sind, ihre wirtschaftlichen und politischen Probleme selber zu lösen. Die historische Erfahrung, dass die Bindemittel Gewalt, Ideologie und Lüge ein Grossreich auf Dauer nicht zusammenzuhalten vermögen, hat sich einmal mehr bestätigt. Historisch neu ist, dass sich gleichzeitig Staaten freiwillig zusammentun, Souveränität abgeben und gemeinsam eine Art Bundesstaat von völlig neuartiger Konzeption anstreben. Die Frage stellt sich, ob denn einem solchen multinationalen und multikulturellen Gebilde eine dauerhaftere Zukunft beschieden sei als herkömmlichen Grossreichen. Es gibt Gründe, die dafür sprechen.

Zweierlei ist zunächst festzustellen: Die Idee des vereinigten Europa ist die Idee einer Elite. Und die Idee Europa hatte von Anfang an nicht nur eine wirtschaftliche, sondern auch eine politische Zielsetzung. Die Väter der Gemeinschaft wollten durch Integration historische Feindschaften überwinden und den innereuropäischen Frieden sichern. Das wirtschaftliche Zusammenwachsen war für sie nicht Selbstzweck, sondern ein Mittel zum Erreichen der politischen Zielsetzung. Diese Konzeption erwies sich als beispiellos erfolgreich. In historisch kurzer Zeit wurden Konflikte etwa zwischen Deutschland und Frankreich undenkbar, die politische Einbindung sicherte in Ländern wie Spanien oder Portugal die demokratischen Werte, der Wohlstand aller wuchs merklich, und die verwegene Idee der Elite begann in vielen europäischen Herzen langsam Wurzeln zu schlagen. Man mag vieles in dieser Gemeinschaft kritisieren. Sie ist ein

Prozess, kein Zustand, und das Ende dieses Prozesses ist noch nicht absehbar. Aber eine bösartige Diktatur, ein herzloser Machtblock, der die Pluralität in Europa zerquetscht, das alles ist sie nicht. Sie ist ein politisches Gebilde, das Frieden und Prosperität sichert, und gerade wir – wie immer wir unser Verhältnis zur EG gestalten wollen – haben ein eminentes Interesse am Gelingen dieses Prozesses.

Äussere Umstände begünstigen das weitere politische Zusammenwachsen der Gemeinschaft. Die Herausforderung der Wirtschaftsblöcke USA und Japan verlangt nach einem wirtschaftlich starken Europa. Die zunehmende gegenseitige Vernetzung der nationalen Volkswirtschaften stimuliert das Bedürfnis nach einem homogenen Wirtschaftsrechtsraum. Viele der brennendsten Probleme, etwa in der Drogen-, Umwelt-, Migrations-, Energie- oder Sicherheitspolitik, können nur von der Staatengemeinschaft und nicht mehr von einzelnen Ländern gelöst werden. Und der Zerfall der Sowjetunion hinterlässt ein Machtvakuum, das nur von Europa ausgefüllt werden kann und muss. Die Europäische Gemeinschaft entspricht sozusagen einem historischen Bedürfnis. Sie wird Bestand haben. Sie ist ein Faktum, ob wir wollen oder nicht! Deshalb müssen wir unser Verhältnis zu ihr gestalten. Das ist lebenswichtig für uns. Deshalb braucht es trotz dem EWR-Nein eine Integrationspolitik.

Der Bundesrat wird sich bemühen, die politische Isolierung der Schweiz und die wirtschaftliche Diskriminierung, welcher die Schweiz ausgesetzt sein wird, in Grenzen zu halten. Er wird den europäischen Partnern, insbesondere der EG, vorschlagen, raschmöglichst eine Beurteilung der Situation vorzunehmen, und er wird seine eigene Beurteilung der Situation einbringen. Er möchte die Instrumente, die uns heute schon zur Verfügung stehen, so gut als möglich nutzen und weiterentwickeln, etwa im Rahmen der gemischten Ausschüsse des Freihandelsabkommens von 1972. Die EG hat uns zwar ganz klar zu verstehen gegeben, dass die von den EWR-Gegnern so intensiv zelebrierten bilateralen Verträge in Zukunft kaum mehr möglich sein werden. Das darf uns nicht hindern, trotzdem solche Verträge auf der Basis des bisherigen Freihandelsabkommens anzustreben. Ich warne allerdings vor zu grossen Hoffnungen. Aber es darf nichts unversucht gelassen werden, unsere Interessen im neuen Europa zu wahren.

Ich habe darauf hingewiesen, dass unser Volk offensichtlich im Moment einen EG-Beitritt nicht will. Die Frage stellt sich deshalb, was mit dem hängigen Beitrittsgesuch geschehen soll. Der Bundesrat hat darüber noch nicht entschieden. Ich will mich deshalb dazu nicht äussern. Ich will nur so viel sagen: Eine verantwortungsvolle Regierung ist verpflichtet, für unsere Zukunft den maximalen Handlungsspielraum zu wahren. Er muss dem Volk sämtliche Optionen offenhalten. Er darf in dieser schwierigen Zeit nicht alle Türen schliessen.

Was immer aber er entscheiden wird, das letzte Wort wird wiederum das Volk haben!

Die Schweiz kann sich auch in Zukunft in Europa behaupten!

Es sind vier Gründe, die mich an die Zukunft der Schweiz im neuen Europa glauben lassen:

Erstens: Viele Jahrhunderte gemeinsamer Geschichte wirft man nicht ab wie die Schlange ihre Haut. Wer im Osten die verloren geglaubte Geschichte wieder hervorbrechen sieht, der realisiert, wie tief im Unbewussten vieles eingegraben bleibt, was die Menschen in ihrem Verhalten prägt. Der Wille zum Zusammenleben unserer vier Kulturen wird sich trotz Anfechtungen und trotz dieser Abstimmung so rasch nicht verflüchtigen, wenn wir etwas dafür tun. Deshalb bin ich überzeugt, dass 700 Jahre nicht genug sind.

Zweitens: Die Menschen brauchen einen überblickbaren Bezugsrahmen, brauchen das Mass, um sich mit einem Gemeinwesen identifizieren zu können. So fühlen sie sich eingebunden in eine Gemeinschaft, fühlen sich zu Hause. Unserem Schlage liegt es nicht, sich durch Zugehörigkeit zu Grossem gross zu fühlen, und die Faszination durch irgendeine «grande nation» ist uns zutiefst fremd. Unsere Schweiz bietet dieses Zuhause, bietet dieses Mass, bietet jene Geborgenheit, aus der heraus vielleicht auch die Zugehörigkeit zu Grösserem denkbar wird.

Drittens: Die Idee des gebändigten Staates, in dem der mündige Bürger zum Rechten schaut, hat nichts von ihrer Faszination verloren. Die Elemente unserer politischen Kultur mögen an Kraft verloren haben, substanzlos sind sie deswegen nicht geworden. Die Diskussionen vor der EWR-Abstimmung belegen, dass das Volk das ähnlich spürt. Vielleicht sind ja diese Elemente noch wirksamer, als wir in der Manier der übersteigerten helvetischen Selbstkritik bisweilen annehmen mögen, vielleicht unterschätzen wir, was uns zu vertraut geworden ist.

Viertens: Die Unfähigkeit des Zusammenbleibens von zerfallenden Vielvölkerstaaten im Osten und auf dem Balkan sowie die schwierigen Bestrebungen der Europäischen Gemeinschaft, ihr Demokratiedefizit zu beheben, ihre Suche nach einem besseren Ausgleich zwischen zentralistischen und föderalistischen Elementen, das Ringen um die Definition einer echten Subsidiarität zeigen, dass das Modell Schweiz noch brandaktuell ist, dass es seine Strahlungskraft bewahrt hat. Es ist wichtig, dass es noch existiert. Allein durch seine Existenz kann unser Land dokumentieren, dass verschiedene Kulturen freiwillig und demokratisch zusammenleben können, wenn sie wollen und wenn sie die nötigen politischen Strukturen schaffen.

Aber dass die Schweiz dieses Beispiel bleibt, dass sie sich nicht in innerem Gezänk aufreibt, dass sie nicht in wirtschaftliches Mittelmass zurückfällt und in die Isolation gerät, das alles braucht eine grosse nationale Anstrengung, einen nationalen Schulterschluss. Hier sind wir alle, Bundesrat, Parlament, Kantone, Parteien, Sozialpartner und Volk, gefordert. Das Volk hat den schwierigeren Weg gewählt. Das gilt. Also lasst uns die Probleme gemeinsam anpacken!

27./28. August 1993

Bei der Bundesratswahl vom 10. März 1993 wird nicht die offizielle Kandidatin der SP, Nationalrätin Christiane Brunner, sondern ihr Ratskollege Francis Matthey gewählt, der jedoch, von seiner Partei unter Druck gesetzt, auf die Annahme der Wahl verzichten muss. Eine Woche später wählt die Bundesversammlung die Genferin Ruth Dreifuss in die Landesregierung. Zahlreiche FDP-Parlamentarier haben indes für die freisinnige Vreni Spoerry gestimmt und dokumentieren damit ihre Abwendung von der Zauberformel, die am Seminar der FDP-Fraktion, zusammen mit dem dornenvollen politischen «Dauerbrenner Regierungsreform», thematisiert wird.

Seminar der freisinnig-demokratischen Fraktion
der Bundesversammlung, Ermatingen (TG)

Zauberformel und Regierungsreform

Überforderung des Staates

Der Staat hat im Laufe der letzten Jahrzehnte eine Vielzahl neuer Aufgaben übernommen. Er wurde zum umfassenden Dienstleistungsbetrieb. Er legt nicht mehr nur den Rahmen fest, innerhalb dessen die Bürgerinnen und Bürger, die Interessengruppen und Wirtschaftsunternehmer ihre Probleme lösen, sondern er ist in grossem Umfang selber zum Problemlöser geworden.

Die Wechselwirkungen zwischen den verschiedenen Bereichen menschlicher Aktivitäten haben rasant zugenommen. Damit wuchs auch die Komplexität der zu bewältigenden Probleme überproportional an. Als Folge davon nimmt die Möglichkeit von Interessenkonflikten exponentiell zu. Und entsprechend steigt die Erwartung gegenüber dem Staat, er als einziger schaffe den notwendigen Interessenausgleich und sei demgemäss auch als einziger in der Lage, die neugestellten Aufgaben zu lösen. Der Staat wird überfordert.

Trotzdem nimmt die Anspruchshaltung gegenüber dem Dienstleistungsbetrieb Staat zu. Und parallel zum Wachstum dieser Anspruchshaltung nimmt die Bereitschaft der Bürgerinnen und Bürger ab, selber vor das Haus zu treten und Ordnung zu schaffen.

Angesichts der Selbstdispensation der Bürgerinnen und Bürger von der Mitverantwortung im Gemeinwesen droht der Staat zu versagen. Er sieht sich immer weniger in der Lage, allen an ihn gestellten Ansprüchen gleichzeitig gerecht zu werden. Der Staat, als oberster Problemlöser, wird selber zum Problem.

Reformdiskussion auf eigentliches Problem konzentrieren

Das ist der heutige Stand. Aber reden wir in der öffentlichen Diskussion über diese Grundsatzproblematik? Ich bin der Meinung: Nein. Im Vordergrund steht der Ruf nach mehr Effizienz der Regierung. Allzu gerne geben sich die politischen Kommentatoren der Illusion hin, alles wäre anders und besser, wenn die Regierung nur schneller handeln und ihre Politik effizienter durchsetzen könnte.

Mir scheint, hier werde oft Ursache und Wirkung verwechselt. Man konzentriert sich auf die Kritik an den exponiertesten Repräsentanten der Politik, an der Regierung, statt auf die Kritik an einer schleichenden Fehlentwicklung der politischen Grundphilosophie. Rein institutionell lässt sich die grundsätzliche Überforderung des Staates nicht lösen.

Ein Vergleich mit andern europäischen Regierungssystemen illustriert deutlich, dass Wohlstand und politische Stabilität längst nicht nur von einem «effizienten», d.h. entscheidungsfreudigen und rasch reagierenden, Regierungssystem abhängen, sondern vor allem davon, ob es der politischen Führung gelingt, die Bevölkerung von der Notwendigkeit eines gemeinsamen Interessenausgleichs zu überzeugen und zur Mitverantwortung und Mitwirkung am Gemeinwesen anzuhalten. Politische Polarisierung und Entfremdung von Politik und Volk scheinen mir – auch nach einem Blick über unsere Grenzen hinaus – weitaus gravierendere Probleme darzustellen als eine angeblich systembedingte Krise unserer Regierung. Der Staat ist kein Unternehmen, das nur nach Effizienzkriterien geführt werden kann. Werte wie Identifikation und Integration sind ebenso wichtig. Trotzdem: Es besteht Handlungsbedarf im politischen System!

Dringender Handlungsbedarf

Die gegenwärtige Krisenlage erfordert mehr denn je die Konzentration der politischen Energien auf die zentralen Probleme der Wirtschafts- und Sozialpolitik. Die massgeblichen politischen Kräfte dieses Landes müssen die Suche nach einem Notvorrat an politischen Gemeinsamkeiten aufnehmen. Bei der Festlegung dieses Notvorrats an Gemeinsamkeiten geht es darum, Schwachstellen unverblümt zu benennen und dabei unter Umständen auch Tabus zu brechen. Es geht darum, auch unpopuläre Problemlösungen vorzuschlagen.

Keine Ausgliederung massgeblicher Kräfte

Zu den massgeblichen Kräften, die den gemeinsamen Vorrat an Problemlösungen erarbeiten müssen, gehören all jene, die auf breiter Basis referendums- bzw. vetofähig sind. Dazu zählen sicher alle Regierungsparteien.
Der Ausschluss einer dieser Regierungsparteien, der Bruch mit der Zauberformel würde einen aufwendigen Kräfteverschleiss nach sich ziehen. Er würde die politische Polarisierung zwischen gouvernementalen und antigouvernementalen Kräften akzentuieren. Eine Spaltung des Landes in eine bürgerliche und in eine nichtbürgerliche Schweiz wäre die Folge, in eine Schweiz, die sich mit der Führung des Landes mitverantwortlich identifiziert, und in eine Schweiz, die gegenüber der Obrigkeit in einer Grundsatzopposition steht. Dies wäre ein hoher politischer Preis, der bezahlt werden müsste, um auf der andern Seite nur einen geringen Vorteil in Form einer etwas stärker bürgerlich ausgerichteten Politik zu erhalten. Man darf die integrierende Wirkung der Zauberformel nicht unterschätzen. In einer Krise ist es gut, wenn sich auch ein Arbeitsloser durch einen Anwalt seiner Anliegen in der Regierung vertreten weiss.
Die Energien, die durch einen Umbau der Regierungsformel absorbiert würden, braucht unser Land in der jetzigen Situation mehr denn je für die Rekonstruktion nationaler Orientierungen, für die Suche nach einem neuen Konsens in den verschiedenen Politikbereichen. Die besonderen institutionellen Voraussetzungen, welche die direkte Demokratie und der föderalistische Staatsausbau darstellen, machen es überdies mehr als fraglich, ob eine Abkehr von der traditionellen Konkordanz überhaupt erfolgreich sein könnte. Die Gefahr einer vollständigen Lähmung des politischen Systems wäre real. Die antigouvernementale Opposition via Parlament und Urne würde stärker, der Graben zwischen Politik und Gesellschaft grösser, der Verlust der Identifikationskraft unserer politischen Kultur eine echte Gefahr.
Ich zweifle auch an der inneren Kraft des bürgerlichen Lagers, angesichts der bestenfalls marginalen Mehrheiten diszipliniert eine klarere Politik als heute durchzuziehen.

Voraussetzungen einer Lösung

Nicht die Aufgabe der Konkordanz, sondern die Entwicklung einer neuen Kultur der Konfliktaustragung ist vordringlich. Wir müssen wieder lernen, Konflikte nicht nur offen zutage treten zu lassen, sondern sie in einer Form auszutragen, in der alle Seiten Hand bieten zu echten und tragfähigen Kompromissen.

Kompromisse sind ein notwendiges Element unseres Systems. Aber sie müssen solide und funktionsfähig sein. Die Flucht in vorschnelle und faule Kompromisse, die wir heute allenthalben feststellen, ist oft nicht mehr als eine oberflächliche Überkleisterung unüberbrückbarer Gegensätze. Sie kostet zu viel an Zeit und Kraft und verbürgt am Ende doch nicht jene Stabilität, die man vom Kompromiss erhofft.

Bei der Suche nach tragfähigen Lösungen ist hektischer Reformeifer ebenso wenig am Platz wie das Über-Bord-Werfen von allem, was uns in der Vergangenheit stark gemacht hat. Gefragt ist vielmehr beharrliche Knochenarbeit, eine Politik der begrenzten, aber realisierbaren und zielgerichteten Schritte. Gefragt ist eine Politik, die aus Klugheit, nicht aus Ratlosigkeit auf grosse Gesten und Luftschlösser verzichtet – auf Gesten und Luftschlösser, welche häufig genug vieles versprechen und wenig halten und am Ende sogar das verhindern, was machbar wäre.

Konkordanz und Kollegialregierung

Die Hauptaufgabe der politischen Führung unseres Landes – und dazu zähle ich nicht nur die Exekutive, sondern auch das Parlament und die Parteien – ist es, die Tendenz zur politischen Polarisierung und zur Entfremdung von Politik und Gesellschaft aufzuhalten. Unsere Bevölkerung muss wieder neu überzeugt werden von der Notwendigkeit eines gemeinsamen Interessenausgleichs und der Mitverantwortung am Gemeinwesen. In einem Land von lauter Minderheiten kann dies nur erreicht werden, wenn es gelingt, möglichst viele Kreise auch in die Mitverantwortung in der Regierung einzubeziehen. In letzter Zeit wird sehr oft die Schwerfälligkeit des Kollegialsystems im Bundesrat angeprangert. Diese Kritik erscheint mir unberechtigt. Für die Schweiz, die im Grunde nur durch wechselnde Koalitionen von Minderheiten zusammengehalten wird, ist das Kollegialsystem ein ideales Instrument, verschiedenste Gesichtspunkte und Interessen gleichberechtigt in den politischen Entscheidungsprozess einzubinden. Eines unserer Hauptprobleme ist die Polarisierung der politischen Auseinandersetzung. Deshalb hat eine Institution, die nur über den Interessenausgleich überhaupt funktionieren kann und die gerade dadurch diesen Interessenausgleich auch fördert, gerade jetzt eine besondere Bedeutung.

Unter diesem Aspekt erhält die Zauberformel ein anderes Gesicht: Sie wird zur Arbeitsformel der stärksten Minderheiten dieses Landes.

Natürlich sind Verbesserungen dieser Arbeitsformel möglich. Die Kommunikation unter den Regierungsparteien muss intensiviert werden, weil nur so der sachpolitische Minimalkonsens gefunden werden kann. Die Kommunikation muss aber auch auf neuen Bahnen verlaufen. Im Zuge der Mediatisierung der helvetischen Politik ist es gang und gäbe geworden, den politischen Dialog über die Öffentlichkeit zu führen, im Stile des Gladiatorenkampfs vor laufender Kamera. Mir scheint, dass dadurch viele Chancen verpasst werden, die bestehende Misstrauenskultur zu überwinden und Vertrauen zu schaffen. Es braucht vermehrt den direkten Dialog, der gemeinsame Anliegen ausmacht und auf gemeinsame und nachhaltige Problemlösungen ausgerichtet ist.

Der Anfang zu dieser Umorientierung des Kommunikationsverhaltens kann durchaus im kleineren Kreise gemacht werden. Eine Verständigung unter ähnlich ausgerichteten Parteien ist der erste Schritt zur Schaffung einer gemeinsamen Basis. Es sollte bloss darauf geachtet werden, dass eine völlige Ausgrenzung anderer vermieden und eine breitere Verständigung über den engen Kreis hinaus dadurch nicht verunmöglicht wird.

Eine verbesserte Kommunikation ist auch zwischen den tragenden Institutionen der politischen Führung, namentlich zwischen Parlament und Bundesrat, erforderlich. Auch hier werden immer noch viele Chancen verpasst, Konflikte abzubauen und gemeinsam nach Lösungen zu suchen. Bevor man einem radikalen Umbau unseres Regierungssystems das Wort redet, bevor man die Zahl der Bundesräte massiv erhöht oder gar den Weg zum Konkurrenzsystem einschlägt, ginge es darum, alle bestehenden Möglichkeiten zur Verbesserung der politischen Arbeit und zur Stärkung der politischen Führung auszunutzen.

Regierungsreform: Schritt in die richtige Richtung

Die politische Führungsverantwortung liegt in der Schweiz nicht nur bei der Exekutive, sondern ebenso beim Parlament und bei den Volksrechten. Wenn wir über die Regierungsreform diskutieren, steht also das Gesamtsystem mit all seinen Facetten zur Diskussion, nicht nur die Effizienz von Exekutive und Verwaltungsapparat. Es führt in die Irre, wenn man glaubt, ohne gravierende Störung des Gleichgewichts nur ein Teilsystem wie etwa die Regierung grundlegend umbauen zu können.

In den Kommentaren zu den bundesrätlichen Vorschlägen zur Regierungsreform tauchten neben viel Kritik auch Schlagworte auf wie «Übergang zum Konkurrenzsystem», «Schaffung eines starken Bundespräsidenten» usw. Lassen Sie mich dazu einige Bemerkungen machen. Ich muss gestehen, dass mich bis jetzt noch kein Vorschlag auch nur im entferntesten überzeugt hat.

Das oft als beispielhaft zitierte Konkurrenzsystem funktioniert nur mit klar definierten politischen Lagern, mit stark eingeschränkten Volksrechten und mit Fraktionszwang. Und weil die Regierung und die sie tragenden Mehrheitsfraktionen ein Machtkartell bilden, funktioniert die Kontrolle der Regierung unzureichend. Parteisekretariate und Apparatschiks werden zu machtbestimmenden Faktoren. Ist das ein Zustand, den wir für unser vielfältig strukturiertes Land anstreben?

Die neuesten Erfahrungen im Ausland sprechen eine andere Sprache: Überall bröckeln die klaren politischen Fronten ab und zersplittern sich die politischen Kräfte. Immer mehr entwickeln sich im Ausland Konkordanz-ähnliche Verhaltensweisen, während ausgerechnet wir der Konkordanz überdrüssig zu werden scheinen. Dabei will doch der Fraktionszwang gar nicht so recht zum Schweizer Volksvertreter passen. Und ich habe grösste Zweifel, dass sich unser Volk die direkte Demokratie signifikant wird einschränken lassen. Ich bin deshalb überzeugt, dass die Voraussetzungen für das Konkurrenzsystem in unserem Land nicht gegeben sind.

Auch der starke Bundespräsident trägt Züge einer Chimäre. Ein Land, das aus lauter Minderheiten besteht, in welchem kaum eine Partei auf mehr als 20 Prozent Wähleranteil kommt, ein Land, das die Machtbegrenzung zur Perfektion entwickelt hat und übermächtige Führer buchstäblich oder im übertragenen Sinne immer wieder enthauptet hat, ein solches Land wird einen starken Präsidenten nicht dulden. Aus welchem Landesteil sollte er kommen? Welcher Konfession sollte er sein? Welcher politischen Partei sollte er angehören? Und – neuerdings – welches Geschlecht sollte er haben? Wollen Sie einen für vier Jahre gewählten CVP- oder SP-Präsidenten mit grossen politischen Staatsleitungskompetenzen?

Auch die vielgepriesene Erhöhung der Zahl der Bundesräte hätte wohl Folgen, die genau bedacht werden müssten. Nach meiner Überzeugung ist sieben die höchstmögliche Zahl der Mitglieder in einem Kollegium Gleichberechtigter. Sonst steigt der Koordinations- und Verhandlungsaufwand exponentiell an, sonst bilden sich Fraktionen, welche den Konsens vergiften, und sehr bald würde die Handlungsunfähigkeit erreicht. Im übrigen hängt die Problemlösungsfähigkeit der Exekutive weniger von der Zahl der Mitglieder ab als von der Fähigkeit zur strategisch langfristigen Planung und von einem entschlossenen Willen zur Durchsetzung der politischen Entscheide gegenüber der Verwaltung.

Dazu kommt ein weiteres. Ein multikulturelles Land, das aus lauter sensiblen Minderheiten besteht, neigt natürlicherweise zu grosser Instabilität. Es ist deshalb Vorsicht geboten, wenn stabilisierende Elemente wie die Nichtabwählbarkeit der Bundesräte, das Kollegialsystem, die Nichtauflösbarkeit des Parlaments, das Zweikammersystem und dergleichen herausgebrochen werden.

All diese Überlegungen zeigen, dass der Handlungsspielraum auch im Rahmen der Regierungsreform begrenzt ist. Der Bundesrat will ihn ausschöpfen. Die von ihm vorgeschlagene Reform geht tiefer, als dies auf den ersten Blick erscheint. Sie geht sehr stark in Richtung einer Ministerebene, ohne aber den Bundesrat in die unantastbar realitätsfernen Höhen des reinen strategischen Denkorgans wegzubefördern.

Mir scheint, die beste Antwort auf Polarisierung und fundamentalistische Attacken, auf faule Kompromisse und zu langsame Entscheidungsprozesse sind weder Einschränkungen der Volksrechte, weder eine Ausgrenzung grosser Parteien aus der Regierungsverantwortung noch überstürzte weitere Regierungsreformen, sondern eine Konzentration und Disziplinierung der eigenen politischen Kräfte, die Suche nach echten und tragfähigen Kompromissen, nach klaren und tabufreien Antworten auf Probleme. Priorität haben für mich strategisches Denken, mehr Konstanz an Stelle von Opportunismus und Popularitätshascherei und ein Zusammenschluss all jener, die mit ihrer Politik wirklich das Landesinteresse und nicht nur das eigene öffentliche Profil im Auge haben. Dass der Bundesrat selber bisweilen seine institutionelle Stärke zu etwas mehr Mut zur Unpopularität nutzen könnte, will ich gerne zugeben.

8. Dezember 1993

Nach dem Nein des Volkes zum EWR-Beitritt im Dezember 1992 ist 1993 ein Jahr politischer Ziel- und Orientierungslosigkeit. Es ist viel von notwendigen Reformen die Rede, zahlreiche Parlamentarier profilieren sich mit Vorschlägen zur Regierungsreform. Immerhin bewegt sich die Politik in einem verbesserten wirtschaftlichen Umfeld. Die Rezession ist vorüber, seit dem zweiten Quartal wächst die Wirtschaft wieder. Am 8. Dezember wird Otto Stich mit 167 Stimmen zum Bundespräsidenten für 1994 gewählt, Kaspar Villiger mit hervorragenden 198 Stimmen zum Vizepräsidenten

Fraktionsessen der FDP, Bern

Die Schweiz: vom Sanierungsfall zum Aufbruch

Ich möchte zu folgenden drei Themen sprechen:
1. vom Horror, im Bundesrat vertreten zu sein,
2. vom Volk, das man gelegentlich auswechseln sollte,
3. vom Sanierungsfall Schweiz.

Vom Horror, im Bundesrat vertreten zu sein

Im Bundesrat vertreten zu sein, wird langsam zur Belastung für die Parteien. Da streiten sich diese sieben Damen und Herren, ob sie eher an der Jahrhundert- oder an der Jahrtausendwende der EU beitreten wollen, während das wahre Schweizervolk mit Treichlen in Luzern den Europaplatz helvetisiert. Da singt einer das hohe Lied der WUSt, während er eigentlich für die Verteidigung der Mehrwertsteuer bezahlt ist. Und wie soll man eine kantige Interessenpolitik für die Wähler betreiben können, wenn alles, was aus dem Bundesrat an Vorlagen kommt, schon so verwaschen, abgeschliffen, nett, linksliberal, mutlos und konkordanzversehrt ist! Nie führt dieser Bundesrat, und führt er doch, so führt er falsch! Und an jeder deftigen Parteiversammlung entschuldigt man sich zuerst für den eigenen Bundesrat, bevor man dann zur Sache kommt.

Es ist ein Glück für unseren Bundesrat, dass man nicht eigentlich uns als Personen allein für schuldig hält. Nein: Die Institution ist schuld. Nachdem sie ja von 1848 stammt, stellt sich wirklich die Frage, ob sie den Umbruch von 1989 überleben soll.

Bekanntlich beginnt der Fisch am Kopf zu stinken. Deshalb muss jetzt reformiert werden! Das Parlament reformiert gern. Es hat es bei sich selber ausprobiert. Nun packt es den Bundesrat an! Ein starker Präsident muss her. Dann wird endlich geführt. Effizienz heisst die Losung.

Mehr Bundesräte: Dann haben die Vielflieger und Vielredner endlich Zeit zum Nachdenken über das Wesentliche. Denn zumindest ausserhalb von Kommissionssitzungen und Fragestunden erwartet man von ihnen, dass sie sich um das Wesentliche kümmern. Auch ein Konkurrenzsystem hätte seinen Reiz; Parlament und Medien könnten dann ein neues Spiel entwickeln: Zum Ergötzen der Nation könnte man hin und wieder eine Regierung stürzen. Bewegung, Erneuerung, Innovation, Umbruch, Wagnis – wie faszinierend das wäre!

Nur eine Idee wurde noch nicht geprüft: Eine Regierung, die ausschliesslich aus Nichtmitgliedern der Regierungsparteien besteht. Das hätte mannigfache Vorteile: Die Regierungsparteien könnten sich voll vom Bundesrat distanzieren, was diesem beachtliche Revitalisierungsimpulse vermitteln dürfte. Man könnte ihn für jeden Flop allein verantwortlich machen, was zu einer wesentlich klareren Gewaltenteilung führen würde: hier die Entscheider, dort die Verantwortlichen. Und man könnte ohne Gewissensbisse gegen den Bundesrat stimmen, was ein neues regierungsparteiliches Freiheitsgefühl auslösen müsste.

Diskutiert wird auch die artreine bürgerliche Regierung. Beispielsweise mit der Zürcher SVP als solidem Anker im Granit des Rechtsbürgertums und der CVP als Bollwerk gegen links. Dann endlich liesse sich gradlinig, couragiert und nachhaltig regieren!

Unsere Zürcher Parteifreundinnen und Parteifreunde raten es uns. Nur haben sie es versäumt, die Sache zuerst einmal bei sich zu Hause im Kanton Zürich auszuprobieren. Ich habe mich bei den guten Regierungssystemen in Europa etwas umgeschaut: Die Erfahrungen sind markant besser! Einer meiner ausländischen Kollegen hat mir verraten, dass bei ihm die Regierungssitzungen nie länger als zwei Stunden dauern. Das Geheimnis ist einfach: Die Koalition hat längst entschieden. Die Verlagerung von der Demokratie und ihren gewählten Repräsentanten weg in die Parteizentralen hat Vorteile, die auf der Hand liegen. Der Entscheidungsvorgang wird vereinfacht, Effizienz wird möglich.

Oder: In einem anderen Land streiten sich in aller Öffentlichkeit Aussen- und Verteidigungsminister über den Termin des Abzuges von UNO-Soldaten aus einem afrikanischen Staat. Sie täuschen sich: Es handelt sich dabei nicht um meinen Kollegen Cotti und mich wegen unseres Sahara-Kontingentes.

Die tiefschürfende Erkenntnis aus diesem Vorfall ist, dass auch in starken Kanzlerdemokratien bisweilen typisch helvetische Kollegialitätsprobleme vorkommen. Aber weil man dort das Instrument der Indiskretion nicht kennt, trägt man das Problem effizienter- und konsequenterweise gleich öffentlich aus. Diesem Lande ist im übrigen zu gönnen, dass es keine NEAT bauen muss.

Ich habe mir noch den Spass geleistet, in den gut regierten Ländern einige Kennziffern wie Arbeitslosigkeit, Staatsverschuldung, Steuer- und Staatsquote usw. mit denjenigen unserer besonders unerträglichen Verhältnisse zu vergleichen. Ich will Ihnen das Resultat dieser vergleichenden Studie vorenthalten; es könnte sonst unsere nationale Tugend des Selbstmitleids gefährden!

Nun aber noch einige ernstere Gedanken: Sosehr ich in vielen Bereichen für tiefgreifende und rasche Reformen bin, so sehr mahne ich beim Herumwerkeln an unserem austarierten politischen System zur Vorsicht. Man darf nicht mutwillig gefährden, was letztlich recht gut funktioniert. Dass wir der vielleicht bisher einzige Vielvölkerstaat sind, der über grosse Zeiträume wirklich funktioniert hat, hat nicht nur mit unserer gemeinsamen Geschichte und mit glücklichen historischen Umständen, sondern viel mit unserer politischen Kultur zu tun. Der Föderalismus belässt den vielen Minderheiten die Möglichkeit der Bewahrung ihrer Eigenart. Er bändigt die Staatsmacht durch Teilung. Die direkte Demokratie bindet Bürgerinnen und Bürger in die Verantwortung für das Gemeinwesen ein und integriert sie damit, gibt ihnen mit Referendum und Initiative die Möglichkeit, sich politisch wirksam zu artikulieren, gibt den politischen Entscheiden höchste demokratische Legitimation und zwingt die Politiker zur dauernden Rechtfertigung und Begründung ihrer Entscheide. Zweikammersystem und Ständemehr schützen die Minderheiten vor dem Überfahrenwerden durch die Grossen, und das hat vor allem grosse präventive Wirkung.

Mehr und mehr werden effiziente Regierungssysteme verlangt. Aber Effizienz ist bei weitem nicht das einzige Kriterium, an welchem ein Staat und ein Regierungssystem gemessen werden dürfen. Werte wie Interessenausgleich, Integration, Daheimfühlen, Ernst-genommen-Werden usw. sind mindestens ebenso wichtig. Die Institution Bundesrat widerspiegelt diese Werte. Die direkte Demokratie braucht in der Regierung die Präsenz der bedeutendsten referendumsfähigen Kräfte. Sonst kann sie zur Vetokratie degenerieren. Und es ist von unschätzbar integrierender Wirkung, wenn sich alle wichtigen gesellschaftlichen Kräfte eines Volkes in der Regierung vertreten fühlen.

Sosehr ich also die Konkordanz gegen links oder rechts verteidige, so sehr muss sie vom Geist gegenseitigen Respekts getragen sein. Spannungen und

Kompromisse in der Konkordanz sind unausweichlich. Aber die Achtung vor dem Partner darf nicht verschwinden. Wenn rechte Konkordanzableger mit «Hütet-Euch-am-Morgarten»-Parolen vor der gemeinsamen Regierung warnen oder wenn Linke ein Regierungsmitglied wegen einer durchaus legalen bundesrätlichen Handlung vor Bundesgericht bringen wollen, sind das gefährliche Doppelspiele. Solche Doppelspiele müssen wir brandmarken, sowohl diejenigen von links wie die von rechts.

Konkordanz kann aber auch nicht heissen, dass man keine klaren Positionen mehr hat. Konkordanz heisst, dass man von klaren Positionen aus um Lösungen ringt. Dies aber ohne Doppelspiel!

Vom Volk, das man gelegentlich auswechseln sollte

Als wir uns hier vor einem Jahr versammelten, war unsere Stimmung ziemlich gedämpft. Der EWR war bachab gegangen, und manch einer hätte sich gerne ein anderes Volk beschafft. Dieses Volk ist eben kein einfaches. Und es war es nie. Hin und wieder bockt es, aber es ist letztlich ein treues und zuverlässiges Volk. Denn wo finden Sie ein Volk, das den «Bretton-Woods»-Institutionen beitritt, die Stempelsteuer abschafft, der Armee Waffenplätze und modernstes Material gibt, sich den Benzinpreis erhöht und den höheren Mehrwertsteuersatz beschliesst. Ein Volk, das zugleich überzogene Forderungen bachab schickt.

Es ist doch schlicht nicht wahr, wenn man diesem Volk nur Konsenszerfall, Egoismus, Verlust an Gemeinsinn und dergleichen vorwirft. Deshalb dürfen wir dieses Volk auch nicht kritisieren, wenn es vor einem Jahr einen Entscheid gefällt hat, den viele von uns für falsch halten. Wenn ein Volk mit diesem Verantwortungsbewusstsein hier anders entschieden hat, als es Politik und Medien wollten, ist das zu achten. Wenn wir nämlich die Legitimation von Volksentscheiden in Frage stellen, dann stellen wir alles in Frage, was politisch überhaupt legitimiert. Dann stellen wir unsere Willensnation in Frage. Deshalb ist es gut, dass der Bundesrat jetzt klar und redlich den bilateralen Weg geht und dass alle, auch die betroffenen Diplomaten, diesen Weg akzeptieren.

Ein Volksentscheid kann aber auch nicht heissen, dass ein Problem unter anderen Umständen oder wenn sich der gewählte Weg nicht bewährt hat, nicht wieder neu zur Diskussion gestellt werden dürfte. Es gehört geradezu zur Verantwortung einer Regierung, zur gegebenen Zeit das vorzuschlagen, was aus ihrer Sicht den Interessen des Landes am besten dient.

Ich habe lange darüber nachgedacht, warum wir die EWR-Abstimmung verloren haben. Nach meiner Überzeugung haben wir nicht zu spät mit der

Kampagne angefangen oder zu wenig für die Abstimmung getan. Und dieses Volk ist auch nicht einfach einem populistischen Rattenfänger gefolgt. Volksentscheide sind nicht das Ergebnis geschickten Marketings. Wir haben den Kampf vielmehr auf der falschen Ebene geführt: zu ökonomisch und zu euroeuphorisch.

Dem Schweizer ist, ganz entgegen seinem Ruf, nicht nur das Portemonnaie wichtig. Dem Schweizer sind auch Werte wichtig, und er sah wichtige Werte wie unsere politische Kultur und unsere direkte Demokratie in Gefahr. Und gerade diese Wertediskussion haben wir zu sehr den Europagegnern überlassen. Dass alles besser sei, nur weil es europäisch heisst, das glaubt ohnehin niemand.

Wir werden eine Europaabstimmung erst gewinnen, wenn wir unser Volk mit glaubwürdigen Argumenten davon überzeugen können, dass wir unsere Identität in einem Europa der Verschiedenheiten bewahren können, dass internationale Mitbestimmung den nationalen Autonomieverlust des Kleinstaates tatsächlich kompensieren kann und dass wir in diesem Europa viel Substanz einzubringen haben. Ob uns das alles gelingen wird, wird zur gegebenen Zeit nicht nur vom dannzumaligen Zustand der Schweiz, sondern auch vom dannzumaligen Zustand Europas abhängen. Und diese gegebene Zeit lässt sich halt datummässig nicht jetzt schon fixieren.

Ich ziehe daraus das Fazit: Wir müssen das Volk nicht auswechseln. Wir können das Volk auch nicht überreden. Der Europagedanke muss über einen breiten politischen Dialog von unten in dieses Volk hineinwachsen, wenn er Erfolg haben soll.

Vom Sanierungsfall Schweiz

Wenn man während der letzten Jahre herumhörte – auch im Jubiläumsjahr, während dessen sich viele medienbewusste Politiker hüteten, unser Land zu rühmen –, dann erfuhr man wenig Gutes über die Schweiz. Identitätsschwund, Fichenstaat, Zersetzung des Gemeinsinns, wirtschaftliche und politische Verkrustung: all das führte zur schleichenden Überzeugung, unser Land werde langsam konkursreif.

Wir selber begannen beredt, die miserablen wirtschaftlichen Rahmenbedingungen zu beklagen; und mit dem Wundenlecken nach dem 6. Dezember fingen wir selber an, die Totenglocke des Werkplatzes zu läuten. Doch plötzlich wunderten wir uns, dass man im Ausland unser Selbstmitleid ernst zu nehmen begann.

Ich bin überzeugt, dass es jetzt darum geht, das Steuer herumzuwerfen, den Glauben an uns wieder zu finden. Natürlich bleibt alles in diesem Lande schwierig. Es war auch in unserer Geschichte immer wieder schwierig, aber es bleibt nicht schwieriger als anderswo. Wir müssen uns jetzt auf unsere Stärken klar besinnen:

Wir haben ein politisch mündiges Volk: Das bedeutet politische Stabilität!

Wir haben ein zuverlässiges Volk: Das heisst so viel wie Qualität!

Und wir haben ein sparsames Volk: Die Folge sind tiefe Zinsen!

Unsere Staatsquote, Staatsverschuldung, Zinsniveau und Steuerquote sind unter den europäischen OECD-Ländern am besten. Trotz Spannungen funktioniert die Sozialpartnerschaft noch immer. Andere Rahmenbedingungen, wie einigermassen gebändigter und trotzdem ausgebauter Sozialstaat, Infrastruktur, Bildungswesen, Rechtssicherheit usw., leistungsfähige und nicht korrupte Verwaltung, sind durchaus überdurchschnittlich. Und mit der Mehrwertsteuer hat das Volk auf seine eigenen Kosten der Wirtschaft einen gewaltigen Investitionsimpuls verpasst. Auch das wichtige Vitalisierungsprogramm unseres Jean-Pascal Delamuraz ist besser als sein Ruf. Ein Professor hat berechnet, dass der Wachstumsimpuls aus diesem Paket fast demjenigen des EWR entspricht.

Ich sehe die Freisinnigen im Zentrum dieser Kräfte, und ich rufe Sie zum Aufbruch auf! Wir müssen bloss darauf achten, dass die Sonntagsliberalen aus den eigenen Wirtschaftskreisen nun nicht das Ganze wieder verwässern.

Meine Damen und Herren: Die Schweiz ist wieder im Kommen! Wir Freisinnige haben hier eine grosse Aufgabe. Die Schweiz wird nicht genesen am Schreckmümpfeli des Wirtschaftsprogramms eines Konkordanzpartners oder an den Treichlern auf dem Europaplatz allda zu Luzern.

Die Schweiz wird wirtschaftlich und politisch stark durch eine innovative, risikofreudige und auf weite Strecken restrukturierte Wirtschaft, durch die unbeirrte Knochenarbeit konstruktiver politischer Kräfte, die zur Selbstverantwortung und Freiheit durch Taten und nicht nur verbal stehen, Kräfte, die mutig Flagge zeigen, ohne aber je billigem Populismus zu huldigen. (…)

27. Januar 1994

> *Nach bald fünf Amtsjahren im Bundesrat, in denen er sich den Ruf eines kompetenten EMD-Chefs und integren Regierungsmitglieds erworben hat, beschäftigt sich Kaspar Villiger vertieft mit staatspolitischen Fragen. In einer Vorlesung vor der Gesellschaft ehemaliger Polytechniker (GEP) holt er aus zu einem Tour d'horizon rund um sein persönlich gefärbtes Leitbild der Schweiz: Es ist ein Plädoyer für Föderalismus, direkte Demokratie, Milizsystem, Konkordanz und soziale Marktwirtschaft, für Werte, die er in manchen seiner Reden als für die Schweiz von zentraler Bedeutung und deshalb als unbedingt erhaltenswert bezeichnet.*

Vorlesung vor der Gesellschaft ehemaliger Polytechniker, ETH Zürich

Herausgeforderte Schweiz: mit Weitblick auf Nahziele

(...) Politik ist alles andere als eine exakte Wissenschaft. Intuition, Gespür kann so wichtig sein wie Analyse, und zwischen dem theoretisch Richtigen und dem praktisch Machbaren klaffen nirgends grössere Lücken als in der Politik. Politik hat eben ihre eigene Rationalität. Die Regeln, die das Zusammenwirken der Menschen in Staat, Gesellschaft und Wirtschaft bestimmen, sind nicht naturwissenschaftliche Regeln. Sie sind vielmehr abhängig von Werten, Erfahrungen und Traditionen, in deren Banne wir uns bewegen und welche die Politik bewusst und unbewusst beeinflussen.

Wer sich mit Politik befasst, der muss Vorstellungen und Konzepte entwickeln, muss Antworten auf die Frage nach dem Woher und dem Wohin suchen. Denn es geht ja darum, zielgerichtet zur Gestaltung unserer vieldimensionalen Umwelt beizutragen, Unordnung zu ordnen, Chaos zu strukturieren, Ungewissheit zu begrenzen, den Menschen Freiheit, Wohlfahrt, Sicherheit und Geborgenheit zu ermöglichen.

Ich werde versuchen, einige Ziele und Prinzipien zu formulieren, die mir selbst für die Zukunft unseres Landes wichtig scheinen. Natürlich kann ich nicht alles Wichtige in fünfzig Minuten beleuchten. Ebenso Wichtiges muss ich weglassen, etwa die ökologische Herausforderung oder die gravierenden Folgen der demographischen Veränderungen.

Was wollen wir eigentlich sein?

Politik muss sich an einer Art Leitbild orientieren, wenn sie nicht in die Irre führen, sondern Ziel und Richtung haben soll. In einer Demokratie stehen immer verschiedene Leitbilder miteinander in Konkurrenz. Das macht kohärente Politik schwierig. Trotzdem kommen gerade wir Schweizer um die Beantwortung der Grundfrage nicht herum, was wir eigentlich sein und bleiben wollen. Wollen wir als neutraler Kleinstaat möglichst abseits stehen, ganz nach dem Motto: Der Starke ist am mächtigsten allein? Oder wollen wir nationale Selbstbestimmung gegen internationale Mitbestimmung eintauschen, Teil eines grösseren Ganzen werden, uns selber dadurch grösser fühlen? Wollen wir weiterhin um jeden Preis wohlhabend sein, oder akzeptieren wir Wohlstandsverluste, um gewisse Eigenarten bewahren zu können? Wollen wir in der Politik mehr Effizienz oder mehr Demokratie, mehr Führung oder mehr Integration? Steht für uns der Staat im Zentrum oder steht der Mensch in diesem Staat im Zentrum?

Lassen Sie mich kurz meine persönlichen Vorstellungen zu diesen Fragen skizzieren!

Der Mensch, nicht der Staat steht im Zentrum. Dieser Mensch soll ein Maximum an Freiraum zur Selbstverwirklichung haben – als Individuum, als Angehöriger einer politischen Minderheit, als Teil einer ethnischen Gruppe, als Wirtschaftender. Für diesen Freiraum muss aber der Mensch einen Preis entrichten, nämlich die Verantwortung. Verantwortung wiederum muss sich an ethischen Grundwerten orientieren. Als Bürger sollte der Mensch seinen Staat mitregieren, mitgestalten können. Unterschiedliche Kulturen und Gruppen sollen in unserem Gemeinwesen möglichst harmonisch zusammenleben können. Dieses Gemeinwesen soll seinen Bürgern Wohlfahrt, Sicherheit und Geborgenheit gewähren, ohne ihn zum «Versicherungsbürger» zu degradieren und aus der Selbstverantwortung zu entlassen. Und schliesslich soll dieses Gemeinwesen allen seinen Bürgern die Schaffung von Wohlstand ermöglichen.

Ich weiss natürlich, dass man in vielen Punkten durchaus anderer Meinung sein kann. Ich glaube aber, dass dies Vorgaben sind, welche einer offenen und pluralistischen Gesellschaft optimale Entwicklungsmöglichkeiten bieten und dem Kleinstaat angemessen sind.

Entspricht die heutige Schweiz diesem Leitbild?

Ob die heutige Schweiz diesem Leitbild entspricht oder nicht, hängt vom Massstab ab, den man ansetzt. Vom Wünschenswerten sind wir in vielem entfernt. Im internationalen Vergleich hingegen sind wir in einer guten Position. Die reale Lage dieses Landes ist besser als die Stimmung in diesem Land. Das Problem liegt weniger beim Ist-Zustand als bei den Trends. Manche Trends geben zu Besorgnis Anlass. Ich darf nur einige Stichworte geben: Der Mittelstand kommt unter Druck, die Disparitäten wachsen. Der Wohlstand ist im Konkurrenzkampf der Wirtschaftsstandorte nicht gesichert. Der individuelle Freiraum wird durch ein explosives Regelungsgeflecht und durch zunehmend engeres Zusammenleben ständig enger. Die internationale Verflechtung schränkt die faktische Autonomie des Landes und damit die politischen Mitbestimmungsmöglichkeiten der Bürger ein. Der Röstigraben geht um. Wir sind keine Insel der Sicherheit, der Stabilität und der Vollbeschäftigung mehr.

Es stellt sich die Frage, ob es sich bei diesen Trends um vorübergehende Pendelschläge oder um unumkehrbare Kraftströme handelt. Ob diese Trends gebremst, korrigiert, umgekehrt oder, wie der Gegenwind beim Segeln, genutzt werden können, um trotzdem ans Ziel zu kommen. Solchen Fragen möchte ich nachgehen.

Die Grundmaximen

Wenn man Ziele definiert hat, braucht man eine Politik, um diese zu verwirklichen. Jede Politik basiert auf bestimmten Grundmaximen. Nun ist es mit politischen Maximen so eine Sache. Unverfälscht sind sie nie durchsetzbar. Sie kommen unter sich in Konflikt. Äussere Zwänge verunmöglichen oft ihre Durchsetzung. Manchmal leben Menschen einfach anders, als es die eigenen Leitvorstellungen möchten. Dann passen diese nicht mehr in die gesellschaftliche Realität. Deshalb muss in der Politik in einem iterativen Prozess immer wieder die Frage gestellt werden, ob die politischen Maximen noch richtig sind, ob sie der Änderung bedürfen, ob die Menschen davon überzeugt werden können, ob sie diversifiziert oder ob Kompromisse gesucht werden müssen. Dass man die Menschen selber ändern kann, glaube ich nicht. Die letzten, die es im grossen Stil versucht haben, sind 1989 gescheitert. Ich möchte nun von einigen Grundmaximen sprechen, an denen sich die Politik entsprechend meinem Leitbild orientieren sollte. Ich werde diese Maximen begründen, auf Anfechtungen hinweisen und schliesslich skizzieren, was in Anbetracht der Anfechtungen zu tun wäre.

Zuerst die Maximen:
1. Wir brauchen einen föderalistischen Staat.
2. Wir sollten die direkte Demokratie nicht aufgeben.
3. Das Milizprinzip hat sich nicht überlebt.
4. Konkordanz und Kollegialsystem sind für die Schweiz nach wie vor taugliche Regierungsprinzipien.
5. Die soziale Marktwirtschaft muss das wirtschaftliche Ordnungsprinzip bleiben.
6. Die wirtschaftlichen Rahmenbedingungen sind zu verbessern.
7. Sicherheit ist ohne internationale Kooperation nicht mehr zu haben.
8. Hilf dir selbst, so hilft dir Gott!
9. Wir müssen wieder Risiken, Spannungen und Unsicherheiten ertragen lernen.

Vieles an dieser Aufzählung wird sich für Sie wie ein Bekenntnis zu Bestehendem und Bewährtem anhören. Ich bin in der Tat gegen das vorschnelle Über-Bord-Werfen von allem, was unser Land in der Vergangenheit stark gemacht hat. Natürlich gibt es Schwachstellen, die behoben werden müssen, natürlich sind Reformen fällig, damit bestehende Fundamente auch in Zukunft zu tragen vermögen, natürlich tut Erneuerung not. Aber nicht um der Erneuerung willen. Es geht um dosierte und kalkulierte Erneuerung am richtigen Ort. Gefragt ist nicht hektischer Reformeifer. Gefragt ist eine Politik der realisierbaren und zielgerichteten Schritte. Gefragt ist der Mut zu einer Politik, die auf grosse Gesten und Luftschlösser vorsätzlich verzichtet. Denn Gesten und Luftschlösser versprechen häufig zu viel und halten zu wenig, schlimmer noch: sie verhindern am Ende so gar manches, was machbar und vernünftig gewesen wäre.

Wir brauchen einen föderalistischen Staat

Der föderalistische Staat weist eine ganze Reihe unschätzbarer Vorzüge auf. Er gestattet Gemeinden und Kantonen Masslösungen für deren Probleme. Er gestattet damit regionalen und ethnischen Minderheiten ein hohes Mass an Selbstverwirklichung. Der Wettbewerb zwischen den Gliedstaaten ist innovativ und führt zu optimalen Lösungen. Eine grosse Zahl demokratischer Mitgestaltungsmöglichkeiten wird geschaffen, was den Bürgern im überblickbaren Bereich grosse Mitwirkungsräume eröffnet und sie damit in die Verantwortung für das Gemeinwesen einbindet. Das fördert ihre Identifikation mit dem Gemeinwesen. Zugleich wird die Macht des Staates durch die Aufteilung auf die verschiedenen Ebenen geteilt und damit gebändigt. Ständerat und Ständemehr schützen die Kleinen und die Minderheiten präventiv und faktisch vor der Majorisierung durch die Grossen.

Sosehr der Föderalismus immer wieder gepriesen wird, so sehr wird er in der Praxis auch angefochten. Irgendwie passt der sogenannte «Kantönligeist» nicht mehr in die Welt der zusammenwachsenden Rechtsräume. Der Föderalismus kompliziert das Leben in einer mobilen Gesellschaft, er ist nicht effizient, er ist aufwendig. Er widerspricht einem vordergründigen Gerechtigkeits- und Gleichheitswahn oft und öfters. In vielen Bereichen verlangen die Fakten schlicht nach einer Harmonisierung. Die Gliedstaaten selber gefährden den Föderalismus, indem sie überall dort nach zentralen Lösungen rufen, wo sie sich selber überfordert fühlen oder wo es politisch bequemer ist. Die Kantone haben einen grossen Teil ihrer Seele für ein Linsengericht an Subventionen verkauft. Und last but not least: Politiker der oberen Ebene neigen dazu, den unteren Ebenen stets dreinzureden. Sie sind nach oben Föderalisten und nach unten Zentralisten. Die durch das Ständemehr verstärkte bewahrende Kraft der ländlichen Stände wird von den urbanen Zentren zunehmend als lästige Bremse empfunden.

Mir scheint indessen, dass die Vorteile des Föderalismus derart gross sind, dass er substantiell bleiben muss. Selbstverständlich müssen wir ihn immer wieder der Zeit anpassen. Aber wir müssen den Mut zur Ungleichheit und zur Vielfalt bewahren. Wettbewerb muss vor Gleichmacherei stehen. Ich behaupte, dass eine Schweiz ohne Föderalismus keine Schweiz mehr sein kann.

Wir sollten die direkte Demokratie nicht aufgeben

Die direkte Demokratie gibt Sachentscheiden die höchstmögliche politische Legitimation. Sie überträgt dem Bürger die volle und letzte politische Verantwortung. Sie zwingt ihn, sich mit dem Staat zu befassen, sie politisiert ihn, fördert auch seine Identifikation mit dem Staat. Sie unterwirft den Staat der letzten Kontrolle des Bürgers, sie begrenzt auch die Macht des Staates. Über Referendum und Initiative gibt sie allen Gruppen im Lande die einzigartige Möglichkeit, sich politisch zu artikulieren. Das hat auch eine unschätzbare Ventilwirkung. Zudem zwingt die direkte Demokratie die Politiker, ihre Entscheide und Vorhaben ständig zu rechtfertigen und zu begründen, notfalls zu korrigieren. Das fördert tendenziell die Qualität politischer Entscheide. Ich bin überzeugt, dass ohne die direkte Demokratie unsere Staatsquote höher, unsere Staatsverschuldung grösser, unsere Regelungsdichte noch schlimmer wäre.

Viele Einwände gegen die direkte Demokratie sind allerdings gewichtig. Angesichts der Komplexität der politischen Vorgaben sei der Bürger, so wird behauptet, überfordert. Als Beispiel wird meistens die EWR-Abstimmung angeführt. Die Entscheide seien nicht mehr repräsentativ, weil viele Bürger wegen der Überforderung oder wegen des allgemeinen politischen Malaises in die Stimmabstinenz flüchteten. Die Staatsverdrossenheit führe zur Abwendung vom Staat, damit sei die zureichende Befassung mit den politischen Vorlagen nicht mehr gegeben. Der grassierende Interessen- und Besitzstandegoismus mache die direkte Demokratie zum Tummelfeld von Interessengruppen und denaturiere sie im Nullsummenspiel allseitiger Kompromisslosigkeit zur organisierten Obstruktion.

Der Bürger entscheide nur mehr gemäss egoistischen Nützlichkeitserwägungen. Weiter sei die direkte Demokratie angesichts des raschen Wandels viel zu langsam, und sie sei völlig ineffizient. Die Teilnahme an der europäischen Integration entzöge der direkten Demokratie ohnehin viel Substanz, indem europäisches Recht in vielen Bereichen verbindlich würde.

Ich bin nun allerdings überzeugt, dass auch bei der direkten Demokratie die Vorteile die Nachteile bei weitem überwiegen. Niemand kann faktisch belegen, dass sich die direkte Demokratie bei uns nicht bewährt hätte. Und es ist mehr als einmal vorgekommen, dass sich nachträglich der sogenannt falsche Volksentscheid als weiser als die offizielle Vorlage erwiesen hat.

Natürlich ist in unserer Zeit die Langsamkeit ein Problem. Aber die grössere Legitimation von Volksentscheiden ist ein Wert, der meistens höher einzuschätzen ist als das Tempo eines Entscheides. Zudem hat die Langsamkeit uns wohl schon häufig vor voreiligen Fehlern bewahrt. Ich halte auch die Stimmabstinenz für ein weniger gravierendes Problem, als meistens behauptet wird. Zur direkten Demokratie gehört eben auch das Recht auf Abstinenz. Zudem sinkt die Stimmbeteiligung in letzter Zeit nicht mehr, und bei Problemen, die unter die Haut gehen, ist sie noch immer hoch. In einer Umfrage wurde einmal nachgewiesen, dass etwa 30 Prozent der Bürger stets zur Urne gehen. In welchem Land finden Sie eine politische Elite dieser Grösse, die sich mit sämtlichen politischen Fragen befasst!

Der Vorwurf der Überforderung kommt in der Regel von jenen, welche gerade eine Abstimmung verloren haben. Aber haben wir wirklich Anlass, an der Kompetenz dieses Volkes zu zweifeln? Ist ein Volk, das Ja zu den Bretton-Woods-Institutionen sagt, das die Stempelsteuer abschafft, der NEAT zustimmt, sich den Benzinzoll erhöht, der Armee ein modernes Kampfflugzeug beschafft, die Mehrwertsteuer einführt und erst noch zu einem höheren Satz, ist weiter ein Volk, das zu allen überrissenen und extremen Initiativen Nein sagt, einer direkten Demokratie wirklich nicht würdig? Es kann doch im Ernst niemand behaupten, dieses Volk sei nicht in der Lage, das Gemeinwohl vor seine kurzfristigen egoistischen Interessen zu stellen!

Ich billige zu, dass dieses Volk nicht immer ein einfaches Volk ist. Hin und wieder will es es denen da oben zeigen, sie in die Schranken weisen, dafür sorgen, dass ihre Bäume nicht in den Himmel wachsen. Ist das immer so falsch?

Ich führe auch den Ausgang der EWR-Abstimmung weder auf mangelnde Kompetenz der Stimmbürger noch auf mangelnde Aufklärung, geistige Rückständigkeit oder rechtspopulistische Verführung zurück. Mit solchen Analysen macht man es sich zu einfach. Es gibt kaum ein Volk, welches das Geschehen im Ausland intensiver verfolgt und kennt, als das Schweizervolk. Wenn es Nein gesagt hat, müssen tiefer liegende Gründe vorhanden sein. Ich bin der Meinung, wir hätten die Diskussion auf der falschen Ebene geführt, nämlich zu Europa-euphorisch und zu ökonomisch. Angesichts der Probleme Europas glaubt niemand, dass alles Heil nur in Europa liegen könne. Und der Geldbeutel ist trotz aller Unkenrufe nicht das einzige, was den Schweizer interessiert. Werte wie unsere politische Kultur mit Föderalismus und direkter Demokratie, Werte auch wie unsere nationale Identität sind den Menschen hierzulande wichtig. Viele glauben diese Werte gefährdet. Darüber wurde die Diskussion viel zu wenig geführt. Wir haben auf diese bohrenden Fragen zu wenig überzeugende Antworten gehabt.

Die direkte Demokratie gehört zu diesen Werten. Die EWR-Abstimmung ist ein Indiz dafür, dass die Schweizer Bürger sich die direkte Demokratie nie werden nehmen lassen. Deshalb ist die Frage nach deren Beibehaltung eigentlich müssig. Es ist nützlich, sich dessen bewusst zu bleiben, wenn es einmal um die Diskussion um den EU-Beitritt gehen wird. Es wird jedenfalls sehr starker und guter Argumente bedürfen, um den Bürger davon überzeugen zu können, dass ein Verlust an direktdemokratischer Mitsprache durch ein Mehr an europäischer Mitbestimmung wirklich aufgewogen werde.

Ich bin nun allerdings der Meinung, dass auch die direkte Demokratie der Anpassung an die heutige Zeit bedürfe. Eine angemessene Verwesentlichung ist anzustreben, ohne ihre Substanz zu schwächen. Ich will dazu nur wenige Stichworte geben. Das Problem der Rechtsunsicherheit, das bei Initiativen entsteht, welche nach Verfassung endgültige Entscheide der zuständigen Organe umstossen wollen, muss sauber gelöst werden. Die Unterschriftshürden sind zu überprüfen, wobei ich eher an die Beglaubigungskriterien als an die Unterschriftenzahlen denke. Aber auch die Frage einer dosierten Ausweitung der direkten Demokratie müsste geprüft werden. So ist für mich beispielsweise die Idee eines Referendums gegen Verwaltungsakte grosser Tragweite keineswegs tabu.

Das Milizprinzip hat sich nicht überlebt

Das Milizprinzip durchzieht im Grunde unsere ganze Gesellschaft. Es war stets ein Merkmal unserer politischen Kultur. Es bindet den Bürger in die Verantwortung für das Gemeinwesen ein, es nutzt seine Kreativität, seine Erfahrung aus dem wirklichen Leben. Der Staat wurde dadurch bürgernah. Es ist gut, wenn einer im Beruf beispielsweise das auslöffeln muss, was er sich und andern im Parlament einbrockt. Das macht die Politik realitätsnäher. Über die Miliz entsteht im Volk ein staatstragendes Gerüst. Karl Schmid wies in einem seiner Aufsätze darauf hin, dass sich hier die Schweiz grundlegend von anderen Staaten unterscheide, welche die Politik und die Landesverteidigung an eine besondere Klasse delegierten. Die Vernetzung aller massgeblichen Gruppen des Landes mit dem Staat ist kein verabscheuungswürdiger Filz, sondern eine Stärke des Landes. Nicht umsonst kam Karl Schmid zur Erkenntnis, dass eine allfällige Apolitie der führenden Schichten unsere Willensnation im Kern gefährden könnte.

Natürlich sind auch die Einwände gegen das Milizprinzip gewichtig. Der Milizparlamentarier sei überfordert, es brauche eine Professionalisierung. Der Gemeinsinn nehme rasch ab, und die Besten stellten sich nicht mehr für das Gemeinwesen zur Verfügung. Die zunehmende Beanspruchung im Berufsleben und die zunehmende zeitliche Beanspruchung in der Politik liessen sich je länger je weniger vereinen. Die Milizpolitiker brächten zudem den Staat in die Abhängigkeit von Interessengruppen. Obwohl das alles viel für sich hat, halte ich die Vorteile der Miliz für derart gewichtig, dass wir versuchen müssen, zeitgemässe Milizformen zu finden.

Vom Berufsparlament befürchte ich eine zunehmende Distanz zur Realität des täglichen Lebens und der Wirtschaft. Ich glaube auch, dass im beruflichen Leben mit Verantwortung betraute Politiker letztlich stärkere politische Akzente zu setzen vermögen als solche, die sich vollzeitlich nur noch unter der Bundeskuppel beschäftigen. Interessenbindungen sind auch nicht vom Teufel, sondern nötig. Sie bringen Expertise ein. Allerdings müssen sie transparent sein. Und es sind Persönlichkeiten nötig, die ihre Interessen immer auch am Gemeinwohl messen. Bei transparenten Interessenbindungen ist dies für den Bürger kontrollierbar. Zudem gleichen sich im helvetischen Interessenpolygon die Interessengegensätze gegenseitig aus. Im übrigen braucht unser heutiges Parlament den Vergleich mit Berufsparlamenten nicht zu scheuen.

Ich teile auch die Meinung nicht, wonach der Gemeinsinn ausgestorben sei. In meinem Bereich erbringen Zehntausende ohne handfesten materiellen Nutzen als motivierte militärische Kader mit grossem zeitlichem Einsatz jährlich den Tatbeweis des quicklebendigen Gemeinsinns. Wir müssen halt auch unsere Jugend zum Dienst am Gemeinwesen und nicht zum Fordern erziehen, auch durch das Vorbild. Nach wie vor haben unsere Jungen die Fähigkeit dazu.

Konkordanz und Kollegialsystem sind für die Schweiz nach wie vor taugliche Regierungsprinzipien

Besonders umstritten ist in den letzten Jahren unsere Regierungsform. Mit nur sieben Mitgliedern sei der Bundesrat hoffnungslos überlastet und überfordert. Das Kollegialsystem sei per definitionem langsam und entscheidungsscheu, und die Konkordanz tendiere stets zu Entscheiden auf dem kleinsten gemeinsamen Nenner, auf der Basis fragwürdiger Kompromisse. Kurz, unser System beinhalte institutionelle Führungsschwäche und sei ineffizient. Heilungsrezepte werden viele angeboten, vom Abfahren mit der Zauberformel über die Erhöhung der Zahl der Mitglieder des Bundesrats bis zur Stärkung des Präsidenten oder gar der Einführung des parlamentarischen Systems.

Die rasant wachsende Bedeutung der Auslandbeziehungen, die zunehmende Beanspruchung durch das Parlament, die steigenden Anforderungen der Medien und der erhöhte allgemeine Erklärungsbedarf der Politik haben die Beanspruchung des Bundesrats in der Tat massiv erhöht. Reformen drängen sich auf. Vor unüberlegten, massiven Eingriffen in unser Gesamtsystem mit all seinen Ausgewogenheiten und Vernetzungen ist indessen zu warnen. Das gesamte Gleichgewicht unserer verletzlichen Willensnation könnte ins Rutschen geraten. Auch das Effizienzkriterium ist zu hinterfragen. Ein Gemeinwesen ist kein Unternehmen. Neben Effizienz sind Werte wie Konsens, Identifikation, Mitwirkung, Minderheitenschutz, Geborgenheit usw. von ebenso grosser Bedeutung. Gerade weil nicht die Effizienz zum Hauptkriterium erhoben worden ist, haben unsere Vorfahren einen der ganz wenigen erfolgreichen Vielvölkerstaaten schaffen können. Wir sind ein ethnisch, regional und politisch äusserst zersplittertes Volk, ein Volk von lauter Minderheiten. Das Vermeiden der totalen politischen Polarisierung, der gemeinsame Interessenausgleich und die Mitverantwortung am Gemeinwesen sind nur zu erreichen, wenn möglichst viele Kreise in die Mitverantwortung in der Regierung einbezogen werden. Im Grunde werden wir durch wechselnde Koalitionen von Minderheiten zusammengehalten. Das Kollegialsystem ist ein ideales Instrument, verschiedenste Gesichtspunkte und Interessen gleichberechtigt in den politischen Entscheidungsprozess einzubinden. Die massgeblichen Kräfte, die den gemeinsamen Vorrat an Problemlösungen erarbeiten müssen, sind jene, die auf breiter Basis referendums- bzw. vetofähig sind. Der Ausschluss einer dieser Kräfte, etwa durch den Bruch der Zauberformel, müsste einen aufwendigen Kräfteverschleiss nach sich ziehen. Er würde die politische Polarisierung zwischen gouvernementalen und antigouvernementalen Kräften akzentuieren. Eine Spaltung des Landes in eine bürgerliche und in eine nichtbürgerliche Schweiz wäre die Folge, in eine Schweiz, die sich mit der Führung des Landes mitverantwortlich identifiziert, und eine Schweiz, die gegenüber der Obrigkeit in einer Grundsatzopposition steht.

Die Energien, die durch einen Umbau der Regierungsformel absorbiert würden, braucht unser Land in der jetzigen Situation mehr denn je für die Rekonstruktion nationaler Orientierungen, für die Suche nach einem neuen Konsens in den verschiedenen Politikbereichen.

Die besonderen institutionellen Voraussetzungen, welche die direkte Demokratie und der föderalistische Staatsaufbau darstellen, machen es überdies als fraglich, ob eine Abkehr von der traditionellen Konkordanz überhaupt erfolgreich sein könnte. Die Gefahr einer vollständigen Lähmung des politischen Systems wäre real. Die antigouvernementale Opposition via Parlament und Urne würde stärker, der Graben zwischen Politik und Gesellschaft grösser, der Verlust der Identifikationskraft unserer politischen Kultur und der verletzlichen nationalen Kohäsion eine echte Gefahr.

Nicht die Aufgabe der Konkordanz, sondern die Entwicklung einer neuen Kultur der Konfliktaustragung ist vordringlich. Wir müssen wieder lernen, Konflikte nicht nur offen zutage treten zu lassen, sondern sie in einer Form auszutragen, in der alle Seiten Hand bieten zu echten und tragfähigen Kompromissen. Kompromisse sind ein notwendiges Element unseres Systems. Aber sie müssen solide und funktionsfähig sein. Die Flucht in vorschnelle und faule Kompromisse, die wir heute allenthalben feststellen, ist oft nicht mehr als eine oberflächliche Überkleisterung unüberbrückbarer Gegensätze. Sie kostet zuviel an Zeit und Kraft und verbürgt am Ende doch nicht jene Stabilität, die man vom Kompromiss erhofft.

Ein Blick ins Ausland zeigt im übrigen, dass unser System den Vergleich wohl kaum zu scheuen braucht. Die Zersplitterung der politischen Kräfte nimmt überall zu, und viele Staaten sind gezwungen, ihren klassischen parlamentarischen Systemen konkordanzähnliche Mechanismen zu überstülpen, um die Probleme überhaupt noch lösen zu können. Warum sollen wir dann den umgekehrten Weg gehen?

Diese Gründe haben den Bundesrat bewogen, eine Reform vorzulegen, welche auf den Grundwerten unserer politischen Kultur aufbaut. Wer sie als zögerlich, mutlos, halbherzig bezeichnet, hat nicht tief genug gegraben. Ich schliesse eine weitgehende Reform dann nicht aus, wenn wir einmal der EU beitreten sollten. Dann wird aber das Gesamtsystem und nicht nur die Regierung zur Diskussion stehen müssen. Es ist verfrüht, sich jetzt schon auf Modelle festzulegen. Wir kranken in diesem Lande auch an einer Art Pseudohyperreformitis. Wir diskutieren engagiert die übernächste Reform und verhindern damit die konsequente Durchsetzung der nächsten.

Die soziale Marktwirtschaft muss das wirtschaftliche Ordnungsprinzip bleiben

Während der Periode des problemlosen Wachstums, der Vollbeschäftigung und des Wohlstandes hat sich bei uns eine latente Wirtschaftsfeindlichkeit und Wirtschaftsskepsis eingenistet. Das Prädikat «Wirtschaftsvertreter» war schon fast etwas Anrüchiges, ein Vorwurf. Es ist durchaus wahr: Wirtschaft ist nicht alles. Aber so ziemlich alles ist nichts ohne Wirtschaft. Plötzlich merkt jeder auf schmerzliche Weise, dass die Wirtschaft schlechter läuft. Dem Staat fehlen die Steuereinnahmen, dem Kulturschaffenden trocknen die Subventionen aus, die Arbeitslosen werden von Zukunftsangst und Selbstzweifeln geplagt, die Sozialpolitiker haben nichts mehr zu verteilen. Eine leistungsfähige Wirtschaft ist eben nötig, damit der Mensch Freiräume hat, sich verwirklichen kann, sozial abgesichert ist. Sie ist die Grundlage eines leistungsfähigen Gemeinwesens.

Die Basis jeder Volkswirtschaft muss die soziale Marktwirtschaft sein. Sie ist nicht nur das leistungsfähigste Wirtschaftssystem, sie ist auf Dauer auch als einziges demokratieverträglich. Sie löst die wirtschaftliche Machtfrage am besten, indem sie die Macht durch das Konkurrenzprinzip teilt und damit entschärft.

Man sollte meinen, dies alles sei nach dem Zusammenbruch des realen Sozialismus Allgemeingut geworden und nicht mehr bestritten. Ich habe leider Zweifel. Viele Verballiberale finden immer wieder neue Euphemismen wie zum Beispiel «fairer Wettbewerb», um den Wettbewerb zu denaturieren. Der Protektionismus kommt immer wieder aufs neue im Gewande des Gemeinwohls daher. Für marktwidrige Eingriffe finden sich stets plausible, soziale oder sonst wohlklingende Begründungen. Ich fürchte auch, dass durch den Wegfall des abschreckenden Beispiels des realen Sozialismus der Sozialismus plötzlich wieder utopiefähig werden könnte. Auch dürfte man versucht sein, der Marktwirtschaft die Schuld zuzuschieben, wenn sie in Mittel- und Osteuropa die Folgen jahrzehntelanger Misswirtschaft nicht rasch genug zu beseitigen vermag.

Marktwirtschaft muss immer wieder neu errungen und verteidigt werden, und zwar gegen links wie gegen rechts. Ordnungspolitik muss ein zentrales Element jeder Politik sein. Da haben wir in der Schweiz noch dazuzulernen!

Die wirtschaftlichen Rahmenbedingungen sind zu verbessern

Wir kommen nicht um die Feststellung herum, dass sich die schweizerische Wettbewerbsposition im internationalen Vergleich verschlechtert hat und dass unsere Volkswirtschaft an Vitalität verloren hat. Als klassische Exportnation sind wir von der weltweiten Konjunkturflaute besonders hart getroffen. Der wirtschaftliche Strukturwandel und die Anwendung neuer Technologien auch im Dienstleistungsbereich führen zwingend zur Vernichtung nicht mehr wettbewerbsfähiger Arbeitsplätze. Bedroht sind wir aber auch an der für die Schweiz so wichtigen Aussenfront, nämlich durch unser selbstgewähltes Abseitsstehen im Prozess der europäischen Wirtschaftsintegration. Und ganz sicher wirkt sich auch der Umstand immer nachteiliger aus, dass allzu viele Bereiche unserer Binnenwirtschaft gegen den Wettbewerb, vor allem im Inland, geschützt sind.

Ich darf Ihnen nun allerdings versichern, dass der Bundesrat entschlossen ist, jene Massnahmen einzuleiten, um nach dem EWR-Nein die Standortattraktivität des Wirtschaftsplatzes Schweiz aus eigener Kraft zu heben. Denn es darf nicht sein, dass uns die Arbeit ausgeht, weil ausländische Investoren fernbleiben und die eigenen Unternehmen auswandern. Es gibt ja nicht, wie immer wieder behauptet wird, ein definiertes Volumen Arbeit, das anders verteilt werden muss. Man muss dieses Volumen vergrössern! Deshalb müssen wir die Rahmenbedingungen im eigenen Lande verbessern, muss die Politik jenes Umfeld schaffen, in welchem die Wirtschaft aus eigener Kraft reüssieren kann und reüssieren wird. Denn die eigentliche Leistung muss die Wirtschaft selber erbringen. Ich glaube nicht an die Leistungskraft einer staatlich gehätschelten, durch Subventionen verweichlichten und durch sogenannte Industriepolitik fehlgesteuerten Wirtschaft.

Bekanntlich hat der Bundesrat ein erstes Revitalisierungs-Paket mit über zwanzig Massnahmen lanciert. Es ist besser als sein Ruf. Es beschlägt schwergewichtig die Bereiche Wettbewerbspolitik, Arbeitsmarkt, Beschleunigung von Baubewilligungsverfahren sowie Bildung und Forschung. Alle Massnahmen liegen langfristig im Interesse der Konsumenten, der Steuerzahler und jener leistungsorientierten Teile unserer Wirtschaft, welche mehr Wettbewerb nicht zu fürchten brauchen. Wettbewerb darf kein Lippenbekenntnis sein. Und er muss auch dann akzeptiert werden, wenn er kurzfristig weh tut. Auch die bereits eingeleitete Neuorientierung der Agrarpolitik ist eine Reform im Zeichen der marktwirtschaftlichen Erneuerung. Der Bundesrat ist der vollen Überzeugung, dass mit solchen und weiteren Reformmassnahmen das Vertrauen der in- und ausländischen Wirtschaft in den Produktions- und Forschungsstandort Schweiz erhalten und neu gefestigt werden kann.

Voraussetzung ist allerdings, dass diese Massnahmen politisch rasch umgesetzt werden und von der helvetischen Vielzahl gut organisierter Besitzstände nicht über Gebühr verwässert werden. Wir wollen unsere Rahmenbedingungen nicht schlechter machen, als sie sind. Nach wie vor haben wir einige gute Trümpfe. Staats- und Steuerquote sind relativ tief. Unser Rechtssystem ist noch immer recht liberal, unsere Verwaltung ist leistungsfähig und nicht korrupt. Unsere Infrastruktur ist gut, das Bildungssystem ebenfalls, der Sozialstaat ist solid, und auch politisch sind wir noch immer ein stabiles Land. Nicht die absolute Qualität unserer Rahmenbedingungen ist das Problem, sondern die Tatsache, dass wir an relativem Vorsprung verloren haben. Diesen Vorsprung müssen wir wieder schaffen.

Sicherheit ist ohne internationale Kooperation nicht mehr zu haben

Das Wesensmerkmal der heutigen Lage ist ihre Instabilität und die Ungewissheit über die Zukunft. Nach dem Wegfall der disziplinierenden Klammer des nuklearen Patts sind einige historische Gespenster, beispielsweise das Gespenst des Nationalismus, wieder aufgelebt. Konflikte werden wieder gewaltsam ausgetragen, Krieg ist wieder möglich. Fast jeder der heutigen lokalen Konflikte enthält ein Eskalationspotential. Dies alles äussert sich in verschiedenen Formen der Vorbereitung und Anwendung von Gewalt, vom Eroberungskrieg über terroristische Erpressung bis zur Proliferation von moderner Waffentechnologie. Auch das organisierte Verbrechen droht sicherheitspolitisch relevante Ausmasse anzunehmen. Das explosive Wachstum der Weltbevölkerung wird die Konfliktursachen noch verschärfen. An die Stelle einer klaren Unterscheidung zwischen Frieden und Krieg tritt die Dauerkrise mit einem diffusen Gefahrenspektrum und mit wechselnder Intensität. Ihre besondere Eigenart ist, dass sie über nationale Grenzen hinaus wirkt. Fast alle Risiken und Gefahren nehmen die Schweiz nicht aus. Es gibt keine Inseln totaler Sicherheit mehr. Innere und äussere Sicherheit eines Landes sind zunehmend miteinander verknüpft.

Aufgrund dieser Vernetzung bleibt die Wahrung der Sicherheit eine der Hauptaufgaben des Staates. Die Legitimation eines Regierungssystems wird in

Zukunft nicht nur am Wohlstand eines Landes gemessen werden, sondern auch daran, wie viel Sicherheit es den Bürgerinnen und Bürgern gewährleisten kann. Neben dem traditionellen Gewappnetbleiben für die operationelle Bewältigung von Krisen mit Armee, Zivilschutz, Polizei usw. ist jetzt eine Sicherheitspolitik nötig, die auch Ursachen von Konflikten bekämpft. Das ist nur durch internationale Zusammenarbeit möglich. Die meisten modernen Risiken können nur von der Völkergemeinschaft gemeinsam, nicht aber von einem Staat allein bewältigt werden. Sicherheit ohne Kooperation ist nicht mehr zu haben.

Mit einem Bündel politischer und wirtschaftlicher Massnahmen sollen die Voraussetzungen geschaffen werden, die ein friedliches Zusammenleben der Völker und Volksgruppen in stabilen Demokratien und leistungsfähigen Volkswirtschaften ermöglichen. Auf diesem Ansatz beruht der erste Pfeiler der schweizerischen Sicherheitspolitik. Aus der Einsicht heraus, dass unsere eigene Sicherheit von der Sicherheit unserer Umgebung abhängt, leisten wir Beiträge an die politische, rechtliche und wirtschaftliche Stabilität im Rahmen unserer Osteuropa- und Entwicklungshilfe.

Trotz ihrer aussenpolitischen Zurückhaltung und Neutralität hat sich die Schweiz schon in der Vergangenheit in sicherheitspolitischen Fragen auch auf europäischer Ebene engagiert, vor allem im Rahmen der KSZE. Es liegt in unserem ureigenen Interesse, unsere Beiträge an die europäische Sicherheit weiter auszubauen, und zwar auf allen Stufen der Skala der sicherheitspolitischen Aktivitäten:

- Im Rahmen der Kooperation gilt es, die Unterstützung an die mittel- und osteuropäischen Länder auf wirtschaftlichem, rechtlichem und politischem Gebiet weiterzuführen.
- Im Rahmen der Konflikt-Prävention ist unser Land an verschiedenen KSZE-Missionen beteiligt.
- Im Bereich des Krisenmanagements planen wir, die bereits bestehenden schweizerischen Blaumützen durch eigentliche Blauhelmtruppen zu ergänzen. Mit der Aufstellung von Blauhelmtruppen will die Schweiz ein sichtbares Zeichen internationaler Solidarität setzen und den Gedanken der kollektiven Sicherheit mittragen. Mit Blauhelmtruppen ergäbe sich für die Schweiz eine gute Möglichkeit, ein internationales Solidaritätsdefizit glaubwürdig abzubauen, ohne die Neutralität aufgeben zu müssen.
- Im Bereich Verteidigung schliesslich hat das Volk mit der Ablehnung der Kampfflugzeug- und der Waffenplatzinitiative unterstrichen, dass die Schweiz kein sicherheitspolitischer Trittbrettfahrer in Europa werden will.

Der erste Schritt nützlicher Solidarität ist immer der, dass man sein eigenes Haus in Ordnung hält und andern nicht zur Last fällt!

Hilf dir selbst, so hilft dir Gott!

Das ist ein sehr altes Sprichwort mit einem grossen Wahrheitsgehalt. Es drückt plastisch die Idee der Selbstverantwortung aus. Der sich selbst verwirklichende Bürger mit grossen Freiräumen ist nur auf der Basis der Selbstverantwortung denkbar. Der vom Staat gehätschelte und gegängelte Bürger, der kein Problem mehr selber lösen kann, ist mit dem mündigen und freien Bürger nicht vereinbar. Allerdings hat Freiheit immer ihren Preis: die Verantwortung. Vom Bürger ist Verantwortung zu fordern. Er ist dazu auch in der Lage. Wir müssen ihm nur Vertrauen schenken.

Der Hochleistungsstaat, der dem Bürger alle Probleme abnimmt, ist gescheitert. Er ist erstens nicht finanzierbar, und er ist zweitens überfordert. Er kann die Ansprüche, die er weckt, niemals erfüllen. Deshalb verliert er an Prestige und Glaubwürdigkeit. Der Glaube an die staatliche Machbarkeit erleidet ständig Schiffbruch, und doch stirbt er nie aus.

Anspruch und Möglichkeit müssen in ein neues Gleichgewicht gebracht werden. Man kann diesem Staat nicht ständig Neues aufbürden. Es ist auch zu prüfen, wo man ihn von weniger dringlichen Aufgaben entlasten könnte. Die Manie, für jedes Problemchen ein Bundesämtchen oder ein Gesetzchen zu machen, führt schleichend in die Irre. Und wir sollten den Bürger nicht ständig durch neue Vorschriften vor sich selber schützen wollen. Das Volk spürt das. Nicht umsonst hat es beispielsweise die Zwillingsinitiativen so überwältigend abgeschmettert.

Sie kennen sicher den berühmten Satz von Montesquieu: «Wenn es nicht nötig ist, ein Gesetz zu machen, ist es nötig, kein Gesetz zu machen.» Man könnte den Satz erweitern und sagen, wenn es nicht nötig sei, dass der Staat eine Aufgabe erfülle, sei es nötig, dass nicht er sie erfülle.

Wir müssen vermeiden, dass immer mehr Bürger vom Staat abhängig werden. Sonst verlieren Volk und Volkswirtschaft an Überlebenskraft. Für praktisch jede staatliche Regelung finden sich tausend plausible Begründungen, und jede für sich alleine mag auch tragbar sein. Aber plötzlich kippt das Gesamtsystem. Die gesamte Regelungsdichte bekommt eine andere Qualität als die rein arithmetische Summe der Einzelregelungen. Das gilt es zu bedenken!

Wir müssen wieder Risiken, Spannungen und Unsicherheiten ertragen lernen

Wir haben verlernt, mit Risiken zu leben. Vierzig Jahre lang lebten wir in einem stabilen und berechenbaren Umfeld. Die Reallöhne stiegen ständig. Jeder fand einen Arbeitsplatz. Das soziale Netz wurde forciert ausgebaut. Die sicherheitspolitische Lage war hyperstabil. Das hat uns geprägt, und wir haben eine Art Versicherungsmentalität entwickelt. Wir sind ein Volk von Besitzstandwahrern geworden. Wir glauben an stabile Zustände und gesicherte Prognosen.

Plötzlich ist das alles anders. Statt in Zuständen leben wir in rasch ablaufenden Prozessen. Statt in Prognosen denken wir in widersprüchlichen Szenarien. Die plötzliche Unsicherheit über die künftigen Entwicklungen, die bohrenden Ungewissheiten haben unser Lebensgefühl im Kern getroffen, versetzen uns in einen dauernden Spannungszustand. Wahrscheinlich war die Zeit der Sicherheit eine historische Ausnahme. Der historische Normalzustand war die Unsicherheit, nach dem Rütlischwur so gut wie im Dreissigjährigen Krieg, im Sonderbundskrieg oder während der Weltkriege. Wir müssen uns wieder an den Normalzustand der Ungewissheit gewöhnen, an die Arglist der Zeit.

Wir müssen wieder wagen zu wagen. Das grösste Risiko ist es, alle Risiken zu meiden. Wer nur mehr Besitzstände wahren will, wird alles verlieren. Das gilt für die Wirtschaft, das gilt für die Politik, und das gilt für den Einzelnen. Natürlich: nicht alles, was man riskiert, gelingt. Aber alles, was gelingt, wurde einmal riskiert. Wir wagten die NEAT. Das ist gut. Jetzt müssen wir zum Beispiel die Deregulierung wagen. Jetzt müssen wir ein Staatsaufgabenmoratorium wagen, das GATT wagen, die Blauhelme wagen, die internationale Zusammenarbeit wagen oder was der Dinge mehr sind.

Europa

Vielleicht haben Sie bei meiner Leitbildskizze das Verhältnis zu Europa vermisst. Für mich ist die Schaffung einer Beziehung zu Europa ein Mittel und kein Ziel. Es ist ein Mittel der Interessenwahrung, es ist kein Selbstzweck. Natürlich ist das Verhältnis zur EU für den Kleinstaat Schweiz von nahezu existentieller Bedeutung. Das ergibt sich schon aus unserer wirtschaftlichen Verflechtung.

Am Ursprung der EG stand die Idee, durch wirtschaftliche und später politische Verflechtung den Frieden in Europa zu sichern. Diese Idee wurde zum beispiellosen Erfolg. Ihre Realisierung hat auch unsere Sicherheit entscheidend erhöht. In der Zwischenzeit sind neue Sachzwänge entstanden, welche ein

Zusammenrücken der europäischen Staaten als geboten erscheinen lassen. Mehr und mehr Probleme können nur mehr gemeinsam gelöst werden: Umweltprobleme, Migration, organisiertes Verbrechen usw. Grosse Märkte erfordern harmonisierte Handelsregeln. Alles das ist bilateral von einer Vielzahl von Staaten nicht mehr zu lösen; es braucht den multilateralen Approach.

Der Zerfall des Sowjetreiches hat ein Machtvakuum hinterlassen, welches nach Auffüllung verlangt. Das kann nur die EU bewerkstelligen. Sie ist sozusagen dazu verdammt, eine machtpolitische Rolle zu spielen. Das verlangt entsprechende Strukturen sowohl aussen- als auch sicherheitspolitischer Art.

Alles das betrifft auch uns. Unser Geflecht internationaler Abhängigkeiten ist sehr dicht geworden. In vielen Bereichen wird Kooperation auch für uns zunehmend lebenswichtig. Unsere Autonomie schwindet faktisch und entartet zur Scheinautonomie. Auch das ist kein würdiger Zustand. Daraus ist klar zu folgern, dass nur Mitsprache auf der höheren Ebene, etwa im EWR oder der EU, das zunehmende Autonomiedefizit einigermassen zu kompensieren vermag. Das ist der tiefere Grund dafür, dass der Bundesrat den EU-Beitritt zum strategischen Ziel erhoben hat.

Daraus entsteht allerdings ein schwieriges Konfliktpotential mit unserer politischen Kultur, vor allem mit Föderalismus, Milizprinzip und direkter Demokratie. Der Zielkonflikt ist letztlich nicht lösbar. Es geht um eine Optimierung. Wie viel unserer politischen Kultur dürfen wir aufgeben, ohne unsere Identität zu gefährden? Wie viel Mitsprache und Integration brauchen wir, um unsere Interessen zu wahren?

Wie viel seiner politischen Kultur die Schweizer für Europa abzugeben bereit sein werden, wird nicht nur von unserer innenpolitischen Befindlichkeit, sondern auch von den Entwicklungen innerhalb der EU abhängen. Diese wird, wenn sie von den europäischen Völkern langfristig getragen werden will, das Prinzip Vielfalt klar vor das Prinzip Einheit stellen müssen. Meine Aussagen zum Föderalismus gelten auch für die EU. Sie wird eindeutig föderalistische Strukturen aufbauen müssen und sie wird ihr Demokratiedefizit auf föderalismusverträgliche Weise beheben müssen, etwa mit einem Zweikammersystem. Ansätze sind erkennbar, etwa mit der Postulierung des Subsidiaritätsprinzips. Allerdings wird dieses je nach staatspolitischer Tradition sehr unterschiedlich interpretiert. An Glaubwürdigkeit dürfte es erst gewinnen, wenn die EU den Mut und die Kraft hat, unverrückbar und im Sinne des Wettbewerbs der Systeme klare vergemeinschaftungsfreie politische Räume zu definieren und das Harmonisierungsprinzip klar und eindeutig zu begrenzen. Ich glaube, dass sich die EU in dieser Richtung entwickeln wird. Viele Schweizerinnen und Schweizer aber werden das zuerst abwarten wollen, bevor sie für unser Land irreversible Entscheide zu treffen bereit sind.

Gestatten Sie mir noch einige Gedanken zum Spannungsfeld Volksentscheid gegen den EWR und bundesrätlicher Europapolitik. Bundesrat, Parlament und Medien haben am 6. Dezember 1992 verloren. Volksentscheide haben in diesem Land ohne Wenn und Aber zu gelten. Wenn ihre Legitimation schon am Tag darauf in Frage gestellt wird, wird die wichtigste Substanz unserer Willensnation angetastet, wird die Willensnation gefährdet. Der Eindruck, die in Bern foutierten sich über den Volksentscheid, könnte krisenhafte politische Entwicklungen auslösen. Deshalb ist der EWR-Entscheid zu akzeptieren, deshalb ist der vom Volk gewählte Weg der bilateralen Verhandlung ehrlich und redlich, ohne Mentalreservationen zu gehen. Es ist ein politisch verbindlicher Auftrag. Deshalb kann auch eine sofortige neue EWR-Abstimmung oder ein baldiger Verhandlungsbeginn über den EU-Beitritt nicht in Frage kommen.

Wenn der Bundesrat trotzdem das Ziel des EU-Beitritts beibehält und sich die Option eines zweiten EWR-Anlaufs offen hält, tut er das nicht leichtfertig. Gründe dafür habe ich angeführt. Er will damit weder die ablehnende Volksmehrheit provozieren noch sich über Volksentscheide hinwegsetzen. Das Festhalten am Ziel des EU-Beitritts erfolgt im Interesse des Landes. Dieses erfordert, dass langfristig keine Chancen vergeben werden. Die Rahmenbedingungen für die Stellung der Schweiz werden sich mit fortschreitender Entwicklung der europäischen Integration verändern. Die Lage muss deshalb immer wieder neu geprüft und beurteilt werden. Das zu tun, ist die Pflicht jeder verantwortungsvollen Regierung. Deshalb will der Bundesrat unserem Land möglichst viel Handlungsfreiheit wahren. Und er will den Dialog mit dem Volk über diese Fragen verstärkt führen. Das Volk selber wird zu gegebener Zeit die endgültigen Entscheide fällen können.

Schlussfolgerungen

Ich habe nun über tausend Dinge gesprochen, die alle für sich nicht spektakulär sind. Die Schweiz ist in einer unentschiedenen Lage. Es geht uns noch immer überdurchschnittlich gut, aber niemand weiss, in welcher Richtung es weitergeht. Wenn sich alle negativen Trends kumulieren, haben wir eine schwierige Zukunft. Wenn wir unsere Stärken zum Tragen bringen können, werden wir auch in Zukunft bestehen. Den politischen Urknall, der das bewirken kann, gibt es nicht. Einfache Rezepte existieren nicht. Es gibt nur die harte, unspektakuläre politische Knochenarbeit an tausend Fronten. Und Tausende müssen sich daran beteiligen: in der Wirtschaft, in den Schulen, in der Verwaltung, in der Kultur, in der Politik. Der «Turn-around» ist zu schaffen, aber nicht als spektakulärer Richtungssprung, sondern nur als langsamer Kurswechsel wie bei einem Supertanker, der auf das Steuerrad nur langsam reagiert. Aber einleiten müssen wir den Kurswechsel.

Damit die Detailarbeit Sinn und Richtung bekommt, muss sie auf ein Leitbild gerichtet sein, das Leitbild des mündigen, selbstverantwortlichen, freien, kreativen Bürgers, der sein Gemeinwesen aktiv mitgestaltet. Wenn ich das, was jetzt zu tun wäre, nach Prioritäten ordnen müsste, könnte das ungefähr wie folgt aussehen:

Erste Priorität:
- Verbesserung der wirtschaftlichen Rahmenbedingungen durch die Revitalisierungspakete, durch bilaterale Verhandlungen mit der EU und durch die Ratifizierung des GATT-Vertrages.
- Moratorium für neue Staatsaufgaben ausser in besonders dringlichen Fällen, bis die Finanzkrise dauerhaft behoben ist, und zwar nicht durch eine höhere Fiskalquote, sondern durch eine leistungsfähigere Wirtschaft.
- Regierungsreform auf der Basis der Prinzipien, die für die Kohäsion unserer Willensnation wichtig sind.
- Ständige Überprüfung, ob neue Regelungen wirklich nötig und ob sie mit den Prinzipien der sozialen Marktwirtschaft verträglich sind.
- Verstärkung der kooperativen Komponente unserer Sicherheitspolitik unter Respektierung der Substanz unserer bewaffneten Neutralität.

Zweite Priorität:
- Systematische Überprüfung, ob bestehende Staatsaufgaben und Regeln noch nötig sind oder besser privat gelöst werden könnten.
- Anpassung der direkten Demokratie an die aktuellen Umstände.
- Massnahmen zur Revitalisierung des Milizprinzips.
- Überprüfung, ob dem Föderalismus neue Impulse vermittelt werden können.

Dritte Priorität:
- Vorbereitung einer grösseren Reform des politischen Gesamtsystems (nicht des Regierungssystems isoliert) auf der Basis der Erfahrungen der aktuellen Regierungsreform und unseres dannzumaligen Verhältnisses zur EU.

Dabei müssen wir Selbstverantwortung und Leistungsprinzip immer wieder in den Vordergrund stellen und vorleben. Eine Nation überlebt nur durch Leistung. Und diese Leistung kann nicht der Staat erbringen, das können nur die Bürger selber, die Staat und Wirtschaft tragen und verkörpern.

Lassen Sie mich schliessen mit zwei riskanten Bemerkungen, die oft bewusst missverstanden werden. Ich mag erstens das Gerede vom Ende des Sonderfalls Schweiz nicht. Die Schweiz ist entweder ein Sonderfall, oder sie ist es nicht. Wir müssen mehr leisten, anders sein, wenn wir als Vierkulturenkleinstaat mit schwierigen topographischen und klimatischen Verhältnissen in Wohlstand überleben wollen. Sonderfall heisst ja nicht, dass wir uns auf einer moralisch höheren Stufe befinden. Sonderfall ist völlig wertfrei. Wir müssen es einfach anders machen als andere.

Und zweitens sollten wir zwischen überheblicher Weltschulmeisterei und permanenter Selbstanschwärzung den Mittelweg selbstbewusster Bescheidenheit suchen. Wir sind nicht die Besten, aber wir sind auch nicht an allem Ungemach der Welt schuld. Unsere Geschichte ist eine Erfolgsstory. Wenn die Zukunft ebenfalls eine Erfolgsstory werden soll, müssen wir einiges leisten. Dabei bedarf es nicht einer Unzahl spektakulärer neuer Rezepte und Prinzipien. Aber wir müssen einige der alten mit neuem Leben erfüllen. Eigentlich traue ich unserem Volk diesen Kraftakt zu!

17. September 1994

Am Ort der Parteigründung feiert die FDP Schweiz ihr 100jähriges Bestehen: Am 25. Februar 1894 hatte sie sich in Olten als gesamtschweizerische Partei konstituiert und sich in einem einstimmig gutgeheissenen Statut zur «demokratisch-fortschrittlichen Entwicklung der Institutionen des Bundes» bekannt. Bundesrat Villiger nutzt seine Jubiläumsansprache, um ein Wort für das Antirassismus-Gesetz einzulegen, über das die Stimmberechtigten eine Woche später zu entscheiden haben und das vom Souverän mit 54,6 Prozent der Stimmen denn auch – allerdings knapper als erwartet – angenommen wird.

100 Jahre FDP der Schweiz, Olten

Liberalismus als politische Vision

Das Jubiläum

Unser Bundesstaat wurde auf weite Strecken nach liberalem Ideengut konzipiert. Er entstand aus einer Bewegung von unten, von der Basis her, und er wurde unter Inkaufnahme politischer Risiken durchgesetzt. Die Gestaltung dieses Staates ist untrennbar mit dem Freisinn verbunden. Seine Geschichte ist eine Erfolgsstory, und die Geschichte des Freisinns ebenfalls. Wir dürfen stolz sein: Unsere liberale Idee hat sich durchgesetzt.

1989 ist der reale Sozialismus zusammengebrochen. Die auf liberalen Ideen basierenden Demokratien und Marktwirtschaften haben sich als stärker erwiesen. Liberales Gedankengut hat im In- und Ausland in die meisten Parteiprogramme Einzug gehalten. Die Frage stellt sich, ob sich der Liberalismus damit endgültig durchgesetzt hat. Die Frage stellt sich weiter, ob eigentliche liberale Parteien damit entbehrlich geworden seien. Und weiter stellt sich die Frage, ob sich etwas, was sich durchgesetzt hat, noch als politische Vision eigne.

Mit Jubiläen ist es heutzutage so eine Sache: Es zählt nicht mehr, wer eine grosse Vergangenheit, sondern es zählt, wer Zukunft hat. Hat der Liberalismus, haben wir Zukunft? Diese Frage muss uns beschäftigen, denn befriedigtes Schulterklopfen ob der Leistungen unserer Vorgänger genügt nicht. Im Gegenteil.

Wer sich im Erfolg sonnt, läuft Gefahr, die Fähigkeit zur Selbstkritik und zur Erneuerung zu verlieren.

Worum geht es?

Auf eine ganz einfache Formel gebracht, will der Liberalismus eine Gesellschafts- und Staatsform schaffen, die es den Menschen erlaubt, sich möglichst frei zu entfalten. Das muss das Ziel sein. Weil Freiheit missbraucht werden kann, weil die Entfaltung des einen die Entfaltung der andern behindern, bremsen oder gar verunmöglichen kann, braucht es Spielregeln, braucht es Einschränkungen, braucht es den Staat. Entfalten kann sehr vieles bedeuten: Erarbeiten von Wohlstand, Entwickeln der eigenen Talente, sich Schützen gegen die Wechselfälle des Lebens oder Mitbestimmen im eigenen Gemeinwesen.

Das Wohl der Bürgerinnen und Bürger ist das Ziel, nichts sonst, nicht das Wohl der Regierenden, der Parteien, der Wirtschaftsbosse oder der Gewerkschaften. Das bedeutet auch, dass Macht gebändigt werden muss, die staatliche Macht so gut wie die wirtschaftliche.

Der Liberalismus ist eine Denkhaltung, die immer nach Wegen sucht, um das Ziel einer freiheitlichen Wert-, Wirtschafts- und Gesellschaftsordnung zu erreichen. Dabei gehen die Liberalen von der Überzeugung aus, dass die Bürger mündig sind, dass sie nur unter freiheitlichen Bedingungen ein Maximum an Kreativität und Leistung entwickeln, dass sie fähig sind, verantwortlich zu handeln und Selbstverantwortung zu übernehmen.

Leider ist der Liberalismus kein einfaches Rezept. Er verändert sich. Er hat oft Widersprüche. Die Liberalen liegen sich oft und gerne in den Haaren. Sie sind nur schwer auf eine eindeutige politische Lösung zu verpflichten. Liberalismus ist nicht zuletzt eine ständige und oft schmerzhafte geistige Auseinandersetzung. In der politischen Durchschlagskraft mag das bisweilen eine Schwäche sein. Aber letztlich ist es eine Stärke. Denn dieser Prozess des Suchens auf der Basis einer geistigen Überzeugung führt immer wieder zu besseren Lösungen.

Gerade weil der Liberalismus nie endgültig definiert ist, nie eine Sammlung mathematisch richtiger Regeln und Formeln darstellt, nie auch eine letzte Wahrheit ist, hat er durchaus die Qualität einer Vision.

Das Modell Schweiz

Ich habe es schon angedeutet: Viele liberale Grundanliegen konnten in unserer erfolgreichen Staatsform realisiert werden. Die staatliche Macht wird auf mannigfache Art gebändigt, etwa durch die föderalistische Aufteilung der Staatsmacht auf verschiedene Ebenen oder durch die direkte Demokratie, welche dem Bürger ermöglicht, korrigierend und entscheidend in die staatlichen Entscheidmechanismen einzugreifen.

Die wirtschaftliche Macht wird durch den Wettbewerb entgiftet. Die Einbindung der Bürgerinnen und Bürger in die Gestaltung des Gemeinwesens ist entwickelt wie nirgends sonst: über die direkte Demokratie, über das Milizsystem, das mannigfache Möglichkeiten der Mitgestaltung öffnet, und über den Föderalismus, der den Minderheiten und Regionen unterschiedliche Masslösungen ermöglicht und der zwischen regionalen Gemeinwesen einen gewissen Wettbewerb der Systeme schafft.

Die Konkordanz ermöglicht die Einbindung der wichtigsten politischen Kräfte in die Verantwortung für diesen Staat.

Alles das hat gute Rahmenbedingungen für eine beispiellose politische und wirtschaftliche Stabilität geschaffen. Nun plötzlich aber verändert sich die Welt rasant. Was sich bewährt hat, muss nicht zwangsläufig auch für die Zukunft das Beste sein. So ist denn auch verständlich, dass viel von dem, was unsere politische Kultur ausmacht, umstritten ist.

Umstritten ist beispielsweise unsere Regierungsform. Plötzlich wird auch die heiligste demokratische Errungenschaft, die direkte Demokratie, angefochten. Die Konkordanz wird immer mehr in Frage gestellt. Der Föderalismus wird zwar nicht bestritten, aber er wird faktisch zunehmend ausgehöhlt.

Die Frage ist legitim, ob unsere Institutionen der Reform bedürfen. Dabei müssen wir allerdings aufpassen, dass wir nicht der Unzulänglichkeit der Institutionen unterschieben, was in Wirklichkeit von der Unzulänglichkeit menschlichen Handelns kommt. Die Welt ist derart kompliziert geworden, dass es einfache Lösungen nicht mehr gibt, dass viele Bürgerinnen und Bürger verunsichert sind und dass ein gewisses Mass an Staatsversagen wohl unabhängig von Institutionen unvermeidlich ist.

Wir dürfen auch nicht übersehen, dass wir eines der ganz wenigen Länder sind, welche mit unterschiedlichen Sprachen, Kulturen und Minderheiten ein erfolgreiches, stabiles und florierendes Gemeinwesen aufgebaut haben. Das hat mit der politischen Struktur unseres Staates viel zu tun. Wir dürfen uns deshalb nicht nur fragen, was durch eine grundlegende Reform unseres Staates besser würde, sondern wir müssen auch bedenken, was dadurch gefährdet werden und ins Rutschen geraten könnte.

Ein Staat ist kein Unternehmen, das nur nach Effizienzkriterien geführt werden darf. Werte wie Identifikation, Konsens oder Geborgenheit sind ebenso wichtig. Ich bin deshalb der Meinung, dass die Grundpfeiler unserer staatlichen Ordnung nicht in Frage gestellt werden dürfen. Sie erfüllen die liberalen Anforderungen nach wie vor optimal. Das heisst indessen nicht, dass sie nicht ständig hinterfragt werden müssten.

Die Welt hat sich dramatisch verändert. Viele Probleme können von einem einzelnen Land allein nicht mehr bewältigt werden. Internationale Zusammenarbeit wird in mehr und mehr Bereichen zwingend. Damit erhält der Begriff der staatlichen Unabhängigkeit eine andere Qualität, er wird relativiert, und zwar, ob wir dies wollen oder nicht. Deshalb stellt sich die unangenehme Frage, ob Mitsprache in den Entscheidzentren nicht oft würdiger sei als eine von aussen erzwungene faktische Anpassung im Namen einer immer fiktiveren Autonomie.

Anpassungen unserer politischen Mechanismen werden in Zukunft wohl unumgänglich sein. Aber eine Preisgabe alles dessen, was die «Idee Schweiz» ausmacht, scheint sich mir indessen nicht aufzudrängen. Die direkte Demokratie muss ein zentrales Element unserer politischen Kultur bleiben. Vielleicht muss man sie anpassen, muss man verhindern, dass sie zur perspektivlosen Obstruktion missbraucht wird. Aber im Kern dürfen wir sie nicht antasten. Ich bin sogar überzeugt, dass sie internationale Ausstrahlung hat. Vielleicht nicht bei den Regierenden, deren Macht sie beschneidet, aber bei den Völkern.

Der Föderalismus darf nicht zum reinen Lippenbekenntnis entarten. Die Grenzlinie zwischen föderalistischen und zentralen Lösungen mag sich immer wieder verschieben, aber die Entleerung der föderalistischen Substanz wäre für unseren Vielvölkerstaat gefährlich.

Der Staat muss stark bleiben, aber er darf nicht glauben, dem Bürger die Lösung jedes noch so kleinen Problems abnehmen zu müssen. Der allumfassende Hochleistungsstaat scheitert. Er ist nicht finanzierbar und er erfüllt die Erwartungen nicht, die man an ihn stellt. Deshalb verliert er notgedrungen an Vertrauen. Nach wie vor sollten wir den Satz von Montesquieu beherzigen: «Wenn es nicht nötig ist, ein Gesetz zu machen, ist es nötig, kein Gesetz zu machen!»

Dass auch die Wirtschaft Freiräume braucht, um ihre Leistungsfähigkeit zu entfalten, und dass nur so der Wirtschaftsstandort Schweiz attraktiv bleibt, ist für uns Liberale selbstverständlich. Im Klartext bedeutet dies eine tiefe Staats- und Steuerquote und ein Sozialnetz, das wohl solid ist, aber keine leistungshemmenden Anreize schafft. Diese Banalitäten figurieren in jeder Sonntagsrede, aber die eigentlichen politischen Handlungen kontrastieren allzuoft mit den Prinzipien.

Ist die Zukunft des Liberalismus gesichert?

1989, ich wiederhole es, ist der reale Sozialismus zusammengebrochen. Ob er damit endgültig überwunden ist, dessen bin ich nicht so sicher. Vieles, was ihn charakterisierte, kommt in der Politik unter andern Titeln nach wie vor selbstbewusst daher. So ist bei vielen Politikern ein grundlegendes Misstrauen Marktkräften gegenüber nicht auszurotten, ofmals sogar bei Politikern mit liberalem Etikett. Der Glaube an die staatliche Machbarkeit geistert unbeirrt weiter umher. Die Meinung, der Bürger sei zu seinem eigenen Schutz zu bevormunden, taucht im Gewande des Gemeinwohls immer wieder auf. Statt auf den Wettbewerb der Systeme setzt man allzuoft auf Gleichmacherei und Harmonisierung.

Der Liberalismus ist auch aus einer andern Richtung gefährdet. Es ist alles andere als sicher, dass das ideologische Vakuum, welches das Ende des Kommunismus hinterlassen hat, nun durch liberale Ideen aufgefüllt wird. Nationalismus, ethnische Auseinandersetzungen, Extremismen und Fundamentalismen aller Spielarten, internationales Verbrechen und dergleichen gefährden die liberale Idee wie kaum je zuvor. Deshalb sind gerade die Liberalen, die Freisinnigen gefordert.

Die liberale Vision ist nicht überlebt. Im Gegenteil. Immer wieder müssen wir für liberale Lösungen eintreten, müssen wir bei neuen Problemen nach liberalen Lösungsansätzen suchen. Immer wieder müssen wir uns kritisch fragen, ob unsere Politik liberalen Ansprüchen eigentlich genüge, müssen uns selber hin und wieder den liberalen Spiegel vorhalten oder vorhalten lassen.

Gerade in diesen Septembertagen erinnere ich daran, dass Extremismus in keiner Form liberal sein kann. Dazu zähle ich auch die Rassendiskriminierung. Wir haben eine grosse Tradition im harmonsichen Zusammenleben von Kulturen, Sprachgruppen und Minderheiten. Deshalb sind wir gewiss kein Volk von Rassisten, Gesetz hin oder her. Aber allem Extremen müssen wir eine klare Absage erteilen. Deshalb wäre ein Nein zum Rassismusgesetz ein Zeichen, das allen meinen liberalen Überzeugungen widerspräche.

Die Freiheit hat ihren Preis

Freiheitliche Lösungen sind bessere Lösungen. Aber die Freiheit hat immer ihren Preis. Freiheit enthält per definitionem die Möglichkeit des Missbrauchs. Sonst ist sie keine Freiheit. Aber nicht alles, was erlaubt ist, darf immer auch getan werden. Sonst wird der Ruf nach Einschränkung der Freiheit laut. Der Liberalismus bedarf mit andern Worten eines ethischen Fundaments, bedarf der Werte. Deshalb heisst der Preis der Freiheit Verantwortung, und zwar Selbst- und Mitverantwortung. Das bedeutet aber auch, dass Politik eine Frage der Ethik, der Werte ist. Auch Demokratie funktioniert nur, wenn die Bürger bei ihren Entscheiden an der Urne immer auch das Gemeinwohl in ihre Überlegungen einbeziehen. Dafür haben sie gerade in unserem Land den Tatbeweis regelmässig erbracht. Freiheit und Verantwortung sind komplementär, bedingen einander, sind ohne einander nicht zu haben.

Schluss

Der Freisinn hat nicht nur Vergangenheit, er hat auch Zukunft. Mehr Probleme denn je harren der Lösung. Und nur liberale Lösungsansätze haben eine Chance auf Erfolg. Das fordert uns. Heute dürfen wir zufrieden ein Jubiläum feiern. Ab morgen ist wieder harte politische Arbeit gefragt. Zur Freiheit gibt es viele Fragen. Wir müssen überzeugende Antworten formulieren. Dazu fordere ich Sie auf!

8. Dezember 1994

Am 7. Dezember 1994 wird Kaspar Villiger von der Vereinigten Bundesversammlung mit beachtenswerten 186 von 200 gültigen Stimmen zum ersten Mal zum Bundespräsidenten gewählt. In dieser Funktion tritt er am 1. Januar 1995 die Nachfolge des Sozialdemokraten Otto Stich an. Villigers Präsidialjahr wird unter dem Zeichen eines Budgets stehen, das für die Bundeskasse ein Defizit von 6,5 Milliarden Franken vorsieht. Das bedeutet härtere Verteilungskämpfe und damit eine zunehmende Belastung der Konkordanz.

Feier anlässlich der Wahl zum Bundespräsidenten für 1995, Luzern

Ein hohes Amt als faszinierende Herausforderung

(...) Ich möchte kurz zu drei Fragen einige Gedanken formulieren:
1. Welche Schweiz wollen wir?
2. Welche Politik wollen wir?
3. Welchen Bundesrat wollen wir?

Welche Schweiz wollen wir?

Verunsicherung, politische Unrast und Nervosität charakterisieren unsere Politik. Der Umbruch nach 1989 sowie die Tatsache und das Tempo der europäischen Integration haben uns in einen gewaltigen Strudel von Selbstzweifeln gestürzt. Wir sind Weltmeister der Selbstkritik geworden. In vierzig Jahren Wachstum und Hyperstabilität haben wir verlernt, die historische Normalität von Unsicherheit, Instabilität und Risiken zu ertragen.

Natürlich harren viele Probleme der Lösung, und die Dimension der Probleme steht oft in einem Missverhältnis zur Lösungskapazität der Politik. Das ist aber in fast allen Industrieländern der Fall. Mir scheint, unsere subjektive Befindlichkeit sei weit schlechter als unser objektiver Zustand. Wir scheinen eine seltsame Lust am Scheitern zu entwickeln, statt dass wir uns auf unsere Stärken besinnen und die Zukunft zuversichtlich anpacken. In einer solchen Situation muss man sich die Frage stellen, welche Schweiz wir denn eigentlich möchten.

Mein persönliches «Leitbild Schweiz» geht von mündigen, verantwortlichen und selbstverantwortlichen Bürgerinnen und Bürgern aus. Der Staat soll ihnen möglichst viele Freiräume zur Entfaltung bieten, ihnen möglichst viele Mitgestaltungs- und Mitentscheidungsmöglichkeiten gewähren, und dies sogar dann, wenn es auf Kosten der staatlichen Effizienz geht. Ich wünsche mir ein Gemeinwesen, das seinen Bürgern Sicherheit garantiert und jenen, die es benötigen, sozialen Schutz gewährt. Ein Gemeinwesen auch, das die Kultur des Umgangs mit Minderheiten pflegt und wieder zum Modell wird, wie verschiedene Minderheiten, Kulturen und Sprachgruppen einen erfolgreichen Staat bilden können. Weiter eine Schweiz, die als Wirtschaftsstandort international konkurrenzfähig bleibt, die allgemeine Wohlfahrt zu sichern vermag und nicht in eine Zweidrittelsgesellschaft abgleitet. Eine Schweiz schliesslich, die sich selber bleiben, aber nicht nur sich selber genügen will, sondern ein solidarisches Mitglied der Völkergemeinschaft ist. Die Probleme dieser Welt sind eben auch unsere Probleme.

Eine solche Schweiz muss auch im heutigen Umfeld, trotz aller Anpassung an neue Umstände, die zentrale Substanz ihrer politischen Kultur wie direkte Demokratie, Föderalismus, Milizprinzip und liberale Wirtschafts- und Gesellschaftsordnung im Kern erhalten.

Welche Politik wollen wir?

Ohne Zweifel führen die komplexe Problemlage und das hektische Umfeld dazu, dass sich in unserem Land Gräben aufgetan haben: Gräben zwischen Volk und Behörden, zwischen Wählern und Gewählten, zwischen Stadt und Land, zwischen Jung und Alt, zwischen welschen und deutschschweizerischen Landesteilen. In Frage gestellt wird der innere Zusammenhalt des Landes, die allseitige Bereitschaft zum Kompromiss, die Toleranz für unterschiedliche Haltungen und Positionen.

Mir scheint, es sei höchste Zeit, dass wir uns wieder finden. Dass wir unsere politischen Energien auf die wirklich zentralen Fragen und Probleme unseres staatlichen und gesellschaftlichen Zusammenlebens konzentrieren. Dass wir endlich die Suche nach einem Notvorrat an politischen Gemeinsamkeiten, nach einem konsens- und kompromissfähigen «Leitbild Schweiz» aufnehmen.

Ich kritisiere beileibe nicht etwa die politische Auseinandersetzung an sich. Wettbewerb der Ideen und Meinungen muss sein. Nur er kann wirklichen politischen Fortschritt bringen. Aber wir sollten wieder zuhören lernen, sollten im politischen Gegner nicht den Bösen sehen, der Schlimmes für das Land will, sondern den Miteidgenossen, der die Dinge zwar anders sieht, aber auch das Beste will. Wir sollten an die Stelle der Konfrontationskultur die Dialogkultur setzen.

So sollten wir beispielsweise versuchen, die Konfrontation über unser Verhältnis zu Europa in einen Dialog überzuführen. Es gibt ja nicht nur die beiden unversöhnlichen Lager, die genau zu wissen scheinen, was für die Schweiz richtig ist. Nein, es gibt auch jene vielen Bürgerinnen und Bürger, die diesen Widerstreit im eigenen Herzen austragen. Ihnen bringt die Konfrontation nichts, der Dialog hingegen viel.

Viel wäre schon gewonnen, wenn sowohl die Befürworter als auch die Gegner eines EU-Beitritts anerkennen würden, dass die Argumente des andern achtbar sind. Wie bei zahlreichen Dilemmasituationen sind viele Argumente beider Seiten richtig. Wir werden erst dann weiterkommen, wenn sich jede Seite konstruktiv mit den Argumenten der andern auseinandersetzt.

Das eine Lager führt zu Recht ins Feld, dass ein einzelnes Land vitale Probleme alleine nicht mehr lösen kann und dass internationale Zusammenarbeit zwingend wird. Als kleines Land inmitten einer riesigen Europäischen Union werden wir uns in lebenswichtigen Bereichen anpassen müssen, wenn wir überleben wollen. Unsere Souveränität droht dabei entscheidend an Substanz zu verlieren. Der Gedanke, Mitbestimmung im grossen Entscheidzentrum vermöge den Verlust an Autonomie teilweise zu kompensieren, ist nicht Landesverrat, sondern eine plausible Schlussfolgerung.

Aber auch das andere Lager hat starke Argumente. Für keinen Europäer ist beim EU-Beitritt das Opfer an demokratischer Substanz auch nur annähernd so gross wie für uns Schweizer. Elemente, die unsere politische Kultur, unsere Identität ausmachen, werden unzweifelhaft geschwächt. Wer sich darum sorgt, ist nicht einfach ein Hinterwäldler.

Wenn es beiden Lagern gelänge, sich gegenseitig zuzuhören, könnten sich plötzlich die Schlagworte von der seriösen Analyse und die Vereinfacher von den ernsthaft ringenden Politikern zu trennen beginnen. Vielleicht ergäbe sich aus solchem Dialog ein politischer Prozess, der in der Richtung einer konsensfähigen Europapolitik führte.

Welchen Bundesrat wollen wir?

Als Bundespräsident darf ich für ein Jahr einem Gremium vorstehen, das in letzter Zeit vermehrt ins Schussfeld der Kritik geraten ist. Ich nehme diese Kritik ernst, aber ich gestatte mir auch, sie differenziert zu betrachten. Die Ansätze der Kritik stehen teilweise in krassem Widerspruch zueinander. Oft ist die Tatsache der Kritik selber der einzige gemeinsame Nenner. Kritik am Bundesrat wird sozusagen zur Ersatzhandlung für die direkte politische Auseinandersetzung mit dem politischen Gegner. Damit kann häufig auch der Nachweis der Mehrheitsfähigkeit der eigenen politischen Rezepte umgangen werden. Eine Konkordanzregierung wird es nie allen recht machen können. Trotzdem würden andere Formen innerhalb unseres politischen Systems kaum zu besseren Resultaten führen.

Konkordanz bedeutet ja den Einbezug eines Grossteils der politisch einflussreichen Kräfte in die Regierungsverantwortung. Sie hat sich entwickelt als Folge des Initiativ- und Referendumsrechts. Immer, wenn in unserer Geschichte neue Kräfte auf Dauer referendumsfähig wurden, bezog man sie in die Regierungsverantwortung mit ein. Dies geschah aus der Erfahrung, dass eine zu starke parlamentarische Opposition zusammen mit dem Instrument des Referendums und der Strasse jede Regierungstätigkeit praktisch blockieren kann.

Deshalb hat die Zauberformel mit Zauber an sich wenig zu tun. Sie ist eine pragmatische Arbeitsformel, deren Repräsentanten sich immer wieder neu zu konsensfähigen Lösungsvorschlägen durchringen müssen. Dabei schlagen sich die politischen Spannungen in einer Zeit der politischen Unrast notgedrungen in einer Konkordanzregierung nieder. Das ist nicht zu kritisieren, denn es ist systemimmanent.

Die Konkordanz hat aber auch einen tieferen Sinn. Die Beteiligung aller massgeblichen Kräfte an der Regierungsverantwortung ermöglicht es breiten Schichten, ihre Interessen in der Regierung mitberücksichtigt zu wissen, sich vertreten zu fühlen. Sie wirkt deshalb integrierend. Gerade in einer Zeit der Finanznot werden an die Mitglieder einer Konkordanzregierung hohe Ansprüche gestellt. Der Bundesrat muss trotz notgedrungen divergierenden Meinungen eine kohärente Politik zum Wohle des Gemeinwesens formulieren. Ein Mitglied des Bundesrates muss zwar seine Überzeugungen, seine Erfahrungen, das Gewicht seiner Partei einbringen. Aber es ist nicht einfach Vertreter einer Klasse, einer Schicht oder einer Interessengruppe. Es muss seine Optik auf das Ganze richten, muss das Gemeinwesen immer vor Partikularinteressen stellen. Der Bundesrat muss mehr sein als die arithmetische Summe von sieben Partei- und Interessenvertretern.

Das bedeutet, dass die bundesrätlichen Entscheidungsprozesse in wichtigen Fragen so gestaltet werden müssen, dass die einzelnen Mitglieder am Schluss Entscheide auch dann mittragen können, wenn sie nicht immer voll den eigenen Überzeugungen entsprechen. Ich möchte als Bundespräsident ein wenig dazu beitragen, dass dieser Prozess gelingt.

Schluss

Ich traue unserem Volk die Kraft zu, auch die heutigen, schwierigen Probleme zu meistern. Es ist nicht das erste Mal, dass wir uns wieder zusammenraufen müssen. Es ist nicht das erste Mal, dass wir zwischen Öffnung und Abschottung schwanken. Es ist nicht das erste Mal, dass wir uns auf unsere Stärken besinnen müssen, und es wäre nicht das erste Mal, dass wir uns durch Anpacken statt Jammern auch in einer schwierigen Zeit bewährten. Dass ich in einer solchen Zeit Bundespräsident sein darf, empfinde ich als faszinierende Herausforderung!

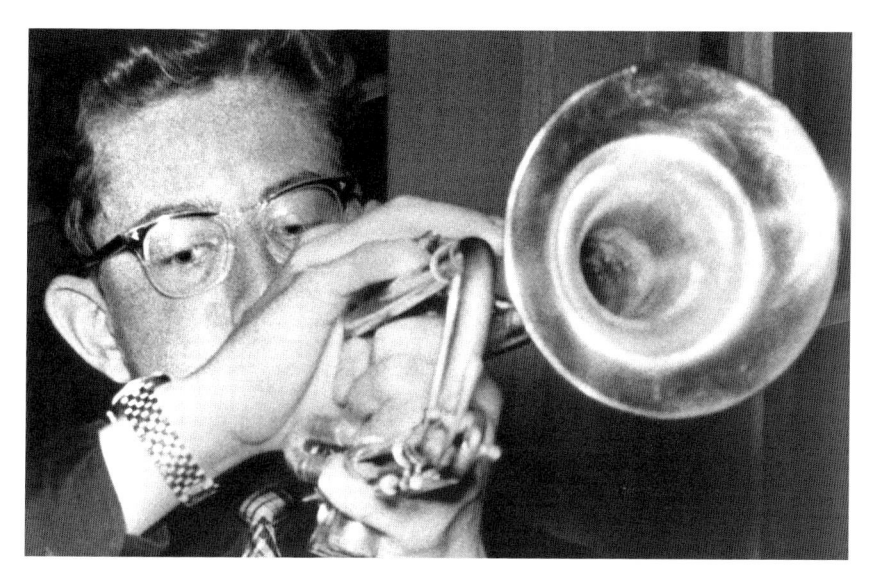

Kaspar Villiger ist während seiner Studienzeit in den 1960er Jahren ein
enthusiastischer Jazzfan. In einer Band spielt er Trompete und frequentiert als
Stammgast das «Africana», den damaligen Jazz-Treffpunkt Zürichs.

Kurz vor seiner Wahl in den Bundesrat testet Kaspar Villiger am 20. Januar 1989,
damals noch Inhaber einer Zigarrenfabrik im luzernischen Pfeffikon,
zu Hause in seinem privaten Büro ein von seiner Firma hergestelltes Produkt.

Am 1. Februar 1989 wird Kaspar Villiger in der Sondersession der eidgenössischen Räte im ersten Wahlgang mit 124 Stimmen zum 99. Bundesrat der Eidgenossenschaft gewählt und vom Nationalratspräsidenten vereidigt.

An einer Kundgebung gegen die Volksinitiative «für eine Schweiz ohne neue Kampfflugzeuge» und für die Beschaffung der F/A-18 tritt EMD-Chef Kaspar Villiger am 22. Mai 1993 auf dem Bundesplatz in Bern als Redner auf.

Auch als Bundesrat betreibt Kaspar Villiger, der 1982 seine Firma durch eine Velofabrik in Buttisholz erweitert hat, intensiv Radsport – hier bei einer der täglichen Ausfahrten auf dem Mountainbike in den Sommerferien bei Pontresina.

Die offizielle Bundesratsfoto in Villigers zweitem Präsidialjahr 2002
mit Joseph Deiss, Pascal Couchepin, Moritz Leuenberger, Kaspar Villiger, Ruth Metzler,
Ruth Dreifuss, Samuel Schmid und Bundeskanzlerin Annemarie Huber-Hotz.

Als Bundespräsident überbringt Kaspar Villiger, flankiert von einem Bundesweibel,
am 21. September 2002, dem offiziellen Tag Liechtensteins an der Expo.02,
auf der Arteplage Biel, die Grussbotschaft der Landesregierung.

UNO-Generalsekretär Kofi Annan begrüsst am Hauptsitz der Vereinten Nationen in New York den Bundespräsidenten, der am 10. September 2002, anlässlich der Aufnahme der Schweiz in die UNO, vor deren Generalversammlung eine Rede hält.

An der traditionellen Albisgüetli-Tagung der Zürcher SVP am 18. Januar 2002 wird Bundespräsident Villiger vor seiner Ansprache vom damaligen Kantonalparteipräsidenten Nationalrat Christoph Blocher bewirtet.

Mit seiner Frau Vera nimmt Bundesrat Kaspar Villiger am 1. August 2003 auf der Alp Cavaglia oberhalb von Poschiavo in Graubünden den in der Schweiz zur Tradition gewordenen «Brunch auf dem Bauernhof» ein.

In Dubai tritt der schweizerische Finanzminister Kaspar Villiger am 23. September 2003 als Vorsitzender der Jahrestagung des Gouverneursrats von IWF (Internationaler Währungsfonds) und Weltbank ans Rednerpult.

Im Ständerat, hinter einem Aktenberg, vertritt Kaspar Villiger, Vorsteher des Eidgenössischen Finanzdepartements (EFD), am 18. September 2003 als eines seiner letzten Geschäfte das «Entlastungsprogramm 2003».

Kaspar Villiger führt am 25. Oktober 2003 anlässlich des 75. Zürcher Presseballs im Grand Hotel Dolder die anderthalb Monate später aus der Landesregierung abgewählte Bundesrätin Ruth Metzler auf das Tanzparkett.

Nachdenklich gestimmt ist Bundesrat Villiger bei seinem letzten Auftritt als Vorsteher des Eidgenössischen Finanzdepartements im Nationalrat am 11. Dezember 2003, dem Tag nach der Wahl seines Nachfolgers Hans-Rudolf Merz.

7. Mai 1995

Die Auseinandersetzung über die Rolle der Schweiz im Zweiten Weltkrieg spaltet das Land. Aber auch auf internationaler Ebene wird die Schweiz für ihr Verhalten gegenüber den von den Nationalsozialisten verfolgten Juden scharf kritisiert. In der aufsehenerregenden sogenannten «Entschuldigungsrede» anlässlich der im eidgenössischen Parlament abgehaltenen Gedenkfeier zum Kriegsende vom Mai 1945 äussert Bundespräsident Villiger im Namen der Gesamtregierung tiefes Bedauern über das Versagen der Schweiz gegenüber den an der Landesgrenze abgewiesenen Juden und entschuldigt sich für die Einführung des «Judenstempels».

Eidgenössische Räte, Bern

Gedanken zum Kriegsende vor 50 Jahren

Unser Land blieb vom Zweiten Weltkrieg verschont. Das ist Grund zur Dankbarkeit. Andere Völker haben Europa befreit, haben die europäische Kultur gerettet, auch uns eine Zukunft in Freiheit ermöglicht. Das ist Grund zur Bescheidenheit. Unser Land hat in höchst bedrohter Lage zur Erhaltung seiner Unabhängigkeit, seiner Werte und seiner Unversehrtheit das Menschenmögliche geleistet. Das ist Grund zum Respekt vor der Leistung jener Generation. Auch unser Volk musste Opfer bringen, aber ungleich weniger als jene Völker, welche in den Krieg verwickelt wurden. Das ist Grund zur Zurückhaltung. Und auch die Schweiz hat nicht durchwegs so gehandelt, wie es ihren Idealen entsprochen hätte. Das ist Grund zur Nachdenklichkeit.

Dankbarkeit, Bescheidenheit, Respekt, Zurückhaltung, Nachdenklichkeit: Diese Werte sollen die heutige Gedenkfeier prägen. Es geht weder um falsche Glorifizierung noch um Selbstanklage, weder um Heldenkult noch Schuldzuweisungen.

Wir wollen uns erinnern an die Millionen, die als Soldaten fielen oder als unschuldige Zivilisten im Bombenhagel umkamen. Wir wollen uns erinnern an die Millionen Juden, Entrechteten, Behinderten und politisch Verfolgten, die von den Nationalsozialisten misshandelt und ermordet wurden. Es ist wichtig, dass wir niemals vergessen, was damals geschah. Denn es gilt, Lehren zu ziehen, damit Vergleichbares nicht mehr geschehen kann.

Die Machtentfaltung

Der Aufstieg und die Machtentfaltung des Nationalsozialismus in Deutschland sind letztlich rational nicht begreifbar. Noch immer erfasst uns das Grauen darüber, zu was Menschen unter besonderen Umständen fähig sind. Im wirtschaftlich und politisch zerrütteten Deutschland, das sich nach Versailles auch gedemütigt fühlte, fand eine rassistische Führer- und Machtideologie einen fruchtbaren Nährboden, eine Ideologie, welche Wohlstand, Macht und Selbstbewusstsein versprach und welche mit ungeheuerlichen Rassismustheorien erst noch die Sündenböcke für alles Ungemach bezeichnete.

Die Anfangsleistungen des neuen Machtstaates beeindruckten und blendeten die Massen. Die Arbeitslosigkeit verschwand, Ruhe und Ordnung wurden erzwungen. Nach Kriegsbeginn wurde Land um Land von einer hochmodernen Militärmaschinerie unterworfen. Die Menschheit hatte dafür einen grauenhaften Preis zu entrichten. Niemand, weder in Deutschland selber noch später in der internationalen Politik, trat den schrecklichen Entwicklungen früh genug mit dem nötigen Nachdruck entgegen. Als unausweichlich wurde, dass man Hitler mit dem Einsatz aller Kräfte Einhalt gebieten musste, leisteten die Alliierten einen mehrjährigen Kraftakt zur Zerschlagung des Diktators. Es war ein totaler Einsatz für Humanität, Freiheit, Demokratie und Kultur. Wir wollen dafür dankbar sein.

Die Bedrohung

Die Schweiz wurde durch die Achsenmächte in mehrfacher Hinsicht bedroht. Der totalitäre Staatsgedanke widersprach diametral unseren demokratischen und humanitären Idealen. Rassenideologie und Volkstumsgedanke waren mit der Grundidee des mehrsprachigen und multikulturellen Kleinstaats unvereinbar. Die gewaltige Militärmacht wurde zur direkten und zeitweise sehr konkreten militärischen Bedrohung. Gleichzeitig wurde die Schweiz wirtschaftlich von Deutschland abhängig. Nach dem Sieg Deutschlands im Westen und dem Kriegseintritt Italiens waren wir von einer einzigen Kriegspartei eingeschlossen. Deutschland wurde zur Hegemonialmacht Europas. Alle unsere aussenwirtschaftlichen Verbindungen liefen durch scharf kontrolliertes Gebiet. Das Überleben des Kleinstaates Schweiz war nur möglich durch eine punktuelle Zusammenarbeit mit dem potentiellen Feind und durch umsichtiges, manchmal wohl zu umsichtiges Vermeiden von Provokationen.

Der Widerstand

Die Ziele der schweizerischen Politik in diesen Jahren lagen auf der Hand: wirtschaftliches Überleben, Verschontwerden vor Krieg durch bewaffnete Neutralität, Bewahrung von Demokratie und Rechtsstaat, Resistenz gegen die zersetzende Ideologie. Gemessen an diesen Zielen war die schweizerische Politik erfolgreich. Mit der Anbauschlacht wurde die Ernährung der Bevölkerung gesichert. Die schwierigen Verhandlungen mit dem übermächtigen Nachbarn wurden so hart wie möglich geführt und ermöglichten lebensnotwendige Einfuhren. Die Neutralität konnte trotz unvermeidbaren zeitweiligen Abstrichen einigermassen durchgehalten werden. Deutschland hatte Respekt vor unserem befestigten Gelände, in welchem sich eine verteidigungswillige Armee unter General Guisan zum Abwehrkampf eingerichtet hatte. Für die Verteidigung schlecht vorbereitete neutrale Länder wie Dänemark und Norwegen wurden gnadenlos überfallen, obwohl sie strategisch für Deutschland nicht von erstrangiger Bedeutung waren. Für einen Angriff auf die Schweiz hingegen wäre der Eintritts- und Präsenzpreis hoch gewesen. Die Annahme, auch eine Schweiz ohne glaubwürdige Armee wäre verschont geblieben, ist naiv. Unsere Verteidigungsbereitschaft war eine notwendige, aber wohl nicht hinreichende Bedingung. Das Überleben der Schweiz wurde also möglich durch eine Vielzahl von militärischen und nichtmilitärischen Massnahmen, durch ein innen-, aussen-, wirtschafts- und militärpolitisches Abwehrdispositiv, durch eine komplexe Mischung von Anpassung und Widerstand.

Das Überleben der Schweiz hatte eine über das Land hinausweisende Bedeutung. Unsere Demokratie blieb ein unangenehmer Stachel im unterworfenen Europa, der letzte Stützpunkt politischer Freiheit. Die Schweiz wurde durch ihre sogenannte Schutzmachttätigkeit so etwas wie eine Weltagentur zur Interessenwahrung von mehr als 40 Staaten. Es war dies eine einzigartige Leistung im Dienste der Völkergemeinschaft.

Die grosse Mehrheit des Volkes erwies sich als politisch immun gegen die Verlockungen der neuen Ideologie. Mit jedem neuen Schock, den Hitler verursachte, rückte das Volk noch enger zusammen. Die geistig-moralische Widerstandsfähigkeit der eingeschlossenen Schweiz gegen totalitäre Versuchungen im eigenen Land war und ist eine grossartige kollektive Leistung unseres Volkes. Sie wird durch eine kleine fröntlerische Minderheit, die anders dachte, nicht in Frage gestellt. Unter dem damaligen Druck entstand jene eindrückliche politische Gemeinschaftsleistung bürgerlicher und linker Kräfte, aus der heraus eine neue Kultur der politischen Verständigung erwuchs. Es ist die Konkordanz, welche noch heute trotz Anfechtungen eine wichtige integrierende Wirkung entfaltet.

Die Konzessionen

Natürlich machte die Schweiz Konzessionen. Wie anders hätte sie überleben sollen? Bis etwa 1940 lieferte die Schweiz Kriegsmaterial fast ausschliesslich an England und Frankreich. Nach den Siegen Hitlers musste Deutschland mit Kriegsmaterial beliefert werden. Bekannt ist auch, dass die Schweiz Deutschland im Lauf des Krieges hohe Kredite zu gewähren hatte. Weniger bekannt ist, dass den Alliierten Kredite in ähnlicher Höhe gewährt worden sind. Es ging darum, den Zugang zu Beschaffungs- und Absatzmärkten zu erhalten, ohne eine Kriegspartei einseitig zu bevorzugen oder zu benachteiligen. Ohne Konzessionen gegenüber den Achsenmächten war das nicht möglich. Das gilt unabhängig davon, ob jede einzelne Konzession wirklich «nötig» gewesen wäre. Die Sorge unserer Wirtschaftsdiplomatie war stets nur Sicherstellung der Versorgung, nie die geldgierige Kollaboration.

Im Innern wurden aufgrund des äusseren Drucks Einschränkungen erlassen: Obwohl die Meinungsfreiheit nach wie vor ein Pfeiler unseres Demokratieverständnisses blieb, versuchte man mit einer Pressezensur die Medien zu domestizieren, um Deutschland nicht zu reizen. Dass die Schweizer Presse trotzdem kein Blatt vor den Mund nahm, gereicht ihr zur Ehre.

Man mag diese Konzessionen an Deutschland kritisieren. Aber man möge sich dabei vor Augen hallen, dass eine existentielle Bedrohung und eine dauernde Unsicherheit über das künftige Schicksal das Bewusstsein jener Zeit prägten. Und auch die Kritiker müssen die Antwort auf die Frage letztlich schuldig bleiben, ob und wie die Schweiz auf andere Art hätte überleben können.

Wer 50 Jahre später, nachdem er den Verlauf der Geschichte nun kennt, das Handeln der damals Verantwortlichen kritisch bewertet, muss sich vor Besserwisserei, Selbstgerechtigkeit und Überheblichkeit hüten. Glorifizierung ist nicht am Platz. Aber Verdammung aus sicherer Warte ist ebenso unangebracht.

Die Gratwanderung

Trotz allem Verständnis für die schwierigen Umstände dürfen wir die Augen vor der Tatsche nicht verschliessen, dass auch die Schweiz Schuld auf sich geladen hat. Man mag sich die Frage stellen, ob man nicht da und dort etwas gar beflissen dem schrecklichen Nachbarn wohlgefällig sein wollte.

Niemand weiss heute aber, wie er selber gehandelt hätte, wenn er damit hätte rechnen müssen, dass sein Handeln die Schweiz in den Untergang hätte treiben können. Der Grat zwischen Staatsräson und Hochhalten der eigenen Werte war oftmals schmal. Niemand weiss auch, wie die Geschichte verlaufen wäre, wenn anders gehandelt worden wäre. Es gab das Grossartige, Mutige, Eindrückliche so gut wie das Kleinmütige, Hartherzige, Anpasserische, und es gab viel dazwischen. Das alles dürfen wir aus unserem Geschichtsbild nicht verdrängen. Aber insgesamt überwog ganz entschieden die positive Leistung einer Generation, der wir zu Dank verpflichtet sind.

Die Schatten

Ich will aber nicht verhehlen, dass es einen Bereich gab, der sich aus heutiger Sicht der Rechtfertigung durch irgendwelche «äusseren Umstände» entzieht. Es geht um jene vielen Juden, denen durch die Zurückweisung an der Schweizer Grenze der sichere Tod wartete. War das Boot wirklich voll? Hätte der Schweiz der Untergang gedroht, wenn sie sich deutlich stärker für Verfolgte geöffnet hätte, als sie dies getan hat? Haben auch bei dieser Frage antisemitische Gefühle in unserem Land mitgespielt? Haben wir den Verfolgten und Entrechteten gegenüber immer das Menschenmögliche getan?

Es steht für mich ausser Zweifel, dass wir mit unserer Politik gegenüber den verfolgten Juden Schuld auf uns geladen haben. Die Angst vor Deutschland, die Furcht vor Überfremdung durch Massenimmigration und die Sorge um politischen Auftrieb für einen auch hierzulande existierenden Antisemitismus wogen manchmal stärker als unsere Asyltradition, als unsere humanitären Ideale. Schwierige Zielkonflikte wurden auch überängstlich zu Lasten der Humanität gelöst. Mit der Einführung des sogenannten Judenstempels kam Deutschland einem Anliegen der Schweiz entgegen. Dieser Stempel wurde im Oktober 1938 von der Schweiz gebilligt. Wir haben damals im allzu eng verstandenen Landesinteresse eine falsche Wahl getroffen.

Der Bundesrat bedauert das zutiefst, und er entschuldigt sich dafür, im Wissen darum, dass solches Versagen letztlich unentschuldbar ist.

Wohl alle, die damals Verantwortung für unser Land trugen, richteten ihr Handeln nur nach dem Wohl des Landes aus, wie sie es empfanden und sahen. Sie heute an den Pranger zu stellen, wäre ungerecht, wäre wohl auch selbstgerecht. Wir wollen uns deshalb nicht zum Richter aufschwingen. Wir können uns nur still verneigen vor jenen, die unseretwegen Leid und Gefangenschaft erlitten oder gar den Tod fanden, verneigen uns auch vor ihren Angehörigen und Nachkommen.

Ich weiss, dass man all das nicht einfach mit positiven Leistungen verrechnen kann. Wenn ich trotzdem erwähne, dass die Schweiz für kürzere oder längere Zeit annähernd 300 000 schutzsuchende Ausländer beherbergte, also Leben in grosser Zahl retten half, so ist das ganz einfach auch Teil der geschichtlichen Wahrheit. Deshalb will ich nicht unterschlagen, dass es viele Schweizerinnen und Schweizer gab, die unter bewusster Inkaufnahme persönlicher Konsequenzen Tausende von jüdischen Flüchtlingen retten halfen. Einige von ihnen wurden dafür sogar bestraft. Sie orientierten sich an ethischen Werten, die später Grundlage des internationalen und des schweizerischen Rechts im Asylbereich geworden sind. Wir können Jahre danach Urteile, die aus heutiger Sicht unverständlich scheinen, nicht mehr korrigieren. Aber wir können den Betroffenen jene moralische Anerkennung verschaffen, die ihnen gebührt. Wir können froh und dankbar sein, dass es solch mutige Menschen damals gegeben hat.

Die Lehren

Die Geschichte wiederholt sich nicht. Deshalb kann es fragwürdig sein, Lehren aus einer besonderen geschichtlichen Situation zu ziehen. Lassen Sie mich trotzdem den Versuch wagen!

Die bipolare Ordnung nach dem Krieg hat die Welt gespalten. Teile Europas und Asiens wurden dem Joch diktatorialer Hegemonie unterworfen. Befreier wurden zu Unterdrückern. Wiederum brachte eine aggressive Ideologie Leid in einen Teil der Welt. Das war der falsche Weg. Aber selbst wenn der Sowjetkommunismus nun glücklicherweise kläglich in sich zusammengefallen ist, werden die Schockwellen seines Zerfalls der Welt noch lange grosse Probleme aufgeben.

Die Hoffnung nach dem Krieg ruhte auf einem andern Weg: jenem der internationalen Zusammenarbeit und der europäischen Integration. An der Wiege der europäischen Integration stand nicht primär eine wirtschaftliche, sondern eine sicherheitspolitische Idee. Durch ein wirtschaftliches und politisches Zusammenwachsen der ehemals verfeindeten Völker wollte man ein für allemal verhindern, dass sich ein gleiches Unheil nochmals wiederholen kann.

Heute, nach fünfzig Jahren, lässt sich feststellen, dass diese Idee beispiellos erfolgreich war. Und zwar nicht nur für die direkt beteiligten Staaten, die Frieden, Freiheit, Demokratie und Wohlstand erreichten, sondern auch für die Stabilität des ganzen Kontinents. Es ist nicht auszudenken, zu was die gegenwärtigen Balkanwirren hätten führen können, wenn die grossen Länder Europas noch nationale Mächte im alten Sinne gewesen wären. Die Erfahrung der europäischen Integration zeigt, dass Demokratie, Wohlstand, soziale Gerechtigkeit und Achtung der Menschenrechte Garanten für Frieden und Stabilität sind, dass sie die Völker auch gegen ideologische Verführungen immunisieren.

Zur Durchsetzung dieser Werte sind noch grosse Anstrengungen zu leisten. Diese Anstrengungen werden nicht immer von Erfolg gekrönt sein. Aber die unerträgliche Tatsache, dass auch heute täglich zahllose Menschen in vielen Konflikten sterben, dass auch heute täglich Menschen misshandelt und ermordet werden – diese Tatsache belegt, dass es zu diesen Anstrengungen keine Alternative gibt.

Auch unserem Land ist die Aufgabe gestellt, zum Durchbruch dieser Werte beizutragen. Wir sind dazu geradezu prädestiniert. Unsere Willensnation beruht ja vor allem auf identitätsbildenden Werten wie Demokratie, Achtung von Minderheiten und der Einbindung des Volkes in die politische Verantwortung. Wie immer wir unser Verhältnis etwa zur Europäischen Union oder zur UNO politisch gestalten werden, eines ist sicher: Das Verschontsein vom Krieg auferlegt uns die besondere moralische Verpflichtung, unseren Beitrag dazu zu leisten, dass nicht mehr geschehen kann, was im Umfeld des Zweiten Weltkriegs geschehen ist. Auch wir sind gefordert. Das gebietet sowohl die Solidarität mit Europa und der Welt als auch unser nationales Eigeninteresse.

Die Erfahrung dieses Jahrhunderts zeigt noch ein weiteres: nämlich dass zur Stabilität beiträgt, wer sein eigenes Haus in Ordnung hält und niemandem zur Last fällt. Dazu gehört auch eine angemessene Verteidigungsbereitschaft. Friede und Stabilität sind Güter, die nicht einfach gegeben sind, sondern die sorgfältig gepflegt und erhalten werden müssen. Das erfordert auch Anstrengungen bei sich selbst.

Und weiter zeigt die Geschichte, dass ideologischen, rassistischen und machtpolitischen Fehlentwicklungen von Anfang an mutig und entschieden entgegengetreten werden muss. Wer vor solchen Fehlentwicklungen die Augen schliesst und zuwartet, betreibt das Geschäft des Unrechts und provoziert die Katastrophe. Diese Mahnung immer in Erinnerung zu behalten, ist die Verpflichtung, die uns die heutige Gedenkfeier auferlegt.

Und schliesslich ein letztes: Weimar hat gezeigt, dass auch eine Demokratie nicht gesichert ist, wenn der Konsens über die grundlegenden gesellschaftlichen Werte verloren geht. Eine Demokratie bedarf der ständigen, sorgsamen Pflege, des Dialogs statt der gehässigen Feindschaft, der Offenheit für das Gemeinwohl statt der egoistischen Verabsolutierung von Eigeninteressen. Und Demokratie funktioniert nur, wenn die vom Volk gewollten und legitimierten Institutionen geachtet werden.

Der Dank

Zum Schluss möchte ich danken.

Zuerst haben wir jenen Menschen und Völkern zu danken, die für den Frieden gekämpft haben und mit ihrem Leben für ein freies und demokratisches Europa eingestanden sind.

Und zweitens müssen wir jenen Männern und Frauen danken, die in unserem Land, in Zivil oder in Uniform, am Arbeitsplatz, in der Familie oder an der Grenze in schwieriger Zeit viel für unser Land und seine Zukunft geleistet haben. In einer Zeit der grössten Gefahr wurden sie zusammengeschweisst durch den Willen zur Gemeinschaft. Auch das sollte uns in einer ganz anderen Zeit mit ganz anderen Problemen Vorbild sein.

15. September 1995

Mit seiner natürlichen und bescheidenen Art kommt Kaspar Villiger bei den Journalisten im allgemeinen gut an. Er hat jedoch, und zwar unter anderem schon ganz zu Beginn seiner Amtszeit als Bundesrat, mit den Medien auch negative Erfahrungen gemacht. Trotzdem tritt er verschiedentlich als Gastreferent vor Journalisten und Verlegern auf und setzt sich bei jeder Gelegenheit für freie und privatwirtschaftlich organisierte Medien ein. Dabei ist er sich wohl bewusst, dass Medien Einfluss auf die Politik, grosse Medienkonzerne sogar Macht ausüben.

Jahrestagung des Schweizerischen Verbands der Zeitungs- und Zeitschriftenverleger, Interlaken

Zwischen Auflage und Anspruch – Plädoyer für die gute, alte Zeitung!

Ideen und Gedanken können die Welt verändern

(...) Die Kommunikationstechnik verbreitet Ideen und Gedanken, und deshalb hat sie die Welt verändert. Die Erfindung der Buchdruckerkunst machte es erstmals möglich, Ideen und Gedanken nicht nur zu speichern, sondern Tausenden zugänglich zu machen. Aber Bücher und Zeitungen kann man verbrennen oder der Zensur unterwerfen. Die elektronische Kommunikation unseres Jahrhunderts hat neue Dimensionen eröffnet. Ereignisse und ihre Wertungen erreichen in Sekundenbruchteilen alle Winkel des Globus. Sie sind weder durch Mauern noch durch staatliche Zensuren aufzuhalten. Kein Staat hat mehr ein Informationsmonopol. Transistor und Satellitenschüssel haben zum Fall der Berliner Mauer wohl ebensoviel beigetragen wie die Gipfelkonferenzen der Politiker. Im freien Wettbewerb der Ideen hat die Lüge auf Dauer keine Chance. Deshalb ist Konkurrenz der Meinungen so wichtig. Denn durch Information werden die Menschen mündig.

Die Macht der Verleger

Information hat also auch mit Macht und Einfluss zu tun. Das gilt auch für die Verleger. 1939 gab es in der Schweiz 406 Zeitungstitel. 1994 waren es noch 241. Dieser Reduktion auf fast die Hälfte steht im gleichen Zeitraum eine Verdoppelung der Gesamtauflage von 2 auf 4 Millionen Exemplare gegenüber. Halb so viele Printmedien erreichen also doppelt so viele Menschen. Besonders interessant ist allerdings, wie sich die 4-Millionen-Auflage aufteilt: Nämlich in 10 Titel mit einem Gesamtvolumen von 2 Millionen Exemplaren, was nach Adam Riese (und WEMF) dazu führt, dass sich in die verbleibenden 2 Millionen 231 Titel teilen. Die Pressekonzentration ist also eine Realität. Dies ist von Belang, vor allem in einem föderalistischen und pluralistischen Staat, der die Macht ganz bewusst soweit als möglich teilt, dezentralisiert und damit entgiftet.

Wenn Sie sich an der heutigen Jahrestagung auch mit der Moral auseinandergesetzt haben, so zeigt das die ganze Problematik im heutigen Pressewesen auf: gnadenloser Konkurrenzkampf hier, staatspolitische Verantwortung dort.

Zweierlei ist nötig, damit die Medienlandschaft trotz Konzentration demokratieverträglich bleibt: Erstens müssen die Medienschaffenden ihre Freiheit mit Verantwortung wahrnehmen, und zweitens müssen Pluralität und Wettbewerb der Meinungen spielen. Im demokratischen Staat ist die Freiheit der Medienschaffenden zentral.

Die direkte Demokratie ist auf Bürgerinnen und Bürger angewiesen, die sich mit politischen Einzelfragen und Zusammenhängen differenziert auseinandersetzen. Garant dafür, dass diese Auseinandersetzung mit dem Staat nicht hoheitlich gelenkt wird, ist nur eine freie, unabhängige, ja unbequeme Medienlandschaft. Die Medien sind mithin eine Art «Warnanlage der Demokratie». Gleichzeitig sind sie die hauptsächlichsten Vermittler von politischem Wissen schlechthin. Damit sind kritische und kompetente Medien eine unentbehrliche Voraussetzung für die Funktionsfähigkeit demokratischer Systeme.

Nun gibt es für die Medien natürlich nicht nur die demokratischen Alarmwerte, sondern auch jene ihres eigenen marktwirtschaftlichen Erfolgs. Fast täglich stehen die Redaktionen vor der Versuchung, für ein Linsengericht von Primeurs ihr berufliches Gewissen zu verraten. Sie wissen selbst, wie oft und weshalb die Verführung obsiegt und die Differenziertheit einer knalligen Schlagzeile weichen muss. Die Medien müssen also nicht nur die Balance zwischen Macht und publizistischer Verantwortung finden, sondern auch die Balance zwischen journalistischem Anspruch und Marktfähigkeit.

Das gibt mir Anlass zu einer grundsätzlichen Überlegung: Freiheit beinhaltet definitionsgemäss die Möglichkeit des Missbrauchs. Deshalb muss Freiheit mit Verantwortung genutzt werden, wenn sie Bestand haben soll. Die Verantwortung ist somit der Preis für die Freiheit. Ich bin ein vehementer Vertreter der liberalen Marktwirtschaft, weil sie den Wirtschaftenden jene Freiheit gewährt, die sie zur Entwicklung genügender Kreativität und Leistung benötigen. Aber auch die Wirtschaftenden dürfen nicht einfach alles tun, was nicht verboten ist. Sonst wird der Druck zur Einschränkung der Freiheit übermächtig. Es gilt auch hier das Prinzip der Verantwortung, genauso wie für die Bürger in der Demokratie. Bei den Medien ist das nicht anders. Der Preis auch ihrer so nötigen Freiheit ist verantwortliches Handeln. Deshalb dürfen Auflage und Zuschauerquote nicht einziger Massstab sein.

Die Bändigung der Macht durch die Bürger

Gestatten Sie mir noch ein Wort zur Meinungspluralität: Die Schweizer sind von Natur aus misstrauisch gegenüber der Macht. All unsere politischen und gesellschaftlichen Strukturen sind auf Bändigung der Macht angelegt. Das ist gut so. Die Bürger sind deshalb auch der Medienmacht gegenüber misstrauisch. Das mag erklären, warum öffentliche und veröffentlichte Meinungen nicht selten auseinanderklaffen. Ich habe darauf hingewiesen, dass der Einfluss der Medien auf die öffentliche Meinung bedeutend ist. Das Misstrauen der Macht gegenüber führt indessen dazu, dass auch dieser Einfluss seine Grenzen hat. Der Bürger informiert sich, nimmt die veröffentlichten Meinungen zur Kenntnis, und dann bildet er sich seine eigene Meinung im allgemeinen selber. Je pluralistischer die Meinungen sind, die er für seinen eigenen Meinungsbildungsprozess heranziehen kann, desto besser. Deshalb ist Medienkonkurrenz positiv und heilsam. Daraus ergibt sich auch eine gegenseitige Kontrolle der Medien unter sich.
Grösser als auf den Bürger ist möglicherweise der Einfluss der Medien auf die Politiker. Vom gekonnten Umgang mit den Medien bis zur Anbiederung an die Medien ist es oft nur ein kleiner Schritt, und welcher Politiker hat nicht schon die Versuchung gespürt, die Medienwirksamkeit bei einer Sachfrage vor die persönliche Überzeugung zu stellen!
Im übrigen bin ich der Meinung, die meisten Medienschaffenden seien sich ihrer Verantwortung durchaus bewusst. Natürlich gibt es Fehlleistungen, wie in anderen Bereichen auch, aber hier vertraue ich jeweilen auf die Urteilsfähigkeit der Bürger. Wir dürfen auch nicht in die Unart verfallen, wegen einzelner Fehler eine ganze Berufsgattung oder Branche pauschal zu kritisieren. Und wir Poli-

tiker müssen uns bemühen, gegenüber der in einer Demokratie nötigen Kritik nicht überempfindlich zu sein.

Die Zeitung in der multimedialen Welt

Ich komme zur Frage, ob angesichts der Explosion der elektronischen Kommunikation die Zeitung überhaupt noch eine Zukunft hat.

Es hat Tradition, die Zeitung totzusagen. Als das Radio aufkam, wurde das sofortige Ableben der Printmedien vorausgesagt. Beim Eroberungszug des Fernsehens wurde der Untergang sowohl von Zeitung als auch Radio prophezeit, und je raffinierter sich die neuen Medien entwickelten, desto unerbittlicher hörten sich die Untergangsszenarien an. Offenbar sind die technischen Möglichkeiten eines, die Bereitschaft, sich ihnen ganz und gar auszuliefern hingegen ein ganz anderes. Jedenfalls leben trotz Internet, Radio und Fernsehen die Zeitungen und Zeitschriften noch. Die Auflagezahlen beweisen es.

Die Überlebenschance der Presse liegt nicht nur in der Unentbehrlichkeit, in der Vertrautheit, in der Glaubwürdigkeit. Solche Werte sind zwar wichtig. «Meiner» Zeitung glaube ich eher als einem anonymen Datenstrom. Aber entscheidend wird sein, dass sich die Zeitung Bedürfnisnischen neben den anderen Medien offen hält. Die Radionachrichten haben ihren Leadcharakter gewahrt; im übrigen ist das Radio aber auch zum Komplementärmedium geworden, vielfach zur Sekundärbeschäftigung. Es hat seine Position neu definiert. Diese Entwicklung begünstigt die Printmedien. Einohriges Hören ist möglich, einäugiges Lesen nicht. Mehr noch: Was man beiläufig aufgeschnappt hat, weckt ein Interesse, das die Zeitung tags darauf abdecken kann. Und so wie sich Radio und Fernsehen dem Nutzungsverhalten der Medienmarkt-Teilnehmer anpassen, müssen es auch die Zeitungen und Zeitschriften tun.

In der multimedialen Welt leben also viele verschiedene Medien nebeneinander. Die Medienproduzenten sehen sich daher einem gegenüber: Immer mehr Anbieter bewirtschaften für ein mehr oder weniger gleich grosses Abnehmerfeld immer mehr Themen von immer unterschiedlicherer Attraktivität und Tragweite. Und für die Konsumenten ist das Dilemma nicht minder ausweglos. Sie müssen immer weniger frei verfügbare Zeit auf immer mehr und immer diversifiziertere Medienangebote verteilen. Und das in einer komplexen, unübersichtlichen und insgesamt unerfreulichen Zeit, in der einen die tägliche Nachrichtenflut das Fürchten lehrt. Die Frage ist, ob dies zu einer Spirale von Verdrängung und letztlich von Realitätsverlust führt. Ich glaube nicht. Wenigstens nicht ganz und gar, denn der Bedarf an Problemlösungsfähigkeit meldet sich auf Dauer hartnäckiger als der Wunsch nach Abwechslung. So gross die Sehnsucht nach Ruhe auch sein mag, so unstillbar ist letztlich auch der Drang nach Wissen.

Nebst immer neueren Medien, die von einem immer individuelleren Nutzungsverhalten begleitet sind, behalten also auch die herkömmlichen Medien Ihre Bedeutung als Kommunikations-Träger. Das ist schon deshalb wichtig, weil einem Zeitungen, Radio und Fernsehen nicht nur das mitteilen, wonach man gezielt sucht, sondern vor allem auch das, wovon man sonst nichts wüsste. Ich gehe sogar noch einen Schritt weiter und wage die These, dass die Nachrichtenmedien weiterhin «die Nationalstrasse der Information» bleiben werden.

Wie gesagt: Die Zeit macht vor den traditionellen Medien nicht einfach halt. Sie müssen sich entwickeln – und mit ihnen die Anforderungen an die behördliche Kommunikation und an den Journalismus.

Zuviel an Information fördert den Wunsch nach Überblickbarem

Die von Ihnen veranstalteten, verantworteten und verkauften Produkte richten sich an ein Publikum, das nicht etwa über zuwenig Information verfügt, sondern über zuviel. Es ist ein Publikum, um das sich alle reissen und das mit Stories, Kommentaren und Wirklichkeitsausschnitten geradezu bombardiert wird. Ein Publikum obendrein, das mit den unablässig präsentierten Realitäten unseres überbevölkerten und unterernährten Planeten längst nicht mehr zurande kommt. Kurzum ein Publikum, das sich schon aus Selbstschutz nach Überblickbarem sehnt, nach Abwechslung auch und nach möglichst einfacher Beurteilung in den Kategorien von «richtig» und «falsch», «gut» und «böse».

Medien und Regierungen stehen letztlich vor dem gleichen Dilemma: Wie kommuniziert man hochkomplex vernetzte Zusammenhänge so einfach, dass Bürgerin und Bürger politische Einzelfragen beurteilen können? Wie lenkt man die Aufmerksamkeit auf eine politische Kultur, die nicht im unterhaltsamen Hauruck-Verfahren schlagartige Veränderungen herbeiführt, sondern auf Einvernehmlichkeit, Konstanz und Kompromiss angelegt ist? Kann das langwierige Austarierungsverfahren, mit welchem bei uns Konflikte ausgetragen werden, einigermassen spannend dargestellt werden?

In den letzten Jahren hat das Volk verschiedentlich gegen den Bundesrat, gegen das Parlament und gegen die fast einmütigen Medien gestimmt. Weder eine in dieser Intensität noch nie dagewesene behördliche Kommunikation noch die mediale Kaskade von Schlagzeile, Wort und Bild vermochten die Mehrheit der Bevölkerung zu überzeugen. Zunächst muss man erkennen, dass das Volk oft störrisch reagiert, wenn es den Eindruck hat, eine gewaltige Einheitsfront von Medien, Politik und Verwaltung wolle es überfahren. Und dieser Reflex ist ja vielleicht nicht nur ungesund. Trotzdem gilt es, daraus Lehren zu ziehen.

Nach dem dreifachen Nein (zu Blauhelmen, Kulturförderung und erleichterter Einbürgerung) vom Juni 1994 wurde gar der Ruf laut, der Bundesrat müsse seine Kommunikationspolitik eben viel emotionaler ausprägen. Er müsse «aus dem Bauch heraus» argumentieren, statt mit Fakten und komplizierter Langeweile.

Natürlich kann der Bundesrat seiner Führungsaufgabe nur gerecht werden, wenn auch seine Kommunikationspolitik auf der Höhe der Zeit ist. Er muss sich den Entwicklungen anpassen und dem veränderten Informationsverhalten der Bevölkerung Rechnung tragen. Aber er darf es nicht tun, indem er in den Slang der Populisten verfällt und seine Botschaften auf einfache Rezepte, volksverführende Schlagworte oder emotionale Beschwörungen reduziert. Ziel der behördlichen Kommunikation muss vielmehr ein Maximum an demokratischem Kompetenzgewinn sein. Wer vom Bundesrat Kommunikationsspektakel verlangt, verlangt letztlich Manipulation. Das darf in einer Demokratie nie sein.

Ich sehe den Fortschritt denn auch nicht in der Änderung des Kommunikationsverhaltens unmittelbar vor Abstimmungen, sondern in transparenten Strukturen einerseits und im langfristigen Aufbau eines Informationsfundaments andererseits, auf dem man aktuelle Einzelfragen in Kenntnis der Zusammenhänge beurteilen kann. Natürlich ist es für eine Regierung leichter, in Zeiten mit vollen Schatullen und wenig Problemen Ansehen, Glaubwürdigkeit und Vertrauen hochzuhalten, als in schwierigen Zeiten, wenn schmerzhafte, ja frustrierende Entscheide gefällt werden müssen. Und natürlich wirkt sich das auf die momentane Beurteilung einer Regierung negativ aus. Aber die Zeit, in der wir leben, darf uns nicht dazu verführen, dem Populären den Vorzug vor dem Wichtigen zu geben. Effekthascherei ist kein würdiger Umgang mit der Bevölkerung. Geschönte Information mag vielleicht kurzfristig willkommen sein, langfristig ist sie beleidigend und chancenlos zugleich.

Erklären ist eine zentrale Regierungsaufgabe geworden

Fortschritte müssen wir nicht bei der Politur der Politik machen, sondern beim Schritt von der amtlichen Einweg-Verlautbarung zum Dialog. Erklären ist eine zentrale Regierungsaufgabe geworden. Je komplexer unsere Welt wird, desto wichtiger ist es, dass sich die Regierungen Zeit nehmen, ihre Politik verständlich und zielgruppengerecht zu kommunizieren und sich dabei auch kritischen Fragen zu stellen.

Ernst müssen wir auch das veränderte Informationsverhalten nehmen, welches der rasante Fortschritt der Elektronik möglich gemacht hat. Es ist der Trend zur jederzeitigen Abrufbarkeit irgendeiner Information. Dieser Trend weist in Richtung grösstmögliche Transparenz. Diese Transparenz ist gleich zweifach wichtig: als Orientierungshilfe in einer immer komplexeren Welt und als Tatbeweis für eine glaubwürdige und vertrauensfähige Regierungsarbeit, die nichts zu verstecken hat.

Gestatten sie mir zum Schluss noch einen letzten Gedanken zur Notwendigkeit des geschriebenen und gedruckten Wortes! Wenn das geschriebene Wort vollständig durch Bild und Ton ersetzt würde, hätte dies meines Erachtens bedenkliche und tiefgreifende Konsequenzen. Das Lesen ist aufwendig und geistig anspruchsvoll. Schriftzeichen müssen intellektuell umgesetzt, Gedanken verarbeitet, Bilder selber erdacht werden. Ich glaube deshalb, dass nur der lesende Mensch auch das kreative Denken lernt und das eigene Urteilsvermögen genügend schärft. Wenn früher die Meinungsbildung durch mangelnde Information erschwert wurde, ist heute die Überinformation das Problem. Das für die Meinungsbildung Wesentliche aus den Informationsbergen heraus zu filtern, ist die eigentliche Kunst geworden. Deshalb brauchen wir den denkenden Menschen dringender denn je. Auch aus diesem Grund ist für mich eine reife, funktionierende und solide Demokratie ohne Zeitung nicht denkbar!

20. Januar 1996

> *Im Rahmen einer Rochade in der Landesregierung, ausgelöst durch den Rücktritt von Bundesrat Otto Stich, übernimmt Kaspar Villiger am 1. November 1995 vom Sozialdemokraten Stich die Leitung des Eidgenössischen Finanzdepartements (EFD). Adolf Ogi wechselt an die Spitze des EMD und wird seinerseits im Verkehrs- und Energiewirtschaftsdepartement (EVED) vom neugewählten Moritz Leuenberger abgelöst. Auf den neuen Finanzminister Villiger wartet im EFD als grösste Herausforderung die Sanierung der Bundesfinanzen.*

Delegiertenversammlung der FDP Schweiz, Rapperswil

Mut zur finanzpolitischen Wende!

Es gibt Zeiten, da wird alles anders. Zuerst merkt man es kaum. Und wenn alle es merken, hat man die zeitgerechte Anpassung meist verpasst. Man muss verändern, bevor die meisten merken, dass man verändern muss. Vor dieser Aufgabe stehen wir in der gegenwärtigen Legislatur. Es geht um die schicksalhafte Frage, wie wir unseren Wohlstand sichern können. Denn er ist bedroht. Nichts ist mehr, wie es in den letzten vierzig Jahren war. Lassen Sie mich zum tiefgreifenden Umbruch einige Stichworte geben!

Die globale Deregulierung, die ständige Abwanderungsbereitschaft und Abwanderungsmöglichkeit von Kapital, Arbeitsplätzen und Know-how sowie die zeitverzugslose und geographisch unbegrenzte Informationsvermittlung führen zu einem erbarmungslosen Konkurrenzkampf der Wirtschaftsstandorte. Dies wiederum hat einen merklichen Druck in Richtung des Ausgleichs von Wohlstandsgefällen zur Folge.

Die Veränderung der Altersschichtung unserer Bevölkerung wird nicht nur der Erwerbsgeneration im wirtschaftlich schwierigsten Moment gewaltige Lasten aufbürden, sondern auch die Risikobereitschaft und Innovationsfähigkeit der Gesellschaft verändern.

Die Grenzen des Hochleistungsstaates werden dramatisch sichtbar. Weder kann er, infolge Überforderung, die Probleme noch befriedigend lösen, noch ist er finanzierbar. Die Quittung sind explodierende Staatsschulden, welche die ohnehin überforderten kommenden Generationen vollends überlasten werden, wenn wir die Kraft zur Umkehr nicht hier und heute aufbringen.

Zwei besonders schicksalshafte Probleme

Ich weiss natürlich, dass man solche Wahrheiten zurzeit nicht gerne hört. Optimismus ist gefragt. Wer Bedenken anmeldet, behindert den Aufschwung. Leider bereinigt man schwierige Situationen nicht mit Gesundbeten oder Dr. Coué, sondern nur mit mutigen Entscheiden. Ich bin trotzdem ein Optimist. Aber nicht einer, der glaubt, es werde alles von selber gut kommen, sondern einer, der an unsere Kraft glaubt, die richtigen Entscheide zu treffen. Wir sind im übrigen nach wie vor in einer privilegierten Situation, weil unsere Ausgangslage noch immer wesentlich besser ist als in den meisten andern Ländern.

Wir Freisinnigen werden besonders gefordert sein. Denn wir werden den Mut zum vordergründig Unpopulären mit dem Sinn für das direktdemokratisch Machbare und staatspolitisch Kluge verbinden müssen. Weder die Rosskur vom technokratischen Reissbrett noch das Verkünden innovativ verpackter Besitzstandwahrungsrezepte wird weiterführen.

Viele Aufgaben harren der Lösung, angefangen bei der Erhaltung einer intakten Umwelt über die Modernisierung des öffentlichen Verkehrs und die Sanierung der SBB bis zur Umsetzung einer neuen Landwirtschaftspolitik. Aber zwei Probleme sind derzeit besonders schicksalhaft: die Erhaltung der Konkurrenzfähigkeit des Wirtschaftstandortes Schweiz und die Sanierung der öffentlichen Finanzen.

Zur Verbesserung der wirtschaftlichen Rahmenbedingungen ist in den letzten Jahren in oft geradezu unhelvetischem Tempo mehr geschehen, als uns häufig bewusst ist. Ich denke etwa an die Einführung der Mehrwertsteuer, die Änderungen im Bereich der Stempelsteuern und der Direkten Bundessteuer (in beiden Bereichen ist Beachtliches verbessert worden!), das Binnenmarktgesetz, das Kartellgesetz, das Gesetz über das öffentliche Beschaffungswesen, der erleichterte Zuzug hochqualifizierter Ausländer, die Fachhochschulen oder die Reform der Landwirtschaftspolitik.

Einiges steht bevor, etwa die Modifikation der Holdingbesteuerung, das Inkrafttreten des Börsengesetzes, das Strukturanpassungsgesetz, die Deregulierung der Telecom oder der Abschluss der bilateralen Verhandlungen mit der EU.

Von besonderer Bedeutung aber ist es, die Staatsquote tief und Steuer- und Abgabenquote attraktiv zu erhalten. Und etwas wird häufig übersehen: Auch die Sanierung der Bundesfinanzen ist zur Erhaltung der Qualität des Werk-, Dienstleistungs- und Finanzplatzes Schweiz eine absolute Notwendigkeit. Damit möchte ich mich nun schwergewichtig diesem Thema widmen.

Je länger wir zuwarten, desto schmerzhafter die Massnahmen

Ich will Sie nicht mit zuviel Zahlen behelligen. Zwei besonders aufschlussreiche will ich indessen erwähnen. Zur Zeit bezahlt der Bund jährlich Schuldzinsen von 3,5 Milliarden Franken. Wenn sich der Haushalt gemäss den bisher vorliegenden Finanzplanzahlen entwickelt, deren Wachstum gegenüber früher stark gedrückt ist, werden es 1999 schon 4,2 Milliarden sein. Das kommt schon in die Nähe des gesamten EMD-Budgets. Und zwischen 1990 und 1994 hat sich die Schuldenlast schlicht verdoppelt.

Die Defizite übersteigen die Investitionen bei weitem. Wir finanzieren Konsumausgaben auf Pump. Das ist vergleichbar dem Familienvater, der nicht nur sein Haus mit einer Hypothek finanziert, sondern auch seine Ferien, seine Jassrunden und seine Skiausflüge mit Kleinkrediten.

Oft habe ich den Eindruck, dass Politiker und Volk das Gejammer über die Defizite der öffentlichen Hand nicht mehr sehr ernst nehmen. Seit Jahren wird der Teufel an die Wand gemalt, aber offenbar haben noch zu wenige wirklich etwas gespürt. Das bisherige Sparen löste zwar Klagen, aber noch kaum Schmerzen aus. Die ersten zwei Milliarden Defizit machten dem Parlament gewaltige Mühe, die nächsten vier bis sechs Milliarden wurden fast mit Achselzucken quittiert. Anlass zur Zurückhaltung bei neuen Ausgaben waren sie kaum. Wir haben uns daran gewöhnt, auf Pump und über unseren Verhältnissen zu leben. Bisher hat es funktioniert. Aber es wird nicht auf Dauer funktionieren.

In der Ökologie kennt man die Kippeffekte. Zuerst passiert lange nichts. Und plötzlich kippt das ganze System über Nacht in die Instabilität. So ist es auch mit der Verschuldung. Unvermittelt können die fatalen Folgen über uns hereinbrechen. Der politische Handlungsspielraum geht verloren, wenn die Zinsen mehr und mehr Steuerertrag fressen. Der gewaltige Kapitalbedarf des Staates beginnt die Zinsen zu treiben. Das Vertrauen in die Bonität des Staates geht verloren, was erneut die Zinsen treibt und den Finanzplatz beeinträchtigt. Notprogramme werden unausweichlich, welche die politische und soziale Stabilität gefährden. Der Staat wird zum unberechenbaren, sprunghaften Vertragspartner.

Zuletzt bleibt ihm nur noch die Entlastung über die Inflation. Die Preise steigen, die Flucht in die Sachwerte setzt ein, breite Bevölkerungsschichten verarmen. Das zersetzt die Gesellschaft vollends. Noch ist es nicht so weit. Aber je länger wir mit der Wende zuwarten, desto schmerzhafter werden die zu treffenden Massnahmen. Die Zeit zum Handeln ist jetzt. Wir dürfen unsere Insel des Wohlstandes nicht gefährden. Dabei zähle ich auf die Freisinnigen. Sie sind unter anderem mit dem Anspruch in den Wahlkampf gestiegen, gegen die Finanzkrise anzutreten. Nun müssen wir vom Wort zur Tat schreiten!

Wenn wir den Weg aus der Verschuldungskrise wirklich gehen wollen, müssen wir zuerst einige Sachverhalte zur Kenntnis nehmen. Es sind dies im wesentlichen die folgenden:

1. Der Staatshaushalt hat eine rechtliche Struktur, welche die Verschuldung begünstigt. Die Ausgaben werden vom Parlament beschlossen, während über die Einnahmen Volk und Stände befinden müssen, weil die Steuersätze in der Verfassung verankert sind. Zu einem grossen Teil sind die Ausgaben rechtlich und faktisch gebunden. Sie können nur schwer an sinkende Einnahmen angepasst werden. Im Bereich der Personalausgaben und der Sozialversicherungen existieren eigentliche Mechanismen zur Anpassung an die Teuerung oder gar darüber hinaus. Zudem wachsen die Sozialausgaben automatisch mit der Anzahl der Begünstigten.
Untersuchungen haben gezeigt, dass der Bund ein eigentlicher Inflationsverlierer ist: Viele Ausgaben wachsen mit der Teuerung automatisch, während Zölle, Alkohol- und Tabaksteuern der Teuerung nicht zu folgen vermögen und die kalte Progression der direkten Bundessteuer – zu Recht! – ausgeglichen werden muss. Zwischen Ausgaben und Einnahmen besteht also eine institutionalisierte Scherenbewegung.
2. Der Spielraum für Mehreinnahmen ist objektiv und subjektiv eng begrenzt. Eine verhältnismässig günstige Steuer- und Abgabenquote ist einer der wenigen noch verbliebenen Vorteile des Wirtschaftsstandortes Schweiz. Es ist für unsere Wirtschaft lebenswichtig, diesen Trumpf nicht zu verlieren. Deshalb können wir die Bundesfinanzen nicht über Steuererhöhungen sanieren. Zwei Ausnahmen sind aber unausweichlich: Zur Finanzierung der AHV und der NEAT brauchen wir Mehreinnahmen.
3. Es ist zu hoffen, dass die Wirtschaft wieder zum stabilen Wachstum zurückfindet. Dieses Wachstum wird aber kaum jemals eine Grössenordnung erreichen, die unsere finanziellen und sozialen Probleme wie von Zauberhand lösen wird. Es sind deshalb Verteilkämpfe zu erwarten.
4. Die demographischen Veränderungen werden bei gleichbleibenden individuellen Ansprüchen an die Sozialwerke zu Kostensteigerungen führen, deren Finanzierung die Leistungskraft unserer Volkswirtschaft dramatisch zu überfordern und die Solidarität zwischen den Generationen zu strapa-

zieren droht. Wer die Überbringer dieser schlechten Nachricht geisselt, trägt nichts zur dringlichen Lösung dieses Problems bei.
5. Obwohl die Wirtschaft nur zögernd wächst, befinden wir uns weder in einer Rezession noch in einer Deflation. Sogar wer der antizyklischen Finanzpolitik das Wort redet, müsste jetzt für eine ausgeglichene Rechnung plädieren. Wenn nun eine neue Rezession käme, drohte der rasche Absturz in die finanzpolitische Instabilität. Daraus folgt, dass die Haushaltsanierung dringlich ist, auch wenn diese Sanierung die ohnehin schon schwache Binnennachfrage noch weiter beeinträchtigt.
6. Trotz der drei bisherigen Sanierungsprogramme zeigen alle Finanzpläne nach wie vor Defizite der gleichen inakzeptablen Grössenordnung. Offenbar haben die bisherigen Bemühungen wenig bewirkt. Das hat verschiedene Gründe. Einer davon ist der, dass über die Hälfte der Einsparungen durch in der gleichen Zeit beschlossene neue oder aufgestockte Ausgaben aufgefressen worden sind. Finanzpolitik betreibt man eben nicht beim Budget oder bei hektisch improvisierten Sparprogrammen. Finanzpolitik betreibt man bei den laufenden Geschäften.
7. Die bisherige Sparpolitik, die mit vielen kleineren und grösseren Massnahmen, aber ohne eigentliche Einschnitte (ausser beim Zivilschutz und Militär), hier etwas gebremst, dort etwas erstreckt hat, war nicht etwa wirkungslos. Ohne sie stünden wir heute noch wesentlich schlechter da. Aber sie hat das Problem nicht endgültig gelöst. Sie stösst an Grenzen. Es ist, auf gut neudeutsch, ein neuer Approach zu suchen.

Sieben Prinzipien in Sachen Sparen

Die Sanierung des Haushalts ist komplex und schwierig. Wo man auch anzupacken versucht, tritt die Koalition der sich gegenseitig helfenden Besitzstandwahrer auf den Plan, die mit vielen guten und oft noch mehr Scheinargumenten beweisen, dass man gerade hier und jetzt mit Sparen auf dem Holzweg ist. Man muss deshalb versuchen, einige einfache Prinzipien zu formulieren und diesen zum Durchbruch zu verhelfen. Ich möchte im folgenden sieben solche Prinzipien zur Diskussion stellen:
1. Das Haushaltsdefizit ist innerhalb von wenigen Jahren zu beseitigen. Dies ist als sachlich und zeitlich verbindliches Ziel festzulegen. Innerhalb einer Legislatur wird das kaum möglich sein. Sechs Jahre wäre ein denkbarer Zeitraum.
2. Steuer- und Abgabenquote müssen im internationalen Vergleich tief bleiben. Deshalb muss der Bund – ausser bei der Finanzierung der Sozialwerke

und den zusätzlichen grossen Bahninfrastruktur-Investitionen – ohne zusätzliche Einnahmen auskommen.
3. Die punktuellen Sparbemühungen im Rahmen des Finanzplans nach der herkömmlichen Methode des Nutzens jeder kleinen Sparmöglichkeit müssen energisch fortgesetzt werden. Dazu müssen aber zusätzlich wirksame strukturelle Massnahmen treten, um den Ausgleich anzustreben. Sollte auch dies nicht ausreichen, müsste ein pauschaler Mechanismus in Kraft treten, welcher erzwingt, dass sich die Ausgaben nach den Einnahmen zu richten haben. Wir müssen uns deshalb ernsthaft die Frage stellen, ob wir uns zu diesem Zweck von Volk und Ständen einen bis zum Zeitpunkt des Ausgleichs befristeten Verfassungsauftrag sollten geben lassen, der die heutigen zahnlosen Bestimmungen verstärkt.
4. Die sich in der Vernehmlassung befindliche Schuldenbremse kann den Budgetausgleich nicht herbeiführen. Aber sie kann eine ausgeglichene Rechnung langfristig sichern. Sie könnte deshalb den Sparmechanismus ablösen, wenn die Rechnung ausgeglichen ist.
5. Die grossen neuen Bahninfrastruktur-Investitionen sind mit einer Sonderfinanzierung zu realisieren.
6. Um die Sozialwerke vor Überschuldung und damit vor dem Zusammenbruch zu bewahren, ist ein Einnahmenrahmen festzulegen, der einerseits vernünftige und angemessene Sozialleistungen ermöglicht und der andererseits von der Volkswirtschaft verkraftet werden kann. Die Leistungen der Sozialwerke sind verbindlich so zu gestalten, dass dieser Rahmen nicht überschritten werden kann. Dies ermöglicht eine langfristige Sicherung der Errungenschaften des Sozialstaates. Dabei ist ein nur moderates Wirtschaftswachstum zugrunde zu legen. Wird es besser, ist eine Lockerung politisch rasch realisiert.
7. Wir müssen zumindest während der Sanierungsperiode sicherstellen, dass dem Staat nicht ständig neue Aufgaben überbürdet werden, welche die Sanierung unterlaufen.

Lassen Sie mich im Zusammenhang mit diesen sieben Prinzipien einige Erläuterungen machen!

Höhere Steuern wären eine Scheinlösung

Im internationalen Vergleich stehen wir punkto Staatsverschuldung noch immer recht gut da. Aber der Wachstumstrend der Verschuldung ist besorgniserregend. Er ist niederschmetternd, wenn wir als frühere finanzpolitische

Musterknaben nicht einmal jene Kriterien erfüllen, welche die EU-Länder erfüllen müssen, um der Währungsunion beitreten zu können.

Eine Vollbremsung bei den Staatsausgaben wäre allerdings weder politisch durchsetzbar noch sozial- und wirtschaftspolitisch verkraftbar. Ein Abbau der strukturellen Defizite innerhalb von sechs Jahren scheint hingegen bei entsprechendem politischem Willen als machbar, wenn auch nicht ohne Schmerzen. Dabei ist zu berücksichtigen, dass auch jene 2 Milliarden aus EVK (Eidgenössische Versicherungskasse) und SBB einzusparen sind, um welche das heutige Defizit zu gering ausgewiesen wird.

Die Frage wird diskutiert werden müssen, ob das Endziel ein eindeutiges Nullergebnis der Bundesrechnung sein muss oder ob es genügt, das Defizit unter den Betrag der eigentlichen Investitionen des Bundes zu drücken, d.h. unter etwa eine Milliarde.

Wenn der Wirtschaftsplatz Schweiz nicht mehr konkurrenzfähig ist, wird der Staat seine Leistungsfähigkeit sehr rasch verlieren, werden die Sozialwerke nicht mehr finanzierbar sein, können wir die Arbeitslosigkeit nicht besiegen und ist an die Sanierung der Finanzen nicht mehr zu denken. Die Konkurrenzfähigkeit hängt aber massgeblich an tiefen Staats-, Steuer- und Abgabenquoten. Deshalb wäre eine Sanierung des Haushaltes über höhere Steuern eine Scheinlösung, die rasch in ihr Gegenteil umschlagen könnte.

Der Normalhaushalt muss deshalb so umstrukturiert werden, dass er mit der heutigen Einnahmenstruktur finanzierbar ist.

Strukturelle Massnahmen sind unumgänglich

Selbstverständlich sind Sparbemühungen im Sinne des Auspressens der Finanzpläne bis zum letzten Tropfen und durch einzelne, gezielte Gesetzesanpassungen nach wie vor nötig. Hier erhoffe ich vom neuen Parlament mehr Mut, als es bei den jüngsten dringlichen Bundesbeschlüssen oder als es das alte Parlament beim Mischindex gezeigt hat. Es ist ja nicht gerade ermutigend, wenn unter allerlei Vorwänden nicht einmal das gespart wird, was wenig Mut brauchte, weil es noch wenig Schmerzen verursacht.

Zu dieser «Normalsparkost» müssen nun strukturelle Massnahmen kommen, welche den Staat als Ganzes hinterfragen und nicht mehr zeitgemässe Strukturen in Frage stellen. Ich denke hier an vier Bereiche:
1. Reform des Finanzausgleichs: Aufgabenerfüllung und Finanztransfers im Bundesstaat sind unübersichtlich geworden. Das Zusammenspiel von Bund und Kantonen ist aufwendig und nicht überall effizient. Ein grundlegender

Umbau der Beziehungen zwischen den beiden Staatsebenen könnte die Abläufe effizienter, übersichtlicher, steuerbarer und kostengünstiger machen. Das vielgerühmte Subsidiaritätsprinzip würde wieder mit Substanz erfüllt, der Föderalismus erwachte zu neuem Leben, die Eigenständigkeit der Kantone würde gestärkt, Kompetenz und Finanzierungsverantwortung würden wieder zur Deckung gelangen, und das alles, ohne dass die staatlichen Leistungen beeinträchtigt würden. Eine Arbeitsgruppe bestehend aus Kantonsvertretern des Bundes hat hier vielversprechende Vorarbeiten geleistet. Diese Revitalisierung unseres föderalistischen Bundesstaates erfordert eine bedeutende politische Willensleistung. Sie ist nötig. Die erzielbaren Einsparungen müssten korrekt zwischen Bund und Kantonen aufgeteilt werden.

2. Die Verwaltungsreform: Nach dem Beispiel des EMD muss die Bundesverwaltung restrukturiert werden. Aus Sicht des Bundesrates geht es zunächst um eine hinsichtlich Arbeitsbelastung und politischen Gewichts ausgewogene Verteilung der Aufgaben auf die Departemente und auf die Bundeskanzlei. Aber es geht noch um weit mehr:
   – Es muss geprüft werden, welche Aufgabengebiete aufgehoben, privatisiert oder mit Leistungsauftrag verselbständigt werden können.
   – In der gesamten Verwaltung sind Doppelspurigkeiten abzubauen und Synergien zu verstärken.
   – Durch Optimierung der Verwaltungstätigkeit sind Einsparungen an Personal und finanziellem Aufwand zu erzielen.
   – Gleichzeitig muss mit Elementen des New Public Management eine neue Management-Philosophie eingeführt werden.
   Eine solche tiefgreifende Restrukturierung eines Vierzigmilliardenkonzerns bedarf vertiefter und professioneller Prozessanalysen. Das ist ohne aussenstehendes Know-how nicht zu schaffen. Der Streit darüber, ob diese Professionalisierung des Restrukturierungsprozesses ein paar Millionen mehr oder weniger kostet, ist angesichts der Dimensionen des Projekts mehr als lächerlich.

3. Überprüfung der Subventionen: Noch im Laufe dieses Jahres wird sich der Bundesrat mit der Überprüfung eines ersten Pakets von Subventionen befassen müssen. Man darf die Ergiebigkeit dieses Prozesses nicht überschätzen. Aber einen Beitrag an die Sanierung muss er leisten.

4. Überprüfung von Normen und Standards im Hochbau und im Nationalstrassenbau: Hier geht es darum, durch neue Managementmethoden und durch die Überarbeitung kostentreibender Vorschriften die am Bau Beteiligten zum Sparen zu motivieren und zu befähigen.

Wenn es gelänge, alle diese strukturellen Reformen mit dem nötigen Mut und der nötigen Konsequenz zu realisieren, müsste der Rechnungsausgleich möglich sein. Das Resultat wäre auch ein schlankerer und fitterer Staat. Dazu müssen aber Verwaltung und Politiker von der sattsam bekannten Melodie Abschied nehmen, wonach im Allgemeinen nun endlich mutig gehandelt werden müsse, im Speziellen aber doch nicht gerade bei dieser Frage und nicht ausgerechnet in diesem Moment. Das Parlament wird es nicht mehr bei den grossen und populären Betrachtungen zur Notwendigkeit des Rechnungsausgleichs bewenden lassen können, sondern wird sich den unangenehmen Entscheiden in den konkreten Fragen zuwenden müssen.

Damit der Rechnungsausgleich wirklich erzwungen werden kann, braucht es wahrscheinlich – wie schon erwähnt – eine auf Verfassungsstufe institutionalisierte Mechanik, welche eingreift, falls die vier strukturellen Massnahmen nicht genügen. Ich bin überzeugt, dass eine solche Mechanik schon präventiv wirken würde. Sie würde einen Druck auf Verwaltung und Politik erzeugen, die gezielten strukturellen Massnahmen zum Erfolg zu führen.

Die grossen Eisenbahninfrastrukturprojekte

Zur immensen regional-, wirtschafts-, verkehrs- und europapolitischen Bedeutung der grossen Eisenbahninfrastrukturprojekte will ich mich heute nicht äussern. Hingegen ist klar, dass deren weitgehende Finanzierung über den Kapitalmarkt nicht verantwortbar ist. Weil auch eine solche Finanzierung über den Bund laufen müsste, würden dadurch schlicht und einfach die Bundesschulden dramatisch erhöht, und weil die erzielbare Rentabilität sehr fraglich ist, würden der nächsten Generation kaum tragbare Lasten überbunden. Deshalb ist eine gezielte und befristete Sonderfinanzierung vorzusehen, die politisch nur dann eine Chance haben wird, wenn sich die Investitionen auf das für einen rationellen Betrieb Allerwesentlichste beschränken. Dieses Projekt wird an die politische Reife und an das Verantwortungsbewusstsein von Behörden, Verbänden und Volk hohe Anforderungen stellen. Kleinkarierte regionale Ansprüche müssen zugunsten der nationalen Erfordernisse ebenso zurückgestellt werden wie kurzsichtige Verbandsegoismen. An diesem Beispiel wird sich zeigen, ob die Schweiz zu einem Konglomerat von reinen Partikularinteressen verkommen ist oder ob wir noch fähig sind, ein nationales Grossprojekt zu realisieren.

Ein langfristiges Fundament für die Sozialwerke

Ich habe schon auf die gewaltigen Belastungen hingewiesen, die der Wirtschaft und dem arbeitenden Teil des Volkes durch den Einfluss der demographischen Veränderung auf die Sozialwerke nach der Jahrhundertwende aufgebürdet werden. Wer den Hinweis auf diese Fakten als Angstmacherei bezeichnet, betreibt unzulässige Verharmlosung. Sollte bei der heute gesetzlich festgeschriebenen Ausgabenstruktur das Volk namhafte Steuer- und Lohnprozenterhöhungen ablehnen, entstünde ein Horrorszenario der Verschuldung. Es könnte zur nationalen Existenzfrage werden, dieses Szenario zu vermeiden. Abgesehen von der fehlenden politischen Realisierbarkeit würde eine übermässige Belastung von Volk und Wirtschaft die Qualität des Wirtschaftsstandorts auf gefährliche Weise beeinträchtigen. Sozial ist nicht, wer solches anstrebt, sondern wer solches vermeidet. Nach wie vor kann nichts verteilt werden, was nicht vorher erwirtschaftet worden ist.

Nun kann man versuchen, das Problem so zu lösen, dass nur noch echt Bedürftige staatlich unterstützt werden und dass der grosse Teil der sozialen Vorsorge der ausschliesslich privaten Verantwortung überbunden wird. Ich halte das, vor allem im Bereich der Altersvorsorge, weder für mach- noch für wünschbar, obwohl Sozialpolitik mit der Giesskanne nicht mehr finanzierbar sein wird. Wir müssen auch hier einen vernünftigen Mittelweg finden.

Die AHV ist wohl unser Sozialwerk schlechthin. Es hat für unsere nationale Kohäsion und für unsere Auffassung von Solidarität nicht nur faktische, sondern auch symbolische Bedeutung. Sie ist geradezu ein unentbehrliches Element der nationalen Identität geworden. Es wäre töricht, sie zu gefährden. Sie soll auch durchaus einen gewissen Versicherungscharakter behalten, indem es eben gerade keine Einheitsrente gibt. Sonst würde der AHV-Beitrag für höhere Einkommen noch mehr zur reinen Steuer. Über das Verhältnis von Maximal- zu Mindestrente lässt sich natürlich reden.

Eine existenzsichernde AHV erscheint heute trotz Verfassungsauftrag als nicht finanzierbar. Deshalb ist die Kombination von AHV und gezielten Ergänzungsleistungen für Bedürftige ein kluges und effizientes System. Die zwar obligatorische, möglicherweise überregulierte, immerhin aber privat organisierte Zusatzvorsorge der zweiten Säule zur Sicherung der gewohnten Lebenshaltung ist eine prinzipiell taugliche Ergänzung zur AHV, vor allem auch, weil sie komplementär finanziert ist. Ich sehe nicht ein, warum dieses bewährte Verbundsystem grundsätzlich aufgebrochen werden soll.

Es stellt sich also nicht die Frage des Systems. Es stellt sich die Frage der volkswirtschaftlich tragbaren Finanzierung der Leistungen und die Frage, wie institutionell verhindert werden kann, dass die Kosten als Folge der Demographie den Einnahmen unkontrolliert davonlaufen. Dabei ist zu bedenken, dass bei der AHV das in der Verfassung vorgesehene Mehrwertsteuerprozent niemals ausreichen wird, um auch nur die heute gesetzlich vorgesehenen Leistungen langfristig zu finanzieren.

Der Lösungsansatz könnte ein anderer sein. Zuerst wäre zu fragen, wie viele Sozialbeiträge Volk und Wirtschaft zu tragen vermögen, ohne den Werkplatz zu gefährden und ohne die Solidarität zwischen den Generationen zu überfordern. Über konkrete Zahlen würde man sich dann mit Parteien und Sozialpartnern unterhalten müssen. Ich will bloss einen Denkanstoss geben. Das mag neben real gleichbleibenden Bundesbeiträgen und neben den schon geltenden Lohnabzügen inklusive des dritten Prozents für die Arbeitslosenversicherung mittelfristig das für die AHV reservierte Mehrwertsteuerprozent und längerfristig noch ein weiteres Mehrwertsteuerprozent sein. Aber mit diesen Finanzierungsquellen hätten die vier grossen Sozialwerke AHV, IV, Krankenversicherung und Arbeitslosenversicherung verbindlich und rechtlich abgesichert auszukommen, und es stellte sich nur noch die Frage, wie innerhalb der vier Werke die Leistungen verteilt werden. Auch diese Frage wäre politisch auszuhandeln. Die Zusicherung nicht finanzierter Leistungen müsste rechtlich zwingend unterbunden werden. Über allfällige Mehrleistungen könnte das Volk nur noch zusammen mit der Finanzierung befinden. Das wäre keineswegs soziale Demontage. Im Gegenteil: Man würde den Sozialwerken angemessene Mehreinnahmen gestatten. Aber der gefährliche Mechanismus, nach welchem sich die Schere zwischen Ausgaben und Einnahmen unkontrolliert öffnen kann, würde gebrochen. Auf diese Weise könnten die für unser Volk so wichtigen Sozialwerke auf ein langfristig gesichertes Fundament gestellt werden.

Da könnten sich durchaus interessante Fragen innerhalb des definierten Finanzrahmens stellen: Muss der Mischindex als realer Leistungstreiber angesichts der prekären Finanzperspektiven nicht doch fallen? Muss die Arbeitslosenversicherung nochmals so redimensioniert werden, so dass zwei Lohnprozente auf die Dauer sicher genügen und dass das dritte beispielsweise der AHV übertragen werden kann? Wie viel Prozent der Bevölkerung dürfen in einer freien und selbstverantwortlichen Bevölkerung bei der Krankenversicherung maximal subventioniert werden? Sollte die Summe der Leistungen den Finanzrahmen übersteigen, nach welchem Schema müssten dann die Leistungen angepasst werden?

Jede Wirtschafts- und Demographieprognose belegt schlüssig, dass an einen Ausbau der Sozialleistungen zurzeit nicht zu denken ist. Die Verantwortung gebietet, dieser Tatsache ins Auge zu blicken.

Wir müssen vermehrt Nein sagen

Ich habe eingangs gesagt, dass neue Ausgabenbeschlüsse die bisherigen Sanierungsprogramme weitgehend unterlaufen haben. Das muss in Zukunft vermieden werden. Neue Ausgaben ohne gleichzeitigen Finanzierungsbeschluss dürfen nicht mehr beschlossen werden. Wir müssen uns dazu aufraffen, vermehrt Nein zu sagen. Das braucht politischen Mut. Ich hoffe, dass Bundesrat und Parlament diesen Mut aufbringen werden. Wenn ich die persönlichen Vorstösse der letzten Legislatur analysiere, stelle ich fest, dass das neue Parlament einen gewaltigen Paradigmenwechsel einzuleiten hat.

Unser Volk und viele Interessengruppen werden in den nächsten Jahren Opfer bringen müssen, wenn die Politiker ihre Verantwortung ernstnehmen. Wenn man dem Volk Opfer aufbürdet, kann man nicht gleichzeitig einzelnen Interessengruppen Geschenke machen.

Ich schliesse nicht aus, dass Korrekturen im Bereich der Unternehmensbesteuerung vorgenommen werden müssen, wo dies den Werkplatz stärkt. Das wird dort, wo die Kompensation nicht durch grosse neue wirtschaftliche Impulse erfolgt, ertragsneutral geschehen müssen. Aber grosse Steuergeschenke werden wir nicht machen können. Es wird nicht angehen, bei solchen Steuerreformen oder beim neuen Mehrwertsteuergesetz Hunderte von Millionen, wenn nicht Milliarden von Ausfällen zu produzieren.

Ich zweifle auch, ob in einer Zeit, da auch bescheidenen Leuten Opfer auferlegt werden müssen, hohe Einkommen bei der direkten Bundessteuer entlastet werden können und sollen, und das erst noch unter Kompensation der Ausfälle durch die Mehrbelastung eben dieser bescheidenen Leute mit der Mehrwertsteuer. Man muss in schweren Zeiten auch Opfer so verteilen, dass es als gerecht empfunden wird.

Unsere Chancen sind nach wie vor intakt

Alles das zu bewältigen, ist eine grosse und anspruchsvolle Aufgabe. Sie ist nur zu bewältigen, wenn die tragenden politischen Kräfte des Landes den Willen aufbringen, sie gemeinsam anzugehen, Maximalpositionen zu verlassen und tragfähige Kompromisse zu suchen. Auch der Finanzminister alleine vermag nichts zu bewirken. Der Bundesrat als Kollegium ist gefordert.

Zudem tönt das alles nicht nach Aufbruch zu neuen Ufern. Die Zeit ist auch nicht danach. Trotzdem brauchen wir Visionen nicht zu begraben. Nach wie vor sind die Einnahmen des Staates auf hohem Niveau. Wir müssen nur lernen, mit ihnen auszukommen. Durch Schwergewichtsbildung, durch Priorisierung ist viel Zukunftsträchtiges nach wie vor realisierbar. Und eine tiefe Staatsquote belässt den Privaten Freiräume, die sie kreativer zu nutzen wissen, als der Staat allein dies täte. Unsere Chancen sind intakt, wenn wir den Mut aufbringen, das Notwendige zu tun. Einen starken, soliden, leistungsfähigen, finanziell gesunden, aber begrenzten und demokratisch kontrollierten Staat zu haben, der den Menschen Freiräume zur Entwicklung ihrer kreativen Initiativen belässt, ist im übrigen auch eine Vision, für die einzutreten es sich lohnt. Dazu fordere ich uns alle auf!

25. Oktober 1996

> *Die politische Landschaft der Schweiz verändert sich. Zwar sind die vier grossen Regierungsparteien aus den eidgenössischen Wahlen von 1995 gesamthaft gestärkt hervorgegangen, doch innerhalb des Regierungslagers findet eine Polarisierung statt: Linke SP und rechte SVP gewinnen auf Kosten der eher der politischen Mitte zugerechneten FDP und CVP. Der Trend bestätigt sich auf kantonaler Ebene. Bei den Freisinnigen tut sich ein Graben auf zwischen den Parteigängern, die den Krebsgang der FDP mit einer klareren rechtsbürgerlichen Ausrichtung korrigieren möchten, und jenen, die auf der gemässigten, liberalen Positionierung der Partei beharren.*

100-Jahr-Feier FDP Aargau, Suhr

Der Freisinn hat Geschichte gemacht – hat er auch Zukunft?

Die meisten von Ihnen werden ja meine engen Beziehungen zu Ihrem Kanton kennen! Ich verfüge über das Bürgerrecht der aargauischen Gemeinde Sins, die mir zu meiner grossen Freude vor einigen Wochen das Ehrenbürgerrecht verliehen hat. Meine Mutter ist eine waschechte Menzikerin. Die Bezirksschule besuchte ich in Reinach, die Kanti in Aarau. Viele meiner Freunde sind Aargauer. Ich habe im Aargau einige Mandate ausgeübt, die meine wirtschaftspolitischen Auffassungen sehr stark mitgeprägt haben. Es sind dies meine langjährige Mitgliedschaft in der Handelskammer, das Präsidium des Arbeitgeberverbandes, nach der Fusion das Vizepräsidium der Industrie- und Handelskammer.

Die Aargauer haben einen nüchternen, schnörkellosen Realitätssinn. Sie denken überdurchschnittlich freiheitlich, sind überzeugt vom Sprichwort: «Hilf dir selbst, so hilft dir Gott.» Selbstverantwortung ist ihnen eine Selbstverständlichkeit. Sie wissen, dass das, was man verteilen will, zuerst erarbeitet werden muss. Sie sind beseelt von einem gesunden Misstrauen gegenüber jeder Obrigkeit. Diese Eigenschaften zeichnen auch den aargauischen Freisinn aus. Ich gebe gerne zu, dass sie auch mich prägen! Politisch allerdings habe ich im Stahlbad der rot-schwarzen Auseinandersetzung durchaus luzernisches Temperament mitbekommen. Ich fühle mich deshalb als waschechter Luzerner Liberaler.

Ich kann somit die atmosphärischen Unterschiede zwischen den aargauischen Freisinnigen und den Luzerner Liberalen in mir selber nachvollziehen. Solche Unterschiede machen den besonderen Reiz der freisinnigen Bewegung aus, die auch von föderalistischen Unterschieden zwischen einzelnen Kantonalparteien lebt.

Ein Volk darf seine Geschichte nicht verlieren

Wir leben in einer Zeit, in der alte Werte und Strukturen zerfallen, neue sich aber noch nicht verfestigt haben. Die Anpassungsfähigkeit vieler Menschen ist ob diesem Wandel überfordert. Wir laufen deshalb Gefahr, geschichtslos zu werden und nur noch dem Wandel nachzurennen. Man hat den Eindruck, für viele sei Geschichte nur noch etwas, von dem man sich möglichst rasch und möglichst kritisch distanzieren müsse. Heutzutage zählt nur, wer eine Zukunft hat. – Bewährtheit und Geschichtsträchtigkeit sind schon fast ein Makel. Kann deshalb eine 100jährige Partei überhaupt noch Zukunft haben?

Ich will versuchen, auf diese Frage eine Antwort zu finden. Vorab möchte ich festhalten, dass ein Volk seine Geschichte nicht verlieren darf. Wir müssen zu unserer Geschichte stehen, zu ihren hellen und dunklen Seiten. Und auch Mythen können ihren tiefen Sinn haben. Politik ohne Geschichtsbewusstsein läuft in die Irre. Wer entscheiden will, wohin er gehen soll, muss wissen, woher er kommt.

Liberalismus: die zentrale Idee für die Wirtschaft

Unser Bundesstaat wurde auf weite Strecken nach liberalen Ideen gut konzipiert. Die Gestaltung dieses Staates ist untrennbar mit dem Freisinn verbunden. Die Geschichte unseres Staates ist eine Erfolgsstory, und die Geschichte des Freisinns ebenfalls. Wir dürfen stolz sein! Unsere liberale Idee hat sich durchgesetzt. Aber hat sie auch Zukunft?

1989 ist der reale Sozialismus zusammengebrochen. Demokratien und Marktwirtschaften, die auf liberalen Ideen basieren, haben sich als stärker erwiesen. Liberales Gedankengut hat im In- und Ausland in die meisten Parteiprogramme Einzug gehalten. Die weitere Frage stellt sich, ob Parteien, die nur den Liberalismus auf ihre Fahne geschrieben haben, überhaupt noch nötig sind.

Der Liberalismus will eine Gesellschafts- und Staatsform schaffen, die es den Menschen erlaubt, sich möglichst frei zu entfalten. Weil Freiheit missbraucht werden kann und weil die Entfaltung des einen die Entfaltung des andern behindern, bremsen oder gar verunmöglichen kann, braucht es Spielregeln, braucht es Einschränkungen, braucht es den Staat. Es geht beim Liberalismus also um die Ordnung des Zusammenlebens von Menschen. Liberalismus ist demnach nicht nur eine Philosophie für die Wirtschaft, sondern eine Philosophie für den Menschen allgemein.

Aber für die Wirtschaft ist er die zentrale Idee überhaupt. Die Menschen brauchen die Wirtschaft, um ihre Bedürfnisse decken zu können, um zu überleben. Auch ein Staat kann ohne leistungsfähige Wirtschaft seine Leistungen niemals erbringen. Wirtschaft ist also nicht alles, aber ohne Wirtschaft ist alles nichts.

Alle Erfahrung zeigt, dass nur in freiheitlichen Systemen die Menschen auch in der Wirtschaft ihre volle Kreativität und Leistungsfähigkeit zu entfalten vermögen, also in einer Marktwirtschaft.

Etwas ist mir aber sehr wichtig! Auch der Wirtschaftsliberalismus muss auf einem moralisch-ethischen Fundament aufbauen. Er darf nicht zum Manchester-Liberalismus entarten. Schon die klassischen liberalen Ökonomen haben darüber Gültiges geschrieben, und wir dürfen auch im Zeitalter des Shareholder-Value diese Wahrheit nicht verdrängen. Freiheit enthält in sich immer auch die Möglichkeit des Missbrauchs. Sonst ist es keine Freiheit! Freiheit muss deshalb mit Verantwortung genutzt werden. Zu viele Missbräuche rufen sofort nach Regulierung, deshalb gefährdet sich Freiheit ohne Verantwortung selber.

Liberale Systeme enthalten aber auch systeminhärente Schutzmechanismen. Im liberalen Staat wird die Staatsmacht durch die Aufteilung auf die bekannten drei Ebenen geteilt und begrenzt, durch die Demokratie wird sie kontrolliert. Die Wirtschaftsmacht wird im liberalen System durch den Wettbewerb entgiftet und gebändigt. Unter allen diesen Voraussetzungen fressen liberale Systeme nicht die Menschen, sondern sie sind den Menschen angemessen.

Wider die sozialistischen Irrlehren

Der Liberalismus ist eine Denkhaltung, die immer wieder nach neuen Wegen sucht, um das Ziel einer freiheitlichen Wert-, Wirtschafts- und Gesellschaftsordnung zu erreichen. Dabei gehen die Liberalen von der Überzeugung aus, dass die Bürger mündig sind, dass sie nur unter freiheitlichen Bedingungen ein Maximum an Kreativität und Leistung entwickeln, dass sie fähig sind, verantwortlich zu handeln und Selbstverantwortung zu übernehmen.

Unter freiheitlichen Bedingungen entwickelt sich notwendigerweise auch ein Wettbewerb der Ideen. Deshalb muss der Liberale Meinungspluralität ertragen lernen, er muss Toleranz entwickeln.

Der Liberalismus ist also kein einfaches Rezept. Er verändert sich ständig. Er hat oft Widersprüche. Die Liberalen liegen sich oft und gerne in den Haaren. Sie sind zudem nur schwer auf eine eindeutige politische Lösung zu verpflichten. Liberalismus ist nicht zuletzt eine ständige und oft schmerzhafte geistige Auseinandersetzung. Das mag bisweilen die politische Durchschlagskraft beeinträchtigen. Aber letztlich ist es eine Stärke! Denn dieser Prozess des Suchens auf der Basis einer geistigen Überzeugung führt immer wieder zu besseren Lösungen. In diesem Sinne ist der Liberalismus eine «weiche» Weltanschauung und damit immer wieder umstritten.

Regelmässig taucht auch die Vermutung auf, der Liberalismus könnte versagen, er sei einer harten ideologischen Auseinandersetzung nicht gewachsen. Deshalb ist es so wichtig, dass diese «weiche» Lehre sich der Herausforderung durch den Kommunismus als überlegen erwies.

Die Altlasten der sozialistischen Irrlehren sind noch immer gewaltig. Die Beseitigung ihrer Trümmer ist eine herkulische Aufgabe, die noch Jahrzehnte dauern könnte. Dies hat das Risiko in sich, dass man mit der Zeit die Schwierigkeiten dem Versagen der Marktwirtschaft und nicht mehr den kommunistischen Altlasten zuschreibt. Der Wegfall der schlechten Beispiele im Osten könnte dazu führen, dass sozialistisches Gedankengut im Gewande neuer Utopien wieder in der Politik Einzug hält. Allein schon deshalb sind politische Strömungen wichtig, die sich voll dem Liberalismus verschrieben haben.

Die FDP, eine Partei mit grosser Spannweite

Unsere helvetische Politlandschaft ist zersplitterter und polarisierter geworden. Die letzten Wahlen haben wohl das Regierungslager gestärkt, aber eigentlich nur den rechten und den linken Flügel. Das führt auch bei den Freisinnigen zu stärkeren inneren Spannungen. Wir dürfen uns hier keinen Illusionen hingeben! Viele Freisinnige fühlen sich von der kompromisslosen bürgerlichen Grundhaltung einiger Rechtsparteien angezogen. Sie möchten unsere Partei in die gleiche Richtung bewegen. Andere Freisinnige sind ob solcher Tendenzen besorgt, sehen Liberalität und Toleranz in Gefahr. Das Gespräch darüber ist in den eigenen Reihen schwieriger und gereizter geworden. Das ist schade! Denn gerade die innere Polarisierung könnte für den Freisinn auch eine Chance sein. Berührungspunkte zwischen den beiden Flügeln gibt es nach wie vor genug.

Die vordergründig attraktive reine bürgerliche Politik der neuen Rechten hat aus liberaler Sicht zwei Pferdefüsse: Sie ist nicht liberal, weil sie letztlich nicht tolerant ist und den Pluralismus nicht mehr erträgt. Sie ist auch nicht besonders wirtschaftsliberal, denn sie enthält zünftische und protektionistische Elemente. Das Kokettieren einiger Liberaler mit den linken Sirenen führt zum Einfliessen von Gedankengut, vor allem im wirtschaftspolitischen Bereich, das die Marktwirtschaft schleichend denaturiert und das überlebte falsche Ideen in neuem Gewand wiederum salonfähig machen könnte. Deshalb kann die wahre geistige Heimat der Liberalen weder hüben noch drüben sein.

Wenn es uns gelingt, das Gespräch zwischen unseren Flügeln wieder zu intensivieren, wenn wir wieder Spass an der internen Auseinandersetzung bekämen, würde unsere Spannweite wieder zur Stärke! Diese Auseinandersetzung kann ja nicht heissen, dass man sich unbedingt einig werden muss. Es muss aber heissen, dass man zum echten Wettbewerb der Meinungen zurückfindet und die Meinung des andern toleriert.

Föderalismus, direkte Demokratie, Milizsystem und Konkordanz

Ich habe es schon angedeutet: Viele liberale Grundanliegen konnten in unserer erfolgreichen Staatsform realisiert werden. Der föderalistische Staat garantiert den Regionen und Sprachgruppen Freiräume, die ihnen die Gestaltung des politischen Umfeldes gestattet und die Bewahrung ihrer Identität erleichtert. Nur der föderalistische Staat sichert den Wettbewerb der Systeme, der immer wieder zu innovativen politischen Lösungen führt.

Weil die Probleme möglichst nahe beim Volk gelöst werden, wirtschaftet der föderalistische Staat haushälterischer als der zentralistische Staat. Dezentrale Systeme sind sehr viel anpassungsfähiger. Man weiss das auch von der Wirtschaft. Wenn die Schweiz heute die Maastricht-Kriterien erfüllt, so nur deshalb, weil die Kantone und Gemeinden in ihrer Mehrheit ihre Hausaufgaben gemacht haben. Der Zentralstaat ist noch nicht so weit!

Die Einbindung des Volkes in die Gestaltung des Gemeinwesens ist bei uns entwickelt wie nirgends sonst: über die direkte Demokratie und über das Milizsystem, das mannigfache Möglichkeiten der Mitgestaltung öffnet. Die Konkordanz ermöglicht die Einbindung der wichtigsten politischen Kräfte und der verschiedenen Kulturen in die Verantwortung für diesen Staat. Alles das hat gute Rahmenbedingungen für eine beispiellose politische und wirtschaftliche Stabilität geschaffen. Dies ist gewiss ein wichtiger Grund dafür, dass die Schweiz einer der wenigen Vielvölkerstaaten ist, die sich langfristig bewährt haben.

Anpassungen, aber keine Preisgabe der «Idee Schweiz»

Nun plötzlich aber verändert sich die Welt rasant! Viele Probleme können von einem einzelnen Land allein nicht mehr bewältigt werden. Internationale Zusammenarbeit wird in mehr und mehr Bereichen zwingend. Deshalb sind die Anforderungen an die Anpassungsfähigkeit eines Staates enorm gestiegen. Die Frage ist legitim, ob unsere Institutionen diesem Anpassungsdruck gewachsen sind. Oder ob es Reformen braucht. Auf diese Frage braucht es eine differenzierte Antwort.

Wir müssen zunächst aufpassen, dass wir nicht der Unzulänglichkeit der Institutionen unterschieben, was in Wirklichkeit von der Unzulänglichkeit menschlichen Handelns kommt. Wir dürfen uns auch nicht nur fragen, was durch grosse Reformen unseres Staates besser würde. Sondern wir müssen auch bedenken, was dadurch gefährdet werden und ins Rutschen geraten könnte. Man darf nie vergessen, dass ein Staat kein Unternehmen ist, das nur nach Effizienzkriterien geführt werden darf. Werte wie Identifikation, Konsens, Integration oder Geborgenheit sind ebenso wichtig.

Trotzdem: Anpassungen unserer politischen Mechanismen werden in Zukunft unumgänglich sein. Aber eine Preisgabe alles dessen, was die «Idee Schweiz» ausmacht, drängt sich keineswegs auf.

Die direkte Demokratie muss ein zentrales Element unserer politischen Kultur bleiben. Ich bin sogar überzeugt, dass sie internationale Ausstrahlung hat. Vielleicht nicht bei den Regierenden, deren Macht sie beschneidet, aber bei den Völkern.

Der Föderalismus darf nicht zum reinen Lippenbekenntnis entarten. Deshalb ist die Reform des Finanzausgleichs von so grosser staatspolitischer Bedeutung. Der unübersichtliche Wirrwarr von Kompetenzüberschneidungen und Finanzströmen muss wieder entwirrt werden. Wir wollen dem Föderalismus wieder Substanz verleihen, die Kantone sollen wieder mehr echte Autonomie erhalten. Wir möchten die Verantwortung für die Erfüllung einer Aufgabe und für deren Finanzierung in eine Hand zurückgeben.

Der Staat muss stark bleiben, aber er muss begrenzt, überblickbar und wohnlich sein; er darf und kann der Bürgerin und dem Bürger nicht die Lösung jedes noch so kleinen Problemchens abnehmen.

Der allumfassende Hochleistungsstaat ist längst gescheitert. Er schürt Erwartungen, die er nicht erfüllen kann, so dass seine Autorität erodiert. Und er ist schlicht nicht mehr finanzierbar. Nur ein Staat, der auch auf die Fähigkeit des Volkes zur Selbstverantwortung setzt und der Volk und Wirtschaft die nötigen Entfaltungsspielräume schafft, wird den Anforderungen der Zukunft genügen. Es ist der liberale Staat! (…)

Es braucht die Freisinnigen!

Weil aber liberale Lösungen immer angefochten sein werden, braucht es die Freisinnigen. Weil bei vielen Politikern ein grundlegendes Misstrauen den Marktkräften gegenüber nicht auszurotten ist, braucht es die Freisinnigen. Weil der Glaube an die staatliche Machbarkeit unbeirrt weiter umhergeistert, braucht es die Freisinnigen. Weil die Meinung, der Bürger sei zu seinem eigenen Schutz zu bevormunden, nicht auszurotten ist, braucht es die Freisinnigen. Weil viele Politiker statt auf den Wettbewerb der Systeme allzu oft auf Gleichmacherei und Harmonisierung setzen, braucht es die Freisinnigen. Weil nur ein liberaler Staat die Herausforderung der Zukunft bewältigen kann, braucht es die Freisinnigen. Weil Marktwirtschaft auch ein ethisches Fundament braucht, braucht es die Freisinnigen.

Die liberale Vision ist also nicht überlebt. Immer wieder müssen wir für liberale Lösungen eintreten, müssen wir nach liberalen Ansätzen suchen. Und keinesfalls dürfen wir die Fähigkeit zur Selbstkritik verlieren. Immer wieder müssen wir uns kritisch fragen, ob unsere Politik liberalen Ansprüchen eigentlich noch genüge, müssen wir uns selber den liberalen Spiegel vorhalten oder vorhalten lassen.

Der Freisinn hat nicht nur Vergangenheit, er hat auch Zukunft. Zur Freiheit gibt es viele Fragen. Wir müssen dazu überzeugende Antworten formulieren.

23. Januar 1997

> *Der Gang der Weltwirtschaft ist zunehmend gekennzeichnet vom neoliberalen Globalisierungseffekt, von Megafusionen, die immer mehr Arbeitsplätze wegrationalisieren, von Firmenschliessungen und Entlassungen. Die Schweiz, die keinem grossen Handelsblock angehört, steht allein vor einer wirtschaftspolitischen Bewährungsprobe: Sie hat eine bereits lang andauernde Stagnationsphase hinter sich und steckt mitten in einer Wirtschaftskrise. Die Arbeitslosenzahlen steigen unaufhaltsam. Zudem wird von aussen wegen des Nazigolds und der nachrichtenlosen Vermögen Druck auf die Schweiz ausgeübt.*

Dolder-Meeting, Zürich

Sanierung der Bundesfinanzen im Zerrspiegel divergierender Ansprüche

Sie alle kennen Murphy's Law: Was schiefgehen kann, geht schief. Bisweilen gewinnt man den Eindruck, zurzeit entwickle sich die Schweiz diesem Gesetz gemäss. Seit sechs Jahren stagniert die Wirtschaft. Die Zahl der Arbeitslosen steigt unaufhaltsam. Die politische Maschinerie dreht im roten Bereich, aber nachhaltige Problemlösungen scheint sie nicht zu produzieren. Gräben sind aufgebrochen im Lande, Gräben zwischen Alt und Jung, Stadt und Land, Welsch und Deutsch, Links und Rechts. Partikularinteressen dominieren vor Gemeinsinn. Und als ob alles das nicht genüge, weitet sich die Frage der nachrichtenlosen Vermögen zu einem Problem mit nicht zu unterschätzenden innen- und aussenpolitischen Implikationen aus. Unsere Befindlichkeit ist schlecht. Wir sind daran, den Glauben an uns selbst zu verlieren. Das ist immer ein gefährlicher Moment.

Aber Krisen sind immer auch Chancen. Ich gehe trotz aller Hiobsbotschaften nicht von meiner Überzeugung ab, dass unser realer Zustand besser ist als unsere subjektive Befindlichkeit. Kein böses Schicksal versucht uns in die Knie zu zwingen. Alles liegt an uns selber. Darüber möchte ich heute sprechen! Unter Einschluss der Bundesfinanzen selbstverständlich. Sonst wären Sie ja enttäuscht!

In welcher Welt müssen wir uns bewähren?

Es zeigt sich zunehmend, dass das Ende der bipolaren Weltordnung durch den Zusammenbruch des Kommunismus unerwartet tiefgreifende Veränderungen zur Folge hatte. Alles ist anders geworden. Die disziplinierende Wirkung des Ost-West-Gegensatzes ist verschwunden. Alte Konflikte und Spannungen sind wieder aufgebrochen, und die verbleibende Supermacht USA ist trotz ihres wirtschaftlichen und militärischen Gewichts nicht mehr in der Lage, überall gleichzeitig als Ordnungsmacht aufzutreten. Trotzdem haben sich denkbare Schreckensszenarien bisher nicht realisiert. Aufgebrochene Konflikte blieben begrenzt, andere konnten gedämpft werden. Die Zahl der eigentlichen Schreckensherrschaften hat markant abgenommen. Die Staatsform der Demokratie scheint sich durchzusetzen, wenn auch nicht überall in der perfektest denkbaren Form. Im grossen und ganzen sind das gute Entwicklungen. Manches mutet zwar chaotisch an, aber es verläuft grosso modo in die richtige Richtung.

Auch die Marktwirtschaft ist daran, sich klar durchzusetzen. Natürlich haben sich keineswegs alle Erwartungen in den Transitionsländern Mittel- und Osteuropas erfüllt. Aber die Talsohle scheint erreicht, und auch in Russland haben sich viele schlimme Befürchtungen nicht bewahrheitet. Diese Entwicklung zum Positiven scheint irreversibel. Die Liberalisierung des Welthandels hat markante Fortschritte gemacht; eine globale Arbeitsteilung zeichnet sich ab. Enorme wirtschaftliche Verflechtungen bilden sich.

Auch das sind gute Nachrichten. Es werden dadurch wirtschaftliche Kräfte entfesselt, die durchaus einen lang andauernden weltwirtschaftlichen Aufschwung bringen können. Das globale Wohlstandsniveau wird sich wahrscheinlich markant anheben. Es ist denn auch so, dass die Wachstumsraten im globalen Durchschnitt durchaus zu befriedigen vermögen. Ich denke an den markanten Aufschwung in Amerika, an die Entwicklung Ostasiens oder an die erwähnten Transitionsländer. Mühe haben die alten europäischen Industrieländer mit ihren rigiden Arbeitsmärkten, hohen Staatsschulden und nicht finanzierten sozialen Anwartschaften.

Durch die Globalisierung der Wirtschaft können Kapital, Know-how und Arbeitsplätze in kürzester Zeit in Gebiete mit als besser beurteilten Rahmenbedingungen verlagert werden. Das hat einschneidende Folgen. Wenn die Politik Fehler macht, verschwinden Arbeitsplätze. Besitzstände sind nicht mehr gesichert. Es gibt Gewinner und Verlierer. Und alles ist in ständiger Bewegung.

Das ist zunächst eine Bedrohung für jene, die über bedeutende Besitzstände verfügen, also auch für ein reiches Land wie wir. Aber es ist eine gewaltige

Chance für jene, welche die erforderlichen Leistungen erbringen. Doch eines ist klar: Der Wettbewerb wird nicht nur zwischen Unternehmen härter, sondern auch zwischen Wirtschaftsstandorten, ja zwischen Kulturen und Mentalitäten.

Die Globalisierung ist eine Chance

Die Frage stellt sich, ob ein Land wie die Schweiz, als Nichtmitglied eines grossen Handelsblocks, mittelfristig seinen Wohlstand in diesem Umfeld überhaupt halten kann.

Auch in einer globalisierten Wirtschaft ist ein regional erhöhter Wohlstand möglich. Hohe Löhne bleiben konkurrenzfähig, wenn die Produktivität hoch genug ist. Und sie sind dann denkbar, wenn die Qualifikation der Menschen so hoch ist, dass ihre Kreativität und ihr technisches Wissen es ihnen erlauben, zwangsläufig stets verlorengehende Arbeitsplätze wieder zu ersetzen. Wegen des Gesetzes der komparativen Kosten können also auch Hochlohnländer konkurrenzfähig bleiben, wenn sie die nötige Leistung erbringen. Weil aber nie alle Menschen über das nötige Qualifikationsniveau verfügen, werden wir wohl mit beachtlichen Lohndifferenzen leben müssen, wenn nicht Arbeitsplätze im grossen Stil verloren gehen sollen. Das kann zu einem schwierigen sozialen Problem führen, das ich sehr ernst nehme. Möglichst flexible Arbeitsmärkte mit vermehrten Möglichkeiten der Teilzeitarbeit werden unabdingbar sein. Zu glauben, man könne das Problem lösen, indem man bei gleichem Lohn die Arbeit durch Arbeitszeitverkürzung breiter verteile, wäre eine der fatalsten Illusionen.

Ein kleines Exportland wie die Schweiz ist auf möglichst freie Welthandelsregeln angewiesen. Grosse Handelsblöcke wie die USA, die EU oder Japan werden immer wieder in Versuchung geraten, protektionistische Hürden aufzubauen, wenn sie unter Konkurrenzdruck geraten. Das wäre für die Schweiz fatal. Die Wirtschaft selber ist aber mittlerweile derart global verflochten, dass unter ihrem Druck die Liberalisierung langfristig weitergehen wird. Kleine, aber wichtige Länder in Ostasien belegen, dass stürmisches Wachstum auch möglich ist, wenn man keinem Handelsblock angehört. Man muss dann allerdings einfach besser sein.

Der durch die Globalisierung bedingte Druck auf unsere Wirtschaftsstrukturen wird noch einige Jahre andauern. Er ist das grössere Problem als die konjunkturelle Situation. Aber er darf uns nicht lähmen. Wir können erfolgreich überleben, wenn wir es wirklich wollen und bereit sind, die nötigen Leistungen zu erbringen. Die Globalisierung ist eine Chance.

Wir stehen uns selbst im Weg

Früher waren die wirtschaftlichen Rahmenbedingungen der Schweiz erheblich besser als in anderen europäischen Ländern. Viele haben aufgeholt, der Vorsprung ist kleiner geworden. Trotzdem behaupte ich, dass unsere Rahmenbedingungen in den meisten Bereichen noch immer günstiger sind als anderswo. Gerade die Wirtschaft selber stellt sie oft schlechter dar, als sie sind. Ich zähle nur einige Elemente auf: Teuerung, Zinsniveau, Staats- und Steuerquote, politische und soziale Stabilität, etwas weniger starre Sozialsysteme, hohes Forschungs- und Bildungsniveau, Qualität von Verwaltung und Infrastruktur, ein Netz hervorragender Doppelbesteuerungsabkommen und manches mehr. Trotzdem stagnieren wir seit sechs Jahren, allerdings auf hohem Niveau, während die EU-Länder, wenn auch bescheiden, wachsen. Man muss sich deshalb fragen, was bei uns anders ist als andernorts. Die folgenden sechs Sonderfaktoren haben wohl unser Wachstum gebremst:
- Die Bereinigung der Übertreibungen im Bau- und Immobiliensektor ist schmerzlicher als erwartet.
- Der Franken gewann zwischen 1992 und 1995 überdurchschnittlich an Wert.
- Wegen des Globalisierungsdruckes auf die Exportwirtschaft und als Folge der marktwirtschaftlichen Erneuerung im Binnenmarkt verordnen sich viele Unternehmen Fitnesskuren.
- Wir sind weder im EWR noch in der EU.
- Gemeinden und Kantone haben ihre Investitionen markant reduziert.
- Die erwähnte Befindlichkeit, die weit verbreitete Verunsicherung, die grassierende Versicherungsmentalität, die mangelnde Risikofreude und die doch verbreitete latente Technologiefeindlichkeit sind wichtige, vielleicht überhaupt die wichtigsten Bremsfaktoren.

Wir stehen uns selbst im Weg.

Die Hausaufgaben sind noch nicht gemacht

Ich schliesse nicht aus, dass wir nun aber die konjunkturelle Talsohle langsam erreicht haben und dass es etwa ab Mitte Jahr wieder aufwärts geht. Einige Voraussetzungen dazu sind gut. Die Konjunkturlage in wichtigen Kundenländern bessert sich. Der Franken hat an Wert verloren. Die Zinsen sind historisch tief, die Geldversorgung ist reichlich.

Die Wirtschaft hat sich tiefgreifender restrukturiert als in andern Ländern. Einige bremsende Faktoren bleiben bestehen, aber die Aussichten sind besser geworden. Allerdings wird der Arbeitsmarkt noch nicht so bald positiv reagieren.

Weil nun aber der globale Anpassungsprozess rasant weitergehen wird, haben wir unsere Hausaufgaben noch längst nicht gemacht. Viel ist in direkt unhelvetischem Tempo allerdings schon in Bewegung geraten. Ich darf einige Beispiele aufzählen:
- Eine tiefgreifende Agrarreform ist eingeleitet. Wer hätte noch vor wenigen Jahren je eine Milchpreissenkung für möglich gehalten!
- Öffentliche Beschaffungsmärkte wurden liberalisiert und den Kartellen die Zähne gezogen.
- Im Steuerbereich bewegte sich, wenn auch kaum merklich, einiges mehr als nur die Ablösung der WUSt durch eine moderne Mehrwertsteuer.
- Die Fachhochschulen werden der Qualifikation vieler Menschen Impulse verleihen.
- Nächstes Jahr wird eine restrukturierte Telecom ein nach modernsten Methoden konzipiertes Going public vorführen.

Die angebotsorientierte Wirtschaftspolitik muss dezidiert fortgesetzt werden, damit wir den Wohlstand ins 21. Jahrhundert hinüberretten können. Ich darf dazu ebenfalls einige Sichtworte geben:
- Restrukturierung der SBB.
- Modernisierung der Unternehmensbesteuerung.
- Weitere Öffnung der Märkte, etwa im Energiebereich.
- Abschluss der bilateralen Verhandlungen mit der EU.
- Anpassung der Sozialwerke an die neuen wirtschaftlichen und demografischen Gegebenheiten.
- Sanierung der Bundesfinanzen.

Ich werde auf drei dieser Stichworte noch eingehen. Es ist aber klar, dass eine solche Politik nur langfristig wirkt. Die Politik, die sich nicht an den wahren Zeitbedüfnissen, sondern an Wahlterminen und Popularitätstests misst, sucht hingegen spektakuläre Massnahmen, sucht das Ereignismanagement. Die lange Stagnationsphase macht nervös, ruft der Hektik. Das ist riskant. Populäre Schnellschüsse können aber gefährden, was mittelfristig nötig wäre, etwa die Sanierung der Finanzen. Zurzeit sucht man nach einem sogenannten «Vertrauensschock».

Ich glaube halt, dass das Volk klüger ist, als viele denken. Es lässt sich nicht mit Knalleffekten täuschen, und es erträgt die Wahrheit. Wenn man mit nicht vorhandenem Geld solche Effekte erzeugen will, wird jedermann merken, dass das später über andere Verzichte oder Steuererhöhungen wieder bezahlt werden muss. Und wenn man etwa, um die Konsumentenstimmung nicht zu verderben, die Demographiefolgen auf die Sozialversicherung verharmlost, wird nicht Vertrauen, sondern noch mehr Misstrauen die Folge sein.

Vertrauen entsteht, wenn man Probleme benennt und anpackt, auch wenn es schmerzt. Vertrauen entstünde,
- wenn Politiker und Verbände ihre Regional- und Partikularegoismen überwänden und ein vertretbar abgespecktes und solid finanziertes Neat-Paket schnürten,
- wenn die bilateralen Verhandlungen erfolgreich abgeschlossen und sofort umgesetzt würden,
- wenn die Sozialwerke langfristig gesichert
- und die Bundesfinanzen dauerhaft saniert würden.

Wir brauchen ein schnittiges Instrument

Die missliche Lage der Bundesfinanzen ist bekannt. Die Schuldenlast und damit die Zinsen wachsen explosiv. Weil der grösste Teil des Defizits struktureller Natur ist, verschwindet es auch bei guter Konjunkturlage nicht. Die Fortsetzung der Schuldenwirtschaft engt über die steigende Zinsbelastung den politischen Handlungsspielraum zunehmend ein. Die Schuldenlast wird einer Generation überbürdet, die an den demographiebedingten Lasten schon genug zu tragen haben wird. Investoren werden steigende Steuern und Zinsen befürchten, was ihre Investitionslust dämpft.

Neuere empirische Studien belegen, dass ein glaubwürdiger Konsolidierungskurs die Basis eines langfristig soliden Wachstums ist. Es führt nichts um die Notwendigkeit herum, die Sanierung der Finanzen anzupacken. Wenn wir dieses Problem erfolgreich lösen wollen, brauchen wir einen breiten politischen Konsens. Deshalb hat der Bundesrat einen Verfassungsartikel in die Vernehmlassung gegeben, der nicht nur vorschreibt, dass das Defizit bis im Jahre 2001 beseitigt werden muss, sondern der auch festlegt, was vorzukehren ist, wenn das Ziel nicht erreicht wird. Mit diesem Artikel bekämen Bundesrat und Parlament nicht nur einen klaren Auftrag vom Volk, sondern auch ein schnittiges Instrument. Ein solcher Verfassungsartikel hätte zudem eine disziplinierende Vorwirkung: Man müsste ab sofort die Sanierungsmassnahmen ernster nehmen, um das natürlich unangenehme Fallbeil zu vermeiden.

Die Finanznot wurde von den steigenden Ausgaben verursacht. Es trifft nicht zu, dass der Bund in den Stagnationsjahren prozyklisch gespart hat. Im Gegenteil: Seit 1990 wuchsen die Ausgaben bei einer Teuerung von 17 Prozent um rund 40 Prozent. Man hat eben die Lösung jedes Problemchens auf «Bern» abgewälzt.

Aus zwei Gründen müssen wir die gestellte Aufgabe über die Ausgabenseite lösen: Zum einen zeigen Studien des Währungsfonds, dass die Konsolidierung der Staatsfinanzen erfahrungsgemäss nur so gelingt. Mehreinnahmen pflegen sofort dem Appetit der Politiker zum Opfer zu fallen. Zum andern dürfen wir Staats- und Steuerquote nicht erhöhen, wenn wir im globalen Wettbewerb bestehen wollen.

Es gibt den grossen Befreiungsschlag leider nicht. Es braucht ein ganzes Bündel von mühseligen Massnahmen, die Schritt für Schritt umzusetzen sind. Der Bundesrat denkt etwa an folgendes:

– Wie bisher ist Position um Position im Budget auf Sparmöglichkeiten abzuklopfen.
– Dem helvetischen Perfektionismus ist abzuschwören, Normen und Standards müssen weiter überprüft werden.
– Dem Bund sind keine wesentlichen neuen Aufgaben zu überbürden. Auch eine Verzicht- und Privatisierungsplanung ist im Rahmen der Verwaltungsreform an die Hand zu nehmen.
– In die staatlichen Prozesse sind intelligente Anreize zu haushälterischem Gebaren einzubauen, etwa indem systematisch die Kompetenz für den Vollzug einer Aufgabe mit der Kompetenz zu deren Finanzierung zur Deckung gebracht wird. Das muss bei der Finanzausgleichsreform und bei den Projekten des New Public Management Leitidee sein.

Eine eigentliche Trendwende ist noch nicht erreicht. Immerhin konnten das Budget 97 auf dem Stand des Budgets 96 nominell und der Finanzplan 1998–2000 real plafoniert werden.

Konjunkturelle Impulswirkung oder glaubwürdige Sanierungspolitik?

In letzter Zeit wird oft die Konsolidierungspolitik mit dem Argument in Frage gestellt, damit werde die Rezession verstärkt. Jetzt sei eine expansivere Politik nötig, eben ein «Vertrauensschock». Es ist nicht zu bestreiten, dass die Finanzpolitik konjunkturpolitisch relevant ist. Darauf nimmt der Bundesrat bewusst Rücksicht. Aber das Argument wird natürlich auch von jenen missbraucht, die um gefährdete Besitzstände kämpfen.

Wir haben erstens den Sanierungsplan bewusst auf mehrere Jahre verteilt, um keinen negativen Nachfrageschock zu erzeugen. Wir haben zweitens bewusst die Investitionen von den Sparmassnahmen ausgenommen. Drittens ist das

Budget in sich schon konjunkturneutral, aber wegen der automatischen Stabilisatoren werden die Ausgaben expansiv wirken und wird das echte Defizit das geplante übertreffen. Viertens haben wir das neue Sparinstrument der zweiprozentigen Kreditsperre als Eventualhaushalt im Umfang von etwas über einer halben Milliarde ausgestaltet. Sie kann im Falle einer rezessiven Entwicklung vom Bundesrat aufgehoben werden.

Man kennt meine Skepsis gegenüber Konjunkturprogrammen. Bei vor allem strukturell verursachten Wachstumsproblemen lösen sie kaum Probleme, zögern deren Lösung oft sogar hinaus. Eine Verstärkung der Investitionstätigkeit der öffentlichen Hand in der Rezession ist dann vertretbar, wenn der Zielkonflikt zwischen konjunktureller Impulswirkung und glaubwürdiger Sanierungspolitik klug gelöst wird. Es müssen nötige Investitionen sein, sie dürfen keine erhöhten Folgekosten verursachen, das Ausgabeniveau des Bundes soll nicht auf Dauer angehoben werden, Mitnehmereffekte sind zu vermeiden, und die Projekte müssen rasch realisiert und abgerechnet werden. Wir arbeiten zurzeit ein solches Investitionsprogramm aus. Wir gehen von der Idee aus, nur den Investitionsteil der Kreditsperre aufzuheben und zusätzlich etwa gleichviel Mittel für das Investitionsprogramm zu verwenden, wie der konsumptive Teil der Kreditsperre ausmacht. Damit würden wir nicht mehr ausgeben, als ohnehin im Falle einer anhaltenden Rezession vorgesehen ist. Wir gäben es aber ausschliesslich für Investitionen aus, hätten eine gewisse Multiplikatorwirkung und würden im Konsumbereich den Sanierungspfad nicht verlassen. Dazu kann ich Hand bieten. Wirken wird das aber nur, wenn Kantone und Gemeinden mitspielen. Darüber werden Gespräche geführt werden müssen.

Entscheidend sind die Sozialausgaben

Ob die Sanierung gelingen wird, wird massgeblich davon abhängen, wie die Sozialausgaben langfristig finanziert werden können. Sie tragen schon jetzt mehr als einen Viertel zu den Bundesausgaben bei, und sie sind seit 1990 um 70 Prozent gestiegen. Wir wissen schon heute, dass wir bis 2010 bei gleichbleibenden individuellen Leistungen etwa 15 Milliarden jährlich mehr benötigen. Und damit sind wir noch bei weitem nicht am Ende dieser Entwicklung. Zu glauben, die Volkswirtschaft vermöge das problemlos zu tragen und das Volk stimme entsprechenden Steuererhöhungen ohne weiteres zu, ist mehr als verwegen. Wir werden nicht um eine wirtschaftsverträgliche Erhöhung der Beiträge und eine sozialverträgliche Korrektur der Leistungen herumkommen. Jedermann weiss das. Trotzdem weicht die Politik dem unangenehmen Thema gerne aus. Sozial ist nicht, wer immerzu fordert. Sozial ist, wer den Mut zur nachhaltigen Konsolidierung der für unser Zusammenleben so wichtigen Sozialwerke hat.

Steuerpaket zur Verbesserung der Standortbedingungen

Auch wenn unsere steuerlichen Rahmenbedingungen noch sehr gut sind, hat sich unser Vorsprung verringert. Eine massvolle, aber wirksame Revision der Unternehmensbesteuerung drängt sich auf. Wir sind daran, auf die Wirtschaftssondersession ein attraktives Paket in den Bereichen Holdingbesteuerung, Körperschafts- und Kapitalsteuer, Emissionsabgabe auf Risikokapital und steuerliche Behandlung eigener Aktien zu schnüren. Dies wird die Standortbedingungen merklich verbessern. Weil es mit finanzpolitisch nicht vertretbaren Ausfällen verbunden wäre, sehen wir eine Teilkompensation im Bereich ungerechtfertigter Steuerprivilegien vor. Bekanntlich rügen die Spitzenökonomen des IWF seit Jahren, dass in der Schweiz Spargelder durch falsche steuerliche Anreize und Privilegien in ökonomisch falsche Kanäle geleitet werden. Auch hier besteht die delikate Gratwanderung darin, die Steuerordnung zu verbessern, ohne die auch für die Wirtschaft langfristige wichtige Konsolidierung der öffentlichen Finanzen zu unterlaufen.

Im Konkurrenzkampf einer globalisierten Wirtschaft

Die Hauptherausforderung für die Schweiz der nächsten Jahre wird es sein, im fast darwinistisch anmutenden Konkurrenzkampf einer globalisierten Wirtschaft zu bestehen. Daraus ergibt sich Anpassungsbedarf aber nicht nur in den klassischen wirtschaftsrelevanten Bereichen. Das ganze «System Schweiz» steht zur Diskussion. Im wirtschaftlichen Ausscheidungsrennen zählen auch moralische und politische Kraft, zählen auch Werte wie Solidarität und Konsens.

Bisher war das «System Schweiz» als eines der wenigen langfristig funktionierenden Modelle eines Vielvölkerstaats beispiellos erfolgreich. Unsere einzigartige politische Kultur ist wohl einer der Gründe dafür. Milizprinzip und direkte Demokratie eröffnen Bürgerinnen und Bürgern Möglichkeiten zur kreativen Mitgestaltung des Gemeinwesens. Der Föderalismus bändigt die Macht des Staates durch Teilung und gestattet den Minderheiten, ihre politischen Räume auf weite Strecken selber zu gestalten und ihre Identität zu wahren. Die direkte Demokratie unterwirft die Regierenden einem ständigen Rechtfertigungszwang. Sie gibt Entscheiden eine hohe Legitimation. Die Kombination von Kollegialprinzip und Konkordanz bindet die wichtigsten politischen Kräfte und die Sprachgruppen in die politische Verantwortung ein. Das wirkt in einem sehr heterogenen Land integrierend.

Zurzeit ist auch dieses System bestritten. Mag sein, dass durch grundlegende Reformen die Effizienz gesteigert werden könnte. Aber wenn dies um den Preis abnehmender Integrationskraft, abnehmender demokratischer Legitimation und abnehmender Mitwirkungsmöglichkeit geschähe, wäre nichts gewonnen, aber viel verloren. Der Weg wird nicht derjenige einschneidender Veränderungen sein, sondern derjenige ständiger Anpassung unter Bewahrung wichtiger Konstanten. Mit der Verfassungsreform können direkte Demokratie und Rechtssystem aktualisiert werden. Die Reform des Finanzausgleichs erlaubt es, dem Subsidiaritätsprinzip neue Substanz zu geben. Dezentrale Systeme sind rascher anpassungsfähig, widerstandsfähiger und bürgernäher. Sie entsprachen den Grundsätzen des New Public Management schon, als es dieses schöne Wort noch gar nicht gab. Die Anpassungen aber sind nötig. Nur so wird unser System seine Stärken auch künftig ausspielen können.

Ein Wort zu den nachrichtenlosen Vermögen

Gestatten Sie mir noch einige Bemerkungen zu den nachrichtenlosen Vermögen! Ich weiss, es ist ein Risiko. Tue ich es nicht, wirft man mir vor, ich liesse das aktuellste Problem aus. Tue ich es, heisst es, die Bundesräte sprächen mit zu vielen Stimmen. Ich wage es trotzdem!

Eigentlich waren die meisten von uns recht stolz auf die Leistungen der Schweiz im Zweiten Weltkrieg. Unser Land war verteidigungsbereit. Volk und Presse blieben unbeugsam. Tausende wurden gerettet. Es war ein Flecken Erde inmitten der braunen Brandung, wo demokratische Werte unbeirrt hochgehalten wurden. Das alles ist positiv, nach wie vor. Wohl wussten wir, dass es da auch dunkle Flecken gab, dass es zum Überleben auch Konzessionen brauchte, dass es Anpasser und Profiteure gab. Aber wir zogen es vor, uns im Positiven zu sonnen. Nun plötzlich hält man uns einen anderen Spiegel vor, zieht in Zweifel, was es an Gutem gab, macht uns für Dinge haftbar, die vor 50 Jahren falsch gelaufen sind. Das schmerzt. Das ruft Unwillen hervor. Das ist schwierig zu akzeptieren.

Ich weiss, dass sich viele Landsleute ob einzelner schriller Töne und ob pauschaler Verurteilungen ärgern und sich fragen, ob bei allen Akteuren allein Wahrheit und Gerechtigkeit das Motiv sei. Auch ich habe mehrmals Adrenalinstösse in den Adern verspürt. Wir dürfen uns aber nicht mit Gegenemotionen gegen Emotionen wehren. Es gibt die dunklen Flecken in unserer Geschichte, und nicht jene sind schuld daran, die uns darauf aufmerksam machen. Vielleicht sollten wir Verständnis dafür haben, dass die Nachkommen jener, die so unsäglich gelitten haben, noch heute besonders sensibel reagieren.

Das Aufarbeiten einer unangenehmen Vergangenheit ist immer schmerzlich. Aber wir sollen es ehrlich, redlich, selbstkritisch und in Würde tun. Wir sind dazu bereit. Ich weiss, dass dieser gute Wille da und dort bestritten wird. Wir werden aber den Tatbeweis erbringen. Der Bundesrat setzt sich dafür ein.

Was es braucht, damit es wieder aufwärts geht

Murphy's Law darf uns nicht lähmen. Die Schweiz hat noch Substanz. Unsere Jugend ist gut, kritisch und leistungsbereit. Sie weiss, dass ihr nichts geschenkt werden wird. Die Ausgangslage zur Lösung unserer Probleme ist so schlecht nicht. Wenn es uns wieder gelänge,
- rasch zu bauen, statt auf Bewilligungen zu warten,
- die Pro- vor den Gegenkomitees zu gründen,
- Grossprojekte zu bauen statt zu zerreden,
- zukunftsträchtige Technologien hier zu realisieren, statt aus Angst vor dem Verbotenwerden nach Amerika abwandern zu lassen,
- den Erfolg wieder salonfähig zu machen,
- uns auf den Pioniergeist und auf die Risikofreude unserer Vorfahren zu besinnen
- und über die Gräben hinweg den Dialog zu finden,

ja, dann müsste es eigentlich wieder aufwärts gehen!

3. November 1997

Nachdem die Schweiz wegen des Nazi-Raubgoldes international ins Zwielicht geraten und unter anderem vom US-Senator Alfonse D'Amato wegen ihres Verhaltens im Zweiten Weltkrieg massiv kritisiert worden ist, hat der Bundesrat eine diplomatische Task-Force unter Botschafter Thomas Borer und eine Historiker-Expertengruppe unter Prof. Jean-François Bergier zur Klärung der Rolle der Schweiz im Zweiten Weltkrieg ins Leben gerufen. Im Februar 1997 beschliesst die Landesregierung, mit Geldern der Banken und anderer Unternehmen einen Spezialfonds für Holocaust-Opfer zu äufnen; im März kündigt Bundespräsident Arnold Koller die Schaffung einer Solidaritätsstiftung an.

Gesellschaft für Kapital und Wirtschaft, Zürich

Solidarität – Leerformel oder Staatsmaxime?

Für einmal spreche ich weder zur Wirtschaftspolitik noch zur Finanzpolitik, sondern zum Thema Solidarität. Dieses Thema ist schwierig, eher schwammig, nur schwer fassbar. Falls ich aus Ihrem Erscheinen schliessen darf, dass Sie so etwas Abgenutztes wie Solidarität für wichtig halten, dann freut mich das. Ich halte es nämlich für wichtig!

Was heisst Solidarität?

Weil Solidarität ein schwammiger Begriff ist, habe ich im Kleinen Brockhaus nachgeschaut. Dort wird Solidarität mit Zusammengehörigkeitsgefühl, Gemeinsinn, wechselseitiger Verbundenheit der Mitglieder einer Gruppe umschrieben. Meist verbindet man das Wort Solidarität mit der Vorstellung einer aktiven oder passiven Tätigkeit. Ich kann Solidarität geben und für die Gemeinschaft etwas leisten, oder ich kann Solidarität empfangen, die Hilfe anderer Mitglieder der Gesellschaft in Anspruch nehmen. Aus aktiver und passiver Solidarität ergibt sich ein komplexes Geflecht, das die ganze Gesellschaft durchwirkt. Dabei kann der Einzelne gleichzeitig Empfänger und Spender von Solidarität sein. Das Ziel solcher Solidarität ist es, ein menschenwürdiges Leben aller Angehörigen der Gesellschaft zu ermöglichen. Mir scheint, dass ein solches Geflecht aus Solidarität eine notwendige Bedingung einer funktionsfähigen

Gesellschaft ist. Solidarität bedeutet also mit andern Worten die wechselseitige Übernahme von Mitverantwortung der Mitglieder einer Gesellschaft für diese Gesellschaft. Sie bedeutet Einstehen füreinander im Bewusstsein einer gewissen Verbundenheit, oft gar einer Schicksalsgemeinschaft. Solidarität ist in verschiedensten Formen wirksam. Sie kann spontan entstehen oder sie kann aus ungeschriebenen gesellschaftlichen Konventionen erwachsen. Sie kann zu Institutionen gerinnen oder in gesetzliche Normen gegossen werden.

Ich behaupte, dass eine demokratische Gesellschaft ohne einen minimalen Grundkonsens über ein notwendiges Mass an Solidarität nicht bestehen kann. Gesetze allein machen eine Gesellschaft nicht funktionsfähig. Es ist ein Grundkonsens über Werte nötig, weil sonst die perfektesten Institutionen nicht funktionieren. Besteht dieser Konsens nicht, so werden Gesetze nicht eingehalten, Steuern hinterzogen, Zusagen und Verträge gebrochen, Schutzgelder erpresst und so weiter und so fort. Letztlich ist eine Demokratie ohne ein ethisches Fundament undenkbar.

Ein Grundprinzip unseres Bundesstaates

Es ist zwar Mode geworden, der Schweiz den Status eines Sonderfalls abzusprechen. Wer dieses Wort noch zu brauchen wagt, läuft Gefahr, in die rechte populistische Ecke abgedrängt zu werden. Trotzdem haben wir aber eine besondere politische Kultur und eine besondere Identität entwickelt, die sich von denjenigen anderer Länder erheblich unterscheiden. Diese politische Kultur und die Identität unseres aus vier Sprachen und Kulturen bestehenden Willensstaates sind besonders stark auf den Pfeiler der Solidarität abgestützt. Sie leben vom Gemeinsinn der tragenden Schichten. Die Solidarität ist sozusagen ein konstitutives Grundprinzip der Eidgenossenschaft und des Bundesstaates. Ohne den festen Willen zur Bildung einer Schicksalsgemeinschaft wäre der freiwillige Zusammenschluss einzelner sehr unterschiedlicher Teile zu einem multikulturellen und mehrsprachigen erfolgreichen Staat Schweiz wohl gar nicht möglich, gewiss aber nicht so erfolgreich gewesen. Dabei ist Solidarität nicht eine von oben verordnete Staatsmaxime, sondern etwas, was über Jahrhunderte organisch gewachsen ist.

Milizsystem in Politik und Armee sind ohne Gemeinsinn, ohne freiwilligen Einsatz für das Gemeinwesen nicht denkbar. Die direkte Demokratie kann nur funktionieren, wenn die Stimmbürgerinnen und Stimmbürger bei ihrer Willensbildung neben den natürlichen Eigeninteressen immer auch die Interessen des Gemeinwesens einbeziehen. Der Staat hat eine ganze Reihe von Instrumenten geschaffen, welche die Solidarität sozusagen materialisieren. Ich denke an die AHV, welche zu einem eigentlichen Identitätsmerkmal des Landes geworden ist. Ich denke an den Finanzausgleich, die Regionalpolitik oder die vielen Solidaritätselemente, welche immer wieder in Gesetze eingebaut werden.

Ein Staatswesen, das derart auf Gemeinsinn und Solidarität angewiesen ist wie die Schweiz, wird sehr stark betroffen, wenn die Idee der Solidarität an Kraft verliert. Ich bin überzeugt, dass einige unserer Identitätsprobleme und dass zunehmende Zweifel an der Funktionsfähigkeit unseres Staatswesens letztlich mit diesem Phänomen zu tun haben. In freier Interpretation eines Wortes von Karl Schmid könnte man sagen, dass unser Staat in Gefahr gerät, wenn ihm die tragenden Schichten der Gesellschaft ihre innere Zuwendung entziehen.

Selbstverantwortung

Bevor ich eine kurze Schilderung der gegenwärtigen Befindlichkeit der Schweiz wage, möchte ich kurz auf das eingehen, was man als den Gegenpol der Solidarität bezeichnen könnte, nämlich den Individualismus. Auch er ist eine tragende Säule einer freiheitlichen Gesellschaft. Er ist letztlich der Motor der individuellen Leistung, des Wettbewerbs, der Schaffung von Werten. Und bekanntlich müssen Werte zuerst geschaffen werden, bevor man sie verteilen kann. Deshalb wirkt sich letztlich der Individualismus für die Gesellschaft ebenfalls positiv aus. Eine Art raffinierte Kombination von Individualismus und Solidarität ist die Selbstverantwortung. Der erste Schritt zur Solidarität ist immer der, dass man das eigene Haus selbst in Ordnung hält und den andern nicht zur Last fällt.

Es liegt auf der Hand, dass Solidarität und Individualismus in einem Spannungsverhältnis zueinander stehen. Da sie beide für die Funktionsfähigkeit einer Gesellschaft nötig sind, könnte man sagen, dass sie sich zueinander komplementär verhalten. Wichtig ist die richtige Mischung. Diese erkennt man sofort, wenn man Systeme mit der Dominanz von einem der beiden Pole analysiert.

Ein System, das nur auf Solidarität beruhen will, führt zu Leistungszerfall. So, wie die Menschen geartet sind, verlieren sie den Leistungswillen, wenn sie nur noch auf die Solidarität der andern bauen. Der Kommunismus ist unter anderem ein gescheiterter Versuch, Solidarität pur zu realisieren. Das Scheitern des schwedischen Modells belegt diese Tatsache ebenfalls. Umgekehrt führt übersteigerter Individualismus zu einer egoistischen, kalten, herzlosen Leistungsgesellschaft mit Siegern und Verlierern, mit sozialer Unrast, mit gewaltigen sozialen Unterschieden.

Man kann das gleiche Problem auch von einer andern Seite her angehen. Ich bin überzeugt, dass nur freiheitliche Systeme zu Wohlstand führen können und dass nur freiheitliche Systeme letztlich in der Lage sind, die immer komplexeren Probleme dieses Planeten zu lösen. Denn nur in freiheitlichen Systemen entfalten die Menschen die nötige Kreativität und die nötige Leistung. Gleichzeitig kann Freiheit immer auch missbraucht werden, sonst ist es keine Freiheit. Jedes System erträgt ein gewisses Mass an Missbrauch. Steigt der Missbrauchspegel aber zu stark an, kommt sofort der politische Druck nach Einschränkung, nach Regelung, nach Eindämmung der Freiheit. Deshalb darf nicht alles, was nicht verboten ist, auch immer getan werden. Die Freiheit bedarf der verantwortlichen Nutzung, also der Verantwortung, wenn sie sich selber nicht gefährden will. Deshalb sind Freiheit und Verantwortung ebenso komplementär wie Solidarität und Individualismus.

Ein übernutzter und missbrauchter Begriff

Während Individualismus ein häufig negativ verwendeter Begriff ist, ist Solidarität positiv besetzt. Deshalb wird der Begriff Solidarität in der Politik ständig benutzt, ja übernutzt, ja wohl auch missbraucht. Viele Politiker pflegen Solidarität ausschliesslich auf Kosten anderer zu gewähren. Für sie bedeutet Solidarität, dass andere für ihre politische Clientèle bezahlen. Deshalb ist der Begriff Solidarität durchaus auch zur Leerformel geworden. Viele mögen ihn schon gar nicht mehr hören.

Aber durch Verschliessen der Ohren löst man kein Problem. Ich bin der Meinung, dass der Individualismus in unserer Gesellschaft zurzeit zu stark dominiert und überbewertet wird. Ich glaube, dass das Mischverhältnis zwischen Individualität und Solidarität zurzeit nicht mehr ideal ist.

Dieses Faktum muss uns beschäftigen. Es könnte zu einer Gegenbewegung führen, die dann ihrerseits wieder zu unausgewogenen Resultaten führt. Die Ablehnung des Arbeitsgesetzes, die Ablehnung der Sparmassnahmen bei der Arbeitslosenversicherung und die Erfolge der Linken in verschiedenen Wahlen mögen dafür erste Hinweise sein.

Aus der nationalen Depression wieder herauskommen

Abrupt ist in der Schweiz eine lange Periode ununterbrochenen Wachstums und einzigartigen Wohlstandes zu Ende gegangen. Plötzlich wurde das von vielen herbeigesehnte Nullwachstum Tatsache. Betriebe schliessen oder durchlaufen schmerzhafte Umstrukturierungen. Tempo und Wucht des Wandels erschrecken. Zudem realisieren wir plötzlich, dass wir in der Perzeption der übrigen Welt nicht mehr das sympathische Mustervolk sind, das wir so gerne wären. Verteilkämpfe entbrennen, Zukunftsangst entsteht, wir zweifeln an unserer Identität. Gräben trennen unsere Gesellschaft in Segmente, die den konstruktiven Dialog kaum mehr finden. Interessengruppen verteidigen schamlos und professionell ihre Besitzstände, meist ohne grosse Rücksicht auf das Gemeinwohl. Autoritäten und Institutionen werden angefochten, ja grundsätzlich in Frage gestellt. Die Medien pflegen im gnadenlosen Kampf um Einschaltquoten und Auflagezahlen häufig das Trennende, das Überkritische, das Spektakuläre. Das Differenzierende weicht dem Holzschnitt. Darauf reagiert die Politik mit immer schrillerer Polarisierung. Jede politische Marktnische wird, oft sogar von den Regierungsparteien, rücksichtslos ausgenutzt, meist im Stil totaler Opposition. Alles wird aus dem Kontext gerissen und unbesehen vom Gesamtinteresse isoliert auf die Politbühne gebracht. Damit hat sich die politische Realität von unserem auf Konsens ausgerichteten politischen System entfremdet. Die individuelle Betroffenheit, nicht die allgemeine Anteilnahme dominiert. Und der politische Markt scheint diesen Trend mit Stimmenzuwachs zu belohnen. Wir sind orientierungslos geworden. Das Verhältnis zwischen Politik und Wirtschaft hat einen Tiefpunkt erreicht. Wir laufen Gefahr, von einer Willensnation zu einer Zweiflernation zu werden.

Das ist ein düsterer Befund. Glücklicherweise beschreibt er jedoch nur einen Teil der Wahrheit. Es gibt auch einen anderen, zuversichtlicher stimmenden. Unser realer Zustand ist besser als die subjektive Befindlichkeit. Die makroökonomischen Kennziffern sind im internationalen Vergleich gut. Grosse Teile der Wirtschaft haben die Hausaufgaben gemacht und sind wieder konkurrenzfähig. Der Wirtschaftsstandort Schweiz bekommt überall, ausser charakteristischerweise in der Schweiz selber, gute Noten. Noch sind wir eines der reichsten Länder der Welt. Der grösste Teile der Jugend ist lernwillig und leistungsbereit. Spontane Aktionen zeigen immer wieder, dass die Idee der Solidarität nicht ausgestorben ist. Und die heftigen Dispute über politische Fragen sind natürlich auch Belege für ein intaktes, kreatives politisches Temperament des Volkes.

Die Frage stellt sich, wie die vielen positiven Ansatzpunkte so aktiviert werden können, dass wir den nationalen Turnaround schaffen und aus dieser Art nationaler Depression wieder herauskommen. Wichtig sind dabei drei Dinge:
- Politik und Wirtschaft müssen sich dem rasanten Wandel ständig anpassen.
- Wir müssen den Staat wieder auf die reale wirtschaftliche Tragfähigkeit zurückdimensionieren,

– und wir müssen unsere mentale Krise überwinden und zu einem gesunden, aber nicht überheblichen Selbstvertrauen zurückfinden.

Über die Anpassung der Wirtschaft muss ich in Ihrem Kreise nichts sagen. Gerade aus Wirtschaftskreisen höre ich indessen immer wieder Kritik an der Unfähigkeit des Staates, die nötigen Anpassungsprozesse rasch genug zu vollziehen. Nun ist es wahr, dass ein Staat kein Unternehmen ist, das nur nach Effizienzkriterien geführt werden kann. Neben Effizienz spielen eben Werte wie Geborgenheit, Konsens, Überschaubarkeit, Mitwirkungsmöglichkeit usw. ebenfalls eine Rolle. Gerade der Mitwirkungsstaat schweizerischer Prägung reagiert nur sehr langsam. Trotzdem hat sich in den letzten fünf Jahren sehr viel mehr verändert, als viele wahrhaben wollen. Ich nenne nur einige Stichworte: Binnenmarktgesetz, Kartellrechtsreform, öffentliches Beschaffungswesen, Mehrwertsteuer, Unternehmenssteuerreform, Reform von Post und Telecom, Einleitung so grosser Reformen wie der Landwirtschaftsreform, der Reform des Finanzausgleiches, der Verwaltungsreform, der Reform der SBB, der Schaffung der Fachhochschulen usw. Natürlich ist noch viel zu tun, und überall sind vor allem auch bremsende Kräfte am Werk. Manchmal bremsen im besonderen auch gerade jene besonders stark, die die Unfähigkeit des Staates zur Veränderung im allgemeinen besonders laut beklagen. Natürlich ist noch viel zu tun, und wir wollen es auch tun. Es ist nicht wahr, dass die Schweiz total immobil ist. Wir dürfen uns auch in bezug auf Anpassungsfähigkeit im internationalen Vergleich durchaus sehen lassen. Denken Sie nur an das Schicksal der so hoch gejubelten deutschen Steuerreform! Aber wir dürfen in unseren Anstrengungen nicht nachlassen. Einfach wird es nicht sein.

Zu dem, was noch zu tun ist, gehört auch die Revitalisierung des Gedankens der Solidarität. Ich möchte kurz auf drei Themen eingehen, in welchen die Solidarität eine besondere Rolle spielt: die Sanierung der Bundesfinanzen, die Zukunft des Sozialstaates und die Stiftung für eine solidarische Schweiz.

Die Sanierung der Bundesfinanzen

Bei der Sanierung der Bundesfinanzen geht es nicht einfach um lästige Sparübungen. Ich weiss, dass viele das Wort Sparen schon gar nicht mehr hören mögen. Es geht um nichts weniger als um die Schaffung einer gesunden Schweiz, welche das nächste Jahrhundert mit Chancen anpacken kann. Wir haben von der letzten Generation eine solche Schweiz übernommen. Wir sollten auch eine solche der nächsten Generation weitergeben, einer Generation, welche ohnehin an den Lasten der demographischen Veränderungen enorm zu tragen haben wird.

Ich will Sie von zu vielen Zahlen verschonen. Sie sind derart beängstigend, dass sich die meisten Leute darunter schon gar keine Vorstellungen mehr machen können. Aufgrund der steigenden Zinslasten hat der Staat täglich weniger Mittel zur Verfügung, um seine eigentlichen Kernaufgaben zu erfüllen. (…) Grundsätzlich möchte der Bundesrat den Bundeshaushalt über die Reduktion des Ausgabenwachstums sanieren. (…) Trotz aller Schwierigkeiten hat er sich zum Ziel gesetzt, die Bundesfinanzen bis ins Jahr 2001 wieder in Ordnung zu bringen. Dieses Ziel soll in der Bundesverfassung verankert werden. Mit einer straffen Budgetpolitik und einem sehr strengen Finanzplan ist es bereits gelungen, eine Trendwende in Richtung Sanierung zu erreichen. Die Ausgaben gemäss Finanzplan gehen ausser im Sozialbereich schon jetzt real signifikant zurück. Das ist ein eigentlicher Paradigmenwechsel. Nur fehlen noch über zwei Milliarden, um das Ziel wirklich erreichen zu können. Deshalb möchte der Bundesrat ein Sparpaket schnüren, welches die Differenz zwischen Finanzplan und Ziel eliminieren soll. Allein als Folge der jüngsten Volksabstimmung über die Arbeitslosenversicherung hat sich die Sanierungslücke zur Zielerreichung um mehrere hundert Millionen jährlich vergrössert. Sie ersehen daraus, dass täglich neue Schwierigkeiten auftauchen. Das darf uns indessen nicht daran hindern, unentwegt und beharrlich an der Sanierung weiterzuarbeiten.

Suche nach gerechten Sanierungslösungen

Und nun komme ich zurück zur Solidarität! In unserem politischen System können die Bundesfinanzen nicht ohne das Volk saniert werden. Obwohl breite Kreise das Sanierungsproblem verdrängen, weiss im Grunde das Volk, wie es steht. Es ist sich bewusst, dass man nicht auf Dauer auf Pump leben kann. Aber das Volk hat auch ein feines Gespür für Gerechtigkeit. Es wird nur dann der Sanierung zustimmen, wenn es den Eindruck hat, die nötigen Opfer seien einigermassen gerecht verteilt, auch die Lasten würden von allen solidarisch getragen.

Heute nun stelle ich aber fest, dass sich im Volk ein tiefes Grundgefühl von Ungerechtigkeit verfestigt hat. Ich nehme das ernst. Viele Menschen mit tieferen und mittleren Einkommen, bis weit hinein in den Mittelstand, haben den Eindruck, nur sie müssten Opfer bringen. Sie verstehen nicht, dass man über die Reduktion von Leistungen der Sozialwerke spricht und dass Grosskonzerne Leute entlassen, während gleichzeitig Rekordgewinne ausgewiesen werden, Börsengewinne nicht versteuert werden müssen und immer wieder Nullsteuermillionäre entdeckt werden. Da können Sie lange elegante ökonomische Begründungen finden, da können Sie grosse Vorträge über Risikokapital halten, da können Sie von globaler Konkurrenzfähigkeit sprechen, die Betroffenen werden Sie nur schwer überzeugen können. Dies ist der Grund dafür, weshalb ich es als eine meiner wichtigen Aufgaben betrachte, unter Berücksichtigung der ökonomischen Zwänge möglichst gerechte Sanierungslösungen zu finden. Deshalb muss ich oft den Wünschen von auch mir nahestehenden Interessengruppen ein schroffes Nein entgegenstellen. Beispielsweise finde ich es inakzeptabel, gerade jetzt den Hauseigentümern Steuergeschenke zu machen, in einer Zeit also, in welcher es dem Bund so schlecht wie wohl noch nie geht. Deshalb muss ich um Verständnis bitten, wenn ich Steuererleichterungen dort zurzeit bekämpfen muss, wo sie nur wünschenswert, aus Sicht des Wirtschaftsstandortes aber nicht zwingend nötig sind. Ich muss auch um Verständnis dafür bitten, dass wir stossende und ungerechte Lücken in der Besteuerung untersuchen. Und deshalb müssen wir, auch bei allem Verständnis für das Anliegen, sehr gründlich prüfen, ob die Umsatzabgabe auf Wertschriften wirklich und in vollem Umfang abgeschafft werden muss. Es wäre tödlich für unser Land, wenn die eine Hälfte des Volkes das Gefühl bekäme, die andere wolle sich von ihr völlig desolidarisieren.

Natürlich wird dieses Grundgefühl der Ungerechtigkeit heute politisch in einer Weise ausgenutzt, die auch nicht akzeptabel ist. Wir haben das bei der polemischen Werbekampagne gegen die Sanierungsschritte zur Arbeitslosenversicherung feststellen müssen. Dass die Kampagne, wenn auch knapp, Erfolg hatte, lässt für die Zukunft wenig Gutes erahnen.

In diesem Spannungsfeld ist beispielsweise das Problem der Kapitalgewinnsteuer zu sehen. Es ist völlig klar, dass aus Sicht des Prinzips der Besteuerung nach der wirtschaftlichen Leistungsfähigkeit und aus Sicht der Rechtsgleichheit auf die Kapitalgewinnsteuer nicht zu verzichten. Es gibt aber auch gewichtige Gründe gegen sie. Der Aufwand ist immens. Die Ergiebigkeit ist verhältnismässig bescheiden. Die Folgen für unsere Risikokapitalkultur könnten gesamtwirtschaftlich negativ sein. Es ist nicht leicht, innerhalb solcher Zielkonflikte die richtigen Entscheide zu fällen. Hätten wir nicht auf breiter Front die vielen Steuerausfälle, käme uns niemals in den Sinn, diese Steuer ernsthaft zu prüfen. Angesichts der herrschenden Umstände haben wir indessen keine andere Wahl.

Man möchte meinen, dass langfristig alle Interessengruppen, die Linken und die Rechten, die Arbeitgeber und die Arbeitnehmer, an der Sanierung der Bundesfinanzen ein grosses Interesse hätten. Bei gutem Willen müsste es deshalb möglich sein, für alle tragbare und ökonomisch sinnvolle Kompromisse zu finden. Momentan müssten wohl alle etwas Federn lassen, dafür würden langfristig alle gewinnen. Erschwerend ist natürlich die Tatsache, dass es langfristige

Interessen in der Politik schwer haben. Die Politik denkt zu häufig nur von Wahlen zu Wahlen. Deshalb ist vor den Wahlen etwas Mutiges immer schwierig zu realisieren; und ich habe die Erfahrung gemacht, dass nach den Wahlen immer auch vor den Wahlen ist.

Für ein leistungsfähiges, aber tragbares soziales Netz

Im Zusammenhang mit der Lage der Bundesfinanzen komme ich nicht darum herum, auch einige Bemerkungen zu den Sozialversicherungen zu machen. Sie machen nicht nur den grössten Teil der Ausgaben des Bundes aus, sondern weisen auch mit Abstand das stärkste Ausgabenwachstum auf. Wenn wir dieses Problem nicht lösen, lösen wir keines der wichtigen Probleme. Zunächst möchte ich ausdrücklich festhalten, dass ein leistungsfähiges und stabiles soziales Sicherheitsnetz für die nationale Kohäsion und die politische und soziale Stabilität unabdingbar ist. Und diese Werte wiederum sind auch unabdingbar für einen langfristig attraktiven Wirtschaftsstandort. Ich muss deshalb jenen eine Absage erteilen, die einer völligen Privatisierung der ganzen Sozialvorsorge das Wort reden. Eine angemessene soziale Grundversorgung muss vom Gemeinwesen mitgetragen werden.

Die AHV ist sozusagen zum Symbol der nationalen Solidarität geworden. Deshalb pflegen AHV-Fragen auch immer so heftige Emotionen zu wecken. Das Prinzip der drei Säulen, um das uns viele Länder beneiden, ist im Bereich der Altersvorsorge gewissermassen ein Optimum zwischen Solidarität und Selbstverantwortung. Die erste Säule ist ein reines Solidaritätswerk, das die Grundbedürfnisse abdeckt. Die zweite Säule ist obligatorisch, aber sie ist individuell geprägt und wird von der Privatwirtschaft vollzogen. Und die dritte Säule ist wohl steuerlich privilegiert, damit subventioniert, was ein Solidaritätselement darstellt, aber sie ist freiwillig und individuell. Zudem ergänzen sich die Finanzierungsarten Umlage und Kapitaldeckung mit ihren Vor- und Nachteilen aufs vortrefflichste. Wir stehen also nicht vor einer Prinzipfrage. Wir stehen vor der Frage der langfristigen Konkretisierung des Prinzips.

Die Arbeitslosenversicherung macht uns zurzeit grosse Sorgen. Sie ist momentan nicht mehr finanzierbar. Man kann sich durchaus die Frage stellen, ob sie so gut ausgebaut ist, dass die Unternehmen ohne Gewissensbisse Menschen über diese Versicherung entsorgen und dass der Anreiz, wieder Arbeit aufzunehmen, zu klein geworden ist. Aber ich wage mir nicht vorzustellen, welche sozialen Turbulenzen aufkämen, wenn wir keine gute Arbeitslosenversicherung hätten.

Wir brauchen also ein leistungsfähiges soziales Netz. Nur
- darf es den Leistungswillen nicht lähmen,
- den Willen zur eigenen Bewältigung der Wechselfälle des Lebens nicht ersticken,
- die Volkswirtschaft nicht überlasten und damit die Wettbewerbsfähigkeit des Wirtschaftsstandortes nicht gefährden. Sonst fängt es an, sich selber zu gefährden.

Solidarisch mit den Rentnern, den Arbeitslosen und den Invaliden ist nicht derjenige, der unter dem Vorwand des Sozialabbaus und ungeachtet der zunehmenden Verschuldung jede Korrektur am Bestehenden verhindert oder gar einem Leistungsausbau das Wort redet. Solidarisch ist derjenige, der Hand zu Lösungen für eine langfristige finanzielle Sicherung der Sozialwerke bietet. Verbissene Besitzstandwahrung zur Pflege der heutigen politischen und verbandlichen Clientèle ist gleichbedeutend mit dem Verzicht auf jede Solidarität mit der nächsten Generation. (...)

Die Stiftung für eine solidarische Schweiz

Die Idee der Stiftung für eine solidarische Schweiz bewegt die Gemüter in unserem Land. Das ist kein Wunder. In eine schwierige Zeit hineingeboren, ist sie in vielerlei Hinsicht ein aussergewöhnliches Projekt:
- eine unschweizerisch grosszügige Idee für ein Zukunftswerk,
- nicht abschliessend verordnet, sondern formbar,
- ideell und materiell herausfordernd,
- mit nationaler und internationaler Ausstrahlung,
- nicht ohne innen- und aussenpolitische Risiken.

Die Solidaritätsstiftung löst gleichzeitig Zustimmung und Kritik, Wenn und Aber, Dafür und Dawider aus. Ich sehe das als Chance. Denn das Interesse an dieser Idee zeigt, dass die Frage der Solidarität die Leute bewegt. Natürlich gibt es auch bei dieser Frage bereits eine Anzahl fast fanatischer Neinsager. Und wie immer bei neuen Projekten sind sie rascher organisiert und effizienter als die noch zögernden Sympathisanten. Aber gesamthaft gesehen ist diese Anteilnahme und diese Bereitschaft zur intensiven Auseinandersetzung von ganz besonderer Bedeutung. Denn es ist letztlich eine Auseinandersetzung mit uns selbst, mit unserer Identität, mit einem Pfeiler unseres Selbstverständnisses, der Solidarität eben.

Die Stiftung für Solidarität beruht auf der Erkenntnis, dass – in unserem Land wie anderswo – Werte wie gelebte Solidarität und Gemeinsinn einer steten Erosion ausgesetzt sind. Im Ausland nimmt man die Schweiz immer stärker als reiches Land wahr, das sich abschottet, sich aus multilateralen Verpflichtungen heraushält und eigentlich mehr für die Lösung gemeinsamer Probleme tun könnte. Aber auch im Innern, ich habe darüber bereits ausführlich gesprochen, ist die Solidarität auf dem Rückzug.

Diese Erosion hat schon vor und unabhängig von der Holocaust-Diskussion eingesetzt. Die Idee der Stiftung knüpft jedoch an dieses Phänomen an. Sie soll ein sichtbares Zeichen setzen für mehr Solidarität und Gemeinsinn, nach aussen wie nach innen. Ohne das Umfeld der Holocaust-Diskussion wäre die Idee der Stiftung wohl nicht geboren worden, hätte es die Sensibilisierung für die Bedeutung glaubwürdiger, gelebter Grundwerte nicht gegeben. Und ohne die stete Zuspitzung der Exponiertheit unseres Landes in internationalen und nationalen Schlagzeilen wäre wohl auch die Auseinandersetzung mit der Stiftung weniger emotional und weniger stark. Ich verstehe und respektiere die Emotionalität und die Betroffenheit vieler Leute, welche das gegenwärtige «Powerplay» gegen die Schweiz ungerecht finden. Auch ich finde es angesichts unserer Leistungen zur Bewältigung des Problems ungerecht.

Deshalb ist es wichtig, dass wir polemische oder bewusst irreführende Argumentationen, etwa jene der Erpressung oder der Verschleuderung von Volksvermögen, dezidiert zurückweisen. Sie entsprechen nicht der Wahrheit. Und deshalb legen wir so Wert darauf, dass die unterschiedlichen Instrumente «Spezialfonds für Holocaust-Opfer» und «Solidaritätsstiftung» auseinandergehalten werden. Das Umfeld, in dem sie entstanden sind, ist dasselbe. Aber die beiden Instrumente antworten auf unterschiedliche Bedürfnisse, sie zielen auf andere Horizonte, werden anders verwaltet und haben signifikant andere Zweckbestimmungen. Der Bundesrat hat jedoch immer wieder klargemacht, dass in der Not alle gleich sind und dass deshalb die Stiftung allen Bedürftigen und Verfolgten offen stehen soll, ungeachtet ihrer religiösen und ethnischen Herkunft. Niemand soll ausgeschlossen, aber auch niemand bevorzugt werden.

Die vom Bundespräsidenten erst im März lancierte Idee hat nun innert kurzer Frist, unter Einbezug aller interessierten Kreise, eine konkrete Ausgestaltung erhalten. Wie Sie wissen, hat der Bundesrat mit der Konkretisierung der Idee für eine Solidaritätsstiftung zwei Arbeitsgruppen unter der Leitung von Ulrich Bremi (Bewirtschaftung) und Hermann Fehr (Stiftungszweck) beauftragt. Nach breit abgestützten Konsultationen und intensiver Konzeptarbeit liegen nun die Schlussberichte zur Finanzierung und zu den Aktivitäten vor. Der Bundesrat hat anlässlich seiner Klausursitzung vom 29. Oktober die Stossrichtung der beiden Berichte gutgeheissen und beschlossen, auf dieser Basis die notwendigen Gesetzesgrundlagen so rasch als nur möglich bereitzustellen. Im Zentrum steht die Verankerung von solidarischem Denken und Handeln in neuer Form. Die Stiftung will unter anderem wachsende Armut und Gewalt vermeiden helfen, wobei sie einen von vier Schwerpunkten bei Kindern und Jugendlichen setzt. Sie unterstützt langfristige Projekte, finanziert Sofortaktionen und verleiht den Solidaritätspreis. Bei der Umsetzung arbeitet sie mit Hilfswerken und anderen Organisationen zusammen. Finanziert werden die Aktivitäten aus Erträgen heute unbewirtschafteter Goldreserven der Nationalbank. Das Stiftungskapital wird im Wert real erhalten und fällt bei einer allfälligen Auflösung der Stiftung an die Nationalbank zurück.

Die politische Vision einer solidarischen Schweiz

Wer eine langfristig kohärente Politik betreiben will, muss ein politisches Ziel, eine Art politische Vision entwickeln. Ich habe für mich eine solche Vision. Ich bin überzeugt, dass es für eine Schweiz mit einer eigenen und unverwechselbaren Identität auf dieser Welt auch in Zukunft Platz hat. Ich denke an eine Schweiz, welche sich des Wertes des Zusammentreffens von vier Kulturen und Sprachen wieder vermehrt bewusst wird und welche diesen Wert als hohe kulturelle Leistung sorgsam pflegt. Ich denke an eine Schweiz, welche ihre Kultur der Beteiligung des Volkes an den politischen Entscheiden in immer wieder moderner Form weiterentwickelt und als Identitätsmerkmal pflegt. Ich denke weiter an eine Schweiz, welche auf der Mündigkeit von Bürgerinnen und Bürgern aufbaut und ihnen die nötigen Freiräume zur Entwicklung von wirtschaftlicher, gesellschaftlicher und kultureller Kreativität belässt. Ich denke an eine Schweiz, welche die Globalisierung nicht als Bedrohung, sondern als Chance sieht und auch in Zukunft wirtschaftliche Spitzenleistungen erbringt. Ich denke an eine weltoffene Schweiz, welche sich trotz eigener Identität als nützliches Mitglied der Völkerfamilie empfindet und gemeinsam mit der Staatenwelt an der Lösung der globalen Probleme mitarbeitet. Ich denke an eine finanziell gesunde Schweiz, welche ein wettbewerbsfähiger Wirtschaftsstandort bleibt und welche dem Volk solide Sozialwerke anbietet. Und ich denke eben an eine Schweiz, in welche komplementär zu den individuellen Freiheiten die Solidarität wieder eine grössere Bedeutung bekommt: Solidarität nicht als Staatsmaxime, Solidarität schon gar nicht als Leerformel, sondern Solidarität als gelebte politische und gesellschaftliche Wirklichkeit!

Eine solche Schweiz zu realisieren, ist wohl unsere besondere Anstrengung wert.

28. Juni 1998

Das «Unbehagen im Kleinstaat» der 1960er Jahre hat sich nach Meinung vieler politischer Beobachter zu einer veritablen «Identitätskrise» ausgewachsen. Häufig hört man das Wort vom «Ende der Erfolgsgeschichte Schweiz». Die Historikerdebatte über die Rolle der Schweiz im Zweiten Weltkrieg wirft ihre Schatten über die 150-Jahr-Feier des Bundesstaates. Gleichzeitig arbeitet das Parlament an einer Totalrevision der Bundesverfassung; dabei vermissen manche den Mut zum «grossen Wurf»: Aus dem einstmals kühnen Entwurf, der 1977 von einer Expertenkommission unter der Federführung von Bundesrat Kurt Furgler vorgelegt worden war, ist inzwischen eine «Nachvollzugsverfassung» geworden.

Galaabend im Hotel Bellevue Palace, Bern

150-Jahr-Feierlichkeiten der Eidgenossenschaft

Sie werden sich fragen, warum das «Bellevue Palace» zu einer Feier zum Gedenken an die Gründung unseres Bundesstaates lädt. Es gibt dafür zwei Gründe: Zum ersten ist das «Bellevue» ein volkseigener Betrieb. Es gehört dem Bund. Also steht es ihm wohl an, diesen Bund zu feiern. Eigentlich sollte ja ein moderner Staat keine Hotels betreiben. Eigentlich sollte man zurzeit alles privatisieren, was privatisierungsfähig ist. Aber es hat auch seinen Charme, gute Prinzipien bewusst zu durchbrechen. Es ist irgendwie schön, dass dieses gepflegte Haus am linken Flügel der Parade der Bundeshäuser eben gerade dem Bund gehört. Zudem kann ich die Steuerzahler beruhigen. Das Bellevue macht auch dem Finanzminister Freude. Dank hervorragender Führung erwirtschaftet es einen Cash flow, der auch moderne Finanzanalysten begeistern würde.

Zum zweiten ist die Geschichte des «Bellevue» mit der Geschichte des Bundesstaates eng verknüpft. Nach 1848 musste Bern Raum nicht nur für Regierung und Parlament, sondern auch für Diplomaten, Staatsgäste und Politiker schaffen. Es entstand Bedarf auch an Hotelkapazität. Die Gründung des alten Bellevue 1865 ist deshalb vor diesem Hintergrund zu sehen. Das Gästebuch des Bellevue lässt in lockerer Folge Figuren der Schweizer-, Europa- und Weltgeschichte paradieren. 1914 bis 1918 installierte General Wille hier sein Hauptquartier.

Der deutsche Kaiser allerdings, das soll doch der Gerechtigkeit halber gesagt sein, wurde 1912 in meiner heutigen Residenz, dem «Bernerhof», vom Bundesrat empfangen, und nicht hier. Immerhin ist der Name «Bernerhof» noch immer in der offiziellen Firmierung des «Bellevue» enthalten.

Der Einbruch von Geschichte ins politische Leben

In der Astrologie sollen sich dann schicksalsschwere Ereignisse ankünden, wenn gegen jede Wahrscheinlichkeit bedeutende Sternkonstellationen gemeinsam eintreten. Wir erleben in diesem Jahr eine derartige aussergewöhnliche Jubiläumskoinzidenz. Wir feiern 350 Jahre Westfälischer Friede, 200 Jahre Helvetik und 150 Jahre Bundesverfassung. Und wir feiern dies in einer Zeit, die durchaus den Charakter einer Zeitenwende hat. Auch bei diesen Feiern bleiben wir uns selber treu. Nicht nur streiten wir darüber, wie diese einzelnen Ereignisse aus heutiger Sicht zu interpretieren sind, sondern auch darüber, welche davon überhaupt würdig sind, gefeiert zu werden. Wir erleben zurzeit hautnah die Problematik der Interpretation, der Deutung von Geschichte.

Eigentlich ist dieser Einbruch von Geschichte in unser politisches Leben unerwartet und überraschend. Denn heutzutage zählt nicht, wer eine glorreiche Geschichte, sondern wer Zukunft hat. Das gilt an der Börse, das gilt bei Politikern, das gilt bei Staaten. Eben erst hatte ein japanischer Historiker das Ende der Geschichte verkündet. Und unvermittelt laufen wir Schweizer Gefahr, vor lauter gebanntem Starren auf unsere Geschichte die Gestaltung unserer Zukunft zu versäumen.

Ein Erbe, das man nicht ausschlagen kann

Zunächst muss man sich die Frage stellen, was die Geschichte für ein Volk bedeutet. Jedes Volk braucht eine Identität, braucht eine Eigenart, braucht eine unverwechselbare Kultur, braucht Mythen auch, braucht etwas, auf das es stolz sein kann. Alles das bildet sich in Jahrzehnten, ja Jahrhunderten heran, entsteht im Laufe der Geschichte, wird beeinflusst durch geschichtliche Ereignisse. Der kollektive Erfahrungsschatz eines Volkes ist die Substanz, welche Identität schafft, welche Verhaltensmuster prägt. Wer in der Politik solche Substanz negieren zu können glaubt, wird scheitern. Wenn ein Volk definieren will, wohin es geht, muss es wissen, woher es kommt. Geschichte ist geronnene Erfahrung, bewusste und unbewusste, die Zukunftsprobleme bewältigen hilft. Aber sie ist auch Last, träge Masse, die rasche Anpassung an neue Verhältnisse mühsam und schwierig machen kann. Geschichte ist also da, ob wir wollen oder nicht, ein Erbe, das wir nicht ausschlagen können. Aber auch nicht ausschlagen sollen.

Instrumentalisierte Geschichte

Das führt zu noch viel schwierigeren Fragen: Gibt es eigentlich eine geschichtliche Wahrheit? Gibt es klar unterscheidbar Gutes und Böses? Können die Triebkräfte der Geschichte zweifelsfrei identifiziert und analysiert werden? Kann man aus der Geschichte Lehren ziehen?

Dass hier ein grosses Problem vorliegt, ist offensichtlich. Das gleiche Ereignis wird von Volk zu Volk oft diametral verschieden interpretiert. Es wird im heutigen Geschichtsbuch des gleichen Volkes möglicherweise anders interpretiert als im Geschichtsbuch vor 25 Jahren. Das hat nicht nur damit zu tun, dass gegebenenfalls neue Fakten aufgetaucht sind. Die Interpretation von Fakten wird beeinflusst von Grundhaltungen, Vorurteilen, vom Zeitgeist, und diese wandeln sich. Geschichtliche Fakten sind eines, aus ihnen die grossen Zusammenhänge herauszudestillieren ein anderes. Das macht Geschichte so anfällig für Missbräuche. Mancher Politiker liest aus der Geschichte das heraus, was ihm gerade nützt. Wir erleben das jetzt schmerzlich in den Vereinigten Staaten. Exponenten mit handfesten Interessen ohne Kenntnisse der historischen Umstände und Zusammenhänge stricken aus halbverdauten historischen Fakten ein so nicht mehr wahres Geflecht heftiger Vorwürfe an die Schweiz, welches leider in Teilen des von uns so geschätzten amerikanischen Volkes zu einem völlig verzerrten Bild unseres Landes führt.

Aber seien wir ehrlich: Geschieht gleiches nicht bei uns auch? Instrumentalisieren nicht auch bei uns linke und rechte Kreise die Geschehnisse während der Nazizeit einseitig, die einen durch Verteufelung, die andern durch Glorifizierung? Ich habe mich in letzter Zeit bisweilen gefragt, ob es überhaupt richtig war, eine so qualifizierte Historikerkommission einzusetzen. Sie wird wohl unzählige Fakten liefern, die Gutwilligen ein klares Bild der damaligen schwierigen Zeit ermöglichen. Aber sie wird den Klitterern diesseits und jenseits des Ozeans Einzelbeispiele liefern, mit denen die Kampagne am Laufen gehalten werden kann, eine Kampagne überdies, die allmählich zu überdecken droht, wo eigentlich die Ursachen der Probleme jener Zeit lagen. Diese Frage stellt sich um so mehr, als die Aufarbeitungsbestrebungen einiger anderer Länder, vor deren Türen es viel zu wischen gäbe, über Alibiübungen kaum herauskommen.

Trotzdem: Es war richtig, die Bergier-Kommission zu schaffen. Es war wichtig, etwas Vorbildliches zu tun. Nicht wegen der Amerikaner. Wir sind es uns selber schuldig. Wir brauchen für uns selber diesen schmerzhaften, kontroversen Prozess der Auseinandersetzung, einer Auseinandersetzung letztlich mit uns selber, mit unseren eigenen Widersprüchen, mit unseren eigenen Stärken und

Schwächen. Und wir werden damit leben müssen, dass es neben der grossartigen und erfolgreichen Leistung der Weltkriegsgeneration, auf die wir auch künftig stolz sein dürfen und sollen, das Dunkle, die Schatten, die Fehler gab. Wir wollen den Klitterern nicht mit Klitterung begegnen, sondern mit dem Mut zur Differenzierung, mit dem Mut auch, das Widersprüchliche zu akzeptieren.

Geschichte also ist nie etwas Eindeutiges, Klares. Das historische Geschehen ist letztlich ein chaotischer, widersprüchlicher, gärungsähnlicher Prozess innerhalb komplexer, unübersichtlicher Kraftfelder. Und wir müssen schon zufrieden sein, wenn es gelingt, die langfristige Richtung der Resultante der widersprüchlichen Kräfte im Kraftfeld zu identifizieren.

Was also bedeuten für uns die drei erwähnten Jubiläen?

Der Westfälische Friede ordnete 1648 das europäische Staatensystem nach dem fürchterlichen Dreissigjährigen Krieg gemäss dem Gleichheitsprinzip neu. Auch den Kleinstaaten Niederlande und Schweiz wurde ein Existenzrecht zugebilligt. Erstmals erhielt die Schweiz die Anerkennung ihrer vollen völkerrechtlichen Souveränität. Das historische Überleben der Schweiz als souveräner Staat ist ohne den Westfälischen Frieden kaum vorstellbar. Diese Anerkennung der Schweiz ist das Werk des Basler Bürgermeisters Johann Rudolf Wettstein, der mit historischer Weitsicht trotz einer nur dürftigen Legitimation mit enormer Zähigkeit und diplomatischem Geschick alle Widerstände überwand. Das Beispiel Wettstein belegt, dass Einzelpersonen mit ausserordentlichen Fähigkeiten den Lauf der Geschichte zu beeinflussen vermögen.

Bei der Helvetik liegen die Dinge komplizierter. Noch heute scheiden sich die Geister über ihre Bewertung. Für die Aargauer ist sie Erlösung, für die Nidwaldner nie verdaute Niederlage, um nur zwei Beispiele zu nennen. Die Helvetik war einerseits Niederlage, französische Dominanz, Abschaffung der Souveränität der Kantone, Plünderung der Staatskassen der reichen Kantone, blutige Niederschlagung von Aufständen. Andererseits war sie fällige Beseitigung des Regiments der Städte über die Landschaft, Schaffung gleicher Rechte für alle Bürger, Vertreibung von verhassten Landvögten, Abschaffung der Folter, Implementierung von Glaubens- und Gewissensfreiheit, ein Ja zu den Menschenrechten, Abschaffung des Denkverbots.

Wiederum drängt sich das Bild des Gärprozesse auf, wenn man an die Jahre von der Helvetik bis zur Schaffung des Bundesstaates denkt. Als Luzerner komme ich nicht umhin, den letzten Bürgerkrieg, den Sonderbundskrieg, zu erwähnen. Dass ein Bürgerkrieg weder für Jahrzehnte noch gar für Jahrhunderte Spuren des Hasses hinterlässt, ist einzigartig, ist wohl wiederum das Verdienst eines Einzelnen, Henri Guillaume Dufour. Er wusste, dass ein Sieg oft so schwierig zu bewältigen ist wie eine Niederlage, und dass der Sieg so gestaltet werden muss, dass der Friede nachher möglich wird.

Eine Verfassung für 150 Jahre

Aus heutiger Sicht muss es als eine geniale Leistung beurteilt werden, eine Verfassung zu schaffen, welche während 150 Jahren die Basis einer modernen Demokratie bleiben konnte. Wie vieles in der Schweiz war es nicht nur original schweizerisches Gedankengut, das da zu einer Sonderleistung verdichtet wurde. Das Genie der Schweiz bestand häufig weniger in eigener Denkarbeit als in der geschickten Assimilation, der geschickten Kombination von importierten Ideen. Ohne die Impulse der Französischen Revolution wäre die Bundesverfassung von 1848 ebenso undenkbar wie ohne die Ideen der Vereinigten Staaten. Der Konflikt zwischen den Zentralisten und den Föderalisten etwa konnte erst ausgeräumt werden, als der liberale Arzt und Philosoph Ignaz Paul Vital Troxler aus meinem Nachbardorf Beromünster das Zweikammersystem der nordamerikanischen Verfassung auf helvetische Verhältnisse adaptierte und in den Verfassungsprozess einbrachte.

Zusammen mit der Verstärkung der Volksrechte anlässlich der Revision von 1874 entstand das Fundament einer einzigartigen politischen Kultur, welche recht eigentlich erst das harmonische Zusammenleben von vier Sprachgruppen und Kulturen ermöglichte.

Die Pfeiler unserer politischen Kultur

Zur Zeit arbeitet das Parlament an der Totalrevision unserer Bundesverfassung. Viele vermissen den faszinierenden Atem des grossen neuen Wurfes. Dass dieser fehlt, mag aus Sicht des Medienspektakels schade sein. Aber im Grunde ist es ein Zeichen dafür, dass die grossen Ideen der alten Verfassung alles andere als überlebt, dass sie gar von einer im europäischen Vergleich erstaunlichen Modernität sind.

Der Föderalismus, ein Pfeiler unserer Verfassung, ist zurzeit eines der grossen europäischen Themen. Er ist für mich ein zentrales Strukturprinzip einer modernen Demokratie. Mit Föderalismus wird die Staatsmacht durch Aufteilung auf drei Ebenen gebändigt. Autonome Gliedstaaten erzeugen einen kreativen Wettbewerb der Systeme. Minderheiten können ihr Umfeld selber gestalten und damit ihre Identität besser bewahren.

Der zweite identitätsstiftende Pfeiler unserer politischen Kultur ist die direkte Demokratie. Sie einzuführen und damit die letzte Verantwortung zur Regelung auch schwierigster politischer Fragen dem Volk aufzuerlegen, war mutig, ja fast verwegen. Aber unser Volk hat sich der direkten Demokratie trotz Zweifeln immer wieder gewachsen gezeigt.

Die direkte Demokratie politisiert ein Volk. Sie gibt Entscheiden eine einzigartige politische Legitimation. Sie zwingt die Regierenden, ihre Politik permanent vor dem Volk zu rechtfertigen, der Anfechtung preiszugeben. Das fördert tendenziell die Qualität der Politik. Minderheiten können relativ leicht ein Thema auf der nationalen Agenda traktandieren und dem Urteil des Volkes unterstellen. Das hat eine nicht zu unterschätzende Ventilwirkung. Natürlich ist direkte Demokratie mühsam und langsam. Aber ihre Ergebnisse lassen sich sehen. Effizienz ist eben nicht die einzige Anforderung an ein politisches System. Werte wie Integration, Geborgenheit, Identifikation, Mitwirkungsmöglichkeit und Legitimation sind ebenso wichtig.

Auch die Konkordanz, herausgewachsen aus dem Bedürfnis, die referendumsfähigen Kräfte und die sprachlichen Minderheiten in die Regierungsverantwortung einzubinden, ist zum Element einer einzigartigen politischen Kultur geworden, welche zu einer eigentlichen Schweizer Erfolgsgeschichte beigetragen hat. Die Schweiz wurde recht eigentlich zum Modell des Zusammenlebens verschiedener Kulturen, des wirtschaftlichen Erfolgs, der sozialen Stabilität. Alle diese Ideen, die Idee natürlich auch einer freiheitlichen, selbstverantwortlichen und verantwortlichen Gesellschaft, welche in der Verfassung von 1848 angelegt sind, sind also keineswegs überlebt. Sie haben unsere Geschichte geprägt, und sie werden unsere Zukunft prägen müssen, wenn wir unsere Erfolgsstory fortsetzen wollen. Unser demokratischer Staat, der nach dem Entwurf von 1848 gestaltet wurde und wird, verdient noch immer unsere innere Zuwendung, auch Zuneigung. Es ist nicht der Staat irgendeiner Classe politique. Es ist unser aller Staat.

Rückfall in die Normalität

Wir alle haben erlebt, dass sieben Jahre wirtschaftliche Stagnation, dass die schmerzhafte Anpassung der Wirtschaft an die unausweichlichen globalen Herausforderungen, dass der Abschied von der ausländischen Perzeption der Schweiz als beste aller Welten, dass unser schwieriges Verhältnis zur sich rasch entwickelnden Europäischen Union, dass die Infragestellung unserer Geschichte im Zweiten Weltkrieg, dass alles das in der Schweiz Irritationen, Selbstzweifel, Verunsicherung, gar Ängste erzeugt hat. Das unheilschwangere Wort von der Identitätskrise geht um. Haben wir Identität verloren, weil uns unsere Geschichte abhanden gekommen ist? Vermag Geschichte wirklich, wie ich am Anfang behauptet habe, auch heutzutage Identität noch zu begründen?

Ich weiss, wie problematisch es ist, aus der Geschichte Lehren ziehen zu wollen. Aber einige Erfahrungen mögen doch zu beherzigen sein.

Unsicherheit, Ungewissheit haben unser Volk immer begleitet. Der fünfzigjährige Aufschwung nach dem Krieg hat uns verwöhnt, hat die Illusion wachsen lassen, es gebe gesicherte Besitzstände, es gebe ein Recht auf Spitzenwohlstand, es gebe ein Recht auf ständig mehr und besser. Der Rückfall in die Verunsicherung ist ein Rückfall in die historische Normalität. Daran werden wir uns gewöhnen müssen. Das mag ernüchternd sein. Aber es gibt auch Ermutigendes.

Krisen führten häufig zu neuen, innovativen, weiterführenden Lösungen. Ohne die chaotische, widersprüchliche Helvetik ist die moderne Schweiz nicht denkbar. Krisen sind immer auch Chancen. Es gilt diese zu ergreifen, auch heute. Krisen sind Dammbrüche, wenn sich Unbewältigtes, wenn sich Probleme aufgestaut haben. Sie erzwingen neue Lösungen, neue Ansätze. Und diese sind immer risikobehaftet. Risiko ist ein Schlüsselbegriff des Fortschritts. Wir haben verlernt, mit Risiken zu leben. Das müssen wir wieder lernen. Nicht alles, was man riskiert, gelingt. Aber alles, was gelingt, wurde einmal riskiert.

Ich glaube, dass es nach wie vor legitim und wichtig ist, Identität aus der Geschichte abzuleiten, stolz auf die Geschichte zu sein. Stolz auf die diplomatische Leistung eines Wettstein. Stolz auf den Durchbruch der Gedankenfreiheit vor 200 Jahren. Stolz auf die demokratische und liberale Verfassung von 1848. Stolz auf eine wehrhafte Schweiz im Zweiten Weltkrieg als Insel von Demokratie und Meinungsfreiheit in einem brandenden braunen Meer aus Unrecht, Diktatur und Krieg. Und unseren Weg in die Zukunft müssen wir abstützen auf Werten, die in unserer Geschichte wegleitend waren.

Vorbei allerdings muss die Zeit der unkritischen Verklärung von Geschichte sein. Auch in unserer Geschichte haben sich die Akteure bisweilen die Hände beschmutzt, floss Blut, das nicht immer hätte fliessen müssen, auch unsere Geschichte ist von Schuld durchwirkt. Es gehört zur Grösse eines Volkes, auch zu den dunklen Seiten der Geschichte zu stehen. Um so glaubwürdiger wird das, worauf wir stolz sein dürfen. Und damit ist die Frage der Identität beantwortet. Wer zur Geschichte umfassend steht, wird nach wie vor Identität aus ihr gewinnen, auch Kraft, auch Zukunftsglaube. So bin ich überzeugt, dass wir letztlich sogar aus dem auch innenpolitischen Gezänk um unsere jüngere Geschichte gestärkt hervorgehen werden.

Im aufrechten Gang ins nächste Jahrhundert!

Packen wir also in unserer schwierigen Zeit das an, was die Geschichte unserer Generation auferlegt hat! Finden wir zurück zum Mut zum Risiko! Verbinden wir unverwechselbare Identität mit Weltoffenheit, und werden wir wieder ein strahlungsstarkes Modell für das demokratische Zusammenleben von vier Sprachen und Kulturen! Realisieren wir gegen die helvetischen üblichen Widerstände und mit Courage die grossen Reformprojekte in den Bereichen Bundesverfassung, Föderalismus, Bundesfinanzen, Landwirtschaft, Wirtschaftsstandortbedingungen, Bundesbetriebe, Sozialwerke! Regeln wir mutig unser Verhältnis zur Europäischen Union! Haben wir die Grösse, das grosse Zukunftswerk der Stiftung für eine solidarische Schweiz zu schaffen! Marschieren wir mit einer gesunden Mischung aus Selbstbewusstsein und Bescheidenheit aus einer grossen, aber auch dunkle Flecken enthaltenden Geschichte im aufrechten Gang ins nächste Jahrhundert! Wir können unsere Erfolgsgeschichte fortsetzen, wenn wir es wirklich wollen!

8. Oktober 1998

> *Mehr als neun Jahre lang sitzen Jean-Pascal Delamuraz und Kaspar Villiger – beide als Vertreter der Freisinnigen Partei – gemeinsam in der Landesregierung. Es ist eine echte Freundschaft, welche die beiden verbindet. Der 1936 geborene Delamuraz, ehemaliger Sekretär der Expo 64, Lausanner Stadtpräsident und Waadtländer Staatsrat, wurde am 7. Dezember 1983 als Nachfolger von Georges-André Chevallaz in den Bundesrat gewählt. 1984–1986 steht er dem EMD, 1987–1998 dem Volkswirtschaftsdepartment vor. Er verstirbt am 4. Oktober 1998, noch im selben Jahr, in dem er wegen eines Krebsleidens aus dem Bundesrat zurückgetreten ist.*

Trauerfeier für alt Bundesrat Jean-Pascal Delamuraz, Lausanne

Un pays a perdu un homme d'Etat

I.

(...) C'est le 5 septembre que j'ai, pour la dernière fois, rendu visite à Jean-Pascal Delamuraz. Nous avons eu un entretien d'une grande intensité et je lui sais infiniment gré de me l'avoir accordé. Nous avons senti l'un et l'autre que cette conversation serait peut-être la dernière. Nous avons tous deux éprouvé une immense tristesse et avions de la peine à retenir nos larmes. Il m'a fait part de son désarroi en me disant: «Je ne suis pas fait pour ça. Je suis fait pour vivre!» Il aurait tant voulu profiter encore de ses dernières années pour continuer de vivre pleinement sa vie! Et c'est ce mot «vivre» qui résume le mieux sa passion pour l'existence, passion que le destin ne lui a malheureusement pas permis d'assouvir plus longtemps.

Pour nous autres, membres du Conseil fédéral, sa longue absence a déjà commencé lors de son retrait du gouvernement, retrait qui n'a pas été un départ comme un autre. C'est en effet par sens du devoir, et non par choix délibéré, qu'il a pris cette décision. Car il aurait sûrement voulu parachever son action et mettre la dernière main à l'un ou l'autre des dossiers destinés à son successeur. Hélas, le risque que lui faisait courir sa maladie l'a poussé à se démettre. Voilà pourquoi son départ nous a fait si mal, même s'il couronnait l'engagement exceptionnel et l'œuvre politique remarquable, à tous les échelons de notre Etat fédéral, d'un homme qui avait montré la voie à suivre et dont l'action s'était révélée décisive. Pendant de nombreuses années, il a marqué le Conseil fédéral d'une profonde empreinte. Celle-ci n'était pas seulement le fait du chef de département, du membre de l'exécutif, du représentant de notre pays à l'étranger, mais aussi du Vaudois, du Romand, du citoyen suisse et simplement de l'homme qu'était Jean-Pascal Delamuraz. J'aimerais revenir sur ces différents aspects de sa personnalité.

II.

Jean-Pascal Delamuraz a dirigé son département avec autorité, mais sans autoritarisme. Il a tenu fermement la barre, fixant le cap et prenant les décisions qui lui incombaient. Et quelle qu'en soit la portée, ses succès ne se comptent plus. Il a mené à bien l'acquisition du char de combat Léopard dans un contexte difficile et pris une part prépondérante au succès que représente l'adhésion de notre pays à l'OMC. En faisant adopter le programme de revitalisation, il a jeté les bases d'une adaptation de nos conditions-cadres aux défis que nous lance la mondialisation de l'économie. Quant à l'agriculture, Jean-Pascal Delamuraz a réussi à lui faire prendre un virage d'une importance vitale. A l'étranger, il a parfaitement su promouvoir nos produits d'exportation. L'un de ses grands regrets, cependant, a été l'échec de la ratification du traité sur l'Espace économique européen. Il a été très affecté par ce rendez-vous manqué, si lourd de conséquences pour notre pays. Sa persévérance et son esprit visionnaire ont toutefois contribué à resserrer les liens entre la Suisse et l'Union européenne, et ont fait naître, dans notre pays, un mouvement qui n'est pas près de retomber. Si les négociations bilatérales aboutissent un jour, ce que nous espérons tous, une part de ce succès lui reviendra.

Jean-Pascal Delamuraz ne s'est jamais borné à diriger un département, mais a toujours œuvré en tant que conseiller fédéral dans le plein sens du terme. Il abordait les problèmes dans leur globalité, s'engageait pleinement dans la résolution de toutes les affaires importantes pour le Conseil fédéral et en appelait toujours à la cohérence, conscient d'assumer une responsabilité à l'égard du pays tout entier. Ses éminentes qualités humaines et son humour lui permettaient de surmonter les situations les plus inextricables et d'incarner la collégialité dans tout ce qu'elle a de positif. De tout cela, le Conseil fédéral lui est profondément reconnaissant. Tous ceux qui ont eu la chance de le côtoyer au Conseil fédéral le confirmeront: travailler avec lui a été une expérience inoubliable.

III.

Voilà ce qui a permis à Jean-Pascal Delamuraz de dépasser le rôle de responsable politique pour acquérir la stature d'un véritable homme d'Etat. A ce titre, il a su lier les convictions libérales et démocratiques qui sont les siennes avec l'autorité, le pragmatisme, le plaisir de gouverner et l'instinct politique hors du commun qui le caractérisaient. Il faut avoir connu Jean-Pascal Delamuraz en tant que président de la Confédération pour voir à quel point il réunissait sur sa personne les qualités nécessaires à cette charge. Car il aimait gouverner et se consacrait corps et âme à l'exercice du pouvoir, sans jamais en abuser. En effet, il savait que ce pouvoir lui avait été confié par le peuple et qu'il était de son devoir de l'utiliser pour servir les intérêts de son pays.

Durant l'année que j'ai passée à la présidence de la Confédération, j'ai eu l'occasion de rencontrer nombre de dirigeants étrangers. Et je me suis vite rendu compte que nos présidents de la Confédération élus pour une année n'ont guère de chance de se faire connaître en si peu de temps. Un seul est parvenu, grâce à son humour et à sa prodigieuse facilité de contact, à gagner tous les cœurs. Un seul nom, même difficile à prononcer dans certaines langues, est resté sur toutes les lèvres: celui de Jean-Pascal Delamuraz, le meilleur ambassadeur de notre pays à l'étranger, celui sans lequel notre isolement actuel serait encore un peu plus grand.

IV.

La vraie richesse de la Suisse réside dans son pluralisme culturel et linguistique. Jean-Pascal Delamuraz incarnait à mes yeux le Romand type, le Suisse d'expression française. Son éloquence et sa culture étaient tout simplement fascinantes. Pour les confédérés de langue française, Jean-Pascal Delamuraz incarnait notamment la défense des minorités. Il était en quelque sorte le garant que leurs intérêts, leur art de vivre, leurs qualités, leurs préoccupations et leurs options politiques étaient pleinement prises en compte à Berne. Voilà pourquoi son départ du gouvernement a été si cruellement ressenti en Suisse romande.

V.

Mais Jean-Pascal Delamuraz n'a jamais été l'otage d'intérêts régionaux. Il n'était pas seulement romand, il était aussi suisse dans le meilleur sens du terme. Patriote sans être chauvin, ni passéiste, il conciliait l'amour du pays et l'esprit d'ouverture, sachant que seule une Suisse ouverte et solidaire qui croit en ses forces peut continuer d'avoir du succès à l'avenir. Ces convictions ont valu à Jean-Pascal Delamuraz le respect, la sympathie et la reconnaissance de la Suisse alémanique.

VI.

Venons-en à l'homme. Un simple technocrate, un pur esprit ou une personne simplement pétrie de bons sentiments ne sauraient acquérir la stature d'un véritable homme d'Etat. Acquérir une telle stature exige une personnalité complète, combinant capacités intellectuelles et qualités de cœur, rationalisme et intuition, fermeté et souplesse, rapidité et persévérance, vivacité et prudence, pragmatisme et imagination, autant de qualités qui se trouvaient réunies dans la personne de Jean-Pascal Delamuraz. Ses succès s'expliquent par une passion intérieure pour tout ce qui est humain. Et le secret de Jean-Pascal Delamuraz résidait peut-être tout simplement dans le fait qu'il aimait ses semblables, et que ceux-ci le lui rendaient bien. Cet amour voué à l'humanité constituait également le fondement de ses convictions sociales. Il n'a jamais été un défenseur du libéralisme économique pur et dur, même en tant que ministre de l'économie. Il était partisan d'un libéralisme beaucoup plus large, d'où le cœur et la tolérance n'étaient pas absents. C'est pourquoi son rayonnement a transcendé les frontières partisanes. Et son humour allié à sa jovialité apportaient une note lumineuse, même dans les situations les plus difficiles.

A deux reprises, Jean-Pascal Delamuraz a dû subir de graves opérations qui auraient exigé chacune des mois de convalescence, mais il n'a pratiquement pas interrompu ses activités. Avec un courage qui force l'admiration, il a surmonté cette faiblesse physique et a repris très rapidement la barre de son département, montrant au passage ce dont la volonté est capable. Il y a malheureusement des limites à tout et la maladie a fini par vaincre. Mais la manière dont Jean-Pascal Delamuraz s'est acquitté de sa tâche restera un exemple pour nous tous.

VII.

Permettez-moi pour terminer une remarque très personnelle. J'ai eu le privilège de côtoyer Jean-Pascal Delamuraz pendant près de dix ans. Cela a débouché sur une amitié dont je suis fier. Un conseiller fédéral est souvent seul. Largement entouré en cas de succès, il se retrouve isolé face à la critique. C'est alors qu'il apprécie d'avoir un ami à qui il puisse tout dire sans peur de compromettre sa position, un ami qui ne craigne pas de lui dire des choses désagréables, s'il le faut, bref un ami sur qui il puisse compter. Pour moi, Jean-Pascal Delamuraz était de ceux-là, je lui en suis reconnaissant.

VIII.

Peu d'hommes ont rendu d'aussi grands services à la Suisse que Jean-Pascal Delamuraz, qui aura tout donné pour son pays. Il était l'un de nos conseillers fédéraux les plus éminents. La gratitude et le respect de tous lui sont donc acquis. Au nom du Conseil fédéral, je tiens à le remercier pour tout ce qu'il a accompli pour notre pays. Jean-Pascal Delamuraz a fourni des prestations largement supérieures à celles que l'on peut attendre d'un honnête homme. Nous ne l'oublierons jamais.

5. November 1998

> *Bundesrat Villiger hält den Festvortrag an der Jubiläumsveranstaltung «1848/1998 – 150 Jahre schweizerischer Bundesstaat» der ETH Zürich in einer Zeit, in der manches in Frage gestellt wird, manches sich im Umbruch befindet, in der man sich ernsthaft überlegt, ob das Staatsmodell von 1848 noch zukunftsfähig sei. Das Parlament hat die Frage auf seine Weise beantwortet: Es hat sich bei der Reform der Bundesverfassung gegen eine fundamentale Erneuerung und vielmehr für eine bescheidene Nachführung beschlossen, weil die grossen Ideen der alten Verfassung von 1848 alles andere als überlebt, sondern, im europäischen Vergleich, nach wie vor von erstaunlicher Modernität seien.*

Jubiläumsveranstaltung 150 Jahre schweizerischer Bundesstaat, ETH Zürich

Sind die Grundideen des Bundesstaates von 1848 noch zukunftsfähig?

(...) Der rasche Wandel, die siebenjährige wirtschaftliche Stagnation, die schmerzlichen Restrukturierungen vieler Unternehmen, der Abschied von der Vorstellung, die Schweiz sei die beste aller Welten, die Kritik aus den USA, unsere Probleme mit der Europäischen Union und zahlreiche andere Faktoren haben uns verunsichert, haben zu einer seltsam negativen Stimmung geführt, haben Ängste erzeugt. Das sind wir nicht gewohnt.

Dabei zeigt die Geschichte, dass Unsicherheit und Ungewissheit unser Volk immer begleitet haben. Der fünfzigjährige Aufschwung nach dem Krieg war die Ausnahme, hat uns verwöhnt, hat die Illusion wachsen lassen, es gebe gesicherte Besitzstände, es gebe ein Recht auf Spitzenwohlstand, es gebe ein Recht auf ständig mehr und besser. Der Rückfall in die Verunsicherung ist ein Rückfall in die historische Normalität. Daran werden wir uns gewöhnen müssen. Das mag ernüchternd sein. Aber es gibt auch Ermutigendes.

Krisen führten häufig zu neuen, innovativen, weiterführenden Lösungen. Ohne die chaotische, widersprüchliche Helvetik etwa ist die moderne Schweiz nicht denkbar. Krisen sind immer auch Chancen. Es gilt diese zu ergreifen, auch heute. Krisen sind Dammbrüche, wenn sich Unbewältigtes, wenn sich Probleme aufgestaut haben. Krisen erzwingen neue Lösungen, neue Ansätze. Und diese sind immer risikobehaftet. Risiko ist ein Schlüsselbegriff des Fortschritts.

Wir haben verlernt, mit Risiken zu leben. Das müssen wir wieder lernen. Nicht alles, was man riskiert, gelingt. Aber alles, was gelingt, wurde einmal riskiert.

Trotz aller Selbstzweifel, die wir gerade in den letzten Jahren kultiviert haben, trotz eines permanenten Malaise, trotz unserer Neigung zur übersteigerten Selbstkritik ergibt ein objektiver internationaler Vergleich, dass es der Schweiz gut geht. Die makroökonomischen Kennziffern etwa sind besser als in praktisch allen EU-Ländern. Der objektive Zustand ist weit besser als die Befindlichkeit. Nach wie vor haben wir einen Staat, den grosse Teile der Menschheit für sich wünschen würden.

Trotzdem besteht kein Anlass zur passiven Selbstzufriedenheit. Unser Umfeld ändert sich derart rasant, dass sich nicht nur die Wirtschaft, sondern auch der Staat ständig anpassen muss. Nur so kann der Staat einer modernen Gesellschaft und einer modernen Wirtschaft jene Rahmenbedingungen anbieten, innerhalb deren sie sich kreativ entwickeln können.

Der Wandel

Ich möchte versuchen, diesen Wandel kurz zu skizzieren. An sich mögen die Menschen den Wandel nicht. Sie sehen darin vor allem Risiken, fühlen ihre Besitzstände gefährdet, scheuen die mit jeder Anpassung verbundene harte Arbeit. Und in der Tat schafft der Wandel Risiken. Er schafft aber auch Chancen. Es ist deshalb wichtig, dass wir bei einer Beurteilung des Wandels uns nicht nur auf die Risiken fixieren, sondern vor allem auch die Chancen wahrnehmen.

Die Kumulation von vier Faktoren hat zu einer dramatischen Beschleunigung des Wandels geführt. Es sind dies die signifikante Verbilligung der Transporte, die Revolution der Informatik, der Aufbau eines weltweiten, billigen und enorm leistungsfähigen Kommunikationssystems sowie die weltweite marktwirtschaftliche Liberalisierung. Plötzlich ist alles an jedem Ort des Globus machbar. Arbeitsplätze und Kapital können innert kürzester Zeit irgendwohin verlagert werden. Kapital kann innert Sekunden dorthin gelangen, wo es höhere Renditen wittert. Es kann aber auch innerhalb von Sekunden wieder abwandern. Zum gnadenlosen Wettbewerb zwischen Unternehmen ist ein ebenso gnadenloser Wettbewerb zwischen Wirtschaftsstandorten gekommen. Alles hat sich vernetzt, alles ist gegenseitig abhängig geworden. Es gibt keine dauerhaften Besitzstände mehr. Derart gigantische und vernetzte Systeme sind anfällig, sind verletzlich. Sie neigen zu Instabilitäten. Die jüngste Finanzkrise ist ein Beispiel dafür.

Besonders explosiv ist die Verbindung von fast unvorstellbar leistungsfähiger moderner Technologie mit traditioneller menschlicher Unzulänglichkeit.

Der Mensch hat sich eine grosse Zahl neuer und genialer Instrumente geschaffen, er selber aber hat sich kaum verändert. Dies führt einerseits zu einem enormen Fortschritt, schafft andererseits aber ebenso enorme neue Probleme. Ich erwähne nur die Umweltzerstörung, die Abnahme der Arten oder die kriegerischen Auseinandersetzungen, die in unserem Jahrhundert mehr Tote verursachten als in jedem anderen Jahrhundert zuvor. Auch die auf weite Strecken einem irrationalen Herdentrieb folgenden globalen Kapitalströme der letzten Monate sind dafür ein Beispiel.

Die Risiken

Alle diese Phänomene werden unter dem Stichwort Globalisierung zusammengefasst. Die Globalisierung von allem führt eben auch zur Globalisierung der Probleme. Kein Land kann mehr allein alle seine Probleme meistern. Daraus ergibt sich, dass internationale Zusammenarbeit unumgänglich geworden ist. Deshalb bilden sich neue Strukturen zur Problemlösung. Weil bilaterale Beziehungsgeflechte zur Lösung der globalen Probleme viel zu komplex sind, hat sich der multilaterale Approach als geeigneter erwiesen.

Es ist davon auszugehen, dass die Entwicklung so weitergehen wird. Informatik und Kommunikation werden noch billiger und noch schneller werden, die Liberalisierung wird weitergehen, und der daraus resultierende Druck auf unsere Strukturen wird in den nächsten Jahrzehnten nicht nachlassen. Es wird uns niemand eine Ruhepause gönnen.

Die Risiken in der geschilderten Welt sind offensichtlich. Die moderne Hochleistungstechnologie enthält ein gewaltiges Missbrauchspotential. Die Menschen sind durch Tempo, Wucht und Komplexität des Wandels überfordert. Es entsteht oft eine Sehnsucht nach einfachen Wahrheiten, die wiederum von politischen Vereinfachern populistisch missbraucht werden kann. Es gibt keine gesicherten Besitzstände mehr. Erfolg und Misserfolg sind stets nahe beieinander, genauso wie Reich und Arm oder in und out. Das macht die Gesellschaft konfliktträchtig. Wie die Finanzkrise oder das Jahr-2000-Problem zeigen, ist unser System sehr verwundbar geworden.

Die Chancen

Die globalisierte Welt trägt in sich aber auch immense Chancen. Der technische Fortschritt enthält ein gewaltiges Potential zur Lösung vieler Probleme. Wer auf einem Gebiet gut ist, kann seine Kompetenz global nutzen. Die enorme

Effizienzsteigerung der Finanzmärkte hat zu einer ebenso enormen Effizienzsteigerung der Allokation von Kapital geführt. Das hat sich schon bisher wohlstandsfördernd ausgewirkt. Für ein kleines exportorientiertes Land wie die Schweiz finden sich immer wieder hochinteressante wirtschaftliche Nischen, die ausgenutzt werden können, wenn man tüchtig genug ist. Eine Schweiz ohne Globalisierung, angewiesen nur auf den eigenen Markt und auf die eigene kleine Bevölkerung, wäre mit Sicherheit ein Entwicklungsland geblieben.

Hardware wird wahrscheinlich auch in Zukunft immer billiger zu haben sein. Deshalb machen jene das Rennen, welche über die beste Software verfügen. Auch dies ergibt neue Chancen für die Schweiz. Unser einziger Rohstoff ist die graue Rinde, und gerade das ist der dominierende Rohstoff der Zukunft.

Welche Schweiz wollen wir?

Wenn wir unser Staatswesen und unsere Politik für die Zukunft gestalten wollen, müssen wir nicht nur wissen, woher wir kommen, sondern auch Vorstellungen über mögliche Ziele entwickeln. Wer wollen wir sein? Was ist unsere Rolle im Konzert der Völker? Welche Schweiz wollen wir im nächsten Jahrhundert? Ich will zu diesen Fragen nur ein paar persönliche und sehr skizzenhafte Antworten zu geben versuchen.

Ich könnte mir eine Schweiz vorstellen,
- die wieder zum weltweit anerkannten Modell des Zusammenlebens von Kulturen und Sprachgruppen wird. Das ist ja wohl die eigentliche raison d'être unseres Landes.
- Eine Schweiz dann, die über eine überdurchschnittlich leistungsfähige Wirtschaft auch in Zukunft verfügt,
- in welcher nach wie vor das Volk die wesentlichen politischen Entscheide fällt,
- in welcher verantwortliche und mündige Bürgerinnen und Bürger ihr Leben selbstverantwortlich gestalten, aber auch Verantwortung für das Gemeinwesen übernehmen,
- in welcher Bürgerinnen und Bürger vor den Wechselfällen des Lebens durch ein solides und angemessenes Sozialnetz geschützt sind, aber auch in diesem Bereich Selbstverantwortung wahrnehmen,
- eine Schweiz schliesslich, welche eine starke, unverwechselbare Identität mit ausgeprägter Weltoffenheit verbindet
- und welche als solidarisches Mitglied der Völkergemeinschaft an der Lösung der grossen globalen Probleme mitarbeitet.

Sechs strategische Leitplanken

Ich bin überzeugt, dass wir eine solche Schweiz gestalten können, wenn wir es nur wollen. Beim notwendigen Anpassungsprozess müssen gewisse Elemente unserer politischen Kultur in geeigneter Form erhalten werden, während anderes über Bord geworfen oder durch Neues ersetzt werden muss. Die Kunst besteht darin, zwischen den beiden richtig zu unterscheiden. Für die Schaffung einer solchen Schweiz scheinen mir sechs strategische Leitplanken wichtig!

Erstens: Komplexe Systeme wie eine Wirtschaft, eine Gesellschaft oder ein Staat können niemals zentral gesteuert werden. Dazu sind sie viel zu kompliziert. Sie müssen deshalb dezentral strukturiert werden, dass sie sich selber steuern können. Deshalb ist eine freiheitlich liberale Gesellschaft nötig, deshalb ist ein dezentral aufgebauter Staat nach den Prinzipien der Subsidiarität und des Föderalismus nötig, deshalb ist Marktwirtschaft nötig. Jene Systeme, welche auf zentraler Steuerung, Gängelung der Menschen und Kontrolle der Wirtschaft beruhten, sind vor ungefähr zehn Jahren kläglich zusammengebrochen. Allerdings müssen wir uns dabei bewusst sein, dass diese Freiheit einen Preis hat, nämlich die Verantwortung. Sie ist von den Akteuren in Politik und Wirtschaft immer wieder zu fordern.

Zweitens: Wir müssen in den einschlägigen internationalen Institutionen kreativ und nachhaltig mitarbeiten. Wir müssen uns an der Lösung der globalen und kontinentalen Probleme solidarisch beteiligen. Denn nicht einmal mehr ein grosses Land kann seine Probleme noch alleine lösen. Ich denke hier nicht nur an Organisationen wie das GATT, die Bretton-Woods-Institutionen, die UNO oder die OSZE. Für die Schweiz ist es von vorrangiger Bedeutung, dass wir endlich ein strukturiertes Verhältnis zur EU aufbauen.

Die Integrationspolitik

Wir Schweizer haben uns häufig eingeredet, die EU werde dann schon irgend einmal ins Stocken kommen, eigentlich hätten die Europäer die Integration besser auf der Basis der EFTA vorangetrieben, vielleicht werde dieses Europa ja wieder auseinanderbrechen, die Schweiz könne sich mit der Schaffung einer institutionalisierten Beziehung zur Europäischen Union noch Zeit lassen. Nichts von dem ist geschehen. Beharrlich macht dieses Europa Fortschritte. Mit der Schaffung der Europäischen Währungsunion wird jetzt ein weiterer historischer Markstein gesetzt. Wir können diese tiefgreifenden Veränderungen nicht einfach ignorieren. Gestatten Sie mir deshalb einen kurzen Abstecher in die schweizerische Integrationspolitik.

Bekanntlich hat der Bundesrat den EU-Beitritt zum strategischen Ziel erklärt. Er ist der Meinung, dieser Beitritt diene den langfristigen Interessen der Schweiz am besten. Die gleichberechtigte Mitentscheidung in Brüssel vermöge den begrenzten Verlust an Autonomie und Souveränität bei weitem zu kompensieren. Dies gelte umso mehr, als die nationale Autonomie ohnehin ständig erodiere.

Zurzeit hat allerdings der Abschluss der bilateralen Verhandlungen klare Priorität. Aus schweizerischer Sicht sind diese Verhandlungen auf Stufe der Unterhändler abgeschlossen. Sie bedürfen nun noch der Genehmigung durch die politischen Instanzen in der EU und der Schweiz. Ich kann die wachsende Ungeduld derjenigen verstehen, die erwartet haben, dass die bilateralen Verträge schon längst unter Dach und Fach sein müssten. Manch einer mag sich auch wünschen, die bilateralen Verhandlungen zu überspringen und direkt der EU beizutreten. Ich halte das für eine Illusion. Sollten wir nämlich direkt beitreten wollen, so müssten exakt die gleichen Probleme ebenfalls gelöst werden. Damit würde die Hürde noch viel höher. Ich fürchte auch, dass ein Scheitern der bilateralen Verhandlungen das Vertrauen des Volkes zur EU dämpfen würde, so dass der grosse Schritt politisch noch schwieriger würde. Deshalb dürfen wir die Geduld nicht verlieren, sondern wir müssen den eingeschlagenen Weg beharrlich zu Ende gehen. Ein Erfolg der bilateralen Verhandlungen würde umgekehrt das Vertrauen von vielen Mitbürgerinnen und Mitbürgern in die EU stärken. Sie würden auch praktisch erleben, dass die Annäherung an die EU mehr Vorteile als Nachteile bringt.

Es ist ein Anliegen des Bundesrates, über die politischen, wirtschaftlichen und finanziellen Auswirkungen eines allfälligen EU-Beitritts und allfälliger anderer Optionen die grösstmögliche Transparenz zu schaffen. Dabei sollen auch die für uns delikaten Probleme offen behandelt werden, etwa die Probleme der direkten Demokratie oder des Föderalismus. Bei der Europafrage ist noch etwas zu bedenken: Weil Fragen des Föderalismus und des Zusammenlebens von Minderheiten in Europa von brennender Aktualität sind, könnte die Schweiz auch wesentliche Erfahrungen in den europäischen Dialog einbringen.

Wichtig ist aber noch etwas. Es ist eine Illusion zu glauben, ein EU-Beitritt würde wie von selbst die Lösung aller Probleme bringen. Entscheidend wichtig ist, dass wir unsere eigenen Hausaufgaben selber lösen. Nur wenn wir dies tun, wird die Schweiz auch in der EU erfolgreich bestehen. Deshalb ist es wichtig, die in vielen politischen Bereichen eingeleiteten Anpassungsprozesse gegen alle Widerstände beharrlich durchzuziehen. Der erste Schritt zum Erfolg ist es immer, das eigene Haus in Ordnung zu halten. Das ist auch der erste Schritt zur

Solidarität: Solidarisch ist nämlich vor allem der, welcher andern nicht zur Last fällt.

Die Rahmenbedingungen

Drittens: Die wirtschaftlichen Rahmenbedingungen sind so zu gestalten, dass es sich auch in Zukunft lohnt, in der Schweiz zu investieren. Stichworte dazu sind tiefe Staats- und Steuerquoten, Absage an Interventionismus, Schaffung eines berechenbaren Rechtssystems mit den nötigen Freiräumen. Die Aufgabenteilung zwischen Wirtschaft und Staat darf nicht schleichend verwischt werden. Nach wie vor gilt, dass im wesentlichen der Staat die ordnende und die Wirtschaft die handelnde Instanz ist. Ich bin mir bewusst, dass Wirtschaft nicht alles ist, aber alles ist nichts ohne die Wirtschaft. Und wer immer das Wort sozial im Mund führt und dabei die Wirtschaft erdrückt, ist zutiefst unsozial. Denn ohne leistungsfähige Wirtschaft ist weder ein leistungsfähiger Staat noch ein leistungsfähiges Sozialnetz denkbar.

Viertens: Unsere identitätsstiftenden Erfolgsfaktoren müssen in zeitgemässer Form bewahrt werden: Ich denke an Föderalismus, direkte Demokratie, Milizsystem und Konkordanz.

Fünftens: Die knappen staatlichen Mittel sind so einzusetzen, dass die staatlichen Dienstleistungen möglichst effizient erbracht werden. Besonders wichtig sind Investitionen in Infrastruktur und Bildung. Sie müssen so gezielt getätigt werden, dass wir Wettbewerbsvorteile im weltweiten Konkurrenzkampf erringen. Auch wenn ich einer kompromisslosen Marktwirtschaft das Wort rede, bin ich trotzdem überzeugt, dass eine leistungsfähige moderne Wirtschaft ohne einen starken und leistungsfähigen Staat nicht denkbar ist.

Sechstens: Weil der Wandel immer rascher abläuft, muss die Entscheidfindung auch in der Politik beschleunigt werden. Das mag hin und wieder auf Kosten der Qualität gehen. Aber eine zeitgerechte nur 75prozentige Lösung eines Problems ist besser als eine 100prozentig perfekte Lösung, die viel zu spät kommt.

Die Reformen

Dies sind die Parameter, innerhalb welcher wir uns ständig anpassen müssen. Sie stellen fest, dass ich einige der Grundideen der alten Verfassung für ausgesprochen zukunftsfähig halte! Sehr viel ist schon verändert worden, und viele Reformen sind eingeleitet. Hier nur einige Beispiele:

Auch wenn die direkte Demokratie ein Pfeiler unseres Gemeinwesens bleiben muss, darf man sich doch die Frage stellen, ob sie nicht verwesentlicht werden könnte. Denn die Verwesentlichung kann ein Prinzip stärken, während dessen Übernutzung ein Prinzip gefährden kann. Meines Erachtens darf beispielsweise die Erhöhung der Zahl der Unterschriften für Volksinitiative und Referendum in dieser Hinsicht kein Tabu sein.

Der Föderalismus ist im Laufe der Jahre unübersichtlich geworden. Kompetenzen haben sich verwischt, falsche Anreizstrukturen sind entstanden. Auf weite Strecken herrscht Intransparenz. Der Föderalismus ist revisionsbedürftig geworden. Mit dem grossen Projekt des neuen Finanzausgleichs soll dem Föderalismus neue Substanz eingehaucht werden. Einiges ist dabei zu leisten: Die Verantwortung für die Erfüllung einer Aufgabe und für deren Finanzierung muss wieder in eine Hand gebracht werden. Nur so entstehen Anreize für effizientes staatliches Handeln und für Sparsamkeit. Dazu müssen die Aufgaben klarer zugeteilt werden, entweder an den Bund oder die Kantone. Bei den verbleibenden Verbundaufgaben müssen die Verfahren verbessert werden: Der Bund übernimmt die strategische Führung, die Kantone erhalten beim Vollzug mehr Freiheit. Wichtig ist auch, dass jeder Kanton die Mittel bekommt, um seine Aufgaben wieder selbstverantwortlich zu erfüllen. Alles dies bedingt die Schaffung neuer und innovativer Instrumente. Das neue Verbundsystem muss transparent und politisch steuerbar werden. Weil solche Reformen Besitzstände tangieren, sind sie immer umstritten, werden bekämpft. Das darf uns aber nicht daran hindern, sie beharrlich weiterzuführen.

Ein wichtiges Element der Modernisierung des Staates ist die wirkungsorientierte Verwaltungsführung (NPM). Mit NPM sollen Verfahren der marktwirtschaftlichen Unternehmensführung auf den Staat übertragen werden. Die sogenannte Inputsteuerung wird durch die Outputsteuerung ersetzt. Die staatliche Tätigkeit soll an der Leistung und nicht an der sturen Einhaltung von kameralistischen Regeln gemessen werden. Auch das braucht ein grundsätzliches Umdenken in Verwaltung und Parlament. Und auch hier muss verhindert werden, dass die auf die anfängliche Euphorie folgende Phase der Ernüchterung nicht zum Versanden der Reformen führt.

In diesen Zusammenhang gehört auch die Umstrukturierung der Regiebetriebe. Swisscom ist erfolgreich teilprivatisiert. Post und SBB werden umstrukturiert, die Rüstungsbetriebe werden privatisierungsfähig gemacht. Auch beim Bundespersonalrecht müssen entscheidende Veränderungen vorgenommen werden. Das alte Beamtenrecht ist dem raschen Wandel längst nicht mehr gewachsen. Deshalb müssen wir es abschaffen und durch eine moderne flexible Ordnung ersetzen.

Die Finanzen

Nach wie vor bleibt die Sanierung der Bundesfinanzen eines der wichtigsten staatspolitischen Vorhaben der Jahrhundertwende. Ein hoch verschuldeter Staat ist nie ein guter Wirtschaftsstandort und bürdet der nächsten Generation Zins- und Steuerlasten auf, für die sie keine adäquate Gegenleistung erhält. Übersetzte Staatsschulden engen den finanzpolitischen Handlungsspielraum des Staates zunehmend ein. Ich bin glücklich darüber, dass das Volk dem Haushaltsziel so überwältigend zugestimmt hat! Das ist für uns eine imperative politische Verpflichtung, die es jetzt einzulösen gilt. Die Finanzpläne zeigen, dass das Haushaltsziel unter fünf Voraussetzungen erreichbar ist:

– Das Wirtschaftswachstum muss über die nächsten Jahre anhalten, und dafür stehen die Chancen trotz Finanzkrise nicht so schlecht.
– Das dritte Lohnprozent bei der Arbeitslosenversicherung muss verlängert und die Finanzierung des öffentlichen Verkehrs gesichert werden.
– Das Steuersubstrat darf nicht langsam abgebaut werden.
– Eine eiserne Haushaltsdisziplin muss in den nächsten Jahren durchgezogen werden.
– Das sogenannte Stabilisierungsprogramm muss integral umgesetzt werden.

Die Sozialwerke

Ein weiteres zentrales Problem ist die sogenannte Konsolidierung der Sozialwerke. Wir alle wissen, dass die demographischen Veränderungen der Altersstruktur zu grossen Finanzierungsproblemen im Sozialbereich führen. Soziale Stabilität ist aber ein wichtiges Element des nationalen Zusammenhalts. Wir müssen deshalb alles daran setzen, ein leistungsfähiges Sozialnetz zu erhalten. Dieses Netz darf aber den Leistungswillen nicht untergraben und Wirtschaft und Steuerzahler nicht überlasten. Wir müssen darauf achten, dass die Steuerquote nicht zu hoch wird, auch wenn die Konsolidierung der Sozialwerke neue Mittel erfordert. Sonst wird die Wettbewerbsfähigkeit des Standortes Schweiz existentiell gefährdet. Deshalb darf auch die Leistungsseite nicht tabuisiert werden. Es ist vorauszusehen, dass diese Probleme noch zu schwierigen politischen Auseinandersetzungen führen werden.

Der Staat ist also eine Institution, an der ständig gearbeitet werden muss. Weitere Stichworte sind etwa Reform unserer Landwirtschaft, ständige Modernisierung des Bildungswesens (z. B. die Fachhochschulen), Reformen der Armee. Sie sehen, dass sich in der Schweiz mehr bewegt, als man ihr gemeinhin zutraut. Allerdings sind auch in allen Bereichen erbitterte Widerstände gegen Reformen auszumachen. Das darf uns nicht daran hindern, beharrlich den Umbau unseres Staates auf der Basis der bewährten Prinzipien weiterzuführen.

Die Neutralität

Vielleicht fällt Ihnen auf, dass ich bisher die Neutralität nicht erwähnt habe. Sie war während Jahrhunderten ein erfolgreiches aussenpolitisches Instrument, aber auch ein Mittel zur Erhaltung des nationalen Zusammenhalts. Interessant ist, dass sie für die Verfassungsväter kein unverrückbares Prinzip war, sondern nur ein politisches Instrument, das je nach Umständen hinterfragt werden muss. Die Verabsolutierung der Neutralität ist neueren Datums. Auch hier meine ich, dass die Verfassungsväter weise waren. Wir sollen durchaus bei der Neutralität bleiben, aber ihre Handhabung, ihre konkrete Ausprägung muss immer wieder hinterfragt werden, so auch und gerade heute.

Das Fundament für die Schweiz von morgen

Wenn ich also abschliessend und in Kurzform die Frage beantworten soll, ob die Grundideen unseres Staates noch zukunftsfähig sind, so lautet meine Antwort ohne Zögern: Ja. Die Grundidee einer freiheitlichen, selbstverantwortlichen und verantwortlichen Gesellschaft ist auch heute noch modern. Angesichts der Komplexität unserer Welt gibt es dazu keine Alternative. Drei der 1848 geschaffenen Grundpfeiler unseres Staatswesens, Föderalismus, direkte Demokratie und Schutz von Minderheiten, sind gerade im heutigen schwierigen Umfeld Garanten für politische Stabilität. Mehr noch: Sie bilden das Fundament, auf dem wir die Schweiz von morgen aufbauen können, ja müssen, wenn wir eine mehrsprachige und multikulturelle Schweiz im Wohlstand und im Frieden erhalten wollen. Zur unverwechselbaren Identität stehen, die sich im Laufe der Geschichte ausgeformt hat, heisst nicht, sich Neuem zu verschliessen. Im Gegenteil: Es heisst, aufbauend auf Bewährtem dort Reformen vorzunehmen, wo dies nötig ist. Die Baustelle Schweiz ist eröffnet. Es liegt an uns, diesen Umbau beharrlich voranzutreiben und ihn für die nächste Generation zu beenden.

Wir müssen unsere Identität auch mit Weltoffenheit verbinden. Das heisst, empfänglich bleiben für die Ideen anderer, am globalen Wettbewerb der Ideen teilnehmen, solidarisch sein mit der Völkergemeinschaft und uns äussern Einflüssen nicht verschliessen. Es heisst aber auch, unser Modell, unsere Stärken in die internationale Staatengemeinschaft einbringen, selbstbewusst, aber gleichzeitig mit der notwendigen Bescheidenheit. Wenn wir all dies tun, dann werden wir auch in Zukunft Erfolg haben!

Frühjahr/Sommer 1999

Nach jahrelanger Stagnation befindet sich die Schweiz in einer Phase wirtschaftlicher Erholung und sinkender Arbeitslosenzahlen: Der Aufschwung hat eingesetzt. Im eidgenössischen Wahljahr 1999 muss die FDP indes auf klare Niederlagen in den jüngsten kantonalen Wahlgängen zurückblicken. Innerhalb der Partei gibt es hart geführte Auseinandersetzungen zwischen dem liberalen und dem wertkonservativen Flügel. An verschiedenen Wahlveranstaltungen versucht Bundesrat Villiger die Freisinnigen zu motivieren. Wahlsiegerin wird am 24. Oktober jedoch die SVP, die als neu wählerstärkste Partei mit 22,5 Prozent Stimmenanteil die FDP überholt, welche ihrerseits von 20,2 auf 19,9 Prozent zurückfällt.

Grundsatzreferat an verschiedenen Veranstaltungen der FDP

Die Schweiz braucht einen starken Freisinn!

Ich will die Zusammenfassung meines Referates an den Anfang stellen! Die Schweiz hat schwierige Jahre hinter sich. Wirtschaft und Politik ist es gelungen, viele der Schwierigkeiten zu überwinden. Wir sind wieder im Kommen. Es geht der Schweiz zur Zeit gut, im internationalen Vergleich sogar hervorragend. Damit das so bleibt, müssen wir in den nächsten Jahren erhebliche wirtschaftliche und politische Anstrengungen erbringen. Dazu braucht es unter anderem einen starken Freisinn.

Die Stagnation

Vierzig Jahre Aufschwung nach dem Krieg haben uns verwöhnt. Die Schweiz wurde zum Erfolgsmodell. Eine liberale marktwirtschaftliche Wirtschaftspolitik schuf beispiellosen Wohlstand, und eine einzigartige direktdemokratische, föderalistische und minderheitenorientierte politische Kultur erlaubte ein beispielhaftes Zusammenleben sprachlicher und kultureller Volksgruppen. Der erfolgsverwöhnte Kleinstaat entwickelte ein ausgeprägtes Selbstbewusstsein. Die Welt war in Ordnung.

Anfangs der neunziger Jahre wurde alles anders. Ein starker Franken und eine Rezession in wichtigen Kundenländern trafen die Exportindustrie im Mark. Übertreibungen im Immobiliensektor und jahrzehntelanger Agrarprotektionismus schufen Altlasten, deren Bewältigung sich als überaus schmerzhaft erweist. Der plötzlich unausweichliche Marktdruck in der durchkartellisierten Binnenwirtschaft setzte einen schwierigen Anpassungsprozess in Gang. Weil wir in guten Zeiten begonnen hatten, über unseren Verhältnissen zu leben, wurde in kurzer Zeit aus dem finanzpolitischen Musterknaben ein Kummerbube. Die Erkenntnis, dass man uns im Ausland nicht überall liebt und bewundert, traf uns hart. Die auf Wachstum gebauten Sozialwerke zeigten erste Symptome finanzieller Destabilisierung, und früher nicht gekannte Massenarbeitslosigkeit wurde harte Realität. Entsprechend veränderte sich unsere Befindlichkeit. Selbstzweifel, Zukunftsangst, Orientierungslosigkeit, ja eine eigentliche Identitätskrise suchten uns heim. Verteilungskämpfe wurden immer hitziger, die politische Landschaft polarisierte sich zusehends. Bange Fragen stellten sich: Hat das Modell Schweiz noch Zukunft? Sind unsere Institutionen zur Bewältigung des nächsten Jahrhunderts noch tauglich? Haben sich unsere Sprachgruppen auseinandergelebt? Will unsere Willensnation überhaupt noch Nation sein?

Die Überwindung

In den letzten drei, vier Jahren ist eine Wende eingetreten. Darüber dürfen uns die verbalen Kraftmeiereien in der Politik und die permanenten medialen Aufgeregtheiten nicht hinwegtäuschen. Die wirtschaftliche und politische Bilanz der letzten Jahre ist eindrücklich, so eindrücklich, dass sich namhafte politische Kräfte in Europa wieder für unsere Politik interessieren. Ich darf einige Meilensteine auf dem Weg zur Genesung aufzählen: Wir haben uns eine moderne und doch auf dem Bewährten basierende Verfassung gegeben. Eine Modernisierung und Revitalisierung des Föderalismus ist eingeleitet. Eine klare, vom Volk bekräftigte Strategie und ein schwieriger, aber erfolgreicher Entscheidungsprozess am runden Tisch haben die Bundesfinanzen auf den Weg der Genesung gebracht. Die erfolgreiche Unternehmenssteuerreform wertet den Standort Schweiz signifikant auf. Verschiedene Gesetzesrevisionen sichern den Wettbewerb als Motor des Wohlstandes und verbessern die Standortbedingungen. Im Bildungsbereich sind wichtige Anpassungen im Gange. Als Beispiel erwähne ich die Fachhochschulen. Die Teilprivatisierung der Swisscom hat die Preise zum Wohl der Konsumenten ins Rutschen gebracht und die Leistung gesteigert. Post, SBB und Rüstungsbetriebe werden tiefgreifend restrukturiert. Das Verkehrssystem mit den Alpentransversalen steht vor einem Quantensprung. Der Abschluss der bilateralen Verträge eröffnet die reale Möglichkeit, unser Verhältnis zu Europa signifikant zu vertiefen und der Wirtschaft noch bessere Standortbedingungen zu bieten. Der fast historische Drogenkompromiss hat das Drogenproblem entschärft. Das Holocaustproblem wird ohne Steuergelder gelöst. Die Teuerung liegt bei null. Die Arbeitslosigkeit hat sich in kürzester Zeit halbiert. Die Beschäftigung ist höher als in allen EU-Ländern. Die Wirtschaft hat einen grossen Teil ihrer Hausaufgaben gemacht und ist fit für die Zukunft. Das Vertrauen in die Behörden ist wieder gestiegen. Das alles ist nicht das Werk der Vereinfacher, der Partikularegoisten, der Polarisierer, der Machbarkeitsgläubigen, der Berufspessimisten und der Fundamentalisten aller Couleurs. Es ist das Werk jener politischen Kräfte, die unablässig in einem schwierigen und unspektakulären Prozess nach mehrheitsfähigen Lösungen und Kompromissen suchen.

Die Herausforderungen

Wir dürfen am Ende dieser Legislatur mit Befriedigung feststellen, dass die Schweiz für die Zukunft gut gerüstet ist. Aber nichts wäre falscher, als es bei dieser Erkenntnis selbstzufrieden bewenden zu lassen. Einige Herausforderungen werden uns permanent auf Trab halten. Auf vier sehr wichtige davon will ich kurz eingehen.

Die erste ist die Globalisierung. Die weltweite Handelsliberalisierung, die explodierenden Informatik- und Informationstechnologien sowie die dramatisch gesunkenen Transportkosten von Personen und Waren ermöglichen es, Arbeitsplätze, technisches Wissen und Kapital in kürzester Zeit in andere Länder und Kontinente zu verschieben. Dadurch entsteht ein gnadenloser Wettbewerb zwischen Wirtschaftsstandorten. Dieser wird in den nächsten Jahren und Jahrzehnten den Druck auf unsere Strukturen aufrechterhalten, und zwar ob uns das passt oder nicht.

Eine zweite Herausforderung ist die Veränderung der Altersstruktur unseres Volkes, die demographische Veränderung. Sie setzt die Finanzierung unserer Sozialwerke unter Druck, und niemand weiss, wie sie die Haltung des Volkes zu Innovation, Veränderung und Fortschritt beeinflussen wird.

Eine dritte Herausforderung ist die Tatsache, dass viele schwierige Probleme von einem Land allein nicht mehr gelöst werden können, dass internationale Zusammenarbeit zum Imperativ geworden ist und dass Souveränität im eigentlichen Sinne in vielen Bereichen mehr und mehr zur Fiktion verkommt.

Und eine vierte Herausforderung ergibt sich aus der dritten. Es ist die Frage, ob der früher so erfolgreiche eidgenössische Staatsgedanke noch Grundlage eines modernen Staates im aktuellen Umfeld sein kann.

Wir Freisinnigen verfügen über brauchbare Antworten auf die aufgeworfenen Fragen. Lassen Sie mich dazu einige Gedanken äussern!

Die Antworten

Die Erfahrung zeigt, dass wir der Globalisierung nicht einfach schutzlos ausgeliefert sind. Es gibt Politiken, die geeignet sind, die Globalisierung als Chance zu nutzen. Ich gehe noch einen Schritt weiter. Ohne Globalisierung, ohne offene Märkte könnte ein kleines Binnenland ohne Bodenschätze niemals überdurchschnittlichen Wohlstand erarbeiten. Es bliebe vermutlich ein Entwicklungsland.

Die Politik, die wir zur Bewältigung der Globalisierung betreiben müssen, ist einfach im Grundgedanken und schwierig in der Realisierung. Wir müssen als Wirtschaftsstandort besser sein als die anderen. Die Steuerquote beispielsweise muss tiefer sein als in vergleichbaren Konkurrenzländern. Trotzdem braucht es ein modernes und leistungsfähiges Bildungsangebot und moderne und leistungsfähige Infrastrukturen. Es muss lohnend bleiben, hier zu investieren. Das Angebot an qualifizierten Fachkräften muss überdurchschnittlich sein. Gesunde Staatsfinanzen sind unabdingbar. Nur so hat die Wirtschaft Vertrauen in eine langfristig günstige Steuerquote, nur so hat die nächste Generation eine faire Chance, nur so wird der politische Handlungsspielraum nicht durch die Zinszahlungen schleichend verschwinden. Zugleich brauchen wir Stabilität auf breiter Front: soziale Stabilität, gesellschaftliche Stabilität, monetäre Stabilität, politische Stabilität. Ein billiger Staat kann dies nicht gewährleisten. Eine leistungsfähige moderne Wirtschaft braucht einen leistungsfähigen, wenn auch begrenzten und gebändigten Staat. Tiefe Steuern, gesunde Finanzen und leistungsfähiger Staat: das ist das Kunststück. Damit ist das Preis-Leistungs-Verhältnis der staatlichen Leistungen angesprochen. Es ist dann optimal, wenn die notwendigen staatlichen Leistungen effizient erbracht werden und sich der Staat auf eben dieses Notwendige beschränkt. Ebenso wichtig ist, dass der Staat der Wirtschaft jene Freiräume belässt, die sie zur Entfaltung ihrer Kreativität und Kraft braucht. Im internationalen Vergleich hat die Schweiz ein hervorragendes staatliches Preis-Leistungs-Verhältnis. Es ist eine Lüge, dass wir ein Hochsteuerstaat sind. Aber wir müssen alles daran setzen, bei den Allerbesten zu bleiben und eine tiefe Steuerquote mit hoher staatlicher Leistungsfähigkeit zu verbinden. Das heisst aber auch, dass wir dem Staat nicht ständig neue Aufgaben überbinden dürfen und dass die Anstrengungen zur staatlichen Effizienzsteigerung weitergeführt werden müssen.

Auch die demographische Herausforderung ist bewältigbar. Aber diese Bewältigung braucht politischen Mut. Sicher ist, dass kein Wirtschaftswachstum vorstellbar ist, welches das Problem gleichsam von selber löst. Es gibt nur drei Möglichkeiten, und alle sind schwierig. Die Schuldenfinanzierung schliesse ich dabei als gangbare Lösung aus. Entweder sind wir bereit, sehr erhebliche Steuererhöhungen in Kauf zu nehmen, um die Demographiekosten bei gleichbleibenden individuellen Sozialleistungen zu finanzieren. Das wird das Wachstumspotential der Volkswirtschaft negativ beeinflussen und die Kaufkraft der arbeitenden Generation signifikant beeinträchtigen. Oder wir kürzen die Sozialleistungen deutlich. Das wird die soziale Stabilität gefährden. Oder wir finden einen Kompromiss dazwischen.

Ich will zunächst etwas klar festhalten. Soziale Stabilität ist für den nationalen Zusammenhalt und die Standortqualität äusserst wichtig. Wir Freisinnigen haben nicht nur eine grosse wirtschaftspolitische, sondern auch eine starke soziale Tradition. Wir dürfen diese nicht verleugnen. Ich wäre beispielsweise nicht bereit, aus der AHV, dem Symbol gleichsam der nationalen Solidarität, eine Art subsidiäre Bedürftigenversicherung zu machen. Beide Kerngedanken, der des Versicherungsprinzips und der Solidarität, müssen wegleitend bleiben.

Wir brauchen solide Sozialwerke. Aber sie müssen drei Bedingungen genügen. Sie dürfen erstens die gesamte Volkswirtschaft und die Beitragszahler nicht überlasten und das Wachstumspotential nicht schmälern. Sie dürfen zweitens den Leistungswillen nicht lähmen. Und sie dürfen drittens angesichts der Demographie keine Anreize zur Frühpensionierung geben. Das alles ist machbar. Aber es wird mutige Entscheide auf der Finanzierungsseite und der Leistungsseite brauchen. An einen Ausbau der Leistungen ist vorderhand nicht zu denken.

Eines müssen wir klar erkennen. Wir sind trotz aller Unkenrufe ein Tiefsteuerland. Die Gefahr, ein Hochsteuerland zu werden, besteht im normalen Finanzhaushalt kaum. Sie besteht nur im Sozialbereich.

Die internationale Herausforderung ist für viele Menschen eines Landes, das traditionell und zu Recht grossen Wert auf seine Souveränität gelegt hat, besonders schwierig. Aber wir müssen den Tatsachen ins Auge sehen. Weder das Umwelt-, das Drogen-, das Flüchtlings-, das Welthandels- oder das internationale Verkehrsproblem, um nur einige Beispiele zu nennen, können wir auch nur im entferntesten alleine lösen. Bei einer grossen Zahl von Regelungen und Gesetzen können wir zwar noch autonom entscheiden, aber wir müssen uns mehr und mehr freiwillig bis ins Detail beispielsweise der EU anpassen, um den Handel und damit unseren Wohlstand aufrechtzuerhalten. Die Ereignisse im Kosovo zeigen, dass uns sehr wohl angeht, was weit weg geschieht, und dass es sich, ob wir wollen oder nicht, in der Staatsrechnung niederschlägt. Das Holocaust-Problem führte uns vor Augen, dass es einer Exportnation nicht egal sein kann, welches Image sie im Ausland hat. In vielen Bereichen gibt es keine volle Souveränität im Sinne einer unbegrenzten Entscheidungsfreiheit mehr. Wenn wir die Möglichkeiten wahrnehmen, internationale Regeln, die auch uns betreffen, in unserem Sinne zu beeinflussen, entsteht eine neue Qualität von Souveränität. Sie kann unseren Interessen mehr dienen als passive und isolationistische Selbstbeschränkung.

Ich will recht verstanden sein: Wie immer wir es mit der internationalen Zusammenarbeit halten, unser Haus müssen wir selber in Ordnung bringen. Das nimmt uns niemand ab. Aber überall, wo auch für uns relevante Entscheide fallen, müssen wir unsere Interessen geltend machen. Und es liegt in unserem Interesse, dass das Ausland uns als solidarisches Mitglied der Völkerfamilie sieht.

Sie wissen, dass der Bundesrat der Meinung ist, der EU-Beitritt würde unseren Interessen am besten dienen. Diese Frage muss nicht jetzt entschieden werden, und es ist keine Schwäche, wenn die Freisinnigen hier unterschiedliche Meinungen haben. Der interne Dialog ist noch längst nicht genügend fortgeschritten. Nach Schweizer Art ist es richtig, Schritt für Schritt zu machen und nicht immer wieder das Gute und Nötige durch das vielleicht noch Bessere zu gefährden. Im Moment geht es darum, die Ergebnisse der bilateralen Verhandlungen mit der EU zu realisieren. Das ist von grösster Wichtigkeit. Und es ist letztlich im Interesse beider Lager. Bei einem Scheitern dieser Umsetzung ist für sehr lange Zeit ein Beitritt undenkbar. Die Schweiz tut nie das Grössere, wenn das Kleinere scheitert, und die Beitrittsschwelle würde enorm hoch, weil die gleichen Probleme dann gleichzeitig nochmals mit zusätzlichen Problemen zusammen gelöst werden müssten. Deshalb müssen realistische Beitrittsbefürworter die bilateralen Verträge unterstützen. Die Beitrittsgegner haben ein Interesse daran, die wichtigsten wirtschaftlichen Nachteile der Nichtmitgliedschaft endlich ohne Beitritt zu beseitigen. Wo immer man steht, die bilateralen Verträge sind für unser Land vital. Erst, wenn sie umgesetzt sind, werden wir die schwierige Auseinandersetzung um den Beitritt führen müssen, in allem Ernst und mit der nötigen staatspolitischen Tiefe.

Der eidgenössische Staatsgedanke

Nun zur Frage, ob der eidgenössische Staatsgedanke im neuen Umfeld noch Berechtigung und Kraft habe. Ich möchte zunächst versuchen, einige Elemente dieses Staatsgedankens zu skizzieren. Mit der direkten Demokratie wird das Volk in die Verantwortung für den Staat eingebunden. Das weckt das Interesse für den Staat, das erlaubt politischen Gruppen, ein politisches Problem auf die nationale Traktandenliste zu setzen, und es zwingt die Behörden, das politische Handeln permanent vor dem Volk zu rechtfertigen. Der Föderalismus erlaubt es den Minderheiten, ihr Umfeld politisch zu gestalten und damit ihre Identität zu wahren, er teilt die Staatsmacht auf drei Ebenen und entgiftet sie damit, und er führt zu einem kreativen Wettbewerb unter den Gliedstaaten. Ohne Föderalismus mit seinem Steuerwettbewerb hätten wir kaum eine so tiefe Steuerquote! Das Milizsystem macht die Politiker weniger vom Amt abhängig, und die Politik kann wichtige Erfahrungen aus vielen Berufen nutzen. Die Konkordanz, ein Kind der Volksrechte, bindet die wichtigsten politischen Kräfte und kulturellen Minderheiten in die Regierungsverantwortung ein. Sie hat sich als taugliches Instrument zur Schaffung mehrheitsfähiger Lösungen erwiesen, und sie wirkt in hohem Masse integrierend.

Wenn wir die Resultate dieses komplexen, auf Ausgleich und Machtbegrenzung ausgerichteten Systems mit den Resultaten anderer Systeme vergleichen, sind sie keineswegs schlechter, im Gegenteil. Direkte Demokratie und Föderalismus sind grosse Themen in Europa. Und das Zusammenleben von Kulturen und Sprachgruppen im gleichen Staat ist das vielleicht brennendste Problem in Europa überhaupt. Nein, unser Staatsgedanke ist hochaktuell, hochmodern. Natürlich muss seine konkrete Ausprägung ständig angepasst, ständig modernisiert werden. Freisinnige sind immer wieder an vorderster Front bei dieser Modernisierung tätig. Aber von seiner Faszination hat dieser Staatsgedanke nichts eingebüsst. Ihn zu pflegen und zu entwickeln bleibt Anliegen und Aufgabe.

Die Irrwege

Es gibt in der Politik selten das absolut Wahre und das absolut Falsche. Gerade wir Freisinnigen haben nicht fixe Rezepte, die ein für allemal richtig sind. Hingegen haben wir, wie ich meine, bewährte liberale Grundsätze, an denen wir die Lösungsvorschläge messen können. Es werden zurzeit nun aber auch Rezepte angeboten, die nach meiner Überzeugung klar in die Irre führen müssten. Ich möchte auf einige hinweisen!

Die interventionistischen Wirtschaftsrezepte der Linken wie gesetzlich erzwungene Arbeitszeitverkürzungen, Dekretierung von Mindestlöhnen, flächendeckender Beitrittszwang zu Gesamtarbeitsverträgen, Zur-Verfügung-Stellen von staatlichem Risikokapital, Aufbau einer gigantischen Energiesubventionierungs- und Abschöpfungsmaschinerie und dergleichen würden die Standortbedingungen klar verschlechtern und wohl in absehbarer Zeit zu eurokompatiblen Arbeitslosenraten führen. Auf der Basis eines längst widerlegten und steuertreibenden staatlichen Machbarkeitsglaubens lässt sich keine Zukunft bauen. Auch nicht mit wohlstandsgefährdenden neuen Sozialforderungen.

Ebenso wenig zukunftsträchtig sind Rezepte aus dem ganz rechten Lager. Die aussenpolitische Abschottungs- und Isolationspolitik ist weltfremd und gegen die Interessen des Landes. Sie ist ebenso falsch wie eine aktivistische, ideologische Aussenpolitik, welche einem Kleinstaat nicht angemessen wäre. Das Schlagwort vom Steuerstaat widerspricht den Fakten. Wer Steuersenkungen fordert, ohne auch gleich mehrheitsfähige Sparvorschläge in der gleichen Grössenordnung zu machen, nimmt eine Akzentuierung der Schuldenwirtschaft in Kauf. Das ist nicht verantwortbar. Man kann auch nicht das Loblied der Willensnation Schweiz und ihrer Traditionen und Wurzeln singen und gleichzeitig Werte mit Füssen treten, welche diese Nation erst ermöglichen, etwa die Toleranz, die Dialogfähigkeit, den Verzicht auf Ausgrenzung. Das sind nicht einfach Stilfragen. Auch die systematische Verhöhnung jener, welche die für unsere Geschichte so segensreichen Institutionen verkörpern (Disqualifizierungen wie «Classe politique» des Parlaments, «monarchisches Gebahre» des Bundesrates usw.), ist nicht einfach eine lässliche Entgleisung. Es sägt systematisch an Pfeilern, welche unsere Willensnation tragen. Und dies erst noch im Namen eines scheinbar besonders ausgeprägten Patriotismus. Politik braucht Auseinandersetzung. Diese darf durchaus auch hart sein. Aber sie muss immer getragen sein vom Respekt dem Andersdenkenden gegenüber. Hohngelächter und Pfiffe sind niemals Antworten auf Argumente.

Die einfache Darstellung komplexer politischer Sachverhalte ist eine hohe Kunst. Wo die Vereinfachung populistisch die Kompliziertheit vieler Fragen negiert, wird sie trotz eines oftmals wahren Kerns zur Unwahrheit. So entstehen Sündenböcke. So werden in einem vielgestaltigen Land, das nur durch Zusammenstehen überleben kann, Gräben aufgeschüttet.

Die Rolle des Freisinns im Parteienspektrum

Keine Partei kann bei uns allein entscheiden. Es braucht Zusammenarbeit, es braucht Kompromisse. Natürlich versucht jede Regierungspartei, möglichst viel von ihrem Credo einzubringen. Unser System hat zur Folge, dass auch Regierungsparteien bei Sachfragen von Fall zu Fall in die Opposition gehen. Das ist so lange tolerierbar, als es nicht zum eigentlichen System wird. Regierungsbeteiligung erfordert ein gewisses Mass an Willen, Verantwortung für das Land auch dort zu übernehmen, wo es vielleicht etwas Mut braucht. Wer nur die

Leckerbissen will, mal als Regierungs-, mal als Oppositionspartei, nimmt seine Verantwortung ungenügend wahr. Zwei Parteien haben dieses Doppelspiel sehr perfektioniert. Es scheint sich bei vielen Wählern auszuzahlen. Aber was, wenn alle nur noch dieses Spiel treiben? Was, wenn bei einer Regierungspartei Regierungstreue endgültig zum Schimpfwort wird? Wer soll dann eigentlich die Probleme noch lösen? Wer soll dann echte Verantwortung noch übernehmen?

Ich habe auf den guten Zustand der Schweiz und ihrer Wirtschaft hingewiesen. Die lösungsorientierte Politik der Freisinnigen hat massgeblich dazu beigetragen. In den entscheidenden Fragen hat das Volk und haben gemäss Umfragen unsere Wähler und Wählerinnen die freisinnige Politik an der Urne mitgetragen. Trotzdem hat der Freisinn die jüngsten kantonalen Wahlen klar verloren. Müssen die Freisinnigen auch mehr opponieren? Müssen sie, statt machbare Lösungen zu suchen, auch vermehrt nicht realisierbare, aber wohltönende Parolen markant vertreten? Ist der Markt für Verantwortung am Abbröckeln?

Weil eine auf staatlichem Machbarkeitsglauben und Misstrauen gegenüber Freiheit und Markt basierende Politik eine erfolgreiche Zukunft des Landes genauso wenig sichern kann wie eine Politik der Spaltung, Polarisierung, Ausgrenzung und Abschottung, braucht es eine starke, weltoffene, ordnungspolitisch konsequente, kompromissfähige und trotz hoher Wirtschaftskompetenz sozial sensible bürgerliche Kraft in der Schweiz. Die Freisinnigen müssen diese Kraft verkörpern und jeweils politische Partner suchen, mit denen sie Lösungen realisieren können.

Elemente freisinniger Politik

Dabei meine ich wirklich eine eindeutig bürgerliche Partei, nicht eine Partei der unidentifizierbaren Mitte. Aber es muss eine breite Volkspartei bleiben, welche einen grossen Teil der Vielfalt unseres Volkes widerspiegelt, welche auch die Spannungen in diesem Volk konstruktiv aufnimmt und austrägt. Das bedeutet natürlich, dass diese Partei eine gewisse Breite auch des Meinungsspektrums aufweist. Sie wird nie ein konzentrischer Kreis sein können, der zentral geführt wird, sondern eher einer Ellipse mit mindestens zwei Brennpunkten gleichen.

So wäre es falsch, jene zu vernachlässigen, die sich um unseren eher wertkonservativen Brennpunkt scharen. Wenn wir sie verlören, würden wir geschwächt, ohne dies aus einer diffusen Mitte heraus kompensieren zu können. Dieser Brennpunkt ist staatstragend, wirtschaftspolitisch kompetent und konsequent und für Weltoffenheit zu gewinnen. Es wäre aber ebenso falsch, durch eine populistisch inspirierte, sogenannt konsequente und klare Politik der eindeutigen Positionen das vorwärtsdrängende kritische und soziale Element der Partei abzuhängen. Nur die ganze Ellipse ist gross und stark genug, um massgeblichen politischen Einfluss zu wahren. Und nur so wird auch ein dauernder, kritischer interner Auseinandersetzungsprozess die Partei erneuerungsfähig erhalten. Nur so können wir das neu Erreichte bewahren und gleichzeitig zur nächsten Etappe weitereilen.

Nicht völlig zu Unrecht wurde auch unser eigener Umgang miteinander kritisiert. Wir müssen wieder eine Kultur der internen Auseinandersetzung pflegen, die von gegenseitigem Respekt und von Toleranz geprägt ist. Wenn wir zum Pluralismus in der Partei stehen, die daraus entstehende ständige Auseinandersetzung fair und offen führen und nicht den Gegner immer zuerst in den eigenen Reihen orten, dann wird dieser Pluralismus wieder zur Stärke. Dann können wir trotz Meinungsunterschieden das Bild einer Gemeinschaft bieten, die für gemeinsame Ideale einsteht. Der Freisinn war in seiner erfolgreichen Geschichte nie ein homogener Block. Was ihn immer wieder einte, war das Einstehen für den eidgenössischen Staatsgedanken.

Ich habe dargelegt, dass dieser Gedanke für mich in seiner zeitgemässen Form nichts von seiner Kraft eingebüsst hat. Der weltoffene und solidarische Staat Schweiz, der mit seiner föderalistischen, direktdemokratischen und solidarischen politischen Kultur das Modell eines funktionierenden Vielvölkerstaats ist und bleiben kann, der die Herausforderung der Globalisierung annimmt und als Wirtschaftsstandort erfolgreich bleibt, der sich seine Anpassungsfähigkeit bewahrt, dieser Staat hat Zukunft. Auch und gerade in Europa. Aber dieser Staat bedarf der dauernden Pflege und Zuwendung, damit er leistungsfähig und trotzdem gebändigt, integrierend, menschlich bleibt. Diesen Staat auf der Basis der wichtigen politischen Prinzipien auch im modernen europäischen Umfeld erfolgreich zu gestalten, muss das gemeinsame freisinnige Anliegen sein. Auf das Leitbild dieses Staates lassen sich gewiss alle Richtungen des Freisinns verpflichten; es kann für uns einigende Klammer bleiben. Der Freisinn muss weiter die bürgerliche Brücke zwischen lateinischer Schweiz und Deutschschweiz schlagen. Grosse sprachregionale Parteien wären der Tod unserer Willensnation. Trotz aller Differenzen: Wir gehören zusammen. Unsere Unterschiede reflektieren den kulturellen Reichtum der Schweiz. Wir dürfen uns nicht beirren lassen: Wir müssen auch in Zukunft eine lösungsorientierte, konstruktive Politik machen, die sich an klaren Grundsätzen orientiert, die aber nur zusammen mit andern Kräften umgesetzt werden kann.

Eine konstruktive Konsenspolitik ist weder Führungsschwäche noch Weichheit. Sie belegt den Sinn für das in der direkten Demokratie Machbare! Die

Fähigkeit zu Visionen befreit nicht von der Pflicht, die praktischen Hausaufgaben zu machen.

Allen, die im weiteren Umfeld der Partei eine Verantwortung tragen, möchte ich noch etwas sagen: Wir brauchen auch wieder mehr Engagement an der Basis; mehr Signale, dass uns das Volk als Ganzes am Herzen liegt, das Volk mit seinen Problemen, Ängsten, aber auch seinem Stolz und seinem Leistungswillen, und nicht nur die Versicherungen oder die Exportindustrie oder die Landwirtschaft oder der Tourismus oder die Banken. Freisinnige Politik muss mehr sein als gekonnte Interessenvertretung.

Nochmals: das Fazit!

Damit komme ich zum Anfang zurück: Der Freisinn war an der Erfolgsgeschichte der Schweiz seit je massgeblich beteiligt. Seine Vielgestaltigkeit war wohl bisweilen auch Schwäche. Aber letztlich war sie Stärke, hatte einen parteiinternen Fermentationsprozess zur Folge, der immer wieder zu realisierbaren Lösungsansätzen führte. Die Verbindung einer klaren liberalen, marktwirtschaftlich bürgerlichen Grundhaltung mit sozialer Verantwortung, einem konstruktiven Staatsverständnis und zeitgemässer Weltoffenheit macht den Freisinn zu einer der entscheidend wichtigen Kräfte bei der Bewältigung der Zukunft mit neuen Herausforderungen. Ich lasse mir die Überzeugung nicht nehmen, dass es in der Schweizer politischen Landschaft auch in Zukunft einen Markt für politische Verantwortung geben wird. Ich fordere Sie auf, diese Verantwortung wahrzunehmen!

17. September 1999

In jahrelanger Arbeit und – über die üblicherweise konsultierten politischen und wirtschaftlichen Kreise hinausgreifend – unter Beizug der Wissenschaft hat der überzeugte Föderalist Kaspar Villiger das Projekt «Neuer Finanzausgleich» entwickelt. Dabei geht es um mehr als bloss um eine Neuregelung der Finanzströme zwischen Bund und Kantonen: Es geht darum, die Aufgabenteilung zwischen dem Zentralstaat und den Gliedstaaten grundsätzlich zu überprüfen und zu korrigieren, und zwar im Sinne einer Revitalisierung des Föderalismus. Der neue Finanzausgleich wird im Jahr 2003, im letzten Amtsjahr von Bundesrat Villiger, vom Parlament gutgeheissen werden.

Stiftung für Freiheit und Verantwortung, Lenzburg

Finanzausgleich: Herausforderung für einen Föderalismus mit Zukunft

Der neue Finanzausgleich ist ein wichtiges Projekt. Es handelt sich aber auch um ein dornenvolles Projekt. Im Gestrüpp der unterschiedlichsten Interessen und des opportunistischen Pragmatismus droht es immer wieder aufzulaufen. Gerade dieses Projekt muss sich indessen an grundsätzlichen Ideen orientieren. Sonst erreicht es sein Ziel nicht. Es geht beim neuen Finanzausgleich ja nicht lediglich um das Umleiten verschiedener Geldströme, sondern es geht um ein sehr grundsätzliches staatspolitisches Projekt. Es geht um nicht weniger als den Versuch, den Föderalismus zu aktualisieren, zu revitalisieren. Der Föderalismus ist eines der grundlegenden Gestaltungsprinzipien eines Staates. Er ist nicht nur ein wichtiger Pfeiler unserer politischen Kultur, er ist auch eines der grossen europäischen Themen. Weil es um Grundsätzliches geht, muss ich Ihnen heute nicht nur ganz einfache Kost zumuten.

Föderalismus heute

Der Föderalismus hat in den letzten Jahren an Schwung verloren. Oft wird er negativ auf den «Kantönligeist» reduziert. In der Tat ist er in seiner heutigen Form mit zahlreichen Mängeln behaftet. Das Gesamtsystem Bund/Kantone hat sich im Laufe der Jahre zu einem intransparenten Dschungel von Kompetenzen und Finanzflüssen entwickelt. Es ist voller Fehlanreize, und es ist politisch kaum mehr steuerbar.

Ein Unbehagen dem Föderalismus gegenüber ist unübersehbar. Die Problemlösungsfähigkeit der Kantone wird häufig angezweifelt. Die Tatsache, dass jemand im Kanton Jura mehr als doppelt soviel Steuern bezahlt wie im Kanton Zug, wird als ungerecht empfunden. Als Folge des Wachstums der Agglomerationen stimmen die heutigen Kantonsgrenzen oft nicht mehr mit den sozioökonomischen Realitäten überein. Es entstehen sogenannte «spill-over» und die damit verbundene Trittbrettfahrerproblematik. Leistungen von Zentrumskantonen werden von Nachbarkantonen konsumiert, ohne dass diese dafür finanziell angemessen aufkommen. Die Anbieterkantone wiederum nehmen die Interessen der umliegenden Kantone nur ungenügend wahr, weil sie dafür keine Anreize haben. Der Kreis der Nutzniesser ist nicht mehr identisch mit dem Kreis derjenigen, die über das Ausmass öffentlicher Leistungen entscheiden und dafür finanziell aufkommen. Bei dieser Konstellation besteht die Gefahr, dass öffentliche Aufgaben auf die nächsthöhere Ebene, also den Bund, verlagert werden. Es entsteht ein Druck Richtung Zentralisierung.

Der heutige Finanzausgleich besteht aus einem Dickicht von über hundert Einzelmassnahmen. Er umfasst Geldströme zwischen Bund und Kantonen von 13 Milliarden Franken. Trotzdem hat er sein Hauptziel verfehlt. Das Gefälle zwischen finanzstarken und finanzschwachen Kantonen wurde nicht kleiner, sondern grösser. Durch das Auseinanderklaffen von Verantwortung, Entscheidungsbefugnis und Finanzierung sind Fehlanreize entstanden. Die Kantone haben an Autonomie verloren und degenerieren zunehmend zu Vollzugsorganen des Bundes.

Aufgrund dieser Analyse drängt sich eine Entflechtung der heutigen Verbundwirtschaft und eine Klärung der Verantwortlichkeiten und Kompetenzen zwischen den staatlichen Ebenen auf. Es zeigt sich rasch, dass eine reine Umleitung der Finanzströme zu kurz greift. Es geht um ein grundsätzliches Überdenken der Aufgabenteilung zwischen Bund und Kantonen. Es geht also um den Föderalismus schlechthin, nicht nur um den Finanzausgleich. Es geht um ein grundlegendes staatspolitisches Problem.

Ich möchte zunächst die Bedeutung des Föderalismus von zwei Seiten her beleuchten, von der staatspolitischen Seite her und von der finanzpolitischen.

Der Föderalismus als Teil unserer politischen Kultur

Die Schweiz wird nicht durch natürliche ethnische, kulturelle und geschichtliche Kräfte zusammengehalten. Sie ist eine Willensnation. Im Grunde ist sie ein künstliches Gebilde. Sie hat es aber immer wieder verstanden, durch eine austarierte politische Kultur und durch eine Kultur der Wertschätzung von Minderheiten die starken zentrifugalen Kräfte zu neutralisieren. Mit ihrem freiheitlichen und direktdemokratischen Staatswesen hat die Schweiz trotz ihrer Zerbrechlichkeit eine beispiellose Stabilität errungen und beispiellose wirtschaftliche Erfolge erzielt. Den Rahmen für diese erfolgreiche Entwicklung schuf die Bundesverfassung. 1848 wurde die freiheitliche Grundordnung und die repräsentative Demokratie festgeschrieben. Mit der Totalrevision 1874 wurden das Referendum und die Wirtschaftsfreiheiten eingeführt sowie der eigentliche Binnenmarkt geschaffen. 1891 kam die Volksinitiative dazu. Auf dieser Basis konnte sich unsere so erfolgreiche politische Kultur entwickeln.

Der erste Pfeiler dieser Kultur ist die direkte Demokratie. Es war mutig, ja fast verwegen, die letzte Verantwortung zur Regelung auch schwierigster politischer Fragen dem Volk aufzuerlegen. Das Volk hat sich aber der direkten Demokratie trotz Zweifeln immer wieder gewachsen gezeigt.

Die direkte Demokratie politisiert ein Volk. Sie gibt den Entscheiden eine einzigartige politische Legitimation. Sie zwingt die Regierenden, ihre Politik permanent vor dem Volk zu rechtfertigen. Das fördert tendenziell die Qualität der Politik. Minderheiten können ein Thema auf der nationalen Agenda traktandieren und dem Urteil des Volkes unterstellen. Das hat eine nicht zu unterschätzende Ventilwirkung.

Natürlich ist die direkte Demokratie mühsam und langsam. Aber ihre Ergebnisse lassen sich sehen. Effizienz ist eben nicht die einzige Anforderung an ein politisches System. Werte wie Integration, Geborgenheit, Identifikation, Mitwirkungsmöglichkeit und Legitimation sind ebenso wichtig.

Besonders umstritten ist immer wieder die Konkordanz. Aber auch ihre Ergebnisse sind letztlich überzeugend. Sie ist herausgewachsen aus dem Bedürfnis, die referendumsfähigen Kräfte und die sprachlichen Minderheiten in die Regierungsverantwortung einzubinden. Sie wirkt damit in hohem Masse integrierend, und sie findet immer wieder mehrheitsfähige Kompromisse. Man darf nicht vergessen, dass die genialsten politischen Parolen wirkungslos verpuffen, wenn sie im Volk keine Mehrheit finden. Deshalb ist die Konkordanz nach wie vor ein Pfeiler unseres Systems. Das Genfer Modell einer rein bürgerlichen

Regierung, am Anfang als neuer Aufbruch im helvetischen System gepriesen, ist doch recht kläglich gescheitert.

Ein dritter Pfeiler der politischen Kultur ist der Föderalismus. Er hat vier bedeutsame Wirkungen. Der Föderalismus führt erstens zu einem innerstaatlichen Wettbewerb der Systeme. Dieser Wettbewerb bringt immer wieder neue und innovative Lösungsansätze hervor. Am offensichtlichsten wird dieser Vorzug am Beispiel der Steuerpolitik. Die tiefe Steuerquote der Schweiz ist kaum das Ergebnis besonderer politischer Weisheit. Sie ist vor allem das Ergebnis der kantonalen Steuerkonkurrenz. Der Föderalismus bändigt und entgiftet zweitens die Staatsmacht durch deren Aufteilung auf die drei staatlichen Ebenen. Drittens können mit dem Föderalismus Minderheiten und kulturelle Gruppen ihr Umfeld in vielen Bereichen selber gestalten und damit ihre Identität besser bewahren. Deshalb kann auf den Föderalismus in einem Vielvölkerstaat nicht verzichtet werden. Viertens zeigt sich in vielen Bereichen, von der Biologie angefangen bis zur Wirtschaft, dass dezentrale Systeme anpassungs- und lebensfähiger sind als zentrale. Das gilt ohne Einschränkung auch für Staaten.

Natürlich müssen wir uns immer wieder fragen, ob diese politische Kultur noch Zukunft hat. Ich bin davon überzeugt. Die Resultate dieses Systems sind im internationalen Vergleich nicht schlechter, sonder eher besser. Die einzelnen Instrumente müssen allerdings immer wieder hinterfragt und gegebenenfalls angepasst werden. Genau das wollen wir mit dem Projekt des neuen Finanzausgleichs auch tun.

Der Föderalismus als Teil einer rationalen Finanzpolitik

Zunächst möchte ich festhalten, dass Finanzpolitik kein Selbstzweck ist. Sie steht im Dienste gesellschafts- und wirtschaftspolitischer Ziele. Finanzpolitik muss für Stabilität sorgen, sie muss das Wirtschaftswachstum begünstigen und damit die Beschäftigung, den Wohlstand und den gesellschaftlichen Zusammenhalt fördern. Man kann schon hin und wieder über die lästigen Finanzpolitiker herziehen, welche immer wieder mit ihren Bedenken kommen, wenn jemand zu politischen Höhenflügen ansetzt. Aber kein Land mit zerrütteten Finanzen hat je solche Höhenflüge auf Dauer realisieren können.

Die Finanzpolitik des Bundes muss transparent, nachhaltig, wachstumsfreundlich und berechenbar sein. Deshalb muss sie auf klaren Zielen und Grundsätzen beruhen. Wir sind zurzeit daran, diese Ziele und Grundsätze in Form eines Leitbildes zu formulieren. Wir möchten damit einen Beitrag zur Transparenz und Berechenbarkeit der Finanzpolitik leisten. Natürlich gilt auch hier, dass im mühsamen politischen Prozess solche Ziele und Grundsätze nie lupenrein umgesetzt werden können. Aber die Richtung muss stimmen. Damit die Ziele Stabilität, Wirtschaftswachstum, Beschäftigung, Wohlstand und gesellschaftlicher Zusammenhalt dauerhaft erfüllt werden können, müssen im wesentlichen sechs Erfordernisse erfüllt sein:

Erstens: Die Einnahmen- und die Ausgabenpolitik müssen wachstumsfreundlich ausgestaltet werden.

Zweitens: Die Steuer-, Fiskal- und Staatsquote müssen möglichst tief sein. Wir setzen uns das Ziel, unter den europäischen Industriestaaten die besten und im OECD-Raum bei den besten zu sein. Nur so bleiben wir im Wettbewerb der Standorte konkurrenzfähig, und nur so halten wir die Schwarzarbeit und die Steuerhinterziehung in Grenzen.

Drittens: Finanzpolitik darf den wirtschaftlichen Strukturwandel nicht behindern. Nur angepasste Strukturen bleiben auf Dauer wettbewerbsfähig.

Viertens: Das Bundesbudget muss jeweils mittelfristig, das heisst über einen Konjunkturzyklus, ausgeglichen sein.

Fünftens: Das strukturelle Defizit muss beseitigt werden. Das strukturelle Defizit ist jener Teil des Defizits, der im Aufschwung nicht von selber verschwindet.

Sechstens: Die Verschuldungsquote des Bundes ist auf ein nachhaltiges Mass zu senken, damit die Schuldzinsen nicht zunehmend den politischen Handlungsspielraum einengen, damit die Wirtschaft Vertrauen in eine langfristig vernünftige Steuerquote hat und damit wir nicht den nächsten Generationen die Rechnung für unseren heutigen Konsum zur Begleichung übergeben.

Sie wissen, dass wir in der letzten Zeit finanzpolitisch grosse Fortschritte gemacht haben. Dank einer klaren bundesrätlichen Strategie, die mit dem «Haushaltsziel» vom Volk deutlich bekräftigt worden ist, und dank des mühsam ausgehandelten Stabilisierungsprogramms ist es bei fortgesetzter Finanzdisziplin möglich, das in der Verfassung festgesetzte Defizitziel zu erreichen. Natürlich sind damit die Schulden noch nicht zurückbezahlt. In Relation zum Bruttoinlandprodukt wird aber die Verschuldungsquote relativ rasch abnehmen. Das ist wichtig.

Damit eine gesunde Finanzpolitik umgesetzt werden kann, muss sie sich an Grundsätzen der Ausgabenpolitik orientieren. Ich will einige davon aufzählen:

– Zwischen Markt und Staat muss eine effiziente Aufgabenteilung vorgenommen werden. Immer wieder müssen wir uns fragen, was der Staat tun soll und welche Aufgaben dem Markt überlassen werden müssen.

- Innerhalb des Staates ist eine effiziente Ausgabenteilung zwischen Bund, Kantonen und Gemeinden vorzunehmen. Damit ist der Finanzausgleich direkt angesprochen.
- Die staatlichen Aufgaben müssen möglichst effizient erfüllt werden. Deshalb versuchen wir vermehrt, die neuen Methoden der modernen Verwaltungsführung zum Einsatz zu bringen.
- Mehrausgaben für Neuaufgaben sind vorrangig durch Einsparungen in bisherigen Aufgabenbereichen aufzufangen. Sonst läuft die Staats- und Steuerquote wieder davon.
- Subventionen sind nicht an den Kosten zu orientieren, weil prozentuale Subventionen zu falschen Anreizen führen. Subventionen müssen nach dem Erfüllungsgrad der vorgegebenen Ziele bemessen werden. Auch dieser Grundsatz ist für den Finanzausgleich wichtig.
- Subventionen sollten grundsätzlich befristet werden, damit sie immer wieder überprüft werden müssen.

Auf die Grundsätze der Besteuerung will ich nicht näher eingehen. Sie verlangen gerechte, transparente, berechenbare und ergiebige Steuern mit möglichst geringen negativen Auswirkungen auf die wirtschaftliche Tätigkeit und den administrativen Aufwand.

Damit komme ich zum Finanzausgleich. Er ist ein zentrales Instrument in einem föderalistischen Staatswesen. Die Ausgestaltung dieses Instruments muss sich ebenfalls an den genannten Zielen und Grundsätzen orientieren. Die zentralen finanzpolitischen Anliegen des Finanzausgleichs sind
- die Erhöhung der Transparenz,
- die Verbesserung der Steuerbarkeit,
- der vermehrte Einsatz des sogenannten Äquivalenzprinzips
- sowie die Erzielung von Effizienzgewinnen.

Der Effizienzgrundsatz verlangt eben auch eine effiziente Aufgabenteilung zwischen Bund, Kantonen und Gemeinden. Die Richtschnur ist das sogenannte Subsidiaritätsprinzip. Der übergeordneten Ebene sollen nur solche Aufgaben zugewiesen werden, welche die untergeordneten Ebenen nicht sachgerecht zu erfüllen vermögen. Für die Umsetzung des Subsidiaritätsprinzips muss das Kriterium der fiskalischen Äquivalenz herangezogen werden. Es verlangt, dass der Kreis der Nutzer einer staatlichen Leistung mit jenem, der darüber entscheidet und dafür bezahlt, möglichst übereinstimmt. Man kann dieses Prinzip auch viel einfacher umschreiben: Wer zahlt, befiehlt! Damit werden die Aufgaben bürgernäher, wirksamer und wirtschaftlicher erfüllt.

Subventionen müssen nach einem weiteren Grundsatz der Ausgabenpolitik nicht an den Kosten, sondern am Erfüllungsgrad der vorgegebenen Ziele orientiert werden. Das gilt auch für die Erfüllung von Verbundaufgaben zwischen Bund und Kantonen. Das Hauptgewicht muss auf ergebnisorientierten Vereinbarungen auf der Grundlage von Mehrjahresprogrammen liegen. Kostenorientierte Subventionen von Einzelobjekten müssen sukzessive zugunsten von ergebnisorientierten Zusammenarbeits- und Finanzierungsformen aufgehoben werden.

Im Bereich der Steuerpolitik muss ein fairer und transparenter Steuerwettbewerb unter den Kantonen erhalten und geschaffen werden, denn nur der interkantonale Steuerwettbewerb sorgt tendenziell für ein gutes Steuerklima, und nur er verhindert ausufernde öffentliche Finanzen. Damit trägt er zur Erhaltung der steuerlichen Attraktivität des Wirtschaftsstandortes Schweiz bei.

Dieser Wettbewerb muss aber über die Steuersätze und nicht über die Bemessungsgrundlagen geführt werden. Deshalb meine ich, dass die formelle Steuerharmonisierung vor allem im Bereich des Unternehmenssteuerrechts vorangetrieben werden muss. Sie erhöht die Transparenz und begünstigt damit den Wettbewerb. Die Einheitlichkeit der Steuersätze hingegen ist abzulehnen, weil dies das faktische Ende des Steuerwettbewerbs einläuten würde. Es würden dadurch auch Fehlanreize geschaffen.

Trotzdem sind die Steuerbelastungsunterschiede zwischen den einzelnen Kantonen zurzeit stossend. Der neue Finanzausgleich wird indirekt den Druck auf einen gewissen Ausgleich im Bereich der Steuern erzeugen, ohne dass aber dadurch Fehlanreize geschaffen werden.

Aus finanzpolitischer Sicht müssen den Kantonen grundsätzlich möglichst viele zweckfreie Mittel zugewiesen werden. Dies stärkt ihre Handlungsfreiheit und Gestaltungsmöglichkeit. Damit können sie ihre Prioritäten nach den eigenen Bedürfnissen besser setzen und haben Anreize zu einem sparsamen Umgang mit ihren Mitteln.

Aus finanzpolitischer Sicht geht es zusammenfassend beim Finanzausgleich im wesentlichen darum, die Anreize so zu setzen, dass mit den knappen finanziellen Mitteln möglichst haushälterisch umgegangen wird und dass der Staat seine Leistungen möglichst effizient erbringt.

Die Grundsätze und Instrumente des neuen Finanzausgleichs

Die bisherigen Überlegungen zeigen, dass es nicht genügt, nur den Finanzausgleich im engeren Sinne zu verändern. Die Aufgabenteilung zwischen Bund und Kantonen muss grundsätzlich überprüft werden. Dabei müssen möglichst

viele Aufgaben exklusiv der einen oder anderen Ebene zugeteilt werden. Damit kann das Äquivalenzprinzip am besten umgesetzt werden. Viele Bereiche werden aus den verschiedensten Gründen aber Verbundaufgaben bleiben. Dort müssen neue Instrumente eingesetzt werden. Der Bund muss die strategische Führung übernehmen und die Ziele definieren, während die Kantone bei der operativen Umsetzung der Ziele mehr Freiheiten bekommen müssen. Zudem muss das Gesamtsystem transparent und steuerbar werden. Die Wirkungen des neuen Finanzausgleichs müssen auf drei Hauptziele ausgerichtet werden:
– auf die Erhaltung und Aufwertung der Autonomie der Kantone,
– auf die Erhöhung der Wirksamkeit der Aufgabenerfüllung von Bund und Kantonen und
– auf den Abbau der finanziellen Disparitäten unter den Kantonen.

Der neue Finanzausgleich will fünf Instrumente einsetzen, um diese Ziele zu erreichen:
– Aufgabenentflechtung,
– neue Zusammenarbeits- und Finanzierungsformen zwischen Bund und Kantonen,
– interkantonale Zusammenarbeit mit Lastenausgleich,
– Ressourcenausgleich,
– Belastungsausgleich.

Ich möchte jedes Instrument kurz skizzieren.

Aufgabenentflechtung

Im Vernehmlassungsentwurf soll der Bund sechs Aufgaben mit landesweit gleichmässiger Auswirkung integral übernehmen. 15 Aufgaben werden kantonalisiert, weil sie in einem kantonalen Nutzenradius erfüllt werden können. In 17 Aufgabenbereichen erfolgt eine Teilentflechtung. Dank dieser Aufgabenentflechtung werden die Finanztransfers zwischen Bund und Kantonen reduziert und vereinfacht. Die Kreise der Nutzniesser, der Entscheidungsträger und der Kostenträger stimmen wieder besser überein. Damit wird die Wirksamkeit der Aufgabenerfüllung erhöht. Ich bin überzeugt, dass damit die öffentlichen Leistungen bedarfsgerecht, qualitativ angemessen und kostengünstig erstellt werden. Mit dieser Aufgabenteilung würden die zweckgebundenen Finanztransfers zwischen Bund und Kantonen tendenziell um 5,3 Milliarden oder um 42 Prozent zurückgehen. Die frei verfügbaren Mittel verstärken die Finanzautonomie.

Neue Zusammenarbeits- und Finanzierungsformen

Bei 16 Verbundaufgaben von Bund und Kantonen wird eine Rollenverteilung mit klareren Zuständigkeiten angestrebt. Der Bund legt die Strategie fest, die Kantone übernehmen die operative Verantwortung. Zwischen Bund und Kantonen werden Programmvereinbarungen ausgehandelt; die Abgeltung des Bundes für vereinbarte Gegenleistungen erfolgt in der Form von Global- oder Pauschalbeiträgen. Davon ist ein Beitragsvolumen von rund 5 Milliarden betroffen.

Mit diesem Instrument entsteht auf der Stufe der Kantone eine Übereinstimmung von Aufgaben- und Finanzverantwortung. Damit wird eine produktive und wirksame Leistungserstellung gefördert. Es werden Resultate und nicht mehr Kosten finanziert, was die produktive Effizienz steigert. Die Mittel werden gezielt und wirtschaftlich eingesetzt. Deshalb können entweder mehr Projekte realisiert oder Kosten gespart werden. Tendenziell kann der Bund netto ungefähr 740 Millionen mehr freie Mittel an die Kantone überweisen und damit den Ressourcenausgleich zugunsten der finanzschwachen Kantone verstärken.

Interkantonale Zusammenarbeit mit Lastenausgleich

In neun Aufgabenbereichen werden die Kantone zur Zusammenarbeit und zur Lastenabgeltung für bezogene Leistungen verpflichtet. Es werden Leistungsbereiche erfasst, deren Nutzen über die Kantonsgrenzen hinaus wirkt. Die Lastenabgeltung wird mit Formen der Mitsprache verbunden.

Damit wird für zentralörtliche Leistungen die fiskalische Äquivalenz wieder hergestellt, womit Über- oder Unterversorgungen vermieden werden. Während die Zentrumskantone leistungsgerecht entlastet werden, profitieren kleine und mittlere Kantone von einer bedarfsgerechteren Güterversorgung.

Diese Zusammenarbeit stärkt letztlich die Autonomie der Kantone und drängt Zentralisierungstendenzen zurück. Wir schätzen, dass die gegenüber heute bessere Entlastung der Zentrumskantone in der Grössenordnung von 200 Millionen liegen wird.

Ressourcenausgleich

Die einnahmenstarken Kantone sollen zugunsten der einnahmenschwachen einen horizontalen Ressourcenausgleich leisten. Dieser muss nach einem Ressourcenindex bemessen werden, der vom betroffenen Kanton nicht beeinflusst, der also nicht manipuliert werden kann. Man will deshalb die fiskalischen Einnahmenpotentiale möglichst objektiv erfassen. Diesen Ressourcenausgleich sollen Kantone beziehen können, die unterhalb eines Mindestindexes liegen, beispielsweise um 10 Prozent unter dem Mittel aller Kantone. Kantone, welche trotz des Ressourcenausgleichs immer noch unter dem Mindestindex liegen, sollen vom Bund eine vertikale Mindestausstattung an freien Mitteln erhalten. Damit können auch ärmere Kantone ihre Aufgaben ohne übermässige Steuerbelastung erfüllen. Die Höhe des horizontalen und des vertikalen Ressourcenausgleichs soll durch Bundesgesetz festgelegt werden.

Durch die Umverteilung von freien Mitteln von einnahmenstarken zu einnahmenschwachen Kantonen können Ressourcendisparitäten abgebaut und kann die Autonomie der einnahmenschwachen Kantone gestärkt werden. Gemäss Projekt ist der horizontale Ressourcenausgleich mit ungefähr 900 Millionen dotiert. Für die vertikale Mindestausstattung ist ungefähr eine Milliarde vorgesehen. Der gesamte Ressourcenausgleich ist sehr einfach politisch steuerbar.

Belastungsausgleich

Es gibt Kantone, welche weitgehend unbeeinflussbare Sonderlasten tragen müssen. Solche Sonderlasten sollen gezielt abgegolten werden. Wir denken hier an zwei Bereiche. Der geographisch-topographische Belastungsausgleich soll für übermässige Lasten zum Schutz vor Naturereignissen, von Hauptstrassen und des öffentlichen Regionalverkehrs eingesetzt werden. Das betrifft die eigentlichen Berggebiete.

Der soziodemographische Belastungsausgleich trägt den übermässigen Lasten Rechnung, die in den grossen Zentren durch die soziodemographische Zusammensetzung der Bevölkerung entstehen (Betagte, Sozialhilfeempfänger, Ausländer, Arbeitslose). Natürlich sollen nur Kantone mit ausserordentlichen Strukturnachteilen entlastet werden. Acht Kantone sollen für den geographisch-topographischen Ausgleich rund 210 Millionen erhalten. Der Ausgleich für den öffentlichen Regionalverkehr beträgt 164 Millionen und erfolgt über die bisherige Abgeltung. Für die gezielte Abgeltung von Kantonen mit einem hohen Anteil an städtischer Bevölkerung sind 210 Millionen für sieben Kantone eingestellt.

Die Widerstände

Das Modell des neuen Finanzausgleichs, das wir in die Vernehmlassung gegeben haben, ist das Resultat einer partnerschaftlichen Arbeit zwischen Kantonen und Bund. Eine sehr breit abgestützte, grosse und kompetente Projektorganisation hat die Vorschläge ausgearbeitet. Man kann gewiss sagen, dass ein ausgereiftes und realisierbares Projekt vorliegt. Selbstverständlich werden wir es nach der Vernehmlassung noch einmal sorgfältig überarbeiten.

Wie immer in der Schweiz entstehen gegen grosse Projekte auch vehemente Widerstände. Das ist beim neuen Finanzausgleich nicht anders. Ich orte Widerstände im wesentlichen bei Vertretern von vier Gruppen:
- bei der Bürokratie,
- bei den Lobbies,
- bei den Zentralisten
- und bei den gegenüber den Kantonen Misstrauischen.

Vereinfachungen und Transparenz können Besitzstände der Bürokratie gefährden. Deshalb pflegen sich sofort Seilschaften zu bilden, die auf der Ebene von Bund und Kanton den Widerstand organisieren. Das ist bei diesem Projekt da und dort ausgeprägt der Fall.

Von der Bürokratie her werden dann sofort auch die Lobbies gegen ein Projekt sensibilisiert. Gerade bei der Kantonalisierung von Aufgaben fürchten viele Lobbies, sie hätten dann nicht mehr nur einen Ansprechpartner in Bern, sondern müssten in den Kantonen selber vorsprechen.

Die Zentralisten ertragen es schwer, dass auf Kantonsebene Aufgaben erfüllt werden, bei denen sie nicht mitreden können. Wir Politiker sind ja häufig nach oben Föderalisten und nach unten Zentralisten. Nach unten möchten wir überall dreinreden, uns aber von oben nie dreinreden lassen. Als Politiker müssen wir uns immer wieder anstrengen, den Verlockungen der Zentralisierung zu widerstehen.

Überrascht bin ich immer wieder, welches Misstrauen man der Problemlösungsfähigkeit der Kantone entgegenbringt. Für viele ist Kantonalisierung schon von vornherein Leistungsabbau. Das ist deshalb nicht plausibel, weil ja am Schluss alle Kantone über genügend Mittel verfügen sollten, um ihre Aufgaben zu erfüllen.

Hinter dem Widerstand gegen den Finanzausgleich verbergen sich also vielfach Ängste um Besitzstände. Sie dürfen kein Grund sein, das grosse Vorhaben nicht umzusetzen. Es gibt aber auch Ängste, die wir ernster nehmen müssen, die aus echtem Engagement für die Sache erwachsen. Wir müssen deshalb glaubhaft aufzeigen, dass die Kantone nicht überall einen Übervater namens Bund benötigen, um ihre Kernaufgaben eigenverantwortlich erfüllen zu können.

Natürlich ist es möglich, dass bei mehr Föderalismus je nach Region unterschiedliche Leistungen und Standards angeboten werden. Ein föderalistisches System muss ein gewisses Mass an Ungleichheit akzeptieren, weil es sonst kein Föderalismus ist. Aber das ist nicht unbedingt schlecht. Es fördert den Wettbewerb, und was gut und nötig ist für Genf, muss es noch lange nicht für Uri sein. Wir dürfen auch nicht vergessen, dass Kantone demokratische Gebilde mit eigenständigen Parlamenten, Regierungen, Gerichten und ausgebauten Volksrechten sind. Jede kantonale staatliche Leistung, aber auch jeder Abbau kann nur mit Zustimmung des Souveräns erfolgen.

Ohne Zweifel bedürfen aber auch gewisse kantonale Aufgabenerfüllungen einer horizontalen Koordination, um eine minimale Harmonisierung der Leistungserstellung sicherzustellen. Dies gilt gerade auch für die Sozialpolitik. Sonst laufen wir Gefahr, einen innerschweizerischen Sozialtourismus zu erzeugen. Deshalb schlagen wir in gewissen Bereichen eine Pflicht zur Zusammenarbeit vor. Der Bundesgesetzgeber kann Leitplanken im Sinne von Rahmengesetzen vorsehen, wo eine minimale Harmonisierung sichergestellt werden muss.

Widerstände entstehen auch in Kantonen, die sich aufgrund der Schlussbilanz benachteiligt fühlen. Es ist klar, dass es bei einem solchen Projekt optisch Gewinner und Verlierer gibt. Ich sage bewusst optisch. Denn zum ersten sind die Bilanzen erst provisorisch und müssen für das endgültige Projekt aktualisiert werden. Es handelt sich zudem nur um grobe Indikatoren. Sie schliessen die Effizienzgewinne nicht ein, die durch eine gesteigerte Wirksamkeit der Aufgabenerfüllung erzielt werden. Zum zweiten zeigt sich etwas weiteres. Aus den Zahlen lassen sich bei gewissen Kantonen eben auch Schwachstellen ablesen. Wenn ein Kanton, burschikos gesagt, über seinen Verhältnissen lebt, kommt das halt jetzt zum Vorschein. Aber es kann ja nicht sein, dass ein Kanton dafür auch noch honoriert wird. Wer sofort klagt, wenn er etwas schlechter als heute fährt, tut so, wie wenn der heutige Zustand gerecht sei. Dies ist indes keineswegs überall der Fall. Aber auch die nötige Korrektur von Verzerrungen führt eben bei den vermeintlichen Verlierern zu Protesten. Jedenfalls sind alle Kantone gut beraten, ihre «Verlustpositionen» genau zu analysieren. Es ist ja denkbar, dass sie auf eine Schwachstelle stossen, die kantonal behoben werden könnte.

Wir haben im übrigen mit den Kantonen vereinbart, dass sich bei diesem Projekt weder die Kantone auf Kosten des Bundes noch der Bund auf Kosten der Kantone bereichern sollten. Wenn der Bund Geld einschiessen könnte, könnte gewiss die Schlussbilanz für gewisse Kantone akzeptabler gestaltet werden. Nur ist die Finanzlage des Bundes leider schlechter als die der Kantone, so dass dafür keine Mittel zur Verfügung stehen.

Der neue Finanzausgleich ist auch kein Sparprogramm. Wir vermuten zwar, dass die Effizienzgewinne dem Bund und den Kantonen am Schluss Kosteneinsparungen ermöglichen werden. Quantifizierbar ist das leider kaum. Wie die Effizienzgewinne eingesetzt werden, muss auch den verschiedenen Ebenen überlassen werden. Es gibt ja immer drei Möglichkeiten: Einsparungen machen, zusätzliche Leistungen erbringen oder bisherige Leistungen besser erbringen.

Der neue Finanzausgleich als letzte Chance?

Sie sehen, dass es sich beim neuen Finanzausgleich um ein anspruchvolles Geschäft voller Fussangeln handelt. Das grosse Ziel lohnt aber einen grossen Einsatz. Es geht darum, Bund und Kantone gezielt zu stärken und die Kantone zur Eigenständigkeit und zur Zusammenarbeit zu befähigen. Der Bund muss eine wichtige Rolle als Schiedsrichter und als Promotor und Förderer des Föderalismus spielen. Er kann sich stärker auf seine Kernaufgaben beschränken und vor allem auch strategisch führen.

Sollte die Reform scheitern oder sollten wir uns auf kosmetische Korrekturen beschränken, wird dies erstens die Kantone zunehmend zu Verwaltungsbezirken der Zentrale degradieren und zweitens die internationale Wettbewerbsfähigkeit der Schweiz mit der Zeit beeinträchtigen. Ich fürchte auch, dass die politische Diskussion dann andere Wege einschlagen wird. Jene, die nach einer materiellen Steuerharmonisierung rufen, werden Auftrieb erhalten. Möglicherweise würde auch das Thema einer Gebietsreform aktueller. Dies hülfe aber wenig, weil eine Gebietsreform alleine die zur Diskussion stehenden strukturellen Probleme ebensowenig zu lösen vermöchte.

Das Scheitern des Finanzausgleichs wäre auch ein Misstrauensvotum gegenüber der Problemlösungsfähigkeit der Kantone. Das müsste psychologisch fatale Folgen haben. Es wäre der Vertrauensentzug gegenüber einem System, dass sich in der 150jährigen Geschichte des Bundesstaates bewährt und unserem Land politische Stabilität, Frieden und materiellen Wohlstand gebracht hat. Alle jene, die aus der Sicht ihrer Partikularinteressen gegen diesen Finanzausgleich schiessen, möchte ich bitten, den staatspolitischen Aspekt zu bedenken. Schon bei der Erarbeitung der Vernehmlassungsunterlagen wurden auf Projektstufe Kompromisse eingegangen. Weitere mögen folgen. Vor lauter Kompromissen aber die Konturen der Vorlage völlig zu zerstören, wäre staatspolitisch total verfehlt.

Ich glaube auch, dass dieses Projekt die letzt Chance zur Reform des Föderalismus ist. Die letzte Aufgabenteilungsübung ist kläglich gescheitert. Wenn auch diese scheitern sollte, wird sich niemand mehr an diese dornenvolle Aufgabe wagen.

Das grosse Projekt liegt von allem auch im Interesse der Kantone. Ich erwarte deshalb von den Kantonen, dass sie sich mit aller Vehemenz für diese Reform einsetzen. Diese Vehemenz begann ich aber in den letzten Monaten zunehmend zu vermissen. Die Energie, welche die Kantone in die Realisierung dieses Projektes investieren, ist für mich auch Massstab für die Lebenskraft der Kantone. Sollten sie in Zukunft nur den Weg gehen wollen, alle kniffligen Probleme dem Bund weiterzugeben, dann können wir auch gleich den rationell durchorganisierten Zentralstaat in Angriff nehmen. Das wäre indessen ein Substanzverlust mit unabsehbaren staatspolitischen Folgen. Deshalb lohnt es sich, über alles kleinkarierte Gezänk im Detail hinweg das grosse Ziel des Finanzausgleichs nicht aus den Augen zu verlieren.

Mit den Kantonen ist das grosse Projekt nach wie vor realisierbar. Wenn die Kantone mitziehen, soll's an mir nicht fehlen!

25. November 1999

Kaspar Villiger wurde, kaum im Amt als Bundesrat, in Form einer kritischen Radiosendung über die Villiger-Firmengeschichte im Zweiten Weltkrieg, mit den Auswüchsen eines unqualifizierten Journalismus konfrontiert. Später publizierte ein Nachrichtenmagazin völlig aus der Luft gegriffene, vermeintlich sensationelle Enthüllungen über sein Privatleben. Nicht zuletzt auf Grund solcher Erfahrungen setzt sich Villiger regelmässig für Qualität im Journalismus ein, ohne indes Abstriche an der Freiheit der Journalisten zu postulieren: Die Medienfreiheit ist für ihn ein unbedingter Imperativ.

Verleihung des BZ-Preises für Lokaljournalismus, Bern

Qualität kommt von Qual

Die Medienfreiheit ist ein Pfeiler der Demokratie. Auch das Unbequeme, das Kritische, das beharrlich Bohrende und das unablässig Skeptische muss zugelassen sein. Die Medienfreiheit hat drei Funktionen: Sie entlarvt die Lüge, sie kontrolliert die Mächtigen, und sie sorgt für jenen Wissensstand im Volk, der für das Funktionieren der Demokratie nötig ist.

Wo ein Staat oder gar ein Potentat über das Informationsmonopol verfügt, kann sich die Lüge halten. Wo indessen Ideen und Meinungen miteinander in Konkurrenz treten können, hat die Wahrheit mittel- und längerfristig immer eine Chance, kann sich die Lüge nicht zum Monopol entwickeln. Deshalb ist die Konkurrenz der Meinungen so wichtig. Der Widerstreit der Meinungen und der Ideen ist ein kreativer Prozess, der Fortschritt erst ermöglicht.

Ich illustriere das an einem Beispiel:

Man hat viel darüber geschrieben, woran eigentlich das starre System der Sowjetunion zerbrochen sei. War es der NATO-Doppelbeschluss? War es eine plötzlich ausgebrochene Weisheit der Mächtigen? War es das wirtschaftliche Versagen? War es einfach an der Zeit? Für jede These mögen sich Gründe finden lassen. Ich bin indessen überzeugt, dass die Fortschritte der Kommunikationstechnik die wohl entscheidende Rolle spielten. Über Transistoren strömten Meinungen, Ideen, Kommentare und Bilder verbotener Wirklichkeiten in das abgeschottete Gebiet. Kommunikation hat die Lüge entlarvt und den Menschen den Bankrott des Totalitarismus und der Planwirtschaft vor Augen geführt.

Für Gesellschaft und Politik ist mithin wichtig, dass die Medien die Vielfalt der konkurrierenden Meinungen darstellen. Ebenso wichtig ist die Wächterfunktion der Medien. Kritische Medien sorgen permanent dafür, dass die Lust der Regierenden, vom Pfad der Tugend abzuweichen, entschieden gedämpft bleibt. Nur freie Medien ohne Maulkörbe und ohne Beeinflussung durch die Machthabenden können das Wächteramt glaubwürdig wahrnehmen. Darauf weise ich jeweils hin, wenn sich erboste Bürger bei mir melden und politische Massnahmen gegen missliebige Sendungen oder Journalisten fordern.

Weil nur informierte Bürger und informierte Bürgerinnen die komplexen politischen Fragen an der Urne kompetent entscheiden können, ist schliesslich die Informationsfunktion der Medien für die Qualität einer Demokratie unabdingbar, zumal einer direkten Demokratie.

Es stellt sich die Frage, ob die modernen Medien mit ihrer garantierten Medienfreiheit in den modernen Demokratien diese anspruchsvollen Funktionen hinreichend wahrnehmen.

Es bedarf kaum der weiteren Begründung, dass nur qualitativ hochstehende Medien letztlich diesen Ansprüchen genügen. Deshalb haben Staat und Gesellschaft ein grosses Interesse an einem qualitativ hochstehenden Journalismus.

Wenn ich Vergleiche mit dem Ausland anstelle, komme ich zum Schluss, dass die Qualität des Schweizer Journalismus überdurchschnittlich ist. Dennoch kann nicht alles, was hierzulande publiziert oder gesendet wird, qualitativ unanfechtbar sein. Es gibt keinen Lebensbereich, in welchem sich Qualität ohne Anstrengung und wie von selbst einstellt. Somit muss Qualität auch im Journalismus beharrlich immer neu erkämpft, erlitten werden. Deshalb wohl schrieb Wolf Schneider über die Qualität im Journalismus einmal, Qualität komme von Qual.

Ich darf einige der Klippen erwähnen, welche der Qualität des Journalismus bisweilen gefährlich werden können. Dabei bin ich mir bewusst, dass der schweizerische Journalismus punkto Pluralismus und Leistung wohl auch besser ist, als sein Ruf im eigenen Land. Trotzdem muss die Qualitätssicherung ein permanentes Anliegen der Medien sein, und deshalb ist es wohl richtig, sich hin und wieder die verschiedenen Qualitätsrisiken zu vergegenwärtigen.

Qualitätsrisiko 1: Der Verdrängungswettbewerb

Medien werden von privaten Verlagshäusern herausgegeben. Anders wären ja vom Staat unabhängige Medien gar nicht denkbar. Privatwirtschaftliche Unternehmen aber müssen rentieren, um überleben zu können. Es wäre deshalb blauäugig anzunehmen, dass kommerzielle Interessen im Bereich der Medien keine Rolle spielten. Das ist auch nicht zu kritisieren. Es sind aber nicht zuletzt die Journalisten selber, welche bedauern, dass da und dort die Medienfreiheit zum Feigenblatt für rein kommerzielle Interessen zu werden droht.

Das hat wohl damit zu tun, dass der Wettbewerb auf dem Medienmarkt zum Verdrängungswettbewerb geworden ist. Der Kampf um die Aufmerksamkeit ist ein Teil des Kampfs ums Überleben. Neu muss es sein, emotional muss es ein, auch wenn die reine Wahrheit dabei Federn lässt. In diesem Überlebenskampf ist der Schritt von der Information über das Infotainment bis zu den Infomotions nicht etwa verschämt und still vollzogen worden. Nein, dieser Schritt wird mit allen Mitteln des Marketings sogar verkündet. Die Medienfreiheit wird zunehmend beansprucht, um aufzufallen, um anzulocken, um abzuwerben, und nicht nur um möglichst gute Information anzubieten. Falls nun aber die wirtschaftlichen Motive stärker werden als die berufsethischen Grundsätze, steht die langfristige Glaubwürdigkeit auf dem Spiel. Und dass die Glaubwürdigkeit der Medien in den letzten Jahren eher abgenommen hat, ist wohl niemandem entgangen.

Zweifellos sind medienwirtschaftliche Überlegungen legitim. Doch die Medienfreiheit geht in vielen Bereichen über die normale Wirtschaftsfreiheit hinaus. Diese staatspolitische Sonderstellung ist gerechtfertigt. Aber Medienprodukte dürfen den Windschatten dieser Sonderstellung nicht für Wettbewerbsvorteile missbrauchen.

Natürlich ist der Medienwettbewerb zunächst einmal positiv zu bewerten. Das ist ja meine Hauptthese. Nur er ermöglicht letztlich die Vielfalt der Meinungen, nur er beschert Auswahl, nur er stimuliert die Innovation, und nur er erzeugt auch eine gewisse Selbstkontrolle innerhalb der Branche. Aber es gibt auch im Mediensektor so etwas wie einen unlauteren Wettbewerb. Wo die legitime Wahrheitsfindung, das notwendige Aufdecken von Missständen und die kritische Begleitung der Regierenden in Verleumdungen, Vorverurteilungen oder inszenierte Scheinwirklichkeiten umschlägt, ist die Grenze des Vertretbaren überschritten.

Eines möchte ich klarstellen. Ich bin jederzeit bereit, für das freie Wort, den freien Kommentar und den freien Zugang zur Information in diesem Lande auf die Barrikaden zu steigen. Ich habe aber wenig Verständnis, wenn das alte rechtsstaatliche Prinzip, wonach die Schuld bewiesen werden muss und nicht die Unschuld, im Medienbereich häufig und tendenziell zunehmend umgekehrt wird. Und ich begreife nicht, weshalb man etwas, und sei es noch so offensichtlich abwegig, einzig deshalb weiterziehen muss, weil es die Konkurrenz aufgewirbelt hat.

Aus alledem kann sich eine Eigendynamik entwickeln, die das Klima einer permanenten Empörung schafft, die in keinem Verhältnis mehr zu den wahren Fakten steht. Der Publizistikwissenschafter Stephan Russ-Mohl hat diese Art von Themenführung als «Rudeljournalismus» bezeichnet. Wir haben übrigens ähnliche Erscheinungen auch im Finanzbereich erlebt, als das Finanzrudel aus eigentlich schwer nachvollziehbaren Gründen Geld in die fernöstlichen Tigerstaaten pumpte und es plötzlich mit nicht viel stichhaltigeren Gründen wieder abzog. Die Folge war eine Weltfinanzkrise.

Qualitätsrisiko 2: Die Instrumentalisierung

Es gibt auch etwas, was man als zweifelhaften Handel mit unfertigen Produkten bezeichnen könnte. Da wird plötzlich ein Bundesratsgeschäft, das erst im Vorstadium der Entscheidung ist, in der Denkfabrik sozusagen, als übler «Geheimplan» verkauft. Das völlig normale Mitberichtswesen wird plötzlich als Zoff und Krach im Bundeshaus interpretiert und nachher bewertet als Sieg des einen und Niederlage des andern. Als ob die intensive und oft kontroverse Auseinandersetzung nicht eben gerade ein völlig normales und gewolltes Element des Konkordanzsystems wäre.

An solchen unfertigen Produkten würde nur dann ein öffentliches Interesse bestehen, wenn es sich tatsächlich um Geheimpläne handeln würde. Aber es sind schlicht Indiskretionen aus einem geregelten Verfahren, die meist mit voller Absicht und mit dem Willen zur Störung der normalen Entscheidprozesse exklusiv einer Redaktion zugefaxt werden.

Natürlich kann man nicht den Journalisten für die Indiskretion verantwortlich machen. Verursacher ist irgend jemand unter der Bundeskuppel. Aber einige Medien spielen bisweilen dieses keineswegs unschuldige Spiel mit. Sie lassen zu, dass sie instrumentalisiert werden. Sie lassen zu, dass aus einem normalen Konsensfindungsprozess ein Skandal wird. Das ist nicht mehr Information, sondern in Kauf genommene Täuschung des Publikums.

Es ist klar, dass auch Politiker immer wieder versuchen, die Medien zu instrumentalisieren. Hier allerdings sind die Medien resistenter als bei den Indiskretionen, und dies natürlich zu Recht. Es gab ja Zeiten, da Parteien ihre Hofzeitungen und Bundesräte ihre Hofjournalisten hielten. Das war so lange nicht weiter schlimm, als sich diese Hofmedien gegenseitig aufmerksam in Schach hielten und sich damit gegenseitig wirksam kontrollierten. Heute sind die Versuche der Politiker, die Medien zu instrumentalisieren, viel subtiler. Manchmal habe ich den Eindruck, dass die Medien weniger das Volk als vielmehr die Politiker verändert haben. Vom gekonnten Umgang mit den Medien bis zur Anbiederung an die Medien ist es oft nur ein kleiner Schritt, und welcher Politiker hat nicht schon die Versuchung gespürt, die Medienwirksamkeit bei einer Sachfrage vor die persönliche Überzeugung zu stellen! Die Medien haben dort meine volle Sympathie, wo sie auf inszenierte Profilierungsversuche nicht so eingehen, wie das die Verursacher vielleicht wünschten.

Qualitätsrisiko 3: Beisshemmungen im eigenen Revier!

Der Wettbewerb ist das zentrale Prinzip in einer Marktwirtschaft. Er spornt zu Höchstleistungen an, er lässt niemanden zur Ruhe kommen, er gefährdet Besitzstände, er kreiert immer wieder innovative Lösungen. Nun wissen wir alle, dass immer wieder versucht wird, den Wettbewerb auszuschalten. Denn Wettbewerb ist natürlich etwas Lästiges, etwas Unangenehmes für die Betroffenen. Er lässt sie nie zur Ruhe kommen. Aus diesem Grund wurden Kartellgesetze geschaffen und Kartellbehörden eingeführt. Es ist eine der wichtigen Staatsaufgaben in einer Marktwirtschaft, den Wettbewerb zu sichern.

Die Wirtschaft wird also vom Wettbewerb kontrolliert und gebändigt. Die Politiker werden von den Wählern und den Medien kontrolliert. Wer kontrolliert eigentlich die Medien? Hier wäre es wichtig, dass sich die Medien selber gegenseitig kontrollieren, sich gegenseitig Fehlleistungen offen legen, mit sich selber ebenso kritisch umgehen wie mit den Politikern. Natürlich gibt es diese Selbstkontrolle durchaus. Ich selber habe das vor einiger Zeit auch positiv erfahren dürfen. Und trotzdem bin ich nicht sicher, ob die Selbstkontrolle hinreichend funktioniert. Ich weiss nicht, woher die journalistische Beisshemmung Journalisten gegenüber kommt. Eine etwas nachdenklich stimmende These lautet so, dass es für Journalisten nur noch so wenige Arbeitgeber gibt, dass man keinen potentiellen neuen Arbeitgeber böse machen will. Das mag bisweilen mitspielen. Vielleicht liegt aber das Problem tiefer. Professor Hans Matthias Kepplinger hat auf den seltsamen Widerspruch zwischen der journalistischen Rolle des Kritikers an Missständen in Staat und Gesellschaft und der Schonung der eigenen Kollegen bei beruflichem Fehlverhalten hingewiesen. Er hat diesen

Effekt auch wissenschaftlich nachgewiesen. Allerdings sind die Journalisten mit diesem Effekt nicht ganz alleine. Man sagt Ähnliches auch andern Berufsständen, etwa den Ärzten, den Bankdirektoren und wohl auch Bundesräten nach.

Kann man, muss man Qualität sichern?

Ich habe am Anfang auf die enorm wichtige Rolle der Medien in einer funktionierenden Demokratie hingewiesen. Die Medien können diese Rolle um so qualifizierter spielen, je höher die Qualität der journalistischen Leistung ist. Wir dürfen es nicht bei der tröstlichen Feststellung bewenden lassen, dass in der Schweiz die durchschnittliche journalistische Qualität höher ist als im Ausland. Es muss Ihr Anliegen sein, der Qualität der journalistischen Leistung ständig hohe Priorität beizumessen. Dabei kann es bei der Qualitätssicherung nicht darum gehen, die Publizistik an die Kandare des Staates zu nehmen. Ganz im Gegenteil. Die Hauptaufgabe des Staates ist es, die Medienfreiheit nicht nur verfassungsmässig zu proklamieren, sondern zu sichern. Die Medien selber müssen das Problem lösen, zusammen mit anderen Kräften, etwa den Standesorganisationen oder der Wissenschaft. Denn Qualität kann man nicht nur von einer Seite her sichern. Gestatten Sie mir dazu einige Überlegungen!

Qualitätssicherung 1: Verantwortung

Medienfreiheit ist zwingend. Freiheit schliesst indes per definitionem die Möglichkeit des Missbrauchs ein. Sonst ist es keine Freiheit. In einer freien Gesellschaft aber darf nicht alles getan werden, was nicht verboten ist. Sonst gefährdet sich die Freiheit selber. Natürlich muss man in jeder freien Gesellschaft mit einem gewissen Mass an Missbrauch leben, und niemand kann genau definieren, was Missbrauch ist und was nicht. Wenn aber der Missbrauch einen gewissen Pegelstand überschreitet, kommt die Forderung nach Einschränkung der Freiheit. Deshalb muss Freiheit mit Verantwortung genutzt werden, wenn sie von Dauer sein soll. Auch demokratische Rechte müssen verantwortlich gehandhabt werden, wenn eine Demokratie Bestand haben soll. Diese Verantwortung ist von den Politikern zu fordern, von Wirtschaftenden, von den Bürgerinnen und Bürgern in der Demokratie, aber auch von den Medienschaffenden.

Gerade kürzlich wurde diese meine Behauptung bestätigt. Anscheinend ist die Meinung, die Medien nähmen ihre Verantwortung nicht immer genügend wahr, recht verbreitet. Eine Nationalratskommission hatte einen Verfassungsartikel vorgeschlagen, gemäss dem die Presse einer Beschwerdeinstanz unterworfen werden sollte. Der Staat möchte sich also die Legitimation zum Qualitätsüberwacher der Presse verschaffen. Ich habe schon immer behauptet, dass die Wirtschaft einen Teil des von ihr beklagten Regelungskorsetts selber durch Missbrauch der eigenen Freiheit verursacht hat. Das gleiche könnte jetzt den Medien passieren. Um es klarzustellen: Ich bin entschieden gegen die ursprünglich vorgeschlagene Lösung, und die Kommission selber will – was ihr hoch anzurechnen ist – ebenfalls noch einmal über die Bücher. Aber ich bin ebenso entschieden der Meinung, das Prinzip der Verantwortung müsse von den Medien selber vermehrt beherzigt werden. Das müsste im Grunde den angehenden Journalisten genauso vermittelt werden wie das Aufspüren von Primeurs oder die Freilegung von richtigen oder vermeintlichen Skandalen.

Qualitätssicherung 2: Wettbewerb der Meinungen und Selbstkritik

Niemand kann behaupten, er sei im Besitz der alleinigen Wahrheit. Wahrheit ist oft auch etwas Relatives. Deshalb ist Wahrheitsfindung im Grunde ein kontroverser Prozess. Meinung und Gegenmeinung werden so lange einander gegenübergestellt, bis sich so etwas wie Wahrheit herauskristallisiert. Der «Rudeljournalismus» ist somit der Wahrheitsfindung wenig dienlich. Deshalb muss die Vielfalt der Meinungen, die Konkurrenz der Meinungen bewusst gepflegt werden. Ich habe auch auf die Beisshemmung innerhalb des geschlossenen Zirkels der Journalisten hingewiesen. Ich begreife zwar, dass unter Journalisten bisweilen ein Solidarisierungseffekt entsteht, wenn einer der ihren kritisiert wird. Aber eine Berufsgruppe, die selber professionell kritisiert, sollte das überwinden können.

Qualitätssicherung 3: Aus- und Weiterbildung der Journalisten

Es gibt Berufe, von denen viele annehmen, man könne sie ohne spezifische Vorbildung ergreifen. Der Journalismus gehört dazu. Das Handwerk des Journalisten hat aber Besonderheiten, die der angehende Journalist irgendeinmal erlernen muss. Noch ist in der Schweiz die Laufbahn eines Schuhmachers klarer strukturiert als jene von Journalisten. Natürlich gibt es durchaus vorzügliche Bildungszentren, die von Medienunternehmen und Verbänden selber getragen werden. Aber vielleicht müsste in den Bildungsgängen das Element der Qualität stärker gewichtet werden. Der erwähnte Stephan Russ-Mohl hat auf wissenschaftlicher Basis Modelle zur Qualitätssicherung im amerikanischen Journalismus untersucht. Weil sich der Journalismus technisch und formal dynamisch wandle, spricht Russ-Mohl in seinen Thesen die Wichtigkeit von Programmen zum lifelong learning an. Allerdings ist auch für Russ-Mohl die Qualitätssicherung nicht die Sache nur eines Instrumentes, sondern eines ganzen Netzwerkes von wenn immer möglich privaten und nicht staatlichen Massnahmen.

Qualitätssicherung 4: Standesregeln

Russ-Mohl hält in seinen Thesen ein vehementes Plädoyer gegen staatliche Eingriffe in die Medienfreiheit und für die Selbstkontrolle und Selbstkritik der Medien. Ich teile seine Meinung. Es wäre falsch, die Medien per Verfassungsartikel und später Gesetz ans Gängelband zu nehmen. Staatlich verordnete Schlichtungsstellen und Qualitätsbeurteilungen sind überflüssig. Sie enthalten schon den Keim zur Einschränkung der Medienfreiheit. Allerdings reichen ein paar Ombudsmänner und regelmässige medienkritische Seitenhiebe an die Adresse der Konkurrenz nicht aus. Solche Selbstkontrolle braucht Strukturen und Träger, welche verlagsunabhängig in die Medienwelt integriert sind. Es sind die Berufs- und Branchenverbände, welche die Standesregeln und berufskulturellen Grundsätze entwickeln und gegebenenfalls auch Diskussionsforen schaffen müssen. Was dort entsteht, wird in der Regel in den Verlagshäusern und Redaktionsstuben weitergeführt und umgesetzt. Vermitteln, schlichten und den Weg weisen: Das können berufsnahe Persönlichkeiten besser und glaubwürdiger als staatliche Schlichtungsstellen oder Gerichte. Würde der Staat an ihrer Stelle schon dann seine Zähne zeigen, wenn etwas bloss stossend oder unprofessionell ist, würde Misstrauen und Abwehrhaltung gesät.

Qualitätssicherung 5: Kommunikationswissenschaft

Zweifellos kann auch die Kommunikationswissenschaft und die Medienforschung etwas zur Qualität beitragen. Beide sind in der Schweiz vergleichsweise wenig entwickelt, beide sind noch kaum vollwertig anerkannte universitäre Disziplinen. Während an der Wissenschaftswürdigkeit toter Sprachen oder verkalkter Gebeine kein Zweifel besteht, rümpft man hierzulande unter den Talaren noch immer die Nase, wenn von Journalismus und Kommunikation die Rede ist. Dabei haben Journalismus und politische Kommunikation sehr viel mit Recht und Gesellschaft zu tun; sie beeinflussen die moderne Gesellschaft sehr stark, und sie sind für die Funktion unserer Demokratie zentral. Die Erforschung hochgradig demokratierelevanter Vorgänge durch die Kommunikationswissenschaften kann durchaus zu Ergebnissen führen, welche später in die Praxis einfliessen und auch die Berufsausbildung zu befruchten vermögen.

Qualitätssicherung 6: Der Journalistenpreis

Auch Journalistenpreise sind Mittel zur Qualitätssicherung. Allerdings sind sie das nur dann, wenn sie nicht inflationär häufig und auch nicht reine PR-Aktionen sind. Der Preis, der heute verliehen wird, wurde von einem Verlag ins Leben gerufen. Das ist verdienstvoll. Allerdings enthält dies es auch das Risiko eben der PR-Aktion. Vergeben wird der Preis aber von einer unabhängigen Jury aus Journalistinnen und Journalisten, die andern Verlagen aus verschiedenen Landesteilen angehören. Mit dieser Form der Preisverleihung wird der Verdacht der PR-Aktion entkräftet. Mit einer andern Form der Preisverleihung hätte ich wohl Mühe gehabt. Auch den ausgezeichneten Journalistinnen und Journalisten ist es wichtig zu wissen, dass ihre Werke von Experten bewertet wurden und nicht von Vorgesetzten.

Ich habe die prämierten Arbeiten im voraus erhalten und gelesen. Dabei kam mir wieder der Satz von Wolf Schneider in den Sinn, wonach Qualität von Qual kommt. Professionelle Qualität heisst sich selber überwinden, sich Professionalität abringen, Qualität erzwingen, und zwar auch dann, wenn jede Zeile müheloser gefüllt oder dasselbe Thema freihändiger behandelt werden könnte. (…)

Wer sich so zur Qualität durchquält, verdient Anerkennung. Und wer dafür einen Preis erhält, darf ihn auch dann mit gutem Gewissen in Empfang nehmen, wenn der Rahmen ungewohnt gediegen ist, das Publikum ungewohnt liebenswürdig und die Meinungen ungewohnt einhellig. Wenn Qualität über einen Preis sichtbar gemacht wird, hilft diese der Glaubwürdigkeit des Journalismus mehr als viele Reglemente. Das gute Beispiel ist noch immer Benchmark und Ansporn zugleich gewesen.

1. August 2000

Das Jahr 2000 steht im Zeichen der europapolitischen Diskussion: Im Mai sagen die Schweizer Stimmberechtigten mit 67,2 Prozent Ja zu den sieben bilateralen Abkommen mit der EU. Gleichzeitig beobachtet man skeptisch die Sanktionen von 14 EU-Staaten gegen Österreich, die wegen der demokratisch rechtmässigen Beteiligung von Haiders FPÖ an der Regierung verhängt wurden. In seiner 1.-August-Rede befasst sich Bundesrat Villiger mit der politischen Kultur und mit dem Verhältnis der Schweiz zur EU. Dabei wird er wiederholt von Rechtsradikalen unterbrochen und ausgebuht. Er lässt sich jedoch von den Zwischenrufen nicht beeindrucken; die Feier wird programmgemäss durchgeführt.

1.-August-Rede, Rütli

Für eine Kompromisskultur ohne faule Kompromisse

Si dice che la Svizzera è una nazione fondata sulla volontà. Non è unita da una cultura, lingua e religione comune. Eppure nel corso dei secoli si è sviluppata con successo e oggi è uno Stato stabile e benestante. La storia della Svizzera ha preso avvio più di settecento anni fa in questa regione. Dato che mi è concesso il privilegio di rivolgermi a voi oggi qui sul Grütli, vorrei cogliere l'occasione per esaminare se e fino a che punto il successo della nostra nazione fondata sulla volontà abbia le sue radici negli eventi del tredicesimo secolo.

La Suisse est aujourd'hui perçue comme un modèle de cohabitation entre minorités, groupes linguistiques et cultures différents. Ce succès, j'en suis convaincu, nous le devons à notre culture démocratique et fédéraliste, dont les racines remontent à la fondation de la Confédération. Mais la bonne entente entre communautés de langues et de cultures différentes n'est jamais définitivement acquise. Elle demande une attention soutenue et constante. C'est un défi culturel toujours renouvelé. Un défi que nous devons relever, car cette cohabitation de quatre cultures constitue justement la substance et la richesse de notre pays. C'est pourquoi je ne me contenterai pas aujourd'hui d'évoquer le développement historique de notre culture politique. J'aborderai aussi une question primordiale pour nous: cette culture politique peut-elle servir de base pour affronter l'avenir avec succès?

Historische Situationen sind oft vergleichbar, aber nie gleich. Deshalb ist es riskant, direkte Lehren aus der Geschichte zu ziehen. Das Privileg, heute auf dem

Rütli zu sprechen, hat mich aber doch in Versuchung geführt. Ich möchte versuchen, eine Brücke von jenen für uns so wichtigen Ereignissen, welche im Rütlimythos verdichtet sind, zu unserer Gegenwart und Zukunft zu schlagen. Ich glaube, dass – in veränderter Form – in unserem Land noch heute Kräfte und Verhaltensweisen wirksam sind, die auf jene Zeit im 12. und 13. Jahrhundert zurückgehen. Natürlich ist die Gestaltung der Zukunft das vordringliche Anliegen der Politik. Aber wer definieren will, wohin er geht, muss wissen, woher er kommt.

Der Gotthard wird «erfunden»

Schon vor 1200 sind die Alpenübergänge von strategischer Bedeutung. Es sind dies in den Westalpen der Grosse St. Bernhard und der Mont Cenis, in den Ostalpen die Pässe Graubündens und der Brenner. Es gibt noch keinen Gotthard. Die Täler der Waldstätte sind besiedelt, aber die Menschen sind arm und leben schlecht und recht von einer kargen Selbstversorgungswirtschaft. Sie sind für die Fürsten, Könige und Kaiser uninteressant. Die grosse europäische Geschichte hat sie schlicht vergessen.

Vom 11. bis zum 13. Jahrhundert entwickeln sich die Städte. Langsam beginnen Wirtschaft und Bevölkerung zu wachsen. Die Menschen in den Alpenregionen merken, dass sie besser leben, wenn sie den kargen Ackerbau aufgeben und mit Viehzucht die wachsende Nachfrage der Städte nach Fleisch, Käse, Butter und Häuten decken. Im Gegenzug erhalten sie Getreide aus dem Mittelland. Sie erkennen, dass Arbeitsteilung mehr Wohlstand schafft. Sie brechen mit uralten Gewohnheiten des Landbaus, ein tiefgreifender wirtschaftlicher Umbruch findet statt, ein gewisser «Wohlstand» entwickelt sich. Der Handel bringt viele Alpenbewohner in Kontakt mit den Städten. Das erweitert ihren Horizont. Es beginnt sie zu interessieren, was sich in der grossen Politik abspielt. Sie sehen sich nach neuen Märkten um. Die prosperierende Lombardei lockt, aber die Barriere der Schöllenen ist für regelmässigen Handelsverkehr unüberwindbar.

Dann geschieht etwas, was die geostrategische Lage Europas verändert. Der Gotthard wird «erfunden», wie es Professor Jean-François Bergier ausdrückt. Findige Urner überwinden mit ausgeklügelter Wegtechnik irgendwann zwischen 1215 und 1230 die Schöllenen. Das leitet die mittelalterlichen Handelsströme markant um. Der Gotthard wird zur transalpinen Hauptverkehrsader. Nicht nur können die Waldstätte nun auch die Märkte südlich der Alpen erschliessen, nein, mit dem Aufbau eines eigentlichen Transportgewerbes entstehen neue Erwerbsquellen. Die Viehzucht und die Käseherstellung brauchen viel Salz. Es kommt aus Nordafrika über das Mittelmeer und den Gotthard. Heute würde man diese Arbeitsteilung als Globalisierung bezeichnen. Der Gotthard reisst die Zugangstäler aus dem geschichtlichen Dornröschenschlaf. Wer den Gotthard kontrolliert, kontrolliert den transalpinen Verkehr und kann Zölle erheben. Die Region wird plötzlich politisch attraktiv. Die Geschichte holt die Waldstätte ein.

Ein Mythos, der wichtige Wahrheiten symbolisiert

Mit dem Aufstieg der Habsburger-Dynastie beginnt recht eigentlich der Ärger. 1218 wird Rudolf von Habsburg geboren, der später im Parallelogramm von Jura, Alpen, Freiburg und Bodensee einen modernen Territorialstaat zu errichten versucht und die Waldstätte sozusagen einkesselt. Die Gegenwart der habsburgischen Statthalter wird vom Volk als Einmischung empfunden. Sie kompliziert das Leben, bringt neue Lasten, schafft fremde Massstäbe in der Rechtsprechung, stört die gewachsene Ordnung und bedroht das empfindliche gesellschaftliche Gleichgewicht. In allen Gesellschaftsschichten entwickelt sich eine Abwehrhaltung. Gut möglich, dass ein wackerer Bürger aufmuckte und einem übereifrigen habsburgischen Beamten eine Ehrerbietung verweigerte. Vielleicht hiess er nicht Tell und vielleicht durchschoss er nie einen Apfel. Aber etwas wird gewesen sein, was das Volk später zu einem Mythos verdichtete, einem Mythos, der wichtige Wahrheiten symbolisiert.

Der Tod Rudolfs 1291 schafft Unsicherheit. Niemand weiss, wie es weitergehen soll. Anfang August finden in den Waldstätten Versammlungen von politisch Verantwortlichen statt, wahrscheinlich auch hier auf dem Rütli. Man will sich zusammentun und das Schicksal in die eigene Hand nehmen. Aber weder wurde hier auf dem Rütli der Bund besiegelt, noch war das eine hochgeheime Verschwörung, wie es die Legende will. Wahrscheinlich wurde der Bundesbrief in einem Verfahren beschlossen, das man heute als Zirkulationsbeschluss bezeichnen würde. Es ist auch kein neuer Bund, sondern die Erneuerung eines alten sogenannten Landfriedens, wie sie damals in vielen Regionen abgeschlossen wurden. Aber keiner dieser Landfrieden dauerte derart lange und entfaltete eine derart nachhaltige Wirkung wie der Bund der Eidgenossen. Dieser Bund sollte sich als beispiellos erfolgreich erweisen. Das sage ich zum Trost jener, die etwas enttäuscht sind, dass sich das alles nicht ganz so abgespielt hat, wie es die Legende will. Dieser Bund will die innere Ordnung aufrechterhalten und die äussere Sicherheit gewährleisten. Er lässt die Waldstätte erstmals nach aussen einheitlich auftreten.

1315 möchte Herzog Leopold, ein Enkel Rudolfs, die aufmüpfigen Waldstätte mit einem Feldzug endgültig zähmen. Er wird am Morgarten vernichtend geschlagen. Für die Habsburger ist die Niederlage eine Katastrophe. Die Eidgenossen werden signifikant gestärkt und festigen ihre Struktur. Sie haben Weltgeschichte geschrieben. Und sie erneuern den Bund unmittelbar nach Morgarten.

Was den Sonderfall Schweiz ausmacht

Es spricht einiges dafür, dass viel, was den Sonderfall Schweiz ausmacht, seine Wurzeln vor und in der Zeit des Bundesbriefes hat. Um das zu erkennen, muss man sich mit den damaligen gesellschaftlichen Strukturen und Reaktionsmustern befassen. Die politische Keimzelle ist nicht die Familie oder der Weiler oder das Dorf, sondern die Talschaft. Noch sind die Täler abgeschlossen, aber die Viehzucht erlaubt es nicht mehr, nur auf die Familie zu bauen wie bei der ackerbaulichen Selbstversorgung. Es gibt Gemeinschaftsaufgaben und gemeinsame Bedürfnisse, es gibt gemeinschaftliche Finanzen, die verwaltet werden müssen. Im Tal bildet sich eine Schicksalsgemeinschaft. Es gilt, die Interessen der Talschaft nach aussen zu vertreten. Das braucht Entscheidungs- und Ausführungsorgane. Das alles findet in der Talgenossenschaft den institutionellen Ausdruck. Oberste Instanz ist die Versammlung aller Männer ab dem 14. Lebensjahr. Natürlich gibt es Hierarchien. Es ist nicht alles so demokratisch, wie man das in Verklärung der Geschichte bisweilen rühmt. Aber es ist die Urzelle der Landsgemeinde. Die Talgenossenschaften geben sich Wappen, Banner und Siegel und drücken damit ihr wachsendes Selbstbewusstsein aus.

Ähnliche Strukturen bilden sich im ganzen Alpenraum. Aber sie können sich nirgends halten. Nur in den vergessenen Waldstätten festigen sie sich gerade dank dieser Vergessenheit derart, dass sie die nötige Überlebenskraft besitzen, als sie unter äusseren Druck geraten. Und dieser Druck wiederum verstärkt als Reaktion den Einigungsprozess. Darum wird mit dem Bund der Schritt zur politisch organisierten Schicksalsgemeinschaft getan. Er ist nach aussen verhandlungsfähig, und er ist militärisch handlungsfähig.

Es zeichnet sich etwas ab, was die Mentalität der Schweiz bis heute charakterisiert. Wirtschaftlich ist die Gesellschaft innovativ, initiativ, dem Neuen gegenüber aufgeschlossen. Sie bewältigt den tiefgreifenden Strukturwandel. Umgekehrt begegnet sie allem mit grösstem Misstrauen, was ihr von aussen kulturell und politisch aufgedrängt wird. Sie befürchtet, es gefährde das so zerbrechliche, aber für den Erfolg so wichtige gesellschaftliche und politische Gleichgewicht. Vielleicht würde man heute sagen, es gefährde die Identität.

Wirtschaftlicher Strukturwandel – vor 700 Jahren und heute

Ich habe darauf hingewiesen, dass es problematisch sein kann, unterschiedliche Situationen zu vergleichen und konkrete Lehren aus der Geschichte zu ziehen. Ich will aber das Risiko eingehen und versuchen, einige vergleichbare Zwänge und auffällig konstante Verhaltensweisen herauszuarbeiten. Sie können möglicherweise Hinweise für die erfolgreiche Bewältigung der Zukunft geben.

Ich beginne beim Einfacheren und Greifbareren, der Wirtschaft. Der Abbau staatlicher Handelshemmnisse, der freie Kapitalverkehr, die rasante Entwicklung der Informatik- und Kommunikationstechnologien sowie die Verbilligung der Transporte von Personen und Waren haben zur Folge, dass heutzutage Kapital und Arbeitsplätze zeitverzugslos dorthin verlagert werden können, wo bessere Bedingungen vermutet werden. Die Arbeitsteilung wird mit fast beängstigender Konsequenz weitergetrieben. Das unterwirft Staat und Wirtschaft einem permanenten Anpassungsdruck. Aber es schafft ein enormes globales Wohlstandspotential. Das war, ausser von den Dimensionen und dem Tempo her, vor 700 Jahren nicht grundlegend anders. Wären die Waldstätter bei der Selbstversorgung geblieben und hätten sie nicht den Mut zur tiefgreifenden Umstrukturierung aufgebracht, wären sie ein politisch bedeutungsloses Entwicklungsland geblieben.

Das gilt auch für die heutige Schweiz. Natürlich ist der Strukturwandel, den wir erleben, schmerzhaft. Er überfordert viele durch seine Wucht und Geschwindigkeit. Aber subjektiv ist er für den Einzelnen wohl kaum schmerzhafter als das, was vor bald einem Jahrtausend über die Innerschweizer Selbstversorger hereinbrach. Wirtschaft und Staat haben unter dem Eindruck der Rezession der neunziger Jahre einen grossen Teil der Hausaufgaben gemacht. Das hat oft weh getan. Aber wir haben wieder Wachstum, die Arbeitslosigkeit ist auf globale Bestmarke gesunken, wir sind bei den Besten. Wirtschaften im gnadenlosen internationalen Wettbewerb ist ein ständiger Kampf gegen die eigene Trägheit, gegen die eigenen Ängste, gegen die natürliche Risikoscheu. Wir müssen uns immer wieder bewusst werden, dass eine kleine offene Volkswirtschaft für ihren Wohlstand die Globalisierung braucht, sie akzeptieren muss. Die Chancen der Globalisierung sind grösser als deren Risiken. Lernen wir also von den Urner Bauern: Öffnung der Märkte, Nutzung neuer Methoden, Arbeitsteilung, Handel über Grenzen hinweg, Mut zur Umstrukturierung!

Das Misstrauen des Volkes gegenüber dem Staat

Nun zum Schwierigeren. Es ist auffällig, dass gewisse Verhaltensweisen unseres Volkes im Laufe seiner Geschichte jenen Verhaltensweisen ähneln, welche die Talgenossenschaften der Urschweiz entwickelt haben. Das kann kein Zufall sein. Es ist, als ob unser Volk sich in vergleichbaren Situationen wie aus einem Instinkt heraus jeweils ähnlich verhielte. Und es ist mit diesem Verhalten, das sich vom Verhalten anderer Völker unterscheidet, gar nicht schlecht gefahren. Karl Schmid ist dieser Frage mit beeindruckender intellektueller Brillanz vor über vierzig Jahren nachgegangen. Er siedelt diese Verhaltensweisen im Grenzbereich zwischen dem Bewussten und Unbewussten an. Er glaubt – und diese Überzeugung hat einige erfahrungsmässige Evidenz – dass unser Volk fast alle schicksalsschweren Entschlüsse mit diesen Steuerungsmechanismen getroffen hat, die aus tieferen Schichten stammen. In der Talschaft war ein begrenzter Kreis von Menschen aufeinander angewiesen. Dieser Kreis war nach innen zu besorgen und nach aussen zu sichern. Das Sichkümmern aller um dieses Gemeinwesen ging sozusagen in Fleisch und Blut über. Nach innen entwickelt sich die genossenschaftliche Idee, nach aussen der Widerstand. Nichts von Belang wird aus der Verantwortung aller entlassen, keine politische oder militärische Aufgabe wird an eine besondere Schicht, etwa eine «classe politique» oder eine «classe militaire», delegiert. Das Volk wird sozusagen durchgehend politisiert. Schmid zeigt auf, dass dies den Schweizer Kulturkreis grundlegend von anderen Kulturkreisen, etwa den französischen oder deutschen, unterscheidet. Dazu kommt die tief verwurzelte Überzeugung, dass sich Dinge von unten nach oben entwickeln müssen, und nicht von oben nach unten, also organisch sozusagen, von der genossenschaftlichen Urzelle aus. Gotthelf drückte es so aus: «Im Hause muss beginnen, was leuchten soll im Vaterland.»

Seit diesen Anfängen wird die Schweiz durch die umfassende Befassung aller mit dem Staat charakterisiert. Dieser Grundzug zieht sich auch durch die Entwicklung der Institutionen. Die geniale Bundesverfassung von 1848 mit den Revisionen 1874 und 1891 setzt im Grunde diese alten Prinzipien in eine moderne Staatsform um. Das durchgehende Milizprinzip und die direkte Demokratie sind die institutionelle Umsetzung der allgemeinen Befassung mit dem Staat. Der Föderalismus mit der kantonalen Kompetenzvermutung verkörpert das Primat der kleinen politischen Einheit. Nach oben wird nur delegiert, was zur Bewältigung der jeweiligen Arglist der Zeit unbedingt nötig ist. Die Strukturen sind so, dass die Zentralmacht gebändigt bleibt. Machtbegrenzung charakterisiert das politische Leben. Das Misstrauen gegen alles, was von oben aufgezwungen wird, richtet sich immer wieder auch gegen Bern. Mit dem Berner Steuervogt kann man heute noch im Tiefsteuerland Schweiz die Gemüter erregen. Gegenüber den grossen Entwürfen von oben, die in der europäischen Geschichte immer wieder auftauchen, wie etwa Kommunismus oder Nationalsozialismus, bleibt das Volk grossmehrheitlich immun. Es liegt auf der Hand, dass solches Misstrauen in breiten Teilen der Bevölkerung auch gegenüber der grossen, von oben nach unten entwickelten Idee der Europäischen Union besteht. Es ist wohl kein Zufall, dass die bilateralen Verträge als reine Wirtschaftsverträge vom Volk deutlich angenommen wurden, während der EWR, der begrenzten Bereichen Autonomieverluste gebracht hätte, verworfen wurde. Das stets präsente Misstrauen des Volkes dem Staat gegenüber hat seine Wurzel also keineswegs im Individualismus, wie das anderswo der Fall sein mag, sondern in der genossenschaftlichen Bestrebung der kleinen politischen Einheit.

Konkordanz

Noch etwas lernen die Eidgenossen. Man darf die internen Spannungen und enormen Gegensätze – auch eine Konstante unserer Geschichte! – der damaligen Talschaften nicht unterschätzen. Blutige Familienfehden sind nicht selten. Deshalb legt der Bundesbrief mit Schiedsgerichten ein Schlichtungsverfahren fest, das sich bewährt und sich zu einem der politischen Fundamente der zerbrechlichen Willensnation entwickelt, zur Kultur der tauglichen Kompromisse. Die Konkordanz, also die Einbindung der wichtigsten politischen und sprachlichen Kräfte in die Regierungsverantwortung zur Schaffung mehrheitsfähiger Kompromisse, ist so gut Ausfluss dieser Grundhaltung wie etwa das Friedensabkommen der Sozialpartner, das sich für das Land so segensreich ausgewirkt hat.

Als erfolgreicher Vielvölkerstaat ein Sonderfall

Dass ein kleines Land ohne jede weltpolitische Bedeutung viele Jahrhunderte erfolgreich überlebte, und erst noch ein Land, das nicht über die Bindemittel der gemeinsamen Kultur, Sprache, Konfession und Herkunft verfügt, ist oft als Wunder empfunden worden. Das ist es wohl letztlich auch. Aber gewiss haben der nie erlahmende Wille zum Selberbesorgen der eigenen politischen Geschäfte, zur Selbstbestimmung also, sowie die Kultur im Umgang mit Minderheiten und mit internen Differenzen massgeblich dazu beigetragen. Direkte Demokratie, Föderalismus und Konkordanz verbanden sich zu einer politischen

Kultur, welche nach wie vor die politische Basis der Willensnation ist. Der Kleinstaat Schweiz hat keine globale Sendung. Das verursacht ja bei vielen Miteidgenossen immer auch wieder Minderwertigkeitsgefühle. Aber ein Staat muss in erster Linie seinem Volk ein Umfeld bieten, in dem es sich kulturell, gesellschaftlich und wirtschaftlich entfalten kann. Nicht mehr und nicht weniger. Am schönsten drückte Jacob Burckhardt den tieferen Sinn der Schweiz aus: «Der Kleinstaat ist vorhanden, damit ein Fleck auf der Welt sei, wo die grösstmögliche Quote der Staatsangehörigen Bürger im vollen Sinne sind.»

Es ist also vor allem die geschilderte politische Kultur, welche die Schweiz zusammenhält. Die direkte Demokratie politisiert das Volk, gibt politischen Entscheiden eine hohe Legitimation und erlaubt allen Gruppen, ein Thema auf die politische Agenda zu setzen. Sie zwingt die Regierenden zur permanenten Rechtfertigung ihrer Politik. Der Föderalismus bändigt die Staatsmacht durch Teilung, entwickelt durch den Wettbewerb zwischen den Gliedstaaten innovative Lösungen und erlaubt Minderheiten und Regionen, ihr engeres Umfeld selber zu gestalten und damit ihre Identität zu bewahren. Die Konkordanz produziert Lösungen, die meist mehrheitsfähig sind. Sie wirkt integrierend. Das kann in unserem sehr heterogenen, letztlich aus lauter selbstbewussten Minderheiten bestehenden Land nicht hoch genug eingeschätzt werden. Niemand wird behaupten können, unser komplexes politisches System produziere nicht mindestens so gute Resultate wie parlamentarische Demokratien. Aber es ist fein austariert, und bei allen Veränderungen ist sorgsam darauf zu achten, dass das zerbrechliche Gleichgewicht nicht ins Rutschen gerät. Dieses politische System, das durchaus ein Sonderfall ist, schuf einen der wenigen wirklich erfolgreichen Vielvölkerstaaten, und eine weltoffene, liberale Wirtschaftspolitik ermöglichte dem Volk die Erarbeitung eines weit überdurchschnittlichen Wohlstandes.

Fünf Anfechtungen

Die Welt, ich habe es gesagt, verändert sich in einem atemberaubenden Tempo. Es stellt sich die Frage, ob unsere politische Kultur, also unser Sonderfall, auch die Zukunft bewältigen kann. Wir müssen zur Kenntnis nehmen, dass diese politische Kultur aus verschiedensten Richtungen Anfechtungen unterliegt. Ich möchte kurz auf fünf solche Anfechtungen eingehen, nämlich den übersteigerten Individualismus, die Verabschiedung vieler Wirtschaftsführer aus der Gesamtverantwortung für das Gemeinwesen, die internationale Vernetzung, die Europäische Union und die Tendenz zu einer fundamentalistischen Polarisierungspolitik.

Übersteigerter Individualismus

An sich ist gegen einen vernünftigen Individualismus nichts einzuwenden. Aber die zunehmende Tendenz vieler Menschen, vor allem für sich zu schauen und sich um das Gemeinwesen zu foutieren, ist Gift für eine Kultur der gelebten Solidarität. Zu viele stellen an den Staat nur Forderungen, sind aber nicht bereit, dem Staat auch etwas zu geben. Diese Haltung untergräbt mit der Zeit das Milizsystem und gefährdet die Solidarität. Viele Gemeinden finden niemand mehr, der das Gemeindepräsidium übernimmt. Viele jüngere Gutverdienende zögen eine rein individuelle Altersvorsorge der solidarischen AHV vor. Über die Steuern schimpfen vor allem solche, die sie bestens bezahlen könnten. Noch gibt es viel Solidarität im Lande. Aber alles das sind kleine Alarmsignale. Eine Schweiz ohne praktisch gelebte Solidarität würde den Zusammenhalt verlieren. Wir tun gut daran, uns dessen wieder vermehrt bewusst zu werden.

Manager, die sich aus der Verantwortung stehlen

Der genossenschaftliche Grundgedanke und das Prinzip der allgemeinen Befassung mit dem Staat leben davon, dass sich vor allem auch die führenden Schichten konstruktiv um das Gemeinwesen kümmern. Wenn diese Schichten, die sogenannten Eliten, sich aus der Verantwortung stehlen, trifft das ein System wie das unsere im Lebensnerv. Bei einigen Wirtschaftsführern ist das der Fall, und es ist nicht einmal ganz unverständlich. Sie machen noch wenige Umsatzprozente in der Schweiz und könnten es je nach Standortqualitäten auch ohne die Schweiz machen. Viele von ihnen begreifen nicht mehr, warum ein guter Nachwuchsmann für eine militärische Karriere Zeit investieren soll. Sie suchen mit ausgefeiltesten Methoden Steuern zu vermeiden und vergessen, dass jemand für die Staatsleistungen aufkommen muss, von denen auch sie profitieren. Wenn sie restrukturieren, vergessen sie bisweilen, dass es um das Schicksal von Menschen aus Fleisch und Blut geht. Einige halten sich gegenseitig horrende Saläre zu und drücken gleichzeitig mit eiserner Konsequenz auf die Personalkosten.

Sie alle vergessen, dass letztlich das Volk über die wirtschaftlichen Rahmenbedingungen entscheidet, und dieses Volk muss überzeugt sein, dass auch die Manager eine Gesamtverantwortung wahrnehmen. Viele Entwicklungsländer kommen nur deshalb nicht vom Fleck, weil ihre Eliten keinen Gemeinsinn haben. Unsere Eliten dürfen ihn nicht verlieren. Ich habe den Eindruck und ich hoffe, dass sich wieder mehr Wirtschaftsführer dieses Problems bewusst werden.

EU-Mitgliedschaft als Demokratieverlust

Die internationale Vernetzung ist unausweichlich. Ein Land kann viele der drängendsten Probleme allein nicht mehr lösen. Ich erwähne nur das Asyl- oder Umweltproblem. Zusammenarbeit wird nötig, und es bilden sich neue Zusammenarbeitsformen, etwa in grossen Wirtschaftsräumen oder in internationalen Organisationen. Autonomie und Unabhängigkeit im eigentlichen Sinne gibt es auch für grosse Staaten immer weniger. Das ist für ein Volk, das seit der Befreiung vor 700 Jahren auf nichts so viel Wert gelegt hat wie auf Unabhängigkeit, schwer zu verkraften. Trotzdem müssen wir dieser Tatsache in der Tagespolitik Rechnung tragen.

Die Europäische Union ist eine Tatsache. Und sie ist ein grosser Erfolg. Sie brachte ärmeren Ländern Wohlstand, sie stabilisierte rasch junge Demokratien, die Diktaturen abgeschüttelt hatten, und vor allem bringt sie Frieden und Sicherheit in ein historisch stets zerstrittenes Europa. Es ist nicht auszudenken, wie der Balkankonflikt hätte eskalieren können, wenn wir noch die alte, rein nationalstaatliche europäische Struktur hätten!

Die EU ist bei weitem unser grösster Kunde. Deshalb müssen wir uns in vielem dem benachbarten Giganten anpassen, um uns die Märkte zu erhalten. Wir sind nur theoretisch frei, ob wir das tun oder lassen wollen. Es liegt auf der Hand, dass ein Beitritt zur EU viele dieser Probleme lösen würde. Wir könnten dort mitreden, wo auch für uns relevante Entscheide getroffen werden. Deshalb ist der Bundesrat der Auffassung, längerfristig sei unseren Interessen mit dem Beitritt am besten gedient. Es sind zwei Gründe, die vielen im Volk diesen Beitritt zum schwierigen Problem machen. Der eine Grund ist das erwähnte Misstrauen gegenüber allem Grossen und gegenüber allem, was nicht organisch von unten nach oben wächst. Der andere ist die Befürchtung, die Abtretung von wichtigen politischen Kompetenzen würde unsere politische Kultur so schwächen, dass unsere Identität und unser Zusammenhalt gefährdet werden könnten. Ich nehme dieses Problem sehr ernst. Dass wichtige politische Entscheide der direkten Demokratie entzogen werden und dass das Gewicht der Exekutive durch die Brüsseler Mechanismen tendenziell gestärkt wird, kann für das fragile Gleichgewicht unserer Institutionen von Belang sein.

Es ist logisch richtig, dass die Mitsprache in Brüssel den Verlust an Demokratie in gewisser Weise kompensiert. Aber es sind Berner Behörden und Beamte, die in Brüssel die Mitsprache wahrnehmen, während der Demokratieverlust jede Bürgerin und jeden Bürger direkt trifft. Deshalb empfinden viele das keineswegs als vollwertige Kompensation. Viele fürchten auch, die Kleinen hätten in Brüssel ohnehin nur wenig zu sagen. Die Sanktionen gegen Österreich haben sie in dieser Befürchtung bestärkt.

Diese Fragen müssen in aller Breite und Offenheit ausdiskutiert werden, wenn das Volk für den Beitritt gewonnen werden soll. Dieser Dialog hat in der notwendigen Tiefe noch nicht stattgefunden, und noch nicht alle Antworten auf die Fragen überzeugen.

Kompromisskultur

Ich habe auf die Bedeutung der Kompromisskultur für die Schweiz hingewiesen. Damit meine ich nicht den faulen Kompromiss, der keine Lösungen bringt und bloss der argumentativen Auseinandersetzung ausweichen will. Der sachliche und kontroverse Widerstreit der Ideen ist nötig, und der eigentlichen Konfrontation kann und darf nicht immer ausgewichen werden. Auch Leidenschaft darf in der Politik mitspielen. Wer aber den politischen Gegner diffamiert, der Lächerlichkeit preisgibt, wer die Konfrontation zum Prinzip erhebt und das Doppelspiel Regierungspartei und trotzdem Opposition überdreht, sägt an einem Pfeiler des nationalen Zusammenhalts. Ich habe Mühe, hinter dieser Haltung einen besonderen Patriotismus zu sehen. Gewiss hat sich das Volk in den letzten Jahren nicht beirren lassen und den Lösungen der Besonnenen zugestimmt. Aber eine Kultur des respektvollen Umganges miteinander ist rascher zerstört als wieder aufgebaut.

Selbstverantwortung und Solidarität

Wird die Schweiz trotz dieser Anfechtungen, trotz der Herausforderungen des rasanten Wandels und der Globalisierung ihre Identität, ihren Zusammenhalt bewahren und ihren wirtschaftlichen Erfolg festigen können? Ich bin optimistisch. Die Schweiz überlebte in ihrer Geschichte viele Krisen. Ich erwähne nur aus der neueren Geschichte den Einmarsch der Franzosen, den Sonderbundskrieg, den Generalstreik oder die beiden Weltkriege. Die geschilderten Anfechtungen müssen ernst genommen werden. Aber auch sie haben die Schweiz noch nicht ernstlich zu schwächen vermocht. Die schwierigen neunziger Jahre wurden in vielerlei Hinsicht als Chance genutzt. Dass grosse Teile der Wirtschaft für die Zukunft gerüstet sind, habe ich erwähnt. In der Politik wurden wichtige Reformen realisiert oder zumindest angepackt. Das Volk ist bei fast allen wichtigen Vorlagen Parlament und Bundesrat gefolgt. Gemessen an objektiven Kriterien geht es uns gut. Die Voraussetzungen für eine prosperierende

Zukunft sind intakt. Aber es wird uns in dieser Welt, die sich rasch verändert, nichts geschenkt werden. Erfolgreich überleben wird unsere Schweiz dann, wenn wir die Grundideen unserer genossenschaftlichen Wurzeln bei allen notwendigen politischen Reformen niemals ausser acht lassen. Die direkte Demokratie ist in der Lage, auch die komplexe Gegenwart zu bewältigen. Der Föderalismus darf nicht schleichend verwässert werden, sondern bedarf der Anpassung und Erneuerung. Wie immer wir unser Regierungssystem an neue Erfordernisse anpassen, seine integrierende Wirkung und seine Fähigkeit zur Erarbeitung mehrheitsfähiger Kompromisse müssen erhalten werden. Einige wichtige Aufgaben sind noch zu lösen, etwa die nachhaltige Gesundung der Staatsfinanzen oder die sozial- und wirtschaftsverträgliche Sicherung der grossen Sozialwerke.

Erfolgreich überleben wird eine Schweiz, die sich des Reichtums ihrer sprachlichen und kulturellen Vielfalt bewusst bleibt und weiss, dass das einvernehmliche Zusammenleben der Sprachgruppen nie endgültig gesichert ist, sondern der ständigen sorgsamen Pflege bedarf. Eine Schweiz sodann, in welcher das Volk nicht nur auf den Staat baut, sondern vor allem auf die Selbstverantwortung, diese aber mit einem komplementären Netz von Solidaritäten ergänzt. Eine Schweiz auch, welche die Globalisierung als Chance sieht und ihrer Wirtschaft optimale Bedingungen und Freiräume zur kreativen Entfaltung bietet, einer Wirtschaft aber, die ihre ethische und politische Verantwortung wahrnimmt. Eine Schweiz schliesslich, die sich weltoffen und solidarisch auch ihrer Verantwortung gegenüber der Völkergemeinschaft bewusst ist. Eine solche Schweiz hat nicht nur eine hoch interessante, bewegte und faszinierende Vergangenheit. Sie hat auch eine Zukunft!

9. Mai 2001

Was ihm bei den Medien wichtig ist, hat Bundesrat Villiger schon früher analysiert: Zuoberst steht für ihn die Medienfreiheit, die ihrerseits Qualität der journalistischen Leistung voraussetzt; denn Freiheit enthält stets auch die Möglichkeit des Missbrauchs und gefährdet sich damit selbst: Missbauch ruft nach staatlicher Kontrolle, und staatliche Kontrolle beeinträchtigt wiederum die Freiheit. Villiger plädierte deshalb schon früher für Standesregeln, die von Berufs- und Branchenverbänden entwickelt und durchgesetzt werden. Bei der Verleihung des Journalistenpreises in Zürich befasst er sich mit seinen eher persönlichen Erwartungen an die Medien.

Verleihung des Journalistenpreises 2001, Zürich

Sechs «Festnäpfchen» für den Festredner

Ich weiss nicht, ob Sie wissen, wie viele für- und vorsorgliche Vorgaben einem Festredner gemacht werden. Da werden Minuten und Tabuzonen fixiert, Erwartungen und Warntafeln aufgestellt, sozusagen «Festnäpfchen» samt möglichen Umgehungswegen definiert. So bin ich etwa angehalten worden, weder frühere Referate von Vorrednern abzuschreiben – auch keine eigenen! – noch weitläufige Betrachtungen über Medien und Staat anzustellen. Vielmehr sei Persönliches gefragt.

Da stellen sich schon die ersten Fragen! Sind beispielsweise Betrachtungen zum Verhältnis von Medien und Staat nichts «Persönliches», nur weil sie rational, durchdacht und emotionslos sind? Ist «persönlich» nur, was emotional, möglichst subjektiv, adrenalingetränkt, spleenig, dem Voyeurismus der Personifizierung entgegenkommend ist? Dann hätte ich jetzt ein Problem. Alles, was «persönlich» wäre, hätte vielleicht Unterhaltungswert, aber damit hätte es sich. Was mir aber bei den Medien wichtig ist, ist erstens nicht sehr «persönlich» und habe ich zweitens in ein, zwei oder drei Referaten bereits ausführlich analysiert. Gerade aber weil es mir wichtig ist, setze ich mich über die erste vorgegebene Regel hinweg und fasse kurz zusammen, was ich schon einmal über die Medien gesagt habe! Damit trete ich wohl ins erste «Festnäpfchen». (…)

Was erwarte ich nun aber wirklich persönlich und nicht sozusagen amtlich vom Journalismus? Nun, das könnte der Tritt in weitere «Festnäpfchen» sein. Gehen wir also zum zweiten!

Möglichst ungefilterte Information

Natürlich erwarte ich zunächst News. Ich erwarte möglichst ungefilterte Information. Ich will wissen, was passiert ist, und zwar nicht unterschwellig mit Kommentierendem vermischt. Aus der verkommentierten, eingefärbten Information kann ich ja nicht mehr herausfiltern, was wirklich geschehen ist. Ist es eigentlich entwürdigend, wenn ein Journalist als Reporter rapportiert? Ich meine nicht! Es ist wahrscheinlich sogar der anspruchsvollste Teil des Handwerks. Fakten verdichten und sprachlich gekonnt darstellen, das ist eine Kunst!

Aber ich erwarte vom Journalismus natürlich noch Zusätzliches, nämlich Reflexion, Würdigung, Distanz, Perspektive, Kommentar eben. Ich weiss zwar, dass das subjektiv ist, dass das meinen Widerspruch erzeugen kann. Aber gerade weil der Widerstreit kontroverser Meinungen weiterführt, ist der Kommentar wichtig. Er tritt in den Wettbewerb zu meiner Meinung und kann sie beeinflussen.

Etwas ratlos bin ich bei der Quantität. Megabites in Mikrosekunden haben dazu geführt, dass wir alle quantitativ über- und qualitativ unterinformiert sind. Zu viele Fakten können die wesentlichen Fakten verstellen. Ich halte deshalb an der Hoffnung fest, der Journalismus liefere über seine blosse Transportleistung von Neuem hinaus auch das, was übermorgen und später noch wertbeständig ist. Qualität müsste eigentlich das sein, was übrigbleibt, wenn die Aufregung vorbei ist.

Lesen ist alles!

«Festnäpfchen» Nummer drei könnte mein Bekenntnis sein, von den Medien sei mir die Zeitung am liebsten. Warum? Es gibt in meinen eigenen vier Wänden einen abgewetzten, meiner Anatomie nach Jahren hervorragend angepassten Ledersessel. Dort sitze ich gerne, befasse mich mit dem Wissenswerten, denke darüber nach und darüber hinaus, mache Notizen und Gedankenskizzen. Dort liegen auch die älteren Zeitungen, die ich aus Zeitmangel noch nicht lesen konnte, die Artikel, die ich herausgerissen habe und die ich in Ruhe studieren will. Solche Zeitungsartikel passen sich meinen Lebensrhythmen an, während die elektronischen Medien permanent von mir verlangen, dass ich mich ihnen anpasse.

Eine Zeitung kann man rückwärts durchblättern, eine Tagesschau nicht. Ich kann die Lektüre für ein kurzes Gespräch unterbrechen, bei der Tagesschau muss ich nach Ruhe schreien, wenn der Hund ausgerechnet an der Schlüsselstelle bellt. Das Fernsehen hat aus dem Familienkreis einen Halbkreis gemacht. Fernsehen ist leichter, oft durchaus angenehmer und häufig nützlicher Konsum. Zeitungen fordern hingegen mehr intellektuelle Eigenleistungen, schaffen Denkräume, in denen ich mich eigengesetzlich und kreativ bewegen kann. Lesen ist alles!

Sich in der Zeitung wieder finden

Roman Herzog hat einmal gesagt, dass Politiker bezüglich Medienerwähnung immer die Verlierer seien. Dabei gäbe es zwei Gruppen: Erstens jene, die Erwähnung finden, jedoch verrissen werden. Dieses «Leiden durch Erwähnung» würde zweitens nur noch übertroffen durch den Schmerz der Nichterwähnten. Sie wollen Persönliches von mir. So lege ich denn, als viertes «Festnäpfchen» sozusagen, ein Geständnis ab. Ich riskiere dabei, dass Sie mir das Geständnis nicht abnehmen, weil es nach gängigen Klischees für einen Politiker untypisch ist: Im Grunde mag ich Publizität um meine Person nicht. Mir macht deshalb die Nichterwähnung nichts aus. Rein rational weiss ich natürlich, dass man meinen Beruf, ohne in den Medien erwähnt zu werden, nicht ausüben kann. Aber auch Bundesräte sind nicht ausschliesslich rationale Wesen.

In die Zeitung zu kommen ist eines, sich darin wieder zu finden ein anderes. In Berichten über mich kontrastieren zwei Bilder: Dasjenige, das ich von mir selber mache, und dasjenige, das die Journalisten von mir haben. Ich bin selbstkritisch genug, um nicht das eigene Bild für das einzig Richtige zu halten. Das journalistische Bild ist auch nicht von vornherein schlechter. Aber in der journalistischen Brechung begegnet mir häufig ein Fremder. Ich habe natürlich längst gelernt, damit zu leben.

Eine Träne für die Parteizeitung

Das fünfte «Festnäpfchen» mag aus Ihrer Sicht das schlimmste sein. Ich wage es kaum zuzugeben, aber manchmal trauere ich ein ganz klein wenig der parteigebundenen Presse nach. Ich weiss, dass viele deren Überwindung nicht zu Unrecht als zivilisatorischen Fortschritt empfinden. Ich weiss auch, dass diese Entwicklung unvermeidlich war. Und ich vermisse auch nicht, um das ganz klarzustellen, eine parteipolitische Hofberichterstattung. Der Grund ist ein anderer. Die Standpunkte der Parteizeitungen waren eingebunden in deklarierte politische Auffassungen und Wertvorstellungen. Der reine Informations- und Faktenteil war aber nicht schlechter als heute. Der Kommentar indessen, die

Wertungen gingen von klaren parteilichen Standpunkten aus. Die Konkurrenz (damals noch grösser!) sicherte die Pluralität der Meinungen, liess keine fragwürdige Behauptung ohne Korrektur. Wenn das Luzerner «Tagblatt» zu weit ging, konterte andertags das «Vaterland» in aller Schärfe. Und umgekehrt natürlich auch. Die Zeitungen kontrollierten sich gegenseitig wirksamer und motivierter als heute. Institutionalisierter Wettbewerb der Meinungen eben.

Erst in der zweiten Hälfte des soeben zu Ende gegangenen Jahrhunderts fand die Entfesselung der Presse von den Freisinnigen, den Liberalen, den Konservativen und den Sozialdemokraten statt. Radio und Fernsehen waren hingegen von Anfang an überparteiliche Massenmedien. Ihr Aufkommen mochte, zusammen mit der schwindenden Bindung des Einzelnen an eine Partei und mit der Infragestellung der Autoritäten, diese Entfesselung beschleunigt haben.

Eine besondere Triebfeder war und ist gewiss auch der nachvollziehbare Drang der Journalisten nach Unabhängigkeit. Es ist gleichzeitig die Sehnsucht nach Wahrheit statt Doktrin, nach Freiheit statt Bindung, nach Distanz statt Nähe. Aber es stellt sich sofort eine zentrale Frage: Unabhängig von wem? Unabhängig von was? Beim Schritt weg von den Parteizeitungen war es die Unabhängigkeit von Meinungen, die als vorgefasst empfunden wurden. Das versteht eigentlich jeder. Aber ist alles so unabhängig geworden, wie sich das die nach Unabhängigkeit strebenden Journalisten vorgestellt hatten?

Die Jagd nach der Quote

Mit dem Aufkommen der elektronischen Medien entwickelten sich Unterschiede im Stil. Der Instant-Medienkonsum entwickelte sich, und die Personifizierung wurde zur gängigen Methode, um die beunruhigende Komplexität der Welt wirksam zu reduzieren. So traten die Stars und die Sündenböcke, die Rekorde und die Missetaten, die Schönen und die Hässlichen, die Guten und die Bösen (und natürlich die grossen Gefühle) häufiger an die Stelle von Meinungen und Standpunkten. Der Boulevard kam auf. Und zwar querbeet. Die Jagd nach der Quote begann, denn Auflage und Quote wurden zur Frage des wirtschaftlichen Überlebens.

Ein Ausfluss des Quotendenkens war wohl auch der Trend zur permanenten Skandalisierung wirklicher, oft aber auch nur lässlicher oder gar nur vermeintlicher Fehlleistungen. Häufig weg vom Wichtigen und oft sogar weg vom Richtigen ergab sich eine Art Rudeljournalismus, der das, was gerade «in» war, bis ins Unerträgliche hochtrieb und bis zur Verfälschung zuspitzte, um es dann beim nächstbesten Skandal wieder fallenzulassen. Auf die Skandalwelle folgten die Krisen. Gleiches Muster, gleiche Empörung, gleiche Sündenböcke. Wir befanden uns im Zustand hektischer Stagnation.

Dann wurde die Reduktion von Menge und Komplexität Trumpf. «Auf den Punkt bringen» war Mode. Wie wenn auf einem Punkt noch Platz für Inhalte bliebe!

Und jetzt gerade gibt es den Trend, aus der zufälligen statistischen Koinzidenz eine unheimliche Serie von Beziehungen abzuleiten, die Unheil verkünden. Beat Kappeler hat schlüssig nachgewiesen, weshalb die Formel «gleichzeitig = deswegen» zwar verführerisch ist, aber meistens nicht stimmt.

Wie auch immer: Sobald aus Gründen der Medienkonkurrenz Gewichte verschoben werden, zwingt mich das als Leser oder Seher zu einer Auseinandersetzung mit Konstrukten, welche die Wirklichkeit verzerrt abbilden. Sie zwingen mich somit zur Auseinandersetzung mit Dingen, die ich gar nicht wissen will und die ich auch gar nicht brauche. Der Journalismus indessen sollte mich zur Auseinandersetzung mit dem Relevanten animieren. Denn genau darum hat er sich seinerzeit so kämpferisch aus dem Meinungskorsett befreit.

Quote, Verdrängung, Konzentration, Oligo- oder gar Monopole: Hatten sich alle die neue Unabhängigkeit so vorgestellt?

Gratis-Grundversorgung?

Doch ich bleibe dran und frage weiter: «Unabhängig von was sonst noch?» Vom Geld vielleicht? Der neueste Wurf im helvetischen Medienwesen sind zwei Zeitungen, die nichts kosten, die einem in die Hand gedrückt, ja geradezu nachgeworfen werden. Man muss nichts tun, um sie zu bekommen, höchstens um sie wieder zu entsorgen.

Wie kann das sein? Sind diese Blätter voll von Sex and Crime, strotzend vor Farbe, sensationell? Nein, sie bieten nach meinen ersten Eindrücken professionell rapportierte Aktualität, kurz, knapp, präzis, unaufdringlich. Irgendwie auch wohltuend, denn niemand – ausser vielleicht die gelegentlichen Kolumnisten Bodenmann oder Mörgeli, die man gut überspringen kann – will mir auch noch penetrant aufschwatzen, wie ich die Aktualität zu interpretieren habe. Also mehr als die Trennung von Information und Kommentar, sondern Verzicht auf Kommentar. Warum eigentlich nicht, zumindest zwischendurch?

Vielleicht entsteht hier eine Art Gratis-Grundversorgung mit Aktualität, an die sich die Jungen im Tram zwischen zwei SMS-Mitteilungen gewöhnen könnten. Das setzt die Kauftitel unter zusätzlichen Begründungszwang. Das muss ja nicht ein Nachteil sein. Dann muss der Kauftitel halt mehr Mehrwert schaffen. Journalismus muss mehr bieten als das, was morgen keinen Wert mehr hat!

«Die in Zürich»

Ein sechstes «Festnäpfchen» hat ebenfalls mit der vergeblichen Jagd nach Unabhängigkeit zu tun. Ich meine jenes nicht identifizierbare Wesen, das die Journalisten, zumal die politischen Journalisten in den Bundeshausredaktionen, offenbar am meisten fürchten. Es heisst «die in Zürich». Mir ist dieses Phantom noch nie leiblich begegnet. Sein Wirken ist indes auf Schritt und Tritt spürbar. So sehr, dass sogar bestandene Redaktoren bei ihren Interviewfragen schon im voraus entschuldigend darauf hinweisen, dass es «die in Zürich» seien, die derart Abwegiges wissen wollen, und nicht etwa sie selber. Handle es sich nun um gekochte Bernhardiner, angebliche Geheimpläne oder simple Gerüchte, «die in Zürich» scheinen immer ganz wild darauf zu sein.

«Die in Zürich» sind es offenbar auch, welche die Schlagzeilen setzen, die oft überhaupt nicht zum Inhalt passen, sie sind es, welche die Bilder auswählen, die Legenden schreiben und die politische Komplexität auf ein paar Köpfe reduziert haben wollen. Auf Schmids Armee etwa, Metzlers Schengen, Leuenbergers Airport oder Villigers Bankgeheimnis. Als ob es so einfach wäre! Worauf sich die Bundeshausjournalisten, deren Kleingedrucktes in der Regel von hoher Qualität ist, schon wieder entschuldigen müssen. Diesmal für das Produkt. Ihr Kleingedrucktes ist zwar oft bemerkenswert unabhängig vom «in Zürich» Grossgedruckten. Aber es prägt nicht mehr den Gesamteindruck, der durch Schlagzeilen und Bilder verzerrt wird. Sie werden verstehen, dass ich eigentlich «die in Zürich» auch gerne einmal kennenlernen möchte!

Die Frage, ob die Unabhängigkeit von politischen Meinungen tatsächlich ein Mehr an wirklicher Unabhängigkeit bringt, ist wohl mit letzter Klarheit nicht zu beantworten. Und die Antworten sind nicht alle nur beruhigend. Zum Glück aber wird der legitime Drang nach Unabhängigkeit nicht erlöschen. Es gibt bekanntlich Ziele, die angestrebt werden und werden müssen, auch wenn sie nie ganz erreichbar sind. Die Unabhängigkeit könnte so ein Ziel sein. (...)

6. Dezember 2001

> *Am 5. Dezember 2001 wird Kaspar Villiger mit 183 Stimmen zum zweiten Mal zum Bundespräsidenten gewählt. Nach dem Terroranschlag vom 11. September auf die Zwillingstürme des World Trade Center in New York und auf das Pentagon in Washington und, in der Schweiz, nach dem Grounding der Swissair, der Bluttat im Zuger Kantonsparlament, dem folgenschweren Lastwagenbrand im Gotthardtunnel, dem Flugzeugabsturz bei Bassersdorf sowie angesichts der um sich greifenden Wirtschaftskrise zeichnet sich ein schwieriges Jahr ab – mit immerhin einem Lichtblick: der endlich zustande kommenden Expo.02!*

Empfang anlässlich der Wahl zum Bundespräsidenten für 2002, Luzern

Auch mit der besten Politik ist nicht alles machbar

Ich freue mich über den liebenswürdigen Empfang hier in Luzern. Wo ich herkomme, aus dem nördlichen Kantonsteil, nahe der aargauischen Grenze, ist man schwerblütiger, behäbiger als hier im Innerschweizer urbanen Vorort mit seiner unbekümmerten Sinnen- und Festfreude, seiner barocken Theaterkultur und seiner Zuneigung zu den Künsten. Dort ist man, obwohl schon im fasnächtlichen Vorland, noch etwas geprägt vom aargauischen calvinistisch beeinflussten Arbeitsethos, während hier vor Jahrhunderten mangelnder Gewerbefleiss beklagt wurde. Hier, im Zentrum des bisweilen leidenschaftlichen Luzerner Politgeschehens, lernte ich vor dreissig Jahren die Grundzüge der Politik kennen, zu einer Zeit, da ob der heftigen rot-schwarzen Auseinandersetzungen für die Sozialdemokraten keine Farbe mehr zur Verfügung stand und die SVP noch nicht einmal in den Albträumen der verwegensten Luzernischen Polittenöre auftauchte. Hier lernte ich, der vertrauensselige Landliberale, die raffiniertesten Tricks einer kulturkampfgestählten politischen Tradition kennen. Ich hätte damals nie geglaubt, dass ich zwei Mal im Leben in der Leuchtenstadt als Bundespräsident empfangen würde.

Calvinistisches kaufmännisches Kalkül hätte vielleicht vom Bau dieses imposanten Gebäudes abgeraten. Der Sinn für die Kunst, der Hang zum Repräsentativen, die Aufgeschlossenheit für das Fremde und ein bewundernswerter Mut zum Risiko liessen indes die Luzerner dieses eindrückliche Werk Jean Nouvels erstellen, auf das auch ich, im Grund ein einfacher Luzerner Landliberaler Gebliebener, stolz bin. Danke also für diesen Empfang vor überwältigender Kulisse!

Dank an Moritz Leuenberger

Gestatten Sie mir noch ein Wort des Dankes an Moritz Leuenberger! Eigentlich ist er nicht der Magistrat im herkömmlichen Sinne. Sensibel, manchmal verletzlich, trotzdem widerstandsfähig, mit subtilem Humor, bisweilen von hoher Raffinesse, blieb er immer sich selber und gewann so als Bundespräsident die Herzen vieler im Lande. Das Schicksal beschied ihm ein schwieriges Präsidialjahr voller schwerer Unglücke und kniffliger Probleme. Er bewältigte es mit Auszeichnung. Immer fand er die Worte, die ausdrückten, was das Volk fühlte, und das war wichtig. Den Bundesrat führte er zielstrebig und gleichzeitig einfühlsam, mit viel Sensibilität für das Atmosphärische. Ich möchte ihm in aller Form den Dank des Kollegiums abstatten!

Die Chancen der Schweiz in einer globalisierten Welt

Offene Grenzen, blitzschnelle und weltumspannende Kommunikation, kostengünstige Transporte und globale Kapitalmärkte verändern die Welt permanent. Kapital und Arbeitsplätze werden verlagert, wenn anderswo bessere Bedingungen vermutet werden. Daraus entsteht eine ausgeprägte Arbeitsteilung, welche die globalen Wohlstandschancen enorm erhöht. Sie ist auch die Basis unseres wirtschaftlichen Erfolgs. Diese Chancen haben ihre Kehrseiten. Lokale Krisen haben überregionale oder gar globale Auswirkungen, auch auf uns. Das Bild einer völlig unabhängigen Schweiz wird zur Illusion.

In diesem Umfeld verändert sich die Schweiz. Die Gesellschaft wird farbiger, vielfältiger, aufmüpfiger. Autoritäten werden in Frage gestellt. Wirtschaft und Staat stehen unter einem permanenten Anpassungsdruck. Es gibt keine gesicherten Besitzstände mehr. Dazu kommen Ereignisse, die Ängste erzeugen: Die Terrorismuswelle; die Bluttat in Zug; der Zusammenbruch der Swissair; der folgenschwere Unfall im Gotthard; der Flugzeugabsturz in Bassersdorf. Unsere Gesellschaft und unsere globalisierte Wirtschaft sind verletzlich geworden. Viele stellen sich die bange Frage, ob die Schweiz in diesem bewegten Umfeld ihre Erfolgsgeschichte fortsetzen könne. Einiges spricht dafür, dass sie es kann.

Der Staat als ordnende, die Wirtschaft als handelnde Instanz

Wirtschaft und Staat sind Pfeiler unserer Wohlfahrt. Aber sie haben unterschiedliche Rollen. Dass sich diese Rollen nicht vermischen, ist ein wichtiger Erfolgsfaktor. Der Staat ist die ordnende Instanz, die Wirtschaft die handelnde. Aber der Staat ordnet nicht nur, setzt nicht nur Rahmenbedingungen für Wirtschaft und Gesellschaft, er sichert auch, schützt und gleicht aus. Die Wirtschaft schafft die Werte. Dafür braucht sie Freiräume. Sonst entwickelt sie zu wenig Wettbewerb, zu wenig Innovation, zu wenig Kreativität. Ihre Freiheit aber hat einen Preis: die Verantwortung. Wird sie nicht wahrgenommen, verliert die Wirtschaft an Akzeptanz. Dann kommt der Ruf zur Einschränkung der Freiheit, dann gefährdet die Wirtschaftsfreiheit sich selber.

Der Fall Swissair

Der Fall Swissair zeigt, welches Erdbeben Managementfehler erzeugen können. Welche Lösung auch immer getroffen worden wäre, der Staat wäre massiv gefordert worden. Aus diesem Debakel zu schliessen, die schweizerische Wirtschaft habe generell versagt, ist verfehlt. Sonst hätten wir nicht eine im Vergleich rekordtiefe Arbeitslosigkeit. Im Falle einer derartigen Krise muss der Staat handeln. Aber er soll und wird nicht unternehmerisch tätig werden. Vielleicht können beide, Wirtschaft und Staat, eine Lehre ziehen: Auch die Wirtschaft ist an einem soliden und handlungsfähigen Staat interessiert. Und die Politik erkennt wieder klarer den Wert rentabler Unternehmen. Im übrigen ist es gut, dass sich in einem schwierigen Moment Wirtschaft und Staat zusammentaten, um ein grosses Problem einer Lösung zuzuführen.

Willensnation mit auseinanderstrebenden Kräften

Ist unsere Staatsform den Anforderungen einer globalisierten Welt noch gewachsen? In einer gesellschaftlich vielfältigen Welt sind politische Prozesse schwierig. Neben den klassischen staatlichen Strukturen bilden sich Bewegungen und Nichtregierungsorganisationen, die mitgestalten wollen. Minderheiten verlangen Gehör, staatliche Entscheide werden in Frage gestellt, Medien mischen mit. Zwischen dieser oft chaotischen politischen Bewegtheit und dem Erfordernis nach staatlicher Handlungsfähigkeit entsteht ein intensives Spannungsfeld. Die Kunst besteht darin, die politische Bewegtheit in möglichst breit abgestützte politische Entscheide umzugiessen. Das geht nur mit möglichst breiter Partizipation.

Unser politisches System erlaubt solche Partizipation in ausgeprägtem Ausmass. Es ist, so betrachtet, hoch modern. Der Föderalismus bringt Bürgernähe, gestattet Minderheiten die politische Gestaltung ihres Umfeldes. In der Vernehmlassung kommen alle Stakeholder zu Wort. Die Volksinitiative gibt allen Gruppen die Möglichkeit des Agenda setting. Die Konkordanz bindet die referendumsfähigen Kräfte in die Regierungsverantwortung ein. Das Milizprinzip ermöglicht allen, irgendwo aktiv am politischen Gestaltungsprozess teilzunehmen. Am Schluss entscheidet das Volk und gibt den politischen Entscheiden die höchstmögliche Legitimation. Natürlich ist dieser breite politische Prozess mühsam. Aber seine Ergebnisse dürfen sich im internationalen Vergleich sehen lassen.

Wir sind eine sogenannte Willensnation mit zahllosen auseinanderstrebenden Kräften. Ohne unsere politische Kultur mit direkter Demokratie, Föderalismus und Milizprinzip wäre sie wohl kaum so stabil gewesen. Diese Staatsform, so unvollkommen sie auch sein mag, wird der Zukunft gewachsen sein.

Il est temps de participer aux décisions

J'ai signalé que notre pays était dépendant à de nombreux égards. Nous ne sommes cependant pas impuissants face aux influences extérieures. En réagissant de manière adéquate, nous pouvons nous affirmer dans un contexte de mondialisation. L'économie et l'Etat doivent adapter leurs structures en permanence. Après quelques hésitations, c'est ce qui a été fait durant la dernière période de récession. Ainsi, la Suisse affiche une bonne forme, en dépit de toutes les incertitudes du moment. Cela dit, nous devons quand même nous poser la question de savoir si nous voulons subir les événements venant de l'extérieur ou contribuer à les façonner. A mon avis, participer à leur façonnement est plus noble et plus utile. L'ONU constitue un exemple à cet égard. Elle n'est pas parfaite, mais elle s'occupe de problèmes vitaux qui dépassent le cadre de pays ou de peuples particuliers. Je sais que nous travaillons déjà sur ce plan, mais il est temps de participer également aux décisions.

Nous sommes une nation volontaire, ainsi que je l'ai déjà mentionné. Aucune langue commune ni aucune culture commune ne nous lient. Mais la diversité culturelle et linguistique constituent précisément la richesse de notre pays. La cohésion dans la diversité est une performance politique et culturelle qui n'est pas acquise une fois pour toutes. Notre histoire est jalonnée de conflits et d'affrontements douloureux. Ce qui nous unit a cependant toujours pris le dessus. Il s'agit de l'équité sociale, du respect des minorités, des égards vis-à-vis des faibles, du sens de l'intérêt général et de la solidarité vécue. Il vaut la peine de maintenir ces valeurs et de s'investir en leur faveur.

Viererlei ist zu beherzigen

Die Weltwirtschaftslage verschlechtert sich merklich. Die vielen Unglücke lassen den Eindruck entstehen, irgend etwas sei wie verhext. Verunsicherung macht sich breit. Wir dürfen uns indessen Mut und Zuversicht nicht nehmen lassen. Die Voraussetzungen sind gut, um auch schwierigere Zeiten zu bewältigen. Wirtschaft und Institutionen sind strukturell in einem besseren Zustand als vor der Flaute der neunziger Jahre.

Viererlei müssen wir, meine ich, beherzigen:

Erstens müssen wir die aufkeimende Reformmüdigkeit überwinden. Die grossen Reformprojekte, etwa die Konsolidierung der AHV oder die Föderalismusreform, müssen umgesetzt werden.

Zweitens muss man gerade in schwierigen Zeiten zusammenstehen und die Probleme beherzt anpacken. Dabei dürfen wir auch Risiken nicht scheuen. Krisen sind immer auch Chancen.

Drittens: Unser politischer Erfolg beruht auf der Idee, dass sich alle an der Gestaltung des Staates beteiligen können. Unser gesellschaftlicher Erfolg beruht auf dem Respekt anderen Kulturen gegenüber, auf der Akzeptanz gesellschaftlicher und rechtsstaatlicher Regeln und auf gelebter Solidarität. Unser wirtschaftlicher Erfolg beruht auf marktwirtschaftlichen Freiräumen, auf Selbstverantwortung und auf hoher Arbeitsethik. Auf diese Werte müssen wir uns besinnen, immer wieder.

Und viertens steht uns auch Bescheidenheit gut an. Nicht alles ist machbar, auch mit der besten Politik nicht. Nicht alle Probleme sind lösbar, und keine Lösungen haben nur Vorteile. In diesem Umfeld und mit diesen Überzeugungen will ich mein Präsidialjahr anpacken. Mit Zuversicht, aber auch mit Respekt!

18. Januar 2002

> *Zehn Jahre nach seinem ersten Auftritt im Albisgüetli ist Kaspar Villiger als Bundespräsident ein drittes Mal Gastredner vor der Zürcher SVP. Die Albisgüetli-Tagung hat sich inzwischen zu einem von Medien und Öffentlichkeit vielbeachteten Polit-Anlass entwickelt, an dem vor allem der Präsident der SVP des Kantons Zürich, Nationalrat Christoph Blocher, in der Art eines Volkstribuns mit den politischen Behörden abzurechnen pflegt. Nicht jeder Bundesrat gibt sich deshalb dazu her, im Albisgüetli aufzutreten. Der Vertreter der Landesregierung hat vor dem Publikum, das sich praktisch ausschliesslich aus Blocher-Anhängern rekrutiert, jeweils einen schweren Stand.*

Albisgüetli-Tagung der SVP des Kantons Zürich, Zürich

Konsens und Dissens

Zweimal schon durfte ich Ihrer Einladung zur Albisgüetli-Tagung folgen. Ich habe eine gute Erinnerung: Ich wurde freundschaftlich empfangen, missbilligendes Brummen und Applaus wechselten sich jeweils ab. Man nahm mir meine Offenheit nicht übel! Einen Moment lang habe ich mich gefragt, ob ich die dritte Einladung überhaupt annehmen soll. Immerhin gibt es Bundesräte, die noch nie hier waren. Auch die übersteigerte Medienerwartung stört mich: Wer zeigt's wem? Als ob es ein politischer Cupfinal wäre.

Aus zwei Gründen bin ich trotzdem gekommen: Erstens: Sie sind ein politisch sehr interessiertes Publikum. Das beeindruckt mich. Sie gehören zum Mittelstand, dem ich mich verbunden fühle. Zweitens: Ich habe mir für mein Präsidialjahr vorgenommen, nicht nur meine Botschaft zu überbringen, sondern auch zuzuhören. Zuzuhören auch dort, wo man anderer Meinung ist. Ich habe mir dann gesagt, dass ich ja nicht schon im Januar meinem Motto untreu werden sollte! Auch bei jenen, die politisch in einigen Bereichen anders denken, findet man immer ein Stück Wahrheit. Ihre Partei ist eine wichtige Kraft im politischen Spektrum, und es ist eine bürgerliche Kraft. Gerade als einer, der sich im bürgerlichen Lager stark verankert fühlt, wäre die Zurückweisung des Dialogs mit einer anderen bürgerlichen Kraft schwer verständlich. Ich habe deshalb Ihre Einladung angenommen, und ich danke dafür.

Der erste Teil Ihrer Veranstaltung war für mich also der Zuhörteil, und ich habe aufmerksam zugehört. Jetzt ist es an mir, Ihnen meine Botschaft zu überbringen und gegebenenfalls auf das Gehörte direkt und indirekt einzugehen. Viele Menschen hören am liebsten einem Redner zu, der möglichst treffend bestätigt, was man ohnehin schon denkt. Würden Sie das von mir erwarten, hätten Sie mich nicht einladen dürfen. In vielem denke ich ähnlich wie Sie, in vielem aber anders. Deshalb reizte mich die Frage, woher eigentlich der Dissens kommt, wenn wir doch in vielen Fragen bürgerlichen Konsens haben. Daraus ergab sich dann der Titel meines Referates: «Konsens und Dissens.» Ich möchte Ihnen einige meiner Überzeugungen darlegen, dann wichtige Gemeinsamkeiten identifizieren, schliesslich die Unterschiede herausarbeiten. Da mag das eine oder andere auch kritisch tönen. Also: ein offenes Wort von Demokraten zu Demokraten! Oder wie Ihr Präsident schon zu sagen pflegte: «Rede und Gegenrede!»

Wir müssen besser sein als andere!

Drei Dinge sind mir im Präsidialjahr besonders wichtig.

Erstens: Das Schweizervolk wird nicht durch eine gemeinsame Kultur und Sprache zusammengehalten, auch nicht durchgehend durch eine gemeinsame Geschichte. Wir sind eine Willensnation. Und wir haben eine politische Kultur entwickelt, die den Zusammenhalt von so Verschiedenem begünstigt. Gerade unsere Vielfalt ist unser besonderer Reichtum. Der Zusammenhalt eines so vielfältigen Volkes mit vielen auseinanderstrebenden Kräften ist aber nie auf Dauer gesichert. Wir müssen uns deshalb dieses Reichtums wieder besser bewusst werden und ständig am Zusammenhalt unseres Landes arbeiten! Es ist wie in einer Ehe: Im Roman hören die Probleme beim Ja-Wort auf. In der Ehe fangen sie oft erst an!

Zweitens: Die Schweiz ist eine eigentliche Erfolgsgeschichte: Unser Volk hat einen überdurchschnittlichen Wohlstand erarbeitet. Dieser Wohlstand beruht darauf, dass wir die Weltmärkte mit hochwertigen Produkten und Dienstleistungen beliefern können. Die zunehmende Liberalisierung der Märkte, die enorme Entwicklung der Kommunikationstechnologien, die günstigen Transporte von Menschen und Gütern sowie die freien globalen Kapitalmärkte führen dazu, dass Kapital, Know-how und Arbeitsplätze jederzeit an Orte verlagert werden können, wo man bessere Rahmenbedingungen vermutet. Dies hat zur Folge, dass nicht nur zwischen Firmen ein gnadenloser Konkurrenzkampf herrscht, sondern auch zwischen Wirtschaftsstandorten. Deshalb müssen wir die Strukturen von Staat und Wirtschaft sowie die wirtschaftlichen Rahmenbedingungen ständig den aktuellen Erfordernissen anpassen, um überdurchschnittlich konkurrenzfähig zu bleiben. Wir müssen besser sein als andere.

Drittens: Was irgendwo auf der Welt geschieht, kann auch uns sofort betreffen, und kein Land ist mehr in der Lage, alle Probleme eigenständig zu lösen. Weil die grossen Probleme dieser Welt auch uns handfest betreffen, müssen wir im ureigenen Interesse zu deren Lösung beitragen.

Siebenmal Konsens

Ich möchte nun meine politischen Überlegungen an diesen drei Anliegen zu messen versuchen! In sieben Bereichen vermute ich zwischen Ihnen und mir prinzipiellen Konsens.

Erstens: Wir haben die Schweiz gern.

Zweitens: Wir stehen zu ihrer politischen Kultur mit direkter Demokratie, Föderalismus, Milizprinzip und Neutralität.

Drittens: Die Rollenteilung zwischen Staat und Wirtschaft muss sich nach den Regeln der freien und sozialen Marktwirtschaft richten.

Viertens: Der Wirtschaftsplatz Schweiz braucht optimale finanzpolitische Rahmenbedingungen wie tiefe Steuer- und Staatsquote und trotzdem nicht zu hohe Verschuldung.

Fünftens: Die Aussenpolitik ist kein Selbstzweck. Sie muss den Interessen unseres Landes dienen.

Sechstens: Die strikt wettbewerbsorientierte Wirtschaft bedarf der angemessenen sozialen Abfederung.

Siebtens: In einem kleinen, aber tüchtigen Land wie die Schweiz dürfen die Verantwortlichen in Politik und Wirtschaft das Mass nicht verlieren.

Das sind eigentlich schon sehr viele Gemeinsamkeiten! Und man müsste meinen, daraus sollte sich eine breite gemeinsame politische Plattform entwickeln lassen. Aber es ist halt wie so oft: Im Grundsatz ist man sich einig, bei der Umsetzung fangen die Probleme an!

Ich bin nicht «heimatmüde»

Wir haben unser Land also gern, wir mögen seine Vielfalt, seine Landschaft, seine Menschen, seine Kulturen, seine direktdemokratischen politischen Institutionen. Ich weiss, dass dieses Gefühl bei Ihnen ausgeprägt ist. Auch bei mir, wie Sie vielleicht spüren. Ich finde es gut, wenn jemand zur Heimat steht. Aber dieses Gefühl darf nicht in einen Dünkel anderen gegenüber ausarten, in eine Geringschätzung jener Menschen, die anders denken, die ein anderes Selbstverständnis haben. Wenn ich von prominenten Exponenten Ihrer Partei gewisse Reden höre, Schriften lese oder Inserate sehe, beschleicht mich hin und wieder doch ein Unbehagen! Sie vermitteln manchmal den Eindruck, einige von ihnen beanspruchten dieses Heimatgefühl exklusiv, betrachteten das Schweizer Kreuz als ihr persönliches Emblem.

Und wer dann nicht ganz ihre Meinungen vertritt, wie beispielsweise hin und wieder der Bundesrat, «der ist heimatmüde», wer in die UNO will, wer stolz ist auf gute Leistungen von Schweizer Soldaten bei Friedenseinsätzen, dem wird unterstellt, er verkaufe die Heimat, wolle nur an Cocktailparties Diplomatenhände schütteln, verrate die Neutralität, verfolge bloss persönliche Interessen usw.

Ich weiss, dass Sie eine sehr breite Wählerbasis errungen haben. Aber eine grosse Mehrheit wählt nach wie vor anders. Kann man, wenn man ein Land gern hat, der Mehrheit jener, die halt anders denken, immer sofort so niedere Beweggründe unterstellen, sie etwa als Linke und Nette verhöhnen, ihnen das echte Engagement für unser Land absprechen?

Ich weiss, ich sage das bewusst pointiert. Aber wenn ich mich in Ihren Inseraten unter den «Heimatmüden» finde, ist das eine ziemlich hässliche Unterstellung! Ich akzeptiere Kritik daran, dass ich für die UNO bin. Ich akzeptiere nicht, wenn man mein volles Engagement für die Schweiz in Zweifel zieht! Unser vielgestaltiges Land braucht die Kontroverse, braucht den kontroversen Disput, braucht den politischen Streit. Aber es braucht auch den Respekt demjenigen gegenüber, der anders denkt und trotzdem auch ein guter Patriot sein kann. Der nationale Konsens ist ein Pfeiler unseres Erfolges. Wir dürfen ihn nicht durch Geringschätzung der Andersdenkenden gefährden.

Die angebliche «classe politique» ist ein Zerrbild

Kürzlich habe ich mit den Kadern meines Departementes die Frage diskutiert, welches der beste Staat sei. Wir haben zu dieser Diskussion kompetente und originelle Köpfe von aussen eingeladen. Wir kamen zum Schluss, dass in einer offenen Gesellschaft jener Staat der beste sei, der allen Betroffenen die grösstmögliche Beteiligung an den politischen Entscheidungen ermöglicht. Je vielfältiger und komplexer die Gesellschaft eines Landes sei, desto umfassender müsse die Beteiligung der Bürger, der verschiedenen Gruppen und der Minderheiten sein. Unser politisches System bietet solche Beteiligung in umfassender Weise an. Referendum, Initiative, Milizsystem, Einbezug der wichtigsten politischen

Kräfte in die Regierungsverantwortung, Föderalismus und Vernehmlassungsverfahren stellen den Einbezug sämtlicher relevanter Akteure in den politischen Prozess sicher. In diesem Sinne ist unser System keineswegs verstaubt, sondern hoch modern. Seine Resultate sind, wenn wir unser Land mit andern Ländern vergleichen, mindestens so gut.

Ich wehre mich gegen jene Professoren, die mit Blick auf die langsamen Entscheidungsprozesse und auf die Notwendigkeit von Kompromissen unser System als fortschrittshindernd kritisieren. Mit dieser Sichtweise bin ich wahrscheinlich mit Ihnen völlig einig! Um die Funktionsweise eines so komplexen Systems sicherzustellen, braucht es die entsprechenden Institutionen: Regierung, zwei Kammern, Verwaltung, Gerichte usw.

Was ich hingegen nicht verstehe, ist, dass man die Träger dieser Institutionen immer wieder verunglimpft, wenn sie missliebige Meinungen vertreten. Das Zerrbild einer volksfremden «classe politique», die sich in Bern nur mit sich selber beschäftigt, und einige davon noch lieber in Brüssel, ist schlicht ungerecht und unkorrekt. Wenn es ein Land gibt, wo das Volk die politischen Geschäfte eben gerade nicht an eine «classe politique» delegiert, ist es die Schweiz. Wenn dem Bundesrat und dem Parlament so gerne Volksferne unterschoben wird, gestatte ich mir den bescheidenen Hinweis, dass der Bundesrat in Abstimmungen das Volk häufiger hinter sich hatte als Ihre Partei.

Ich habe schon darauf hingewiesen, dass ein politisches System wie das unsere den ständigen Dialog, die ständige Kontroverse braucht. Nur das bringt uns weiter. Aber es braucht auch den Respekt den anders Denkenden gegenüber. Mit ihnen müssen wir Lösungen finden, denn Lösungen müssen in einer direkten Demokratie mehrheitsfähig sein.

Der Föderalismus braucht eine Verjüngungskur

Natürlich ändern sich die Zeiten: Strukturen müssen ständig hinterfragt und angepasst werden, auch unsere politischen Strukturen. Aber die Substanz unserer direkten Demokratie und des Föderalismus muss erhalten bleiben. Sie sind Identitätsmerkmale unserer Willensnation!

Der Föderalismus beispielsweise braucht dringend eine Verjüngungskur! Der Föderalismus hat drei wichtige Kernfunktionen:
1. Durch den Wettbewerb der Kantone entstehen innovative Ideen, und der Steuerwettbewerb bändigt den Appetit des Fiskus.
2. Der Föderalismus entgiftet die Staatsmacht durch deren Aufteilung auf die drei Ebenen.

3. Der Föderalismus erlaubt es den Minderheiten, ihr engeres politisches Umfeld selber zu gestalten und damit ihre Identität besser zu bewahren.

Unser Föderalismus ist aber heute gleichsam verschlammt, die Finanzströme und die Zuständigkeiten sind unübersichtlich geworden, Fehlanreize haben sich eingeschlichen, die Kantone drohen zu reinen Vollzugsorganen zu degenerieren. Die Kantone haben oft für ein Butterbrot an Subvention ihre föderalistische Seele verkauft und sind dabei bei Berner Zentralisten auf Begeisterung gestossen.

Die Neuordnung des Finanzausgleichs und der Aufgabenteilung ist ein grosses Projekt, das den Föderalismus revitalisieren wird, das Fehlanreize eliminieren und bei den grossen Geldströmen in der Schweiz Steuerbarkeit und Transparenz schaffen soll. Damit wird das Gesamtsystem Schweiz effizienter. Ich gehe davon aus, dass hier zwischen Ihnen und mir vollkommene Einigkeit besteht. Ich zähle auf gute Zusammenarbeit bei der politischen Umsetzung!

Die Predigten der liberalen Sonntagsredner

Ich teile mit Ihnen die Überzeugung, dass auf Dauer nur die Marktwirtschaft genügend Wohlstand schafft. Eine leistungsfähige Wirtschaft braucht Wettbewerb, braucht aber auch genügend Freiräume, dass sie ihre Innovationskraft entfalten kann. Eine gute Ordnungspolitik bedeutet, dass Staat und Wirtschaft eine klare Rollenteilung haben: Der Staat ist die ordnende Instanz. Die Wirtschaft ist die handelnde Instanz. Natürlich muss der moderne Staat noch zusätzliche Aufgaben leisten: Infrastruktur, Ausbildung, Forschung, sozialer und regionaler Ausgleich usw. Aber er darf niemals der Problemlöser für alle und jedes werden wollen. Sonst ist er überfordert und nicht mehr bezahlbar. Der staatliche Machbarkeitsglaube wird täglich durch die Fakten widerlegt und ist doch nie auszurotten. Ich habe den Eindruck, dass bei ordnungspolitisch relevanten Fragen die bürgerliche Zusammenarbeit gut ist.

Ein prominenter Schweizer Ökonom schrieb von vielen Jahren einen Aufsatz mit dem vielsagenden Titel «Die Zerstörung der Marktwirtschaft durch ihre Anhänger». Er dachte dabei an die sogenannten nominal Liberalen oder liberalen Sonntagsredner, die den Wettbewerb predigen und gleichzeitig die Kartelle praktizieren und verteidigen, die den Protektionismus im Gewande des Gemeinwohls dahermarschieren lassen und gegen den Staat wettern, wo er sie behindert, und nach ihm rufen, wenn sie Hilfe brauchen. Solche nominal Liberale gibt es in allen bürgerlichen Parteien, deshalb wären hier gegenseitige Kritiken unangebracht. Da sollte jede Partei im eigenen Haus zum Rechten schauen!

Die Schweiz braucht eine Airline

Gestatten Sie mir einige Bemerkungen zur neuen Airline aus ordnungspolitischer Sicht. Zum Swissair-Debakel nur so viel: Es konnte nicht in Frage kommen, die durch beispielloses Missmanagement existentiell geschwächte Swissair mit Steuergeldern aus dem Sumpf zu ziehen. Und es ist nötig, die Verantwortlichkeiten zu klären und transparent zu machen.

Die Schweiz hat eine hochentwickelte Volkswirtschaft. Global tätige Konzerne, Konzernzentralen und Anbieter weltweit gefragter hochmoderner Dienstleistungen haben ihren Sitz bei uns. Sie zahlen Steuern und geben heimischen Gewerbe- und Dienstleistungsfirmen Arbeit. Wenn wir für solche Gesellschaften attraktiv bleiben wollen, braucht es günstige Rahmenbedingungen, unter anderem Direktflüge zu den wichtigsten globalen Wirtschaftsmetropolen. Für solche Direktflüge braucht es Zweierlei: funktionsfähige Flughäfen und eine nationale Airline. Die Flugmärkte sind eben noch nicht liberalisiert und beruhen auf bilateralen Abkommen auf der Basis nationaler Airlines. Deshalb braucht der Standort Schweiz sowohl einen grossen Hub als auch eine Airline.

Ich möchte dazu nun sechs Feststellungen machen:

Erstens: Wegen dieser Zusammenhänge ist eine solche Airline ein wichtiger Standortfaktor, und die staatliche Hilfe ist eine Infrastrukturinvestition, vergleichbar mit derjenigen für eine Alpentransversale. Wir zahlen übrigens den SBB jährlich mehr als einmalig für die Airline.

Zweitens: Wegen der vielen Mitspieler und der unübersichtlichen Zusammenhänge brauchte es eine koordinierende Kraft, um eine machbare Lösung zu finden, und das konnte in dieser schweren Krise nur der Staat sein. Niemand sonst hätte die nötige Autorität gehabt.

Drittens: Es wurde eine ordnungspolitisch saubere Lösung gewählt: Die klare Mehrheit des Kapitals der Airline ist privat, und die Bundesminderheit muss in einem günstigen Moment abgestossen werden. Das Management ist voll privatwirtschaftlich strukturiert, die gescheiterte Swissair wird nicht mit Steuergeldern gerettet. Und für die notwendige Überbrückungsfinanzierung fanden sich keine privaten Geldgeber.

Viertens: Die Schaffung der neuen Airline wurde durch einen beispiellosen Effort von Staat und Wirtschaft möglich. Wenn sich Wirtschaft und Staat zur Lösung eines gewichtigen Problems ausnahmsweise zusammentun, ist dies ein gutes und weltweit beachtetes Signal für die Widerstandskraft eines kleinen Landes. Dass gerade Ihre Partei diesen Aspekt unseres Sonderfalls nicht positiv würdigt, hat mich überrascht. Wo sonst wäre das möglich gewesen? Allerdings darf und wird dieses einmalige Ereignis an der marktwirtschaftlichen Rollenverteilung nichts ändern.

Fünftens: Das Krisenmanagement hat funktioniert, und die Institutionen haben sich als handlungsfähig erwiesen.

Sechstens: Die einzige Alternative war ein soziales und volkswirtschaftliches Desaster allergrössten Ausmasses mit wohl noch erheblich grösserem staatlichem Zuschussbedarf.

Noch zwei Bemerkungen zum Airline-Problem: Die neue Airline mit ihrer guten Kostenstruktur und hervorragender Kapitalisierung hat viele Chancen. Die Schaffung der Airline ist aber nur ein Etappensieg; die wohl noch viel grössere und schwierige Aufgabe ist es, diese Airline zum Erfolg zu führen. Ich bin mir dessen bewusst. Darauf, und nicht auf die Lust am Scheitern, müssen sich jetzt alle konzentrieren. Gerade hier in Zürich möchte ich dem Zürchervolk meine Anerkennung dafür aussprechen, dass es ein klares finanzielles und politisches Zeichen gesetzt hat! Ich respektiere die Meinung jener, die hier anders dachten. Nachdem nun aber die Würfel gefallen sind, empfehle ich die neue Airline auch Ihrer Unterstützung! Ich habe mit Freude gehört, dass Ihr Präsident die neue Airline nutzen will!

Den Steuersenkungsbegehren muss ich mich widersetzen

Es ist mir wie Ihnen ein Anliegen, die wirtschaftlichen Rahmenbedingungen so zu erhalten, dass der Standort Schweiz international konkurrenzfähig bleibt. Zu diesen Rahmenbedingungen gehören verschiedene Staatsleistungen. Ich habe einige davon erwähnt. Ganz wesentlich sind aber die fiskalischen und finanzpolitischen Rahmenbedingungen! Dazu einige Stichworte: Eine tiefe Staatsquote belässt der Wirtschaft tendenziell grössere Freiräume, aber auch den Bürgerinnen und Bürgern. Steuern entziehen der Wirtschaft immer Mittel, für die sie selber Verwendung hätte, und zu hohe Steuern sind im internationalen Standortwettbewerb ein Nachteil. Deshalb gehört auch eine tiefe Steuerquote zur internationalen Konkurrenzfähigkeit. Es ist unbestritten, dass sich die Wirtschaft in einem Land mit einer tiefen Staats- und Steuerquote tendenziell besser entwickelt und die Arbeitslosigkeit in der Regel tiefer ist. Beliebig tief kann die Staatsquote auch nicht sein, weil eine moderne Gesellschaft und eine moderne Wirtschaft einen zwar begrenzten, aber leistungsfähigen Staat brauchen.

Ein weiteres Erfordernis kommt dazu: Die Staatsverschuldung darf ein nachhaltiges Mass nicht übersteigen, sonst hat die nächste Generation mit ihren Steuern den Konsum unserer Generation zu finanzieren, sonst geht das Vertrauen gerade in einen Finanzplatz, aber auch das Vertrauen der Investoren allmählich verloren und sonst fressen die Zinsen viel zu viel weg. Wenn wir heute schon fast ebensoviel für Zinsen ausgeben wie für Landesverteidigung, ist das zuviel.

Der Bundesrat hat beide Erfordernisse, das der begrenzten Verschuldung und das der tiefen Staats- und Steuerquote, in seinem Finanzleitbild formuliert. Wenn ich nun einige Ihrer Schriften oder Vorträge Ihrer Exponenten lese, bekomme ich den Eindruck, ein böser Bundesrat und eine böse Verwaltung habe hinter dem Rücken des Volkes sowohl Staats- als auch Steuerquote klammheimlich gesteigert und die Schweiz von einem Steuerparadies in eine Steuerhölle übergeführt.

Das entspricht nicht den Tatsachen! Damit versucht man, im Volk einen Steuerfrust zu generieren, der im internationalen Vergleich nicht haltbar ist. Wahr ist, dass wir, wenn wir USA und Japan ausnehmen, in bezug auf Staats- und Steuerquote von den vergleichbaren Ländern die Besten sind, dass wir gerade bei der Unternehmensbesteuerung sogar besser als die erwähnten Länder sind. Wahr ist auch, dass wir bei der Verschuldung im Vergleich noch recht gut dastehen, aber hier haben wir aus meiner Sicht eine kritische Grenze erreicht. Wahr ist leider auch, dass Staats- und Steuerquote von 1990 bis 1996 signifikant angestiegen sind. Das ist ja gerade der Grund dafür, dass der Bundesrat beide Quoten stabilisieren und längerfristig senken will. Denn hier haben Sie recht: Eine weitere ungebremste Zunahme müsste sich auf unser Wachstumspotential längerfristig fatal auswirken.

Ich habe kurz nachgeschlagen, was in bezug auf Steuern geschehen ist, seit ich das Finanzdepartement übernommen habe. Das tue ich deshalb gerne, weil einige Ihrer Volksvertreter besonders gerne auf mich schiessen, vor allem, wenn ich nicht dabei bin! In der Tat wurden einige Steuern erhöht:

- Die Tabaksteuer: da geht es um etwa 600 Millionen; die Erhöhung ist das Resultat einer langfristigen Strategie der Annäherung an das EU-Niveau; Verwendungszweck ist die AHV.
- Das Mehrwertsteuerprozent für die AHV: da geht es um 2,2 Milliarden. Das ist bei gleich bleibenden Renten unabdingbar, weil die Arbeitenden die Renten für immer mehr Ältere finanzieren müssen! Die Erhöhung wurde vom Volk legitimiert!

Ich habe nie gelesen, dass sich Ihre Partei zur Vermeidung dieser Steuererhöhungen für entsprechende Rentenkürzungen ausgesprochen hätte!

- 0,1 Prozent Mehrwertsteuer und Schwerverkehrsabgabe: da geht es um 1,3 Milliarden; sie sind klar für die Finanzierung der Alpen-Transversalen und

der Bahn 2000 reserviert und wurden vom Volk in Abstimmungen genehmigt.
Ich hätte diesen Grossinvestitionen nie zustimmen können ohne saubere Finanzierung!
– Drittes Lohnprozent Arbeitslosenversicherung: da geht es um 1 Milliarde, zeitlich begrenzt bis zur Sanierung der Arbeitslosenversicherung.
Nachdem das Volk eine bescheidene Rentenkürzung abgelehnt hatte, war eine Zusatzfinanzierung unabdingbar, sonst wäre diese Versicherung gelegentlich zusammengebrochen!
Es wurden aber auch Steuern in grossem Ausmass gesenkt: Mit der Revision des Mehrwertsteuergesetzes, mit einer Änderung der Praxis bei den Beteiligungsabzügen, mit der Unternehmensteuerreform 97 und mit den Reformen bei den Stempelabgaben wurde die Wirtschaft um 1,5 Milliarden jährlich entlastet. Das vom Bundesrat vorgesehene Entlastungspaket bei den Familien und den Hauseigentümern bringt Entlastungen von ebenfalls 1,5 Milliarden für Bürgerinnen und Bürger.

Wenn Sie die AHV ausklammern, die in einer besonderen Situation ist, stellen Sie fest, dass die Steuersenkungen grösser sind als die Steuererhöhungen – und das inklusive Finanzierung des grössten europäischen Infrastrukturprojektes!

Bei den Ausgaben wurde dank Haushaltsziel, Stabilisierungsprogramm und allgemeiner Ausgabendisziplin eine signifikante Reduktion des Ausgabenwachstums erreicht. Deshalb hat sich der Zustand der Bundesfinanzen in Vergleich zu vor 6 Jahren ganz erheblich verbessert. Die Staatsquote ist ab 1996 wieder gesunken!

Wie soll es weitergehen? Das Volk hat kürzlich mit fast 85 Prozent Ja der Schuldenbremse zugestimmt. Ihre Partei hat die Schuldenbremse unterstützt, dafür danke ich. Das ist ein Paukenschlag, ein unmissverständlicher, imperativer Auftrag an die Politik für eine nachhaltige Finanzpolitik. Das ausserordentliche und so nicht wiederholbare Ergebnis der Rechnung 2000 hat die Illusion genährt, wir könnten uns wieder alles leisten. Das hat zu Begehrlichkeiten bei den Ausgaben geführt, die nicht realisierbar sind.

Ich stelle fest, dass bei Lichte besehen der Sozialstaat munter ausgebaut statt konsolidiert wird und dass in allen Bereichen, von der Bildung über Soziales, Landwirtschaft, Entwicklungshilfe und Tourismus bis zu öffentlichem Verkehr, Strassenbau und Sicherheit, Ausbauwünsche bestehen, die, so vertretbar sie im einzelnen sein mögen, schlicht nicht finanzierbar sind. Sie müssten in der Summe zu einem unakzeptablen Staatsquotenschub führen. Dieser würde die

Konkurrenzfähigkeit des Werkplatzes wieder verschlechtern, denn Finanzierung auf Pump ist nicht mehr möglich.

Ich weiss, dass Ihre Partei hier gleich denkt. Es ist aber auch die Illusion entstanden, man könne folgenlos Steuern senken. Die Schuldenbremse lässt Ausgabenerhöhungen oder Steuersenkungen nicht mehr gratis zu. Man kann durchaus Mehrausgaben tätigen, aber dann muss man die Steuern erhöhen. Man kann auch Steuern senken, aber dann muss das von Einsparungen begleitet sein. Die Leere der Sparideen kontrastiert aber auffällig mit der Fülle der Steuersenkungsideen. Schon das bundesrätliche Steuerpaket ist sehr schwer zu verkraften. Wer, wie Ihre Berner Deputation, darüber hinausgehen will, schafft ein, meiner Meinung nach, unlösbares Problem. Ich sehe keine mehrheitsfähigen Sparmöglichkeiten in diesen Grössenordnungen.

Ihre Partei spricht bei der Wirtschafts- und Steuerpolitik zu Recht immer wieder vom Mittelstand! Die Familiensteuerreform ist das grösste Steuersenkungsprogramm seit Jahrzehnten genau für diesen Mittelstand: Mittelständische Ehepaare werden signifikant entlastet, wir opfern 20 Prozent der Einnahmen der direkten Bundessteuer von natürlichen Personen, doppelt verdienende gewerbliche Ehepaare werden sehr stark entlastet. Was von Ihren Vertretern (zum Teil auch von meinen!) im Bereich des Stempels und der Unternehmensbesteuerung zusätzlich gefordert wird, bringt dem Mittelstand gar nichts, sondern begünstigt höchstens einige Grosskonzerne. Bei den notwendigen Ausgabenkürzungen würde aber mit Sicherheit der Mittelstand mitbetroffen. Das ist alles andere, nur keine Mittelstandspolitik.

Fazit: Bei den Steuersenkungen werde ich mich widersetzen müssen, beim Bremsen der Ausgaben hingegen zähle ich auf Ihre Unterstützung!

Unsere Stimme wird in der UNO Gewicht haben!

Zur Aussenpolitik: Der furchtbare Terroranschlag in New York hat der schon geschwächten Swissair den Todesstoss versetzt und auch Spuren an unserer Börse hinterlassen. Der CO_2-Ausstoss anderer Weltgegenden schmilzt unsere Gletscher ab. Konflikte auf dem Balkan oder anderswo schlagen sich in der Rechnung des Bundesamtes für Flüchtlinge mit Hunderten von Millionen nieder. Eine Finanzkrise in Ostasien führt in der Schweiz zu Entlassungen.

In dieser vernetzten Welt betrifft uns alles sehr direkt, was irgendwo passiert. Das und die Tatsache, dass unser Wohlstand auf dem Export in die Welt beruht, führt dazu, dass wir in sehr viele Abhängigkeiten eingebunden sind, ob uns das passt oder nicht. Wir haben deshalb ein eminentes Interesse, an der Lösung solcher Probleme mitzuarbeiten, und zwar im Rahmen unserer Überzeugungen, also beispielsweise unter Aufrechterhaltung unserer Neutralität.

Bei der Aussenpolitik geht es um die Wahrnehmung unserer Interessen, um nichts anderes. Das ist bei jedem Land so, und das muss auch bei uns so sein. Es liegt beispielsweise in unserem Interesse, wenn Menschenrechte durchgesetzt, Konflikte entschärft, Hunger überwunden und Umweltzerstörung verhindert werden. Anders sind grosse Migrationsbewegungen, die Ausbreitung von Seuchen, Klimaveränderungen und Terrorismus kaum vermeidbar, ist globale Stabilität nicht erreichbar.

Irgendeine weltumspannende Institution muss sich mit solchen Problemen befassen, sonst machen das die Grossmächte allein unter sich aus, und dies nicht unbedingt im Sinne der kleineren Länder. Die einzige umfassende Organisation sind die Vereinigten Nationen. Sie packen alle vitalen Probleme an, die sonst nicht global angepackt würden. Bei den Unterorganisationen arbeiten wir schon erfolgreich mit. Es ist doch völlig natürlich, dass wir auch dort mitarbeiten sollten, wo die politischen Entscheide gefällt werden.

Natürlich ist die UNO nicht vollkommen, natürlich hat sie nicht nur Erfolge, aber sie hat Erfolge! Sie widerspiegelt zwar die Unvollkommenheiten dieser Welt, aber das kann doch kein Grund sein, nicht etwas zu ihrer Verbesserung beizutragen.

Lassen Sie mich noch auf vier Gegenargumente eingehen, die ich in jüngster Zeit häufig höre!

Erstens: die Neutralität.

Auf die dauernde und bewaffnete Neutralität wollen wir nicht verzichten, sie hat sich historisch bewährt, auch als Mittel des inneren Zusammenhalts der Schweiz. Deshalb ist sie im Volk so tief verwurzelt. Ich sehe nicht, wo eine UNO-Mitgliedschaft unsere Neutralität in irgendeiner Weise beeinträchtigen sollte. Bei Waffengängen unter Schirmherrschaft der UNO können wir schlicht und einfach Nein sagen. Das würden wir auch tun. Bei der Teilnahme an Wirtschaftssanktionen wird die Neutralität nicht verletzt. Hier stellt sich die Frage eher umgekehrt: Wäre nicht die Nichtteilnahme an Sanktionen gegen verbrecherische Regimes letztlich eine Parteinahme für den Verbrecher? Weil das eigentlich so ist, beteiligen wir uns schon heute an Sanktionen gegen solche verbrecherischen Regimes. Dass dabei Menschen hungern können, liegt nicht an den Sanktionen, sondern an den Verbrechern an der Macht. Könnten wir es uns leisten, durch die Nichtteilnahme an Sanktionen Saddam Hussein beispielsweise die Produktion von Massenvernichtungswaffen zu ermöglichen, etwa durch die Lieferung von Düngerfabriken? Wäre das neutral?

Auf einem Flugblatt habe ich gelesen, der heimatmüde «Bundesrat» wolle auch der NATO beitreten. Der NATO-Beitritt würde natürlich unsere Neutralität verletzen. Die Behauptung auf dem Flugblatt ist eine schlichte Lüge!

Zweitens: das Veto.

Es wird getan, als ob die Grossmächte der UNO, und damit gegebenenfalls auch uns, ihre Entscheidungen aufzwingen könnten, und zwar mit dem Veto. Ein Veto kann aber niemals Entscheidungen erzwingen, auch nicht im Sicherheitsrat, es kann aber Entscheidungen blockieren. Auch ich empfinde das als unschön. Aber es war der Preis, der entrichtet werden musste, um die Grossmächte in die UNO einzubinden. Während des kalten Krieges hatte das Veto die UNO noch sehr stark blockiert. Das hat auch mich damals negativ beeindruckt. Aber diese Situation hat sich grundlegend verändert.

Wäre es besser, wenn es die UNO nicht gäbe und die Grossmächte durch gegenseitige Absprache das Schicksal der Welt ganz allein in die Hand nähmen? Gerade aus der Sicht eines kleinen Landes wäre diese Vorstellung schlimm. Da nehme ich lieber das Veto in Kauf, bestimme aber bei den Entscheidungen vollberechtigt mit, als dass ich völlig hilflos dem Gebaren der Grossmächte zuschaue. Die kleinen Länder brauchen das von der UNO geschaffene Völkerrecht, nicht die grossen!

Drittens: Können die Diplomaten den Volkswillen unterwandern?

Diese Behauptung ist absurd. Mit unserem Staatsvertragsreferendum muss von der UNO geschaffenes Völkerrecht sogar obligatorisch oder fakultativ vors Volk, damit es für uns gültig wird. Deshalb beschneidet die UNO unsere Souveränität in keiner Weise, mit Ausnahme der erwähnten Sanktionen, an denen wir schon heute teilnehmen müssen und wollen.

Viertens: Sind wir glaubwürdiger für Gute Dienste ohne UNO-Mitgliedschaft?

Auch ich habe das vor 15 Jahren noch geglaubt. Heute ist diese Behauptung realitätsfremd. Wer als Aussenseiter nicht mehr verstanden wird, der wird auch nicht in erster Linie für Gute Dienste gefragt, abgesehen von vereinzelten Ausnahmen. Wären wir aber UNO-Mitglied, könnte uns gerade dort die Neutralität für Gute Dienste besonders attraktiv machen.

Im übrigen könnten wir vor einem globalen Forum auch unsere Neutralität immer wieder erklären, was ihr Wesen stärken würde. Eine Neutralität, die niemand versteht, bietet keine Sicherheit. Natürlich hätten wir in der UNO nur eine Stimme, aber jeder Nationalrat hat auch nur eine Stimme und macht trotzdem im Nationalrat mit! Ich bin überzeugt, dass unsere Stimme Glaubwürdigkeit und Gewicht haben wird. Wir sind in vielen Bereichen sehr kompetent und können Dinge sagen, die jemand nicht sagen kann, der auf Grossmächte Rücksicht nehmen muss.

Die SVP-Lösungen für die AHV-Probleme überzeugen nicht

Wahrscheinlich sind wir auch in der grundsätzlichen Haltung zur Sozialpolitik einig. Soziale Abfederung ist in unserem Lande nötig, zunächst natürlich aus sozialen Gründen. Aber sie liefert einen Beitrag zum nationalen Zusammenhalt und zur politischen Stabilität. Deshalb ist es so wichtig, dass unsere grossen Sozialwerke, allen voran die AHV, auch für die kommenden Generationen gesichert werden. Das ist Ihnen wie mir ein grosses Anliegen. Der Sozialstaat darf indessen die Volkswirtschaft nicht überlasten und den Leistungswillen nicht lähmen.

Gerade aber bei der so wichtigen AHV überzeugen Ihre Lösungen nicht, weil sie die Probleme nicht an der Wurzel packen und nicht langfristig lösen. Weil wegen der demographischen Veränderungen die Kosten sogar für unveränderte Leistungen in den nächsten Jahren sehr stark steigen werden, gibt es nur drei Konsolidierungsmöglichkeiten: höhere Beiträge (sprich Steuern), tiefere Renten und/oder weitere Rentenalterserhöhung, oder eine angemessene Mischung von beidem.

Ich entnehme Ihrem Sozialkonzept folgendes Rezept: Erstens dürfen die Renten nicht gekürzt werden; zweitens muss auf Steuererhöhungen verzichtet werden. Lösung: Der Ertrag der verfügbaren Goldreserven muss in die AHV, das AHV-Mehrwertsteuer-Prozent muss vollständig in die AHV!

Leider ist das keine dauerhafte Lösung: Nur die Erträge des Goldes reichen nicht aus zur Entschärfung des Problems. Wird die Substanz angetastet, ist es rasch verbraucht. Der Bundesbeitrag wächst wegen der Demographie viel rascher als die Bundeseinnahmen. Wenn Sie dem Bund den Demographieanteil wegnehmen, muss er zusätzliche Schulden machen oder seinerseits für die AHV die Steuern erhöhen! Man kann nicht ein Loch mit einem Loch stopfen! Liebe Freunde: Das ist nicht einmal eine Scheinlösung! Das verschiebt das Problem in die Zukunft, und dann ist es noch viel schwieriger zu lösen! Haben wir doch den Mut, zu den Realitäten zu stehen!

Masshalten liegt im eigenen Interesse der Wirtschaft

Das Mass nicht zu verlieren, das ist etwas, was mir wichtig ist und was, wie ich spüre, auch Ihnen wichtig ist. Negative Beispiele aus Politik und Wirtschaft führen zu ernstzunehmenden Emotionen. Anscheinend masslose Managersaläre, Boni und Abgangsentschädigungen erzeugen Ärger und Unverständnis, vor allem, wo sie von Scheitern oder Unfähigkeit und nicht von überdurchschnittlicher Leistung begleitet sind.

Unser Wohlstand basiert auf der überdurchschnittlichen Leistung vieler, auf dem Konsens über eine leistungsorientierte, aber letztlich gerechte Leistungsethik. Sollte durch den Verlust des Masses weniger, aber exponierter Personen dieser Konsens zerbrechen, wäre der Schaden kaum absehbar. Kurzfristiges Shareholder-Denken löst in den Augen vieler eine langfristige nachhaltige Unternehmenspolitik ab, Globalisierung, Liberalisierung und Marktwirtschaft werden zunehmend als etwas Verantwortungsloses, Kaltes und Unsoziales perzipiert. In der Schweiz ist deshalb auch eine Gerechtigkeitsdiskussion im Gang!

Es sage mir niemand, Gerechtigkeit sei nicht fassbar, nicht definierbar, und deshalb sei das Gerede darüber nicht relevant. Natürlich kann niemand genau sagen, was Gerechtigkeit etwa bei Löhnen (wo letztlich der Markt entscheidet) oder bei Steuern (wo der internationale Wettbewerb ein Faktor ist) genau bedeutet.

Aber es gibt etwas wie das Mass, es gibt etwas wie akzeptable Ausgewogenheit, es gibt Dinge, die irgendwie in Ordnung sind, und andere nicht. Wenn dieses Mass verloren geht, wenn sich diese Ausgewogenheit zu verflüchtigen droht, wird das aufgeweicht, was man als einen stillschweigend akzeptierten Gesellschaftsvertrag bezeichnen könnte. Die Kündigung dieses Gesellschaftsvertrages durch grössere Gruppen könnte unser Land in den Grundfesten erschüttern, langfristig gar den Wohlstand gefährden. Deshalb genügen eine gute Wirtschafts-, eine gute Finanz-, eine gute Wissenschafts- oder eine gute Verkehrspolitik nicht als politische Antworten. Politik braucht Werte, die über eine Ordnungs- und Sachpolitik hinausreichen. Die Freiheit hat ihren Preis, auch in der Wirtschaft: die Verantwortung! Nicht alles, was nicht verboten ist, darf auch getan werden. In einer direkten Demokratie bestimmt das Volk die wirtschaftlichen Rahmenbedingungen. Die Wirtschaft ist deshalb auf das Vertrauen des Volkes angewiesen. Der Verlust des Masses tangiert dieses Vertrauen. Deshalb auch hier: Es liegt im Interesse der Wirtschaft selber, das Mass nicht zu verlieren.

Der heutige Zustand der Schweiz ist gut

Was ist jetzt wichtig? Sie erinnern sich alle an die langen neunziger Jahre der Stagnation und der Rezession. Ständig nahm die Arbeitslosigkeit zu, Strukturprobleme wurden bei der Wirtschaft und beim Staat sichtbar, Selbstzweifel breiteten sich aus, wir verloren an Selbstvertrauen. Politik und Wirtschaft haben sich aber aufgerappelt und Konsequenzen gezogen: Die Wirtschaft hat ihre Strukturen teilweise unter Schmerzen modernisiert, und auch in der Politik wurden wichtige Probleme angepackt und einer Lösung nähergebracht.

Die Resultate lassen sich sehen: Das Wachstum kehrte zurück, die Arbeitslosigkeit sank sehr rasch auf einen europäischen Tiefstwert, die Inflation wurde gebändigt. Ich bin der Überzeugung, dass der Zustand der Schweiz heute gut ist, besser als vor zehn Jahren. Trotz aller Kritik, trotz aller Differenzen. Wie so oft in der Geschichte ist unsere Befindlichkeit schlechter als der reale Zustand.

Verunsicherung macht sich breit im Nachgang zum 11. September und zum Swissair-Debakel, dem Zuger Attentat, dem Gotthard-Unfall und dem Flugzeugabsturz. Auch die plötzlich wieder schlechtere Wirtschaftslage beunruhigt. Das ist verständlich.

In schwierigen Zeiten gibt es nur eine Antwort: Man darf sich von Schwierigkeiten nicht lähmen lassen, man muss die Probleme beherzt anpacken. Krisen sind auch Chancen. Wir müssen die Strukturreformen vorantreiben, in der Wirtschaft, aber auch bei der Infrastrukturpolitik, der Bildung, der Föderalismusreform, der Konsolidierung der Sozialwerke, der Konsolidierung der Staatsfinanzen usw. Wir haben die Kraft dazu!

Natürlich: Man kann nie alle Schwierigkeiten aus dem Weg räumen. Aber wenn wir es wollen und zupacken, stehen die Chancen gut, unsere Erfolgsgeschichte fortzusetzen. Das geht in der Politik nicht ohne Kontroversen. Unsere Geschichte ist auch eine Geschichte der Konflikte. Tragen wir diese Konflikte aus, aber mit Respekt, nicht mit Verunglimpfung. Dann finden wir auch Lösungen! Ich hoffe, bei einem grossen Teil davon gemeinsam!

31. Januar 2002

> *Um nach dem Terroranschlag vom 11. September 2001 auf das World Trade Center Solidarität mit den New Yorkern zu demonstrieren und nachdem das World Economic Forum 2001 in Davos wegen gewalttätiger Demonstrationen der Globalisierungsgegner nur unter massivem Polizeischutz stattfinden konnte, wird das WEF 2002 in der amerikanischen Metropole durchgeführt – mit dem Hinweis indes, dass man künftig, wenn die Sicherheit gewährleistet sei, wieder nach Davos zurückkehren wolle. Kaspar Villiger fällt als Bundespräsident die Aufgabe zu, vor zahlreichen hochrangigen Politikern und Wirtschaftsführern aus aller Welt das WEF 2002 zu eröffnen.*

Eröffnung des World Economic Forum (WEF), New York

Kultur des Dialogs

Globalisierung schafft Chancen. Grosse Märkte, Konkurrenz und Arbeitsteilung erzeugen Wachstum. Wer sich abschottet und ausklinkt, verliert, wer sich integriert, kann gewinnen. Globalisierung hat Millionen Menschen von Armut befreit, ermöglicht ihnen ein menschenwürdiges Leben. Aber die Globalisierung hat Schattenseiten. Zwei Drittel der Menschen sind von diesen Chancen ausgeschlossen. Auch Terroristen und Verbrecher agieren global. Die vernetzte Welt ist verletzlich geworden.

Es stellen sich zwei Fragen: Soll man wegen ihrer Schattenseiten die Globalisierung rückgängig machen, oder soll man Ja sagen zur Globalisierung, aber begleitende Strategien zur Milderung ihrer Härten entwickeln?

Es gibt keine überzeugende Alternative zur Globalisierung

Die Welt kannte schon früher Phasen des intensiven grenzüberschreitenden Austausches von Menschen, Gütern und Ideen. Immer aber führte die Angst vor dem sozialen, technischen, wirtschaftlichen und kulturellen Wandel zu Gegenreaktionen. Interessengruppen erwirkten protektionistische Massnahmen. Es kam jeweils zum Rückschlag mit negativen Folgen für alle. Das Ende beispielsweise der klassischen Epoche des Liberalismus im 19. Jahrhundert führte zu den nationalistischen Verirrungen anfangs des 20. Jahrhunderts und damit in die Katastrophe.

Ein Abschied von der Globalisierung heute hätte unabsehbare Folgen, würde nur Verlierer schaffen. Wir brauchen zur Lösung der weltweiten Probleme das Wachstumspotential der Globalisierung. Es gibt keine überzeugende Alternative. Mein kleines Exportland ist ein Beispiel. Ohne weltweit offene Märkte könnte es seinen Wohlstand nicht aufrechterhalten.

Weil die Globalisierung heute vom Motor des technologischen Wandels angetrieben wird und die globale Arbeitsteilung mit ihrer Nutzung der Skaleneffekte weit fortgeschritten ist, haben wir auch gar keine Wahl. Die Globalisierung ist objektiv irreversibel.

Vier strategische Erfordernisse

Wir müssen die Globalisierung also akzeptieren, aber ihre Stärken fördern und ihre Nachteile mildern. Ich sehe deshalb vier strategische Erfordernisse:

Erstens: Die Liberalisierung der Märkte muss vorangetrieben werden. Die Bildung grosser regionaler Wirtschaftsräume ist gut, aber sie enthält die Gefahr der gegenseitigen Blockbildung. Generelle Welthandelsregeln sind besser. Deshalb ist Doha ein ermutigendes Signal.

Zweitens: Alle sollen an der Globalisierung teilhaben können. Deshalb müssen wir den Entwicklungsländern auch unsere Märkte öffnen und ihnen ihr Investitionsklima verbessern helfen. Nur so können wir das Wohlstandsgefälle nachhaltig reduzieren.

Drittens: Wir dürfen den Bedrohungen durch die Globalisierung keine Chance geben. Das bedeutet vielerlei, beispielsweise
- die Schaffung weltweit anerkannter Standards für gute Regierungsführung,
- präventive Bekämpfung von Finanzkrisen durch Schaffung einer globalen Finanzarchitektur und optimale Koordination nationaler Finanzplatzaufsichten,
- koordinierte Bekämpfung des internationalen Verbrechens und des Terrorismus ohne Relativierung der freiheitlichen rechtsstaatlichen Prinzipien,
- Bekämpfung von Armut, Durchsetzung von Menschenrechten und Befriedung von Konflikten, damit Flüchtlingsströme verhindert werden und Terrorismus keine Nährböden findet,
- Durchsetzung verbindlicher Umweltstandards.

Viertens: Wirtschaft und politische Eliten müssen ihre Verantwortung wahrnehmen.

Warum Verantwortung?

Alle internationalen Standards, alle internationale Zusammenarbeit, alle Welthandelsregeln können nicht darüber hinwegtäuschen, dass die globale politische und soziale Kontrolle niemals die innerstaatliche Dichte erreichen kann. Freiräume werden bleiben, und das hat auch Vorteile. Die Wirtschaft braucht Freiräume, wenn sie ihre volle Kreativität entfalten soll. Das gilt natürlich besonders auch innerstaatlich.

Aber Freiheit hat ihren Preis. Sie muss verantwortlich genutzt werden. Nicht alles, was nicht verboten ist, darf auch getan werden. Immer sind auch die Folgen für die Gesellschaft, die Menschheit zu bedenken. Sonst bleiben viele Probleme unlösbar, sonst steigt die Kritik, sonst steigt der Druck zur Einschränkung der Freiheit, sonst gefährdet sich die Freiheit selber.

Die Forderung nach verantwortlichem Handeln gilt nicht nur für die wirtschaftlichen, sondern auch für die politischen Eliten. Länder, deren Eliten keinen Gemeinsinn haben, nur ihre persönlichen Interessen verfolgen, zudem korrupt sind, haben keine Chancen für eine gesunde Entwicklung. Aber Verantwortung kann man nicht befehlen. Verantwortung muss aus Einsicht entstehen. Der Versuch, die Eliten weltweit durch Überzeugung auf einen minimalen gemeinsamen Vorrat ethisch-moralischer Standards zu verpflichten, ist zu begrüssen.

Es gibt kein Recht, den Dialog zu stören

Das World Economic Forum ist ein Forum des Dialogs. Im Dialog entsteht ein Wettbewerb der Argumente, bilden sich neue Gedanken, klären sich Zusammenhänge und schält sich die Tragfähigkeit von Ideen heraus. Im Dialog wächst der Sinn für Verantwortung.

Ein Ort des offenen Dialogs ist deshalb immer auch ein Ort der Verantwortung. Weil Verantwortung so wichtig ist, ist der Dialog so wichtig, ist das World Economic Forum so wichtig. Hier treffen sich Verantwortliche aus Politik und Wirtschaft zum freien, offenen Gespräch ohne formelle Zwänge, ohne vorgegebene Traktandenlisten, ohne protokollarische Fesseln und ohne die Verpflichtungen des Tagesgeschäfts. Das persönliche Gespräch unter Verantwortungsträgern, die unmittelbare Begegnung sind wichtig. Die modernsten Kommunikationsmittel können sie nicht ersetzen.

Es gibt ein Recht auf den informellen Dialog unter Verantwortungsträgern. Es gibt kein Recht, diesen Dialog durch Demonstrationen zu stören oder durch Gewalt zu verhindern. Es gibt aber auch die Pflicht, den Dialog mit dialogbereiten Kritikern nicht zu verweigern. Deshalb begrüsse ich, dass das World Economic Forum seit seinen Anfängen für den Dialog mit Kritikern und mit Vertretern der zivilen Gesellschaft offen ist. Die Auseinandersetzung mit Kritik zwingt zur ständigen Überprüfung der eigenen Position. Kritik hilft, die negativen Aspekte der Globalisierung zu erkennen, zu bewerten und zu bekämpfen. Sich der Kritik zu stellen, gehört zur Verantwortung. Nur durch die Kultur des Dialogs entsteht der Dialog der Kulturen. Diese Kultur des Dialogs, das ist der Geist von Davos.

Terror: die radikalste Art der Dialogverweigerung

Ich komme aus einem Land, das die Kultur der gegenseitigen Kritik bis zur Meisterschaft entwickelt hat, aber auch die Kultur des Dialogs. Dieser Dialog und der Einbezug aller wichtigen Kräfte und Minderheiten in den politischen Entscheidungsprozess mittels der direkten Demokratie hat unserer Willensnation das erfolgreiche Zusammenleben von vier Kulturen und Sprachen ermöglicht. Vielleicht ist es deshalb kein Zufall, dass der Geist von Davos in einem überschaubaren Tal eines kleinen multikulturellen Landes entstanden ist. Die Schweiz freut sich, das World Economic Forum nächstes Jahr wieder in Davos begrüssen zu dürfen.

Am 11. September hat ein entsetzlicher Terroranschlag hier in New York Tausende von Menschenleben gekostet. Terror ist die radikalste Form der Dialogverweigerung. Wir alle, auch die Schweizerinnen und Schweizer, haben mit den Betroffenen mitgelitten. Wir verneigen uns vor den Toten. Und wir verfolgten mit Respekt die eindrücklich besonnene und konsequente Bewältigung des niederträchtigen Anschlags durch die Menschen in New York und in den ganzen USA. Die Schweizer Regierung begrüsst es, dass das World Economic Forum mit dem Tagungsort New York ein Zeichen der Solidarität setzt, ein Zeichen auch für den Dialog und gegen die Dialogverweigerung.

Ich überbringe Ihnen die Grüsse und Wünsche des Bundesrates und wünsche Ihnen ein erfolgreiches World Economic Forum!

10. September 2002

Nachdem es 1986 mit einer Dreiviertelsmehrheit an der Urne Nein gesagt hat zum UNO-Beitritt, heisst das Schweizervolk im zweiten Anlauf am 3. März 2002 bei einer hohen Stimmbeteiligung von fast 58 Prozent den Beitritt zur Weltorganisation mit 54,6 Prozent Ja-Stimmen gut. Ein halbes Jahr später wird die Eidgenossenschaft von der Vollversammlung in die Vereinten Nationen aufgenommen. Bundespräsident Kaspar Villiger, als Nationalrat bei der ersten UNO-Abstimmung noch ein – allerdings gemässigter – Beitrittsgegner, als Bundesrat indes zu einem engagierten Befürworter des UNO-Beitritts geworden, hält in New York die Antrittsrede.

UNO-Vollversammlung, New York

Zum UNO-Beitritt der Schweiz

Das Schweizervolk hat am 3. März dieses Jahres in einer Volksabstimmung beschlossen, den Vereinten Nationen beizutreten. Sie haben heute unserem Beitrittsgesuch entsprochen. Beides erfüllt mich mit Stolz: Dass Sie erstens die Schweiz in Ihre Organisation aufnehmen und dass ich zweitens unseren Beitrittswillen im Namen des Schweizervolkes bekräftigen darf. Dieser Tag bedeutet viel für die Schweiz. Weil die Schweiz ein Land mit vier Kulturen und den vier Landessprachen Deutsch, Französisch, Italienisch und Romanisch ist, gestatte ich mir, mich in drei unserer Sprachen an Sie zu wenden.

Ich möchte zunächst allen Mitgliedern der Generalversammlung für die Aufnahme der Schweizerischen Eidgenossenschaft in die Vereinten Nationen danken. Mein Dank gilt auch dem Aussenminister von Frankreich, unseren Nachbarländern und all den Staaten, welche die Beitrittsresolution eingebracht respektive mitunterzeichnet haben. Ebenso danke ich den Vertretern der Regionalgruppen und dem Gaststaat für ihre wohlwollenden Worte. Und schliesslich gebührt dem Generalsekretär der UNO unsere Anerkennung und unser Dank für seinen unermüdlichen Einsatz.

Schon als Beobachterstaat die «guten Nachbarn»

Die Vereinten Nationen sind nötiger denn je. Die globalen Wohlstandsunterschiede sind auf Dauer nicht akzeptierbar. Noch ist der Friede in zu vielen Teilen der Welt nur ein Traum. Zu viele Konflikte werden mit Gewalt statt mit den Mitteln des Rechts angegangen. Dies alles treibt Millionen von Menschen auf die Flucht. Terrorismus ist zur globalen Herausforderung geworden. Das ökologische Gleichgewicht weiter Landstriche ist gefährdet.

Ob und wie wir diese Probleme bewältigen, wird das Schicksal der Welt bestimmen. Sie betreffen uns alle. Ein Land allein, auch ein grosses, vermag sie nicht zu lösen. Es ist im Interesse von uns allen, dass sich eine universelle Organisation dieser Herausforderung annimmt. Das kann nur die UNO sein. Deshalb ist sie für die Menschheit so wichtig. Das alles war uns schon bewusst, als wir nicht Mitglied waren. Deshalb arbeiten wir seit Jahren eng mit der UNO zusammen. Das Schweizervolk hat das immer mitgetragen. Daraus entstand eine langjährige bewährte Partnerschaft. Wir waren schon als Beobachterstaat die «guten Nachbarn», wie sie die UNO-Charta formuliert.

Für den UNO-Beitritt brauchte es die Zustimmung des Volks

Aber mit dem Vollbeitritt zur UNO taten wir uns schwer. Viele meiner Mitbürgerinnen und Mitbürger waren hin und her gerissen. Da war zuerst die eine Seite: Gerechtigkeit, Friede und Solidarität sind Werte, die sowohl für die UNO als auch für unsere Demokratie wegleitend sind. Die Präambeln der UNO-Charta und unserer Verfassung drücken diese Werte aus. Unsere aussenpolitischen Ziele stimmen mit den Zielen der UNO überein. Dass Genf ein Sitz der UNO ist, machte uns immer stolz und dankbar. Wir wissen auch seit je, wie wichtig gerade für den Kleinstaat, der über wenig Machtmittel verfügt, das Völkerrecht ist. Und wir wissen, dass die UNO letztlich der nötige Versuch ist, Macht durch Recht einzubinden. Das alles sprach für den Beitritt.

Da war aber auch die andere Seite. Manche stellten sich in meinem Land die Frage, ob denn die UNO in der Lage sei, ihre hohen Ziele auch wirklich zu erreichen. Das Veto der permanenten Sicherheitsratsmitglieder war für viele mit ihrem Demokratieverständnis nicht vereinbar. Sie befürchteten auch, die UNO-Mitgliedschaft könnte unsere Neutralität beeinträchtigen, welche in unserem Volk tief verwurzelt ist. Das alles weckte Zweifel.

Die Willensnation Schweiz verfügt nicht über die Bindekräfte einer gemeinsamen Kultur und Sprache. Ein Element des nationalen Zusammenhalts ist die direkte Demokratie, also das Recht des Volkes, alle wesentlichen politischen Entscheide an der Urne zu fällen. Es war deshalb selbstverständlich, dass nur das Volk über den UNO-Beitritt befinden konnte. Nach einer intensiven und kontroversen innenpolitischen Auseinandersetzung haben Volk und Kantone dem Beitritt zugestimmt. Das Schweizervolk steht hinter den Zielen und Bestrebungen der Vereinten Nationen. Unsere Vertreter in Ihrer Organisation werden in der UNO konstruktiv und im Sinne des Volkswillens mitarbeiten.

Neutral – aber nicht im Kampf gegen Terror und Verbrechen

In unserem Beitrittsgesuch haben wir auf die Neutralität der Schweiz hingewiesen. Sie ist in ihrem Grundgehalt eine prinzipielle Absage an Krieg und Gewalt zur Bewältigung von Konflikten. Sie ist seit Jahrhunderten eine Maxime unserer Aussenpolitik. Sie war aber immer auch ein Mittel der nationalen Kohäsion. In Zeiten grosser europäischer Konflikte wäre unser Land der vier Kulturen ohne Neutralität möglicherweise auseinandergebrochen. Aus allen diesen Gründen bedeutet die Neutralität unserem Volk viel.

Aber unsere Neutralität ist keine egoistische. Sie verschliesst nicht die Augen vor Unrecht und Armut. Sie verbietet uns nicht, die Stimme dort zu erheben, wo Unrecht benannt werden muss. Unsere Neutralität ist gepaart mit Solidarität, welche in unserem Volk ebenso tief verankert ist. Die Schweiz wird sich nicht an allfälligen friedenserzwingenden Operationen beteiligen. Aber sie wird zur Verfügung stehen, wo es um friedenserhaltende oder humanitäre Einsätze geht.

Am Vorabend des ersten Jahrestages der grauenhaften Terroranschläge vom 11. September 2001 möchte ich festhalten, dass es auch nie eine Neutralität gegenüber Terror und Verbrechen gegeben hat oder geben wird. Deshalb beteiligt sich die Schweiz aktiv am Kampf gegen den Terrorismus.

Bereit zur tatkräftigen Mitarbeit

Wir werden unsere Mitarbeit in der UNO nach unseren zentralen eigenen Werten ausrichten: Frieden, Demokratie, Menschenwürde, Neutralität und Solidarität. Wir werden uns für den Schutz der Menschenrechte und der Menschenwürde, auch in kriegerischen Situationen, einsetzen. Wir stehen ein für gute Regierungsführung, Schutz der Umwelt, nachhaltige Entwicklung und gesunde Rahmenbedingungen für eine offene Weltwirtschaft. Dies sind auch die Werte und Interessen der UNO.

Die Schweiz ist ein kleines, aber selbstbewusstes Land. Sie ist stolz auf ihre jahrhundertealte Unabhängigkeit. Immer wieder wird sie ihre Stimme erheben, auch dort, wo ihre Stimme unbequem sein könnte. Aber immer wird es im Interesse der genannten Werte sein.

Die Schweiz ist sich aber auch in Bescheidenheit ihrer begrenzten Möglichkeiten bewusst. Wenn es uns gelingt, einen Beitrag zu leisten, um den Zielen der UNO näherzukommen, wenn wir mit Ihnen zusammen Mosaiksteine zu einer besseren Welt setzen dürfen, dann wird sich auch für uns die UNO-Mitgliedschaft gelohnt haben! Es ist mir eine Freude und Ehre, die Bereitschaft der Schweiz zur tatkräftigen Mitarbeit zu erklären!

11. Januar 2003

> *Die Wirtschaft befindet sich auf Talfahrt; das gleiche gilt für die FDP in der Wählergunst: Irgendwo in der Mitte zwischen SP und SVP, die sich beide sowohl als Regierungs- wie auch als Oppositionsparteien aufspielen, haben die Freisinnigen, die zudem noch parteiinterne Richtungsdiskussionen führen, einen schweren Stand. Zu Beginn des eidgenössischen Wahljahres ersetzt die FDP ihren in der Öffentlichkeit wegen seiner Tätigkeiten in der Privatwirtschaft unter Beschuss geratenen Präsidenten Nationalrat Gerold Bührer (Schaffhausen) durch die dem liberalen linken Flügel der Partei zugerechnete Waadtländer Ständerätin Christiane Langenberger.*

Parteitag der FDP Schweiz, Luzern

Wozu es den Freisinn braucht

Wir Freisinnigen sind in letzter Zeit arg gebeutelt worden. Die Art der Kürung einer neuen Präsidentin wurde kritisiert. Fehlleistungen in der Wirtschaft wurden uns einseitig in die Schuhe geschoben. Eine andere bürgerliche Partei übergoss uns mit Häme. In kantonalen Wahlen waren wir nicht überall erfolgreich.

Ich möchte deshalb begründen, warum es den Freisinn braucht und was vorzukehren ist, damit wir wieder auf den Erfolgspfad kommen. Zuerst aber möchte ich mich zur Lage der Schweiz äussern und zu dem, was zu tun und zu lassen ist, wenn wir unsere Erfolgsgeschichte fortsetzen wollen.

Die Lage

Die Wirtschaftslage hat sich rasch verschlechtert. Terroristen können überall zuschlagen. Ein Krieg ist nicht auszuschliessen. Einige Wirtschaftsführer haben versagt und Vertrauen verspielt. Das alles verunsichert die Menschen auch bei uns. Man kann durchaus von einer Vertrauenskrise sprechen. Das hat verschiedene Konsequenzen:
– Besitzstände werden vehement verteidigt.
– Eine gewisse Risikoscheu macht sich breit.
– Reformen stossen vermehrt auf Widerstand.
– Der Konsum geht zurück.

– Politische Kräfte instrumentalisieren die Verunsicherung für wahlpolitische Zwecke, benennen die Schuldigen und preisen einfache, aber meist untaugliche Rezepte an.

Leider sind alle diese Reaktionen falsch, so verständlich sie auch sein mögen. Zur Lagebeurteilung gehören aber auch positive Feststellungen: Die Schweiz hat während der schwierigen neunziger Jahre einige wichtige politische Reformen erfolgreich angepackt und viele wirtschaftliche Strukturschwächen bereinigt. Das war eine beachtliche Leistung.

Das Versagen einiger Manager darf nicht darüber hinwegtäuschen, dass der weitaus grösste Teil der Unternehmer, Manager und Kader seriöse, gute und verantwortungsvolle Arbeit leistet. Deshalb geht es der Schweiz immer noch besser als den meisten anderen Ländern der Welt. Die Ausgangslage zur erfolgreichen Bewältigung der Zukunft ist gut.

Was zu unterlassen ist!

Zwei fatale Entwicklungen sind zurzeit festzustellen: das Wiederaufflackern des Irrglaubens an die staatliche Machbarkeit und eine eigentliche Regulierungswut. Bei jedem Problem und Problemchen wird zunächst der Staat um Beistand angegangen. Begehrlichkeiten schiessen auf allen Seiten ins Kraut. Wenn wir dem nicht Einhalt gebieten, passiert dreierlei:

Erstens wird der Wille in Gesellschaft und Wirtschaft, Probleme selbstverantwortlich anzupacken, gefährlich geschwächt.

Zweitens wird der Staat hoffnungslos überfordert. Er kann die Probleme trotzdem nicht lösen, er verliert an Autorität, und das Malaise ihm gegenüber wächst.

Drittens wird der Staat finanziell überfordert. Entweder verschuldet er sich wieder neu. Dann verlieren wir jeden politischen Handlungsspielraum, das Vertrauen der Investoren schwindet, und die nächste Generation wird unfair überlastet. Oder der Staat erhöht die Steuern. Dann verlieren wir einen der wichtigsten Wettbewerbsvorteile.

Natürlich brauchen eine moderne Wirtschaft und eine moderne Gesellschaft einen starken und leistungsfähigen Staat. Aber dieser Staat muss sich auf seine Kernkompetenzen beschränken und Gesellschaft und Wirtschaft genügend Freiräume belassen. Der staatliche Machbarkeitswahn und die Fehler der genannten Manager geben jenen Auftrieb, die alles regulieren und vorschreiben wollen. Es ist falsch, wegen Fehlern und Missbräuchen von ein paar wenigen ein ganzes Vorschriftenkorsett für alle zu schnüren. Das brächte Wirtschaft und

Gesellschaft in Atemnot. Wir dürfen auch nicht dem berechtigten Streben nach möglichst viel Sicherheit die bürgerlichen Freiheiten opfern.

Deshalb müssen wir, ausgehend vom mündigen und verantwortlichen Menschen, den Vorschreibern und Regulierern aller Parteien Paroli bieten!

Was zu tun ist

Zunächst muss die Wirtschaft verlorenes Vertrauen zurückgewinnen. Wirtschaft braucht Freiheit, um ihre kreativen Kräfte zu entfalten. Der Preis für diese Freiheit ist Verantwortung. Das Vertrauen in die Wirtschaft wird erst zurückkehren, wenn diese Wirtschaft Tatbeweise für langfristiges Denken, Tatbeweise für die Wahrnehmung von Verantwortung, auch gegenüber Staat und Gesellschaft, sowie Tatbeweise für moralische Integrität erbringt. Ich glaube zu spüren, dass viele in der Wirtschaft erwacht sind und dass dieser Prozess anläuft.

Die Wirtschaft ist die Basis unseres Wohlstandes. Sie erarbeitet die Werte, welche erst die Finanzierung der Staatsleistungen und des Sozialstaates ermöglichen. Dieser Wohlstand kann nur so lange aufrechterhalten werden, als es sich lohnt, hier zu investieren und Arbeitsplätze zu schaffen, als die Schweiz als Wirtschaftsstandort konkurrenzfähig ist. Noch ist unsere Standortqualität gut. Aber andere holen auf, und wir laufen Gefahr, Fehler zu machen.

Die Erhaltung wachstumsfreundlicher Rahmenbedingungen und einer überdurchschnittlichen Standortqualität ist die Hauptaufgabe der Politik der nächsten Jahre. Ich darf dazu nur einige Stichworte geben:

- Das Gesamtsystem Schweiz muss durch die Neuordnung des Finanzausgleichs und der Aufgabenverteilung Bund/Kantone effizienter werden.
- Der Staat muss bei möglichst tiefer Staats- und Steuerquote solide und nachhaltig finanziert werden.
- Das Steuersystem muss unternehmerische Tätigkeit lohnend belassen.
- Unsere Beziehungen zum grössten Kunden und Lieferanten EU müssen ständig optimiert werden.
- Die durch die demographische Entwicklung unter starken Druck geratenen Sozialwerke müssen so gesichert werden, dass sie einerseits ihre wichtige soziale Funktion erbringen, andererseits aber Volkswirtschaft und Beitragszahler nicht überlasten und den Leistungswillen nicht ersticken.
- Der Wettbewerb im Inland ist als Wachstumsquelle zu sichern und, wo nötig, zu erzwingen.
- Als Exportland müssen wir uns für weltweit offene Märkte einsetzen.

- Die grossen Bundesbetriebe müssen konkurrenzfähig bleiben und dürfen nicht in gewerkschaftlicher Besitzstandsromantik erstarren.
- Die Reformen der Landwirtschaft müssen konsequent zu Ende geführt werden.

Wenn wir das alles nicht schaffen, wird die Schweiz in die zweite Liga absteigen. Das hiesse dann beispielsweise auch Arbeitslosenzahlen im europäischen Durchschnitt. Diese Reformen brauchen einen langen Atem, Mut zum Unpopulären, Bereitschaft zum Verzicht auf kurzfristige Effekthascherei. Ich bin überzeugt, dass die Schweiz die Kraft hat, diese Reformen anzupacken und durchzuziehen. Aber nur dann, wenn sich die Freisinnigen voll dafür einsetzen. Dabei dürfen wir uns von jenen nicht beirren lassen, welche so tun, als gäbe es einfache und stets schmerzlose Lösungen.

Kompromissfähigkeit als Stärke, nicht als Schwäche!

Zurzeit haben vor allem die Parteien links und rechts Zulauf, die kompromisslos Positionen vertreten, welche glücklicherweise im Lande meist nicht mehrheitsfähig sind. Das Problem sind nicht die Positionen, denn es ist demokratisch legitim, Positionen zu haben, die uns nicht gefallen. Das Problem ist die Kompromisslosigkeit. Was, wenn die Kompromisslosigkeit des rechten und des linken Lagers durch ihre Wählerstärke zur Blockierung der Politik führt, zur Unfähigkeit, uns neuen Umständen immer wieder anzupassen? Wenn wir wegen fehlender Wahlerfolge uns auch noch auf solche immobile Fundamentalpositionen versteifen würden, wäre dieses Land nicht mehr regierbar. Eine Fundamentalposition, die nicht realisiert werden kann, ist nichts wert, mag sie noch so attraktiv scheinen.

Unser Land braucht eine starke bürgerliche Kraft, die Hand bietet zu mehrheitsfähigen Kompromissen und Lösungen, ohne ihre klaren Positionen zu verleugnen. Damit meine ich, um Karl Schmid zu zitieren, nicht den Kompromiss als Position, sondern als Ergebnis eines Prozesses, der von Positionen ausgehen muss. Der Freisinn ist diese bürgerliche Kraft und muss sie bleiben.

Die sieben Leitplanken des Freisinns

Aus diesen Überlegungen ergibt sich für mich, dass es einen starken Freisinn braucht. Ich möchte das, was unsere Leitplanken sein müssen, mit sieben Punkten verdeutlichen:

1. Im Zentrum unserer Politik sind stets die Menschen. Wir setzen uns für die Wirtschaft ein, weil sie den Menschen Entfaltungsmöglichkeiten, Arbeitsplätze und Wohlstand schafft, Wir setzen uns für die Bildung ein, weil sie die Menschen befähigt, am Wirtschaftsleben teilzunehmen und sich zu verwirklichen. Wir setzen uns für Sozialpolitik ein, weil sie den Menschen hilft, die Wechselfälle des Lebens zu bewältigen. Wir setzen uns für Sicherheitspolitik ein, damit die Menschen sicher leben können. Dabei gehen wir von mündigen, selbstverantwortlichen und verantwortlichen Menschen aus. Wir setzen uns ein für ihre Rechte, aber wir erwarten von ihnen, dass sie dem Gemeinwesen gegenüber auch ihre Pflichten wahrnehmen. Zu unserem Gesellschaftsbild gehört, dass wir Meinungsvielfalt akzeptieren und die Meinung anderer respektieren. Minderheiten gegenüber wollen wir nicht einfach tolerant sein, sondern sie in ihrer Identität respektieren. Weil Menschen nicht gleich sind, kann Gleichheit kein politisches Ziel sein. Aber wir setzen uns ein für Chancengleichheit.
2. Freiheit ist und bleibt einer unserer zentralen Werte. Menschen können sich nur in Freiheit entfalten, Wir lehnen Gängelung der Menschen ab. Aber mit der Freiheit ist untrennbar die Verantwortung verbunden; Verantwortung in allen Formen, etwa soziale Verantwortung, ökologische Verantwortung, Verantwortung dem Gemeinwesen gegenüber, sozialpartnerschaftliche Verantwortung. Das Wahrnehmen von Verantwortung erwarten wir von den Bürgerinnen und Bürgern, aber auch von der Wirtschaft, vom Staat, von den Gewerkschaften, von der Zivilgesellschaft, also von allen massgeblichen Kräften der Gesellschaft. Auch wir sind als Partei bereit, Verantwortung zu übernehmen.
3. Unser Staat ist kein anonymer, böser Moloch. Er ist unser Staat, vom Volk getragen, durch direkte Demokratie und Föderalismus kontrolliert. Wir wollen zu ihm stehen und ihn gemäss unserer politischen Kultur weiterentwickeln. Wir wenden uns dezidiert gegen jene, die den Staat verteufeln, und wir akzeptieren nicht, dass man die, die den Staat tragen und repräsentieren, dauernd diffamiert und lächerlich macht. Aber wir wollen den Staat auch begrenzen und kontrollieren. Er muss Wirtschaft und Gesellschaft jene Freiräume belassen, die sie zu ihrer Entfaltung brauchen.
4. Wirtschaftskompetenz muss eine unserer Stärken bleiben, weil eben Wirtschaft für die Menschen wichtig ist. Wir stehen zu jenen, die in der Wirtschaft Verantwortung im besten Sinne des Wortes übernehmen. Es sind viele darunter, die uns nahe stehen. Wir wollen sie nicht plötzlich pauschal verurteilen, nur weil einige versagt haben. Wir setzen uns ein, für eine lei-

stungsfähige Marktwirtschaft, und wir betreiben eine konsequente, langfristige Ordnungspolitik. Zünftische Protektions- und Partikularinteressenpolitik lehnen wir ab. Vielleicht haben auch einige von uns langfristige Ordnungspolitik und kurzfristige partikularegoistische Interessenpolitik verwechselt. Das müssen wir korrigieren!
5. Auch die Sozialpolitik muss zu unseren Kernkompetenzen gehören. Wir stehen zu unseren wichtigen Sozialwerken und wollen sie auch für die kommenden Generationen sichern. Sie sorgen für Stabilität und nationalen Zusammenhalt. Aber sie dürfen die Volkswirtschaft nicht überlasten, das Wachstum nicht gefährden und den Leistungswillen nicht abwürgen.
6. Als Welthandelsland sind wir mit der Staatenwelt in vielerlei Hinsicht eng verflochten. Und alles, was irgendwo passiert, betrifft auch uns. Wir stehen deshalb ein für eine weltoffene und solidarische Schweiz, die auch bei der Lösung der internationalen Probleme ihre Verantwortung wahrnimmt.
7. Wir wollen uns klar als eigenständige liberale und bürgerliche Kraft profilieren, als eine klar positionierte Wertepartei. Kompetente Sachpolitik muss unser tägliches, selbstverständliches Handwerk sein. Aber sie genügt nicht. Wir müssen aggressiv und plakativ jene liberalen Werte und Leitbilder vorleben und kommunizieren, die in der gegenwärtigen Polarisierung unterzugehen drohen.

Fazit

Es darf nicht sein, dass sich die Politik der Schweiz im lautstarken Clinch zwischen Regulierungswut, Neointerventionismus und Staatsaufblähung von links auf der einen Seite und Neinsagertum, Staatsfeindlichkeit, Neonationalismus und Abschottung von rechts auf der andern Seite erschöpft. Solche Bipolarität bringt das Land nicht weiter. Es braucht den dritten Pol im helvetischen Kräftefeld, den bürgerlich-liberalen Pol, der sich von den beiden anderen Polen deutlich abgrenzt und das auch klar kommuniziert. Das ist keine Mitte, das ist kein Wischiwaschi, das ist eine zukunftsweisende liberale Kraft.

Das bedeutet aber, dass es nicht genügt, alle Kraft auf etwas mehr Autobahn, etwas höhere Zuwachsraten in Bildung und Forschung oder etwas weniger Eigenmietwert zu fokussieren. Wir müssen verbissen für die Menschen und ihre Werte eintreten. Nur dann sind wir eine glaubwürdige politische Kraft.

Liberale haben immer eine Schwäche: Weil sie keine abschliessenden Wahrheiten kennen, sind sie immer uneins. Für mich ist das aber auch Stärke: Liberale sind nie Befehlsempfänger, sie streiten um Lösungen, sie sind innovativ.

Wenn man aber Wahlen gewinnen will, muss man sich trotzdem immer wieder zur Einigkeit zusammenraufen. Dass uns dies immer wieder gelinge, wünsche ich mir.

Die Schweiz braucht eine starke, liberale, bürgerliche, ordnungspolitisch konsequente, weltoffene, soziale und gesellschaftlich fortschrittliche Kraft. Wir sind diese Kraft und wollen sie bleiben!

6. Mai 2003

Mit dieser grossen staatspolitischen Rede, die er in leicht abgewandelter Form mehrmals hält, setzt Bundesrat Villiger den oratorischen Höhepunkt in seinem letzten Amtsjahr. Die Rede, in der er sich mit den grossen tatsächlichen Problemen unseres Landes auseinandersetzt und auch Lösungsansätze skizziert, ist eine Bilanz aus den Erkenntnissen, die er in den über 30 Jahren politischer Tätigkeit als Parlamentarier und Regierungsmitglied auf kantonaler und auf Bundesebene gewonnen hat, und damit eine Art politisches Vermächtnis.

Forum Helveticum, Bern

Zukunft gestalten statt ängstlich verharren

Wider die sieben wichtigsten politischen Sünden und für das Anpacken der wahren politischen Herausforderungen

Die Fragen

Die Stimmung im Lande ist seltsam und schwer zu analysieren. Die schwierige Wirtschaftslage, obwohl keineswegs katastrophal, drückt. Man geht wohl nicht fehl, wenn man als Folge von gravierenden Fehlleistungen in der Wirtschaft eine Vertrauenskrise diagnostiziert. Im Wahljahr wird die Politik nervöser und geizt nicht mit aggressiven Schuldzuweisungen. Die Medien skandalisieren alles und jedes, und sie stellen auch gleich die aus ihrer Sicht Schuldigen an den Pranger. Ein aussenstehender Beobachter, der ohne Vorkenntnisse in die Schweiz käme, müsste den Eindruck eines zerstrittenen und sich selbst zerfleischenden Volkes ohne Perspektiven bekommen.

Wie steht es wirklich um unser Land? Haben wir in einem sich zunehmend globalisierenden Umfeld als Kleinstaat überhaupt eine Chance? Wie können wir unseren Wohlstand sichern? Solche Fragen stellen sich viele Bürgerinnen und Bürger. Ich muss ihnen jetzt schon sagen, dass es keine einfachen Antworten gibt. Und jenen, die ihnen im Wahljahr einfache Antworten offerieren, sollten sie misstrauen. Ich möchte trotzdem auf diese Fragen eingehen.

Zuerst werde ich unser Umfeld skizzieren, dann die Lage der Schweiz in diesem Umfeld ansprechen, weiter auf sieben politische Sünden zu sprechen kommen, schliesslich die vier – aus meiner Sicht – grössten Probleme der Schweiz benennen und endlich Hinweise darauf geben, was zu tun ist, wenn wir unsere Erfolgsgeschichte fortsetzen wollen. Sie werden sehen, dass ich im Grunde optimistisch bin. Wir können uns im neuen Umfeld behaupten. Aber wir müssen etwas dafür tun!

Das Umfeld

Die modernen Kommunikationstechnologien, die Liberalisierung des Handels mit Gütern und Dienstleistungen sowie tiefe Transportkosten verändern die Welt in zunehmendem Tempo. Kapital und Arbeitsplätze können blitzschnell verlagert werden. Besitzstände, die nicht auf ständiger Spitzenleistung beruhen, sind nicht mehr gesichert. Der Konkurrenzkampf wird global, und er entbrennt auch zwischen Ländern, Kulturen und Kontinenten. Wirtschaft, Staat und Gesellschaft müssen sich immer rascher anpassen. Der Nationalstaat verliert an Bedeutung, bleibt aber doch der entscheidende Grundmodul der Organisation des Zusammenlebens der Völker. Die grossen globalen Probleme wie Ökologie, Migration, Gesundheit usw. betreffen auch uns.

Die globale Vernetzung von allem und jedem ist irreversibel, damit auch die Globalisierung. Die Antiglobalisierungsbewegung wird daran nichts ändern. Die Globalisierung bringt wohl Risiken, und sie schafft auch Verlierer. Aber sie birgt noch viel mehr Chancen. Sie erzeugt ein ungeahntes Wachstumspotential. Wer es durch Leistung zu nutzen weiss, gewinnt. Ein kleines Binnenland wie die Schweiz kann nur dank Freihandel und damit Globalisierung überdurchschnittlichen Wohlstand erzeugen.

Die Lage der Schweiz in diesem Umfeld

Eine kluge Mischung von politischer Eigenständigkeit und wirtschaftlicher Weltoffenheit hat die neuere Geschichte der Schweiz zu einer Erfolgsgeschichte werden lassen. Eine einzigartige politische Kultur hat der Schweiz beispiellose politische Stabilität beschert. Eine liberale Wirtschaftspolitik mit langfristig verlässlichen günstigen Rahmenbedingungen ermöglichte die Entstehung einer leistungsfähigen Wirtschaft. Diese profitierte auch von der politischen und sozialen Stabilität. Soziale Sicherheit, basierend auf liberaleren Prinzipien als anderswo, sowie Gesundheits- und Bildungswesen erreichten einen hohen Stand. Die Schweiz wurde wohl auch zum sichersten Land Europas.

Alles das gilt noch. Es geht uns im internationalen Vergleich gut. Es gibt mehr Gründe zur Dankbarkeit als zur Klage. Und doch mehren sich die Symptome dafür, dass unsere privilegierte Situation nicht nachhaltig sein könnte. Unser Wachstum ist seit Jahren unterdurchschnittlich, sofern man den Statistikern glauben kann. In der nationalen Kohäsion zeigen sich Risse. Einige langfristige zentrale Probleme werden schlicht verdrängt. Die Lösung anderer Probleme wird bewusst aufgeschoben. Man nennt dies beschönigend «Moratorium». Der Staat ist zunehmend überfordert. Der Vorsprung unserer Standortqualität wird kleiner. Wir haben Mühe, gegenüber dem in Europa dominierenden Gebilde EU unsere Rolle zu definieren. Im Konzert der grossen Wirtschaftsblöcke wird die Schweiz zunehmend marginalisiert. Im internen politischen Dialog entsteht eine Gehässigkeit und Engstirnigkeit, welche die Kultur der gemeinsamen Lösungssuche und des mehrheitsfähigen und trotzdem problemlösenden Kompromisses zu untergraben droht. Es verbreitet sich das Gefühl – übrigens nicht zum ersten Mal in unserer Geschichte –, so könne es nicht weitergehen. Die Frage stellt sich, ob dieses Gefühl eher Ausdruck eines effektiven Handlungsbedarfs oder eher Ausdruck des Überdrusses einer verwöhnten Wohlstandsgesellschaft ist. Die Antwort liegt wohl irgendwo in der Mitte!

Die sieben politischen Sünden

Zunächst möchte ich sieben politische Sünden skizzieren, welche die Lösung der wichtigen Probleme des Landes erheblich erschweren.

1. Die verstärkte Kontaminierung des Konkordanzsystems mit Elementen des Konkurrenzsystems

Die wesentlichen Entscheide trifft bei uns das Volk. Das bedeutet, dass Bundesrat und Parlament Lösungen vorbereiten müssen, die mehrheitsfähig sind. Der genialste Lösungsansatz taugt nichts, wenn er im Volk keine Mehrheit findet. In einem solchen System können politische Kräfte, die im Parlament über ein grosses Oppositionspotential verfügen und die gleichzeitig referendumsmächtig sind, die Politik faktisch blockieren. Deshalb band man solche Kräfte im Laufe der Geschichte stets in die Regierungsverantwortung ein. Daraus entstand die Zauberformel. Sie hat mit Zauber nichts zu tun, sondern sie ist eine logische und zwangsläufige Folge der Volksrechte. In diesem System hat der

Bundesrat die zentrale Funktion der Mehrheitsfindung. Er braucht zur Erfüllung dieser Funktion die mehr oder weniger ausgeprägte Unterstützung der Regierungsparteien. Diese wiederum behalten sich vor, von Fall zu Fall aus der Regierungssolidarität auszubrechen. Das System funktioniert so lange zufriedenstellend, als alle Regierungsparteien ein Minimum an Regierungssolidarität praktizieren.

Die Konkurrenzsysteme unserer Nachbarn funktionieren anders. Regierungsfraktionen in Parlament und Regierung bilden eine Schicksalsgemeinschaft mit bedingungsloser gegenseitiger Unterstützung. Diese Gemeinschaft trägt umfassende Verantwortung. Die Opposition will an die Macht kommen und bekämpft die Regierungspolitik mit aller Konsequenz. Eine umfassende Mitbestimmung des Volkes ist mit diesem System nicht vereinbar. Sobald das Volk bestimmt, sind konkordanzähnliche Mechanismen unabdingbar.

Das Konkurrenzsystem ist für Politik und Medien attraktiver als die Konkordanz. Es beruht auf Polarität, und Pole sind einfach und griffig darstellbar. Am Fernsehen können wir dieses Wechselspiel Regierung und Opposition bei unseren Nachbarn täglich miterleben.

Bei uns nun beginnen Politiker und Medien, unser System so zu betreiben und zu bewerten, als ob es ein Konkurrenzsystem wäre. Das macht in mehrfacher Hinsicht mehr Spass. Die Medien exemplifizieren Politik im Sinne des falschen Modells: Hier die Opposition, etwa die SVP, dort die verschwommene Regierungskoalition. Die konsequente oder Fall-zu-Fall-Opposition ohne Verantwortung hat mehr publizistische Resonanz als die mühsame Suche nach mehrheitsfähigen Kompromissen und als die Übernahme konkreter politischer Verantwortung für konkrete Lösungen. Deshalb wird die Übernahme konkreter politischer Verantwortung unattraktiv und wird Opposition attraktiv, auch für Mitglieder von Regierungsparteien.

Nachdem zwei Regierungsparteien mit dieser Politik Wahlerfolge gefeiert haben, wird Regierungstreue zunehmend zum Schimpfwort und offenbar auch zum Nachteil bei Wahlen. Sollten alle Regierungsparteien dieser Versuchung erliegen oder sollten die noch einigermassen regierungstreuen Parteien zwischen den quasioppositionellen Polen zermalmt werden, ist die Schweiz blockiert. Entweder müssten in diesem Fall die Akteure zurückfinden zur kollektiven Übernahme von Verantwortung in der Konkordanz. Das bedeutet wieder mühsame Kompromisssuche und Respektierung der Partner in der Konkordanz. Oder wir müssten den Weg Richtung Konkurrenzsystem unter drastischer Reduktion der Volksrechte gehen. Dann würden wir allerdings einen entscheidend wichtigen Pfeiler unserer nationalen Identität und unseres politischen Erfolges aufgeben.

Eine taugliche Mittellösung, welche die Reformfähigkiet der Schweiz bewahrt, gibt es nicht.

Wie man aber gleichzeitig das Hohelied der Volksrechte singen, eine klare Strategie der Konkurrenzdemokratie unter Diffamierung der Konkordanzpartner fahren und zugleich sich als einzige Hüterin schweizerischer Werte anpreisen kann, ist für mich nicht nachvollziehbar.

2. Die Erosion der Verantwortung

Eine Wirtschaft braucht Freiheit, wenn sie kreativ, leistungs- und international konkurrenzfähig sein soll. Auch eine Gesellschaft braucht Freiheit, wenn das Leben lebenswert sein soll. Freiheit aber ermöglicht immer auch den Missbrauch. Deshalb darf nicht alles getan werden, was nicht verboten ist. Freiheit muss mit Verantwortung genutzt werden. Das ist der Preis der Freiheit.

Das Bewusstsein für diese Verantwortung hat abgenommen. Manager haben sich selber bedient, Revisionsgesellschaften dubiose Bilanzen genehmigt, Politiker egoistische Partikularinteressen ohne Rücksicht aufs Gemeinwohl vertreten, Medien zur Steigerung ihrer Auflage virtuelle Realitäten konstruiert. Es ist, als ob in den Zeiten der New-Economy-Blase vielen Verantwortungsträgern das Mass und der Sinn für das moralisch Vertretbare abhanden gekommen wäre.

Das ist an sich eine weltweite Erscheinung. Die Schweiz indessen mit ihrer Kultur der Einbindung aller relevanten Kräfte in die gesellschaftliche und politische Verantwortung reagiert auf solche Abirrungen besonders sensibel. Deshalb ist die gegenwärtige Vertrauenskrise ernstzunehmen.

Ich weiss, dass der weitaus grösste Teil der Unternehmer und Manager gute und verantwortungsvolle Arbeit leistet. Sonst ginge es uns nicht so gut. Noch nie aber haben so wenige das Vertrauen so vieler in alle zerstört.

3. Verlust des ganzheitlichen und langfristigen Denkens

Viele Verbände, Interessengruppen und demokratisch nicht legitimierte NGO verabsolutieren ihre Anliegen, setzen sie dem Gemeinwohl gleich und verteidigen sie ohne Rücksicht auf Gesamtzusammenhänge. Das ist nicht neu. Neu ist, dass sie zur Vertretung ihrer Partikularinteressen die modernsten, effizientesten und professionellsten Methoden der Kommunikation einsetzen. Die Quartalsbilanz und der morgige Börsenkurs sind das einzige Anliegen vieler Manager, nicht das langfristige Gedeihen des Unternehmens. Viele Politiker denken in Kategorien bestenfalls der nächsten Wahlen und nicht der nächsten

Generation. Viele Medien suchen die Schlagzeile von morgen und nicht die längerfristige Wahrheit. Das alles führt dazu, dass Unternehmen nicht nach den Kriterien nachhaltigen Erfolgs geführt werden und dass sich die Politik lieber hektisch auf das gerade von den Medien Skandalisierte stürzt, statt die unbequemen langfristigen Probleme anzupacken.

4. Die Tendenz zur Bekämpfung statt zur Lösung der Probleme

Der Mensch ist so beschaffen, dass er es oft nicht wahrhaben will, wenn ein unangenehmes Problem auftaucht. Wir haben diese Eigenschaft als Nation perfektioniert. Der Ablauf ist immer der gleiche: Jemand benennt ein unangenehmes Problem und schlägt – weil es meist nicht anders geht – eine unangenehme Lösung vor. Dann kommt der Aufschrei. Die Lösung wird aus partikularegoistischer Sicht in der Luft zerfetzt. Der Autor des Lösungsvorschlags wird zum Bösewicht erklärt. Der Überbringer der schlechten Nachricht wird geköpft.

Ein Beispiel ist der Mindestzins bei der zweiten Säule. Obwohl zwingend und logisch ist, dass das System der zweiten Säule kollabieren muss, wenn der gesetzliche Mindestzins für längere Zeit am Markt nicht erwirtschaftet werden kann, wurden jene des Rentenklaus bezichtigt, welche diese Wahrheit äusserten. Vom Problem sprach niemand. Ähnlich ergeht es jenen, die auf die Dimension des Demographieproblems bei der ersten Säule hinweisen. Beispiele finden sich in vielen Bereichen, bei den Bundesfinanzen so gut wie bei der ökologischen Bedrohung.

Leider hat das Konsequenzen. Wer die Probleme benennt und sich um Lösungen bemüht, wird nicht belohnt. Er wird wegen allfälliger Unvollkommenheiten der Lösungsansätze kritisiert. Das Kritisieren lohnt sich: die Empörung der Kritikaster macht Schlagzeilen, sie vertreten sozusagen die Weltgerechtigkeit. Es wird unattraktiv, konkrete Verantwortung zu übernehmen, etwa in der Exekutive. Es wird attraktiv, es beim professionell gepflegten Kritiküben bewenden zu lassen. Nicht zuletzt deshalb finden sich immer weniger wirklich fähige Leute für politische Exekutivämter.

5. Besitzstanddenken und Reformfeindlichkeit

Eigentlich ist es nicht einmal ganz unverständlich: Viele Menschen sind ob des rasanten Wandels und der vielen Ungewissheiten verunsichert oder überfordert. Sie wollen um jeden Preis ihre Besitzstände erhalten und erkennen nicht, dass sie diese vielleicht gerade dadurch gefährden. Sie werden risikoscheu und bekämpfen auch notwendige Veränderungen. Unausweichliche Anpassungen wie die Strommarktliberalisierung oder die Reform der Post werden heftig bekämpft. In einer Zeit, da Anpassungsfähigkeit überlebenswichtig wird, ist Reformfeindlichkeit tödlich. Wir müssen dagegen ankämpfen.

6. Die Machbarkeitsillusion

Unsere Anspruchsgesellschaft hat Mühe, sich damit abzufinden, dass auch beim besten Willen der Verantwortlichen nicht alles machbar ist. Wo eine Schwierigkeit auftaucht, ist jemand schuld. Wo ein Problem auftaucht, wird zunächst nach jemandem gerufen, der es lösen soll, noch bevor man sich selber darüber Gedanken macht, was man selber zur Lösung beitragen könnte. Dieser Jemand ist vorzugsweise der Staat. Bei jedem Problem wird ein Gesetz, eine Vorschrift, ein Eingriff, eine Subvention gefordert, ultimativ meist, und es wird anklagend verkündet, dass das Problem spielend gelöst werden könnte, wenn die da oben nur wollten.

Dabei hat sich die staatliche Machbarkeit längst als Illusion erwiesen. Eine Gesellschaft, die nur noch auf den Staat setzt, verliert an Sinn für Selbstverantwortung, an Widerstandskraft, an Überlebenskraft. Der Staat umgekehrt wird überfordert. Er verreglementiert Wirtschaft und Gesellschaft, verengt damit ihre Handlungsspielräume, er entzieht dem Volk und der Wirtschaft Mittel zur Finanzierung seiner Hypertrophien, der Standort verliert an Konkurrenzfähigkeit. Gleichzeitig verliert der Staat an Glaubwürdigkeit, weil seiner Bürokratie die Lösung der Probleme trotzdem nicht gelingt. Würde alles realisiert, was momentan vom Staat in der Politik alles gefordert wird, wäre mir um unsere Zukunft bang.

Gesellschaft und Wirtschaft müssen wieder lernen, Probleme zuerst selber anzupacken. Daneben aber brauchen wir natürlich einen starken, gesunden und glaubwürdigen Staat, der aber vom Volk kontrolliert und begrenzt wird und sich auf Wesentliches beschränkt. Und wir dürfen nie vergessen, dass dieser Staat unser aller Staat ist.

7. Die scheinheilige Moralisierung der Politik

Es ist Mode geworden, zuerst scheinheilig eine überlegene moralische Position zu definieren und nachher das politische Handeln anderer daran zu messen, um es schliesslich zu skandalisieren. Wer aus Sorge um die nachhaltige Finanzierbarkeit eines Sozialwerkes beispielsweise die Rentenhöhe kritisch hinterfragt, ist asozial, ist gegen Rentner oder Behinderte, und er gehört politisch liquidiert. Wird per Indiskretion in einem laufenden Vorbereitungsprozess etwa eines Bundesratsgeschäfts ein möglicher, aber noch keineswegs beschlossener Teillösungsansatz als «Geheimplan» disqualifiziert, äussern zahllose Politiker ohne Kenntnis der Zusammenhänge vom hohen Sockel ihrer höheren Moral herab ihre spontanen Verurteilungen. Es zahlt sich in den Medien aus, so unbedarft es auch sein mag. Moralisieren bedeutet die Aufteilung in Gute, zu denen man gehört, und Schlechte, die an den Pranger müssen. Dieses scheinheilige Moralisieren, das nichts mit meiner Forderung nach ethischem und verantwortungsvollem Handeln zu tun hat, vergiftet die Politik. Die Moralapostel sind selten die wirklichen Verantwortungsträger. Diese stehen meist im Bannstrahl der Moralisierer. Auch dieser Effekt macht die Übernahme von Verantwortung nicht attraktiver.

8. Das Fazit

Mit vielen negativen Erscheinungen des Zeitgeistes wird man leben müssen. Man kann es auch, wenn man die nötigen Nerven hat.

Wirklich Sorgen bereiten mir indessen die schleichende Aushöhlung der Konkordanz, die Erosion der Verantwortung, der Verlust des ganzheitlichen Denkens, die Reformfeindlichkeit und die Machbarkeitsillusion. Sie sind ernste Hindernisse für die Gestaltung unserer Zukunft.

Die vier grossen Probleme des Landes

Die Schweiz hat natürlich viele Probleme, die der Lösung harren. Aber längst nicht alle sind wirklich vital. Natürlich sind etwa öffentlicher Verkehr, Fluglärm, Gleichstellung, Asylwesen, innere Sicherheit oder Konsumentenschutz wichtige Probleme. Aber es sind Probleme, die jedes Land zu lösen hat, und der Perfektionsgrad der Lösung ist nicht schicksalhaft für die Zukunft des Landes. Es gibt aber einige Probleme, deren Lösung über Wohlstand oder Armut, erste Liga oder «ferner liefen», Erfolg oder Misserfolg eines Landes entscheiden. Man wird wohl auch darüber streiten können, welche Probleme das sind. Für mich sind es vier:
- die Erhaltung der überdurchschnittlichen Standortqualität,
- die Bewältigung des Demographieproblems,
- der nationale Zusammenhalt und
- die Stellung der Schweiz in der Welt.

1. Erhaltung der überdurchschnittlichen Standortqualität

Ich weiss wohl, dass viele Menschen der Wirtschaft gegenüber kritisch sind. Ich weiss auch, dass es neben der Wirtschaft Dinge gibt, die für die Menschen ebenso wichtig sind. Aber eine florierende Wirtschaft ist die Basis von so ziemlich allem, die Basis etwa der individuellen Entfaltungsmöglichkeiten, der Chancengleichheit, des Wohlstandes, des Sozial- und Leistungsstaates.

Im erwähnten internationalen Standortwettbewerb muss die Schweiz wirtschaftliche Rahmenbedingungen anbieten, welche Unternehmertum attraktiv belassen, Investitionen interessant machen und Wachstum begünstigen. Das Beispiel Deutschland belegt, wie durch eine schleichende relative Verschlechterung der wirtschaftlichen Rahmenbedingungen aus einer Wirtschaftslokomotive ein Bremsklotz werden kann. England hat das Umgekehrte bewiesen.

Noch sind unsere Standortbedingungen gut. Während der Stagnation der neunziger Jahre sind einige Reformen erfolgreich angepackt worden, und die Wirtschaft hat ihre Strukturen, teils unter Schmerzen, angepasst. Deshalb erreichten wir ja auch einige gute Wachstumsjahre und konnten die Arbeitslosigkeit rasch auf europäische Tiefstwerte absenken. Das ist eine eindrückliche Leistung des politischen Systems und der Wirtschaft. Wer von Versagerkoalition spricht, verdreht böswillig die Realität aus wahlpolitischen Gründen.

Aber Standortqualität ist eine relative Grösse. Sie muss ständig neu überprüft werden. Es ist offensichtlich, dass wir an Vorsprung verloren haben. Und wenn sich unsere Reformfeindlichkeit als chronisch erweisen sollte und die vielen wirtschaftsfeindlichen Vorschläge in der politischen Pipeline realisiert würden, wäre der Abstieg in die zweite Liga unausweichlich. Ich denke hier auch an die 7 Volksinitiativen, über die wir am 18. Mai zu befinden haben. Zweite Liga bedeutet unter anderem Arbeitslosenzahlen im europäischen Durchschnitt.

Die Sicherung unserer Standortqualität verlangt ein ganzes Bündel von Massnahmen, die ich nur summarisch skizzieren kann:
– Schaffung und Erhaltung attraktiver steuerlicher Rahmenbedingungen.
– Umsetzung einer stabilitäts- und wachstumsfreundlichen Finanzpolitik. Dazu gehört eine langfristig tragbare moderate Verschuldung und eine tiefe Staatsquote zur Sicherung der Freiräume der Wirtschaft und einer tiefen Steuerquote zur Sicherung der Wettbewerbsfähigkeit.
– Abbau des Vorschriftenkorsetts und Stopp der Regulierungswut.
– Sicherstellen der Marktfähigkeit der Bereiche Elektrizität, Telekommunikation, Post und öffentlicher Verkehr.

- Sicherung der Flexibilität unserer Arbeitsmärkte, eines der wesentlichen schweizerischen Wettbewerbsvorteile.
- Schaffung eines technologie- und innovationsfreundlichen Klimas und Verhinderung innovationsfeindlicher Regulierungen.
- Fokussierung von Bildung und Forschung auf standortrelevante Stärken (Qualifikation der human resources, wirtschaftliche Nutzbarkeit usw.).
- Sicherung und Erzwingung von Wettbewerb auf den Binnenmärkten, um das überhöhte Preisniveau zu senken, notfalls gegen den Widerstand kurzsichtiger Wirtschaftsvertreter.
- Konsequente Umsetzung der neuen Landwirtschaftspolitik.
- Einsatz für liberale Welthandelsregeln.
- Konsolidierung der Sozialwerke in der Weise, dass sie den Leistungswillen nicht hemmen und das Wachstum durch Überlastung der Volkswirtschaft nicht abwürgen.

Das alles verlangt Durchstehvermögen, Mut zur Unpopularität und Knochenarbeit. Diese Anstrengung ist der Preis des künftigen Wohlstandes. Wir müssen ihn entrichten!

Noch etwas ist für die langfristige Standortqualität wichtig. Die Rückgewinnung des Vertrauens in die Wirtschaft. Das kann nur die Wirtschaft selber leisten. Nicht durch PR, sondern nur durch Tatbeweise von Verantwortung.

2. Die Bewältigung des Demographieproblems

Man weiss es zwar seit zwanzig Jahren, aber erst jetzt wird es langsam zum Thema: Die Veränderung des Altersaufbaus der Gesellschaft führt dazu, dass der Anteil der Beschäftigten im Verhältnis zum Anteil der Rentnergeneration immer kleiner wird. Das führt zu gravierenden und weit herum unterschätzten Finanzierungsproblemen bei der umlagefinanzierten AHV. Die absolute Zunahme der älteren Menschen trägt auch zur beunruhigenden Zunahme der Krankheitskosten bei. Aber wenige erkennen, dass das Problem viel umfassender ist. Arbeitsangebot, Produktivität und Mobilität nehmen tendenziell ab. Der technische Fortschritt verlangsamt sich, die Risikoaversion nimmt zu. Das ergibt eine Tendenz zur Erlahmung der wirtschaftlichen Dynamik. Die Steuereinnahmen wachsen weniger bei gleichzeitig zunehmender Ausgabendynamik. Zwischen dem Eignungsprofil der älteren Arbeitnehmer und den Anforderungsprofilen einer modernen Wirtschaft entsteht ein Ungleichgewicht. Das Wählerverhalten verändert sich in Richtung Besitzstandwahrung.

Das alles kann die Gesellschaft umpflügen und die Konkurrenzfähigkeit im weitesten Sinne beeinträchtigen. Es handelt sich um ein Problem grösster Dimension, das umfassend angegangen werden muss. Niemand ist zurzeit in der Lage, endgültige Antworten zu geben. Einige Hinweise mögen genügen:
- Die Sozialwerke müssen gesichert werden, aber so, dass sie die arbeitende Generation nicht erdrücken.
- Viele Menschen werden länger im Arbeitsprozess verbleiben müssen. Sie müssen aber durch permanente Weiterbildung befähigt werden, sich bis ins Alter immer wieder anzupassen, ja Spass am Wandel und am Neuen zu bewahren. Es müssen wohl auch neue Arbeitszeitmodelle entwickelt werden.
- Anreize zur Frühpensionierung müssen konsequent eliminiert werden.
- Bei der Migrationspolitik sind auch demographische Gesichtspunkte zu berücksichtigen.
- Nicht zuletzt wegen der noch zu erwartenden Belastungen ist jetzt eine besonders solide Finanzpolitik nötig.

Es wird schwieriger sein, als viele denken, den stillen Generationenvertrag lebendig und fruchtbar zu erhalten, ja vielleicht sogar seine einseitige Aufkündigung zu vermeiden. Das wird nicht nur viel Verständnis der Jüngeren den Älteren gegenüber erfordern, sondern auch umgekehrt. Das schlimmste, was dem Lande passieren könnte – und ich sage das als älterer Mensch! –, wäre ein von Altersegoismus geprägtes Urnenverhalten der wachsenden älteren Generation!

3. Der nationale Zusammenhalt

Das allein wäre das Thema eines längeren Referats. Ich kann es nur streifen. Unser Land verfügt nicht über die natürlichen Bindekräfte einer gemeinsamen Kultur und gemeinsamen Sprache. Im Grunde sind wir eine künstliche Nation. Je nach historischen Umständen wäre ein Zerfall der Schweiz nicht undenkbar. Und doch gelten wir als Nation mit besonderer Stabilität und als einer der wenigen langfristig erfolgreichen Vielvölkerstaaten. Gleichzeitig sind wir eine sehr vielfältige und widersprüchliche Gesellschaft mit vielen zentrifugalen Kräften. Wenn wir keine natürlichen Bindekräfte haben, müssen es andere Faktoren sein, die uns zusammenhalten. Es sind dies im wesentlichen kulturelle Faktoren. Ich will nur einige aufzählen:
- die allgemeine Befassung des Volkes mit dem Gemeinwesen, die ihre Wurzeln in der genossenschaftlichen Selbstverwaltung der alpinen Talschaften der Gründungszeit der Eidgenossenschaft hat und die in der direkten

Demokratie und im Milizprinzip ihre moderne institutionelle Ausprägung findet;
- der Föderalismus, welcher den Minderheiten und Regionen die Gestaltung des näheren politischen Umfeldes und damit die Erhaltung ihrer Identität gestattet und der die Macht des Staats durch Teilung bändigt;
- die Kultur des Ausgleichs, der gelebten Solidarität, des Respekts vor Minderheiten, die Kultur auch des gesichtswahrenden und trotzdem problemlösenden Kompromisses.

Es ist offensichtlich, dass solche Faktoren in unserer modernen Welt unter Druck geraten. Sie vertragen sich schlecht etwa mit dem Sozialdarwinismus, mit dem einige die Marktwirtschaft verwechseln, oder mit der Tendenz, sich ob der hedonistischen Spassgesellschaft oder der überheblichen Verachtung des Politischen um das Gemeinwesen zu foutieren.

Wenn wir als Land erfolgreich überleben und die auch wirtschaftlich wichtige soziale und gesellschaftliche Stabilität bewahren wollen, müssen wir uns um unseren Zusammenhalt bemühen. Das ist eine kulturelle Leistung, die permanent erbracht werden muss. Das bedeutet auch, dass wir uns der Werte immer wieder bewusst werden müssen, die uns zusammenhalten. Wir müssen sie immer wieder in zeitgemässer Form leben und uns des Reichtums unserer vier Kulturen und Sprachen bewusst sein.

Das hat konkrete Folgen auch für die Politik. So müssen wir etwa unsere direkte Demokratie pflegen und nutzen, den Föderalismus durch die grosse Föderalismus- und Finanzausgleichsreform revitalisieren, neue Wege des Austausches zwischen den Sprachgemeinschaften suchen und die demographisch und volkswirtschaftlich nötigen Reformen der Sozialwerke so konzipieren, dass diese als Belege der gelebten Solidarität ihren Beitrag zur nationalen Kohäsion zu leisten vermögen. Zusammenhalt bedeutet ja nicht nur Zusammenhalt zwischen Sprachgruppen, sondern etwa auch zwischen Generationen, zwischen sozialen Schichten oder zwischen Stadt und Land.

4. Die Stellung der Schweiz in der Welt

In der globalisierten Welt schlagen negative Entwicklungen irgendwo auf der Welt direkt auf uns durch. Die Flüchtlinge aus Krisengebieten kommen zu uns. Rezessionen in Asien, Amerika und der EU verursachen hierzulande Arbeitslosigkeit. Die Treibgase aus Amerika lassen unsere Gletscher schmelzen. Die globalen Probleme können von einem Land allein nicht mehr gelöst werden. Eine globale Wirtschaft braucht harmonisierte Welthandelsregeln. Es bilden sich grosse regionale Wirtschaftsräume. Internationale Organisationen kümmern sich – oft mit grossen Schwierigkeiten, aber immerhin! – um die Probleme des Planeten.

In diesem komplexen Umfeld muss die Schweiz ihre Interessen wahren. Aussenpolitik ist Interessenpolitik. Sie hat an Bedeutung gewonnen. Als Welthandelsland müssen wir unsere Interessen dort dezidiert einbringen, wo es um Welthandelsregeln, Marktzugänge und Finanzmarktstabilität geht, etwa im Rahmen der WTO, der UNO, der OECD, der Bretton-Woods-Institutionen oder der Verhandlungen mit der EU. Es liegt aber auch in unserem ureigenen Interesse, unsere Kompetenz dort einzubringen, wo es um die Lösung der grossen globalen Probleme geht. Wir sind nicht Mitglied der EU. Das geht gut, solange wir besser als andere sind und an vielen Fronten aktiv unsere Interessen wahrnehmen können. Isolation wäre tödlich. Dass die Gestaltung unseres Verhältnisses zur EU besonderer Aufmerksamkeit bedarf, ist selbstverständlich.

Eine politische Fussnote

Zwei politische Tendenzen scheinen zurzeit die Sympathie vieler Wählerinnen und Wähler zu gewinnen. Die eine Tendenz geht in Richtung gleichmacherischer und staatsinterventionistischer Lösungen. Deren Realisierung müsste unsere Standortqualität gefährden und damit die Wirtschaft in Atemnot bringen. Das würde alle treffen. Eine andere Tendenz ist die der Diffamierung des Staates und seiner Exponenten («classe politique»), die Tendenz auch zu einem wenig solidarischen Sozialdarwinismus und zu aussenpolitischer Isolation. Diese Tendenz stellt Werte in Frage, welche die Willensnation Schweiz zusammenhalten. Dass sich Leute dieser Tendenz verschreiben, die sich besonderer Vaterlandsliebe rühmen, ist schwer verständlich.

Beide Tendenzen, würden sie allein dominieren, müssten die Lösung der zentralen Probleme des Landes massiv erschweren. Eine Schweiz, deren Politik sich zwischen solchen Polen erschöpfte, würde den Weg in die Zukunft kaum finden. Es ist deshalb wichtig, zurück zu den Mechanismen der Konkordanz zu finden, alle in die Lösungsfindung einzubinden und gemeinsam die tauglichen Lösungsansätze umzusetzen.

Wichtig ist, dass wir es tun!

Ich glaube, dass die kleine Schweiz die Kompetenz und die Kraft hat, die kommenden Herausforderungen zu bewältigen. Die Ausgangslage ist gut. Wichtig ist, dass wir uns auf unsere Stärken und auf die Werte, die uns zusammenhalten, besinnen. Ich möchte zum Schluss zwei Sätze vom Anfang meines Referates wiederholen. Wir können uns im neuen Umfeld behaupten. Aber wir müssen etwas dafür tun! Oder anders gesagt: Die Frage ist nicht, dass wir nicht wüssten, was zu tun wäre. Die Frage ist, dass wir es tun!

29. Oktober 2003

> *Der 1913 in Wien geborene Sänger, Schauspieler und Maler Erich Fischhof flüchtete 1938 vor den Nazis in die Schweiz, wo er zuerst am Stadttheater Luzern, von 1942 bis 1975 am Stadttheater Bern zum Ensemble gehörte. Ab 1971 bis zu seinem Tod im März 1988 wohnte er in Zürich und war dort als Gesangslehrer und bildender Künstler tätig. Mit dem von seiner Frau gestifteten Nanny-und-Erich-Fischhof-Preis werden Persönlichkeiten ausgezeichnet, die ihre Stimme gegen Rassismus, Antisemitismus und jede Form von Diskriminierung erheben.*

Wasserkirche, Zürich

Verleihung des Nanny-und-Erich-Fischhof-Preises

Ich habe Zweifel, ob ich diesen Preis wirklich verdiene und ob sich nicht andere in bezug auf den Kampf gegen Rassismus grössere Verdienste erworben haben. Gewiss, ich bemühte mich in meinem Leben stets, die Menschen ungeachtet ihrer Herkunft zu achten und ihre Würde zu respektieren. Auch bei meiner politischen Tätigkeit war es mir immer ein Anliegen, anständig auch mit Gegnern umzugehen und ihre Meinung ernst zu nehmen. Ich war immer der Ansicht, die Einzigartigkeit der Schweiz liege darin, dass verschiedene Kultur- und Sprachgruppen zusammen ein erfolgreiches Gemeinwesen aufgebaut haben, und ich habe immer dazu aufgerufen, am nationalen Zusammenhalt bewusst zu arbeiten. Als grosser Jazzfreund habe ich gelernt, dass an der Bruchstelle von Kulturen und Ethnien Grossartiges entstehen kann. Und als ich 1995 vor der Bundesversammlung nicht nur die grossen Verdienste der Weltkriegsgeneration würdigte, sondern auch eine Entschuldigung für die dunklen Flecken in der Geschichte jener Zeit aussprach, empfand ich das nicht als etwas Ausserordentliches. Man muss immer sagen, was wahr ist. Ich tat immer nur das Selbstverständliche. Und das Selbstverständliche ist kein besonderes Verdienst. Aber vielleicht ist ja das Selbstverständliche nicht mehr selbstverständlich. Manchmal beschleicht mich der Verdacht, das könnte so sein!

Zweierlei Potential ist im Menschen angelegt

Noch vor einigen Jahren glaubte ich in der Entwicklung der Dinge auf der Welt eine positive Resultante zu erkennen. Das Sowjetimperium brach zusammen, der kalte Krieg wurde beendet. Demokratie und Menschenrechte schienen sich schrittweise durchzusetzen. Diktatoren klassischen Stils wurden selten, und die abgesetzten fanden keine Zuflucht mehr. Die UNO gewann an Statur und Einfluss. Eine sich globalisierende Wirtschaft schien Armut besiegen zu können.

Aber dann kam vieles anders. Bürgerkriege und andere Konflikte fordern in vielen Weltgegenden zahllose Opfer. Menschen werden wegen ihrer ethnischen, kulturellen oder religiösen Zugehörigkeit verfolgt. Täglich zerfetzen Bomben unschuldige Passanten. Armut und Gewalt erzeugen Migrationsströme, deren Ausmass frühere Völkerwanderungen weit übertrifft. Huntingtons Kampf der Kulturen ist in den Bereich des Vorstellbaren gerückt. Die Mittel, die gegen diese Entwicklungen eingesetzt werden können, stehen in einem eklatanten Missverhältnis zur Dimension der Probleme.

Da stellt sich die Frage, ob es zweierlei Menschen gibt: gute, die sich redlich um das friedliche Zusammenleben der Menschen bemühen, und solche, welche zu Rassismus, Hass und Gewalt neigen und die in letzter Konsequenz fähig sind, Untaten aller Art zu begehen.

Aber so einfach ist es nicht. Der Mensch scheint das Potential für beides in sich zu tragen. Deutschland, eine grosse europäische Kulturnation, war während einer begrenzten Zeit fähig, einen systematischen Völkermord zu begehen. Vor vielen Jahren nahm ich als junger Mann an einem kontradiktorischen Grossanlass teil, an welchem James Schwarzenbach mit andern Politikern über Ausländerpolitik diskutierte. Als im Laufe der Diskussion plötzlich alle anders denkenden Votanten von Schwarzenbach-Anhängern hasserfüllt niedergeschrien wurden, brach für mich eine Welt zusammen. Plötzlich hätte ich mir unter entsprechenden Umständen auch bei uns Entwicklungen wie im Deutschland der dreissiger Jahre vorstellen können.

Auch bei uns gibt es beides, eine ausgeprägte Kultur des Ausgleichs, des Respekts vor Minderheiten, der Solidarität, und dann wieder Wellen à la Schwarzenbach, auch bei uns gibt es durchaus ehrbare Menschen, die am Stammtisch pauschal gegen die Asylanten hetzen und gleichzeitig die Petition gegen die Ausschaffung des beim Metzger nebenan schwarz arbeitenden Kosovaren unterschreiben. Immer wieder erleben wir, dass Menschen, die jahrelang friedlich koexistiert haben, sich plötzlich gegenseitig umzubringen beginnen.

Wenn aber beides in den Menschen potentiell angelegt ist, die Fähigkeit zum konstruktiven, friedlichen Zusammenleben einerseits und zur hasserfüllten Ablehnung des Andersartigen andererseits, dann muss man der Frage nachgehen, was vorzukehren ist, dass das erste und nicht das zweite dominant wird.

Man kann nicht allein die Umstände verantwortlich machen

Es gibt sehr viele mögliche Ursachen, die für sich allein oder in ihrer Vernetzung die Entstehung von Vorbehalten gegenüber anderen Ethnien bis zu blankem Rassenhass begünstigen: Armut, soziales Elend oder grosse soziale Unterschiede, erlittenes Unrecht in der Geschichte oder in der Gegenwart, Minderwertigkeitsgefühle oder Überheblichkeitswahn, Unverständnis des Andersartigen, Verständigungsprobleme, Demütigungen, Ängste, Verunsicherungen, usw. usf. Aber das allein reicht meistens nicht, um dumpfes Unbehagen in offene Aggression oder gar Hass umschlagen zu lassen. Es sind immer Menschen, Wortführer, die solche latenten Prädispositionen oder Zustände instrumentalisieren, Ideologien konstruieren und das alles für ihre ideologischen, politischen oder machtpolitischen Zwecke nutzen. In Zeiten der Verunsicherung dienen Sündenböcke oft als wirksame Vehikel der Komplexitätsreduktion. Alles wäre besser, wenn es keine Juden, Schwarze, Asylanten, Muslime, Christen oder was auch immer für potentielle Bösewichte gäbe.

Die Umstände sind also eine notwendige, aber nicht hinreichende Bedingung für Rassismus und rassismusähnliche Auswüchse. Es braucht noch Menschen, welche die Umstände für ihre politischen Absichten missbrauchen und Öl ins Feuer giessen. Wenn man eine Strategie gegen diese Auswüchse entwickeln will, muss man bei beidem anpacken, bei den Umständen und den Menschen. Ich kann dazu nur einige Denkanstösse geben!

Toleranz genügt nicht, es braucht auch Respekt

Migration kann auf Dauer nicht mit Grenztruppen oder internationalen Abkommen verhindert werden. Wir müssen die Wohlstandsunterschiede eindämmen. Niemand verlässt die Heimat, wenn er zu Hause eine Perspektive hat. Erlittenes Unrecht muss beendet oder historisch aufgearbeitet und bewältigt werden. Das Verständnis für das Andersartige kann nur durch Dialog erarbeitet werden. Das Ziel dieses Dialoges kann nicht nur gegenseitige Toleranz sein, denn Toleranz enthält immer auch Elemente wie Gleichgültigkeit oder Herablassung. Nein, das Ziel muss der Respekt sein. Dabei sind bei solchen Prozessen immer beide Seiten gefordert. Und der Stärkere, Mächtigere muss den grösseren und wichtigeren Schritt tun.

Intoleranz, Hass und Unverträglichkeit beginnen oft fast unbemerkt, als leise Gärprozesse. Wir alle haben wohl in uns selber schon solch beginnendes Gären gespürt. Wenn solches Gären eine gewisse Schwelle überschritten hat, ist es fast nicht mehr auszumerzen. Deshalb muss den Anfängen gewehrt werden. Deshalb müssen wir hinsehen, wo wir das Gären bei uns oder anderen spüren. Deshalb müssen wir uns entgegenstellen, wo etwa mit Messerstecherinseraten oder anderer unterschwelliger Hasspropaganda Stimmung gemacht und Emotionen geschürt werden. Sonst verschiebt sich plötzlich die Toleranzschwelle, und Dinge werden salonfähig, die eigentlich inakzeptabel sind. Manchmal fürchte ich, ein Schub solcher Verschiebung moralischer Massstäbe sei im Gange.

Gesetze mögen helfen, aufkeimenden Rassismus früh genug zu ersticken. Weil es sich aber um gesellschaftliche Phänomene handelt, muss ein gesellschaftlicher Konsens gegen Rassismus immer neu errungen werden. Dazu braucht es in erster Linie Zivilcourage, es braucht jene, die Flagge zeigen und «halt» rufen, es braucht den Einspruch, auch gegen das Gewährenlassen.

Hinsehen und notfalls Einspruch erheben!

Als ich ein Bub war, galt der Libanon als Schweiz des Nahen Ostens. Menschen unterschiedlicher Ethnien und Religionszugehörigkeiten lebten friedlich miteinander, bis ein blutiger Bürgerkrieg ausbrach. Das zeigt, dass friedliches, respektvolles Zusammenleben nie gesichert ist. Dieses Zusammenleben ist eine kulturelle Leistung, die permanent erbracht werden muss.

Ich glaube, dass das auch für die Schweiz gilt. Wir haben eine politische Kultur entwickelt, welche das Zusammenleben einer ethnisch und kulturell vielfältigen Gesellschaft begünstigt, einer Gesellschaft mit wenig natürlichen Bindekräften und einem grossen Spannungspotential. Der Föderalismus gestattet den Gebietskörperschaften die Gestaltung des engeren politischen Umfeldes ihrer besonderen Identität entsprechend. Das Ständemehr bietet Minderheiten einen gewissen Schutz vor der Majorisierung durch die Grossen. Direkte Demokratie, Milizprinzip und Konkordanz binden breite politische, gesellschaftliche und kulturelle Kreise in die politische Willensbildung ein. Mit der Volksinitiative können Minderheiten aller Art ihre Anliegen traktandieren und dem Gottesurteil des Volkes unterstellen. Gerade wegen der integrierenden Wirkung dieser Instrumente ist in einer von Natur aus zerbrechlichen Nation sorgsam zu bedenken, ob nicht unbeabsichtigte und unerwartete negative Effekte auftreten können, wenn man etwa aus Effizienzgründen an diesem komplexen politischen Biotop herumdoktert.

Auch bei uns entstehen immer wieder Wellen ausländerfeindlicher Emotionen. Phasen zwischenkultureller Gleichgültigkeit belasten den Zusammenhalt vielleicht stärker als momentane, hochgespielte Röstigrabeneffekte. Trotzdem darf man nicht übersehen, dass bei uns eine Kultur der gegenseitigen gelebten Solidarität, des gesichtswahrenden Kompromisses und der praktischen Toleranz tief verwurzelt ist. Aber eben: das sind kulturelle und damit gewissermassen künstliche Werte, die zerbrechlich und pflegebedürftig sind. Es ist wichtig, dass wir uns der Bedeutung dieser Werte immer wieder bewusst werden und jenen entgegentreten – und es sind deren einige! –, die diese Werte mit Füssen treten. Auch hier gilt es, hinzusehen und Einspruch zu erheben!

Asylpolitik ist immer eine Gratwanderung

Ich habe die periodischen ausländerfeindlichen Wellen in der Schweiz erwähnt. Sie haben dazu geführt, das wir oft als verschlossenes Land gelten, das sich vor äusseren Einflüssen möglichst abschottet. Dieses Klischee ist falsch. Gerade die Schweiz ist ein Beispiel dafür, wie segensreich sich der Einbezug von Ideen von aussen und die Integration von Menschen aus dem Ausland auswirken. Dabei denke ich nicht einmal so sehr an die banale Erkenntnis, dass unsere Wirtschaft ohne ausländische Arbeitskräfte zusammenbrechen würde. Es gibt sehr viele weitere, ebenso bedeutende Beispiele. Ohne die Französische Revolution und die amerikanische Verfassung wäre unsere Bundesverfassung nicht denkbar. Gerade die diesjährigen Feiern in einigen Kantonen haben belegt, dass der Einfluss Napoleons auf unsere Staatsstruktur letztlich ein positiver war. Die Anfänge unserer Industrialisierung wurden von Hugenotten geprägt. Die Namen vieler früherer Flaggschiffe der Schweizer Wirtschaft sind überhaupt nicht helvetisch: Nestlé, Brown, Boveri, Maggi usw. Die Pfauenbühne wurde dank Emigranten zum zeitweise führenden deutschsprachigen Sprechtheater. Unter unseren Nobelpreisträgern sind Namen wie Prelog, Ruzicka, Pauli, Einstein. Im Topkader unserer Spitzenkonzerne tauchen zunehmend ausländische Namen auf.

Der Erfolg der Schweiz beruht also bei weitem nicht nur auf helvetischer Eigenleistung, sondern ebenso sehr auf der Offenheit gegenüber Fremdem, der schweizerischen Assimilationskraft, unserer ausgeprägten Integrationsfähigkeit. Und ein weiteres will ich unterstreichen: Alle fremdenfeindlichen Volksinitiativen wurden bisher abgelehnt! Wir sind im Grunde ein sehr offenes Volk, und wir müssen es auch bleiben!

Allerdings ist die Aufnahmefähigkeit eines Volkes, die Assimilationskraft sozusagen, begrenzt. Es ist ganz natürlich, dass in Zeiten grosser Zuwanderung Ängste entstehen können, aber auch handfeste Integrationsprobleme, welche die Politik beeinflussen. Die Politik muss solchen Ängsten und Verunsicherungen angemessen Rechnung tragen. Deshalb ist Asylpolitik immer eine Gratwanderung. Sie muss unserer humanitären Tradition gerecht werden, aber sie darf unser Land nicht so attraktiv machen, dass unser Assimilationsvermögen überfordert wird und eine Gegenbewegung entsteht, welche die humanitäre Politik gefährdet.

Ich habe am Anfang die Frage aufgeworfen, ob in bezug auf den anständigen, respektvollen und friedlichen Umgang von Menschen unterschiedlichster Herkunft miteinander, auch in bezug auf den Anstand und den akzeptablen Stil in der Politik das eigentlich Selbstverständliche nicht mehr selbstverständlich sei. Ich habe am Anfang angedeutet, dass mir in den letzten Jahren Zweifel gekommen sind. Wenn Sie mit dem Preis das Selbstverständliche anerkennen wollen, nehme ich ihn gerne entgegen und danke Ihnen dafür.

Preissumme für Brückenbauer

Ich habe mir lange überlegt, was ich mit der Preissumme tun wolle. Dabei bin ich auf eine Organisation gestossen, die eigentlich auch etwas Selbstverständliches tut, aber sie tut es in einem derart schwierigen Umfeld, dass es wiederum ausserordentlich ist und mich sehr beeindruckt.

Wir alle haben mit Entsetzen die Eskalation der Gewalt und des Hasses im Nahen Osten mitverfolgt. Aber auch in diesem Umfeld gibt es Menschen, die, obwohl sie selber von den grausamen Folgen des Konflikts betroffen sind, Brücken bauen.

Nach der Ermordung seines 19jährigen Sohnes durch einen Hamas-Aktivisten ist Ytzhak Frankenthal vor sieben Jahren auf die andere Seite zugegangen und hat gemeinsam mit Palästinensern und Israelis, die ebenfalls Angehörige im Konflikt verloren haben, den «Parents' Circle» gegründet. Es ist dies eine Organisation, die sich konsequent dem friedlichen Weg verschrieben hat, um die legitimen Ansprüche beider Völker zu regeln, eine Organisation auch, die dem Menschen, seiner Würde, seiner persönlichen Freiheit, seinem Wohlergehen Vorrang einräumt vor territorialen Ansprüchen, eine Organisation schliesslich, die für Verständigung, Versöhnung und einen dauerhaften Frieden zwischen Israelis und Palästinensern einsteht.

Der «Parents' Circle» geht von der Erkenntnis aus, dass viele Israelis sich der Leiden der Palästinenser nicht bewusst sind und dass sich umgekehrt die Palästinenser der Ängste der Israelis nicht bewusst sind. Er stellt fest, dass die Kluft zwischen beiden Gesellschaften wächst.

Deshalb fördert der «Partents' Circle» systematisch den Dialog. Er vermittelt im grossen Stil kostenlose Telefongespräche zwischen Israelis und Palästinensern, die über Frieden und Versöhnung reden wollen. Vertreter von Familien, die Angehörige verloren haben, halten in Schulen Referate über das gleiche Thema, und Mitglieder palästinensischer und israelischer Familien halten darüber Seminare ab.

Wenn betroffene Menschen in derart schwierigen Situationen den Hass überwinden, einander die Hand reichen und an Frieden und Versöhnung arbeiten, verdient das Respekt und Unterstützung. Deshalb möchte ich die Preissumme dem «Parents' Circle» zukommen lassen. Ich hoffe, dass damit Ihr Preis einen Beitrag dazu leistet, dass im Nahen Osten die Menschen dereinst friedlich und in Würde, Sicherheit und Wohlstand zusammenleben können!

10. Dezember 2003

Am Tag, an dem unmittelbar nach seiner Rede mit der Abwahl von Bundesrätin Ruth Metzler (CVP) sowie mit der Wahl von Nationalrat Christoph Blocher (SVP) und Ständerat Hans-Rudolf Merz (FDP) in die Landesregierung die seit 1959 als ungeschriebenes Gesetz angewandte Zauberformel gesprengt wird, verabschiedet sich Kaspar Villiger als Bundesrat von der Vereinigten Bundesversammlung – nicht ohne den Parlamentariern im Hinblick auf ihren bevorstehenden Wahlentscheid nochmals ins Gewissen zu reden. Kaspar Villiger wird mit einer langanhaltenden stehenden Ovation geehrt.

Vereinigte Bundesversammlung, Bern

Abschied vom Parlament

Heute ist ein wichtiger Tag für die Schweiz. Sie wählen einen neuen Bundesrat. Für mich bedeutet dieser Tag den Abschied aus der Politik. Das erfüllt mich mit einer gewissen Wehmut.

Die Schweiz verfügt nicht über die natürlichen Bindekräfte einer gemeinsamen Sprache und einer gemeinsamen Kultur. Trotzdem hat unser Volk ein stabiles und erfolgreiches demokratisches Staatswesen aufgebaut. Das ist eine grosse politische und zivilisatorische Leistung. Das hat mich immer fasziniert. Ich hatte das Privileg, die Kraft und die Gesundheit, unserem Staat während vieler Jahre in hoher Funktion dienen zu dürfen. Deshalb empfinde ich heute vor allem Dankbarkeit.

Der beste Staat

Welches ist der beste Staat? Dieser Frage gingen wir zusammen mit Fachleuten an einem Kaderseminar meines Departements nach. Wir kamen zu einem überraschenden Schluss. In einer vielfältigen, oft widersprüchlichen modernen Gesellschaft ist jener der beste Staat, der möglichst alle bedeutenden gesellschaftlichen, politischen und kulturellen Gruppen in die politische Willensbildung einbezieht. Unser Staat mit der direkten Demokratie, dem Milizprinzip und dem Föderalismus kommt diesem besten Staat sehr nahe. So gesehen sind unsere Institutionen nicht veraltet, sondern überaus modern. Sie erlaubten der Schweiz eine bis heute erfolgreiche Entwicklung. Wir brauchen den Vergleich mit keinem andern Land zu scheuen.

Es braucht Respekt – auch vor den Andersdenkenden

Institutionen allein genügen nicht, um den Zusammenhalt und Erfolg des Landes zu sichern. Institutionen sind immer so gut wie die Menschen, die in ihnen wirken. Es braucht die Menschen, welche nicht nur die demokratischen Rechte, sondern auch die daraus erwachsenden Pflichten wahrnehmen. Die vielen, die an der Gestaltung des Landes mitwirken, haben eine besondere Verantwortung.

Natürlich ist Interessenvertretung legitim. Aber das Gesamtwohl ist dabei stets zu beachten.

Natürlich ist politische Auseinandersetzung nötig. Aber nie darf der Respekt vor den Andersdenkenden verloren gehen.

Natürlich müssen die Menschen sich individuell entfalten können und grosse Freiräume geniessen. Aber Werte wie Solidarität, Gemeinsinn und gegenseitiger Respekt müssen eine Basis unseres politischen Handelns bleiben.

Natürlich hat in einer Demokratie immer die Mehrheit recht. Aber Minderheiten dürfen nicht überfahren werden.

Ein Staat ist mehr als ein Unternehmen. Effizienz ist wichtig. Aber ebenso wichtig sind Werte wie Vertrauen, Geborgenheit, Sicherheit, Gerechtigkeit und Integrationsfähigkeit.

Plädoyer für die Konkordanz

Ich habe vom Prinzip des Einbezugs der wichtigsten politischen Kräfte in die politische Willensbildung gesprochen. Dieses Prinzip muss sich in einer direkten Demokratie auch in der Zusammensetzung der Regierung niederschlagen. Wenn eine bedeutende politische Kraft ihr parlamentarisches Oppositionspotential mit effizienter Referendumsfähigkeit verbindet, kann sie das Land blockieren. Das bedeutet Rückschritt. Deshalb band man in unserer Geschichte solche Kräfte immer wieder in die Regierungsverantwortung ein, zuerst die Katholisch-Konservativen, dann die BGB und schliesslich die Sozialdemokraten. Das war kluger Pragmatismus. Es hatte mit Zauber nie etwas zu tun. Wegen der Volksrechte kann unser System also nicht wie eine Konkurrenzdemokratie mit Regierung und Opposition funktionieren, auch wenn dies möglicherweise spannender schiene.

Reformen sind nötig – auch schmerzhafte

Ich weiss wohl, dass es in unserem Lande auch Not und Probleme gibt. Trotzdem ist der objektive Zustand der Schweiz besser als die subjektive Befindlichkeit. Aber wir müssen schwierige Probleme gemeinsam anpacken, wenn die Schweiz ihre Erfolgsgeschichte fortsetzen will.

Es muss im immer unerbittlicheren internationalen Standortwettbewerb attraktiv sein, hier Arbeitsplätze zu schaffen und zu erhalten. Unsere Gesellschaft muss trotz der demographischen Veränderungen innovativ, reformfreudig und zukunftsorientiert bleiben.

Ein tragfähiges soziales Netz muss auch in einer Zeit der Verunsicherung Sicherheit bieten. Sonst wird das Volk für Reformen kaum zu gewinnen sein. Aber dieses Netz darf die Volkswirtschaft nicht überlasten und das Wachstum nicht verhindern.

Alles das braucht schmerzhafte Reformen. Diese sind aber nur zu bewältigen, wenn alle wichtigen Kräfte den Willen und die Pflicht haben, Mitverantwortung zu übernehmen. Was nützte ein homogener Mitte-Links-Bundesrat, wenn die Rechte mit prinzipieller Opposition im Parlament und mit ständigen Referenden die Schweiz fast zum Stillstand brächte? Was nützte umgekehrt eine homogene Mitte-Rechts-Regierung, wenn mit Streikdrohungen, Demonstrationen und ebenso vielen Referenden wichtige Lösungen verzögert oder gar verunmöglicht würden?

Deshalb sollten die starken Kräfte links und rechts im Bundesrat vertreten sein. Wir verlören in dieser schnellebigen Zeit entscheidende Jahre der Anpassung, wenn wir durch den Ausschluss einer starken Gruppierung in eine Politik der gegenseitigen Belagerung gerieten. Aber wer in der Regierung vertreten ist, muss auch Verantwortung übernehmen wollen: Verantwortung für das Ganze. Denn nur so kann Vertrauen gewonnen werden. Und Vertrauen ist das wichtigste Gut einer Regierung.

Die Polarisierung hat zugenommen

Die Polarisierung ist akzentuierter geworden. Die Distanz zwischen den Polen ist gewachsen, und die politischen Positionen an den Polen sind zugespitzter geworden. Das macht die Arbeit einer Konkordanzregierung schwieriger. Mitglieder des Bundesrates dürfen nicht einfach Interessenvertreter ihrer Partei sein, die im Kollegium ein Maximum für ihre Klientel aushandeln sollen. Natürlich, sie müssen ihre politischen Überzeugungen einbringen und ihrer politischen Basis verbunden bleiben. Aber sie sind zuerst dem Land verpflichtet. Sie sind gehalten, gemeinsam Lösungen zu erarbeiten, die im Parlament und im Volk mehrheitsfähig sind. Das führt bisweilen auch zu Spannungen mit der eigenen Partei. Bundesräte müssen bereit sein, diese Spannung auszuhalten. Aber auch ihre Parteien müssen diese Bereitschaft haben.

Es geht um die Glaubwürdigkeit

Sie wählen heute eine neue Landesregierung. Das überbindet Ihnen eine grosse Verantwortung. Es darf nicht um taktische Spiele, Retourkutschen oder parteipolitisches Prestige gehen. Es geht um viel mehr, es geht um unsere Zukunft. Es geht um die Glaubwürdigkeit der Politik. Es geht um die Wahl einer Regierung, welche die Chance hat, mit Ihnen zusammen die kommenden schwierigen Probleme zu lösen.

Ein dreifacher Dank

Zum Schluss möchte ich einen dreifachen Dank abstatten. Zuerst möchte ich Ihnen danken. Ich schätze die gute Zusammenarbeit und die politische Auseinandersetzung mit Ihnen. Auch wenn diese Auseinandersetzung bisweilen hitzig war, war sie doch stets getragen von gegenseitigem Respekt. Und ich glaube, dass wir zusammen einiges erreicht haben.

Ich danke zweitens meinen Kolleginnen und Kollegen. Ich habe mich im Bundesrat wohl gefühlt. Trotz natürlicher Meinungsunterschiede war das Klima stets gut und konstruktiv. Der Finanzminister muss kraft seiner Rolle den Kollegen immer wieder lästig fallen. Ich bin dankbar, dass sie diese Rolle akzeptiert haben.

Ich danke drittens meinen Mitarbeiterinnen und Mitarbeitern. Ohne deren hervorragende Arbeit hätte ich meine Aufgabe nicht erfüllen können.

Ihnen allen wünsche ich eine erfolgreiche Legislatur im Dienste unserer schönen Heimat!

Biographie

Kaspar Villiger: Unternehmer, Politiker, Staatsmann

Kaspar Villiger wurde am 5. Februar 1941 im luzernischen Pfeffikon in eine Unternehmerfamilie hinein geboren. Sein Vater Max und sein kinderloser Onkel Hans Villiger leiteten die Ende des 19. Jahrhunderts gegründete, im Norden des Kantons Luzern, an der Grenze zum Aargau in ländlicher Umgebung gelegene Villiger-Zigarrenfabrik. Kaspar entschied sich nach der Matur für das Studium des Maschinenbaus an der ETH Zürich. Am Maschinenbau faszinierte ihn nach seinen eigenen Worten weniger die Technik selber als vielmehr der intellektuelle Reiz der damit verbundenen mathematischen und physikalischen Gesetzmässigkeiten. Die technische Ausrichtung seines Studiums und die vom Spezialisierungszwang geprägte moderne Arbeitswelt hielten ihn nicht davon ab, auch das geisteswissenschaftliche Angebot der ETHZ zu nutzen. Seine vielseitige Begabung und sein breitgefächertes Interesse brachten ihn unter anderem in Kontakt mit der zeitgenössischen Schweizer Literatur und in einen Freundeskreis, zu dem insbesondere der um ein Jahr jüngere, ihm durch gemeinsame Schul- und Pfadfinderzeit verbundene Germanist und Schriftsteller Hermann Burger gehörte. Als Jazzfan spielte Kaspar Villiger Trompete, und als Sportler vernachlässigte er auch die ausgleichende physische Betätigung nicht. Es zeichnete den Studenten aus, dass er trotz seiner mannigfachen Interessen nicht einer Verzettelung der Kräfte erlag, sondern den Sinn für den Kern der Dinge bewahrte und sein Studium mit einer Diplomarbeit über Nukleartechnik erfolgreich abschloss.

Nach dem unerwartet frühen Tod ihres Vaters im Jahr 1966 übernahmen Kaspar und sein Bruder Heinrich, der schon seit längerem die deutschen Niederlassungen der Firma führte, die Anteile der Zigarrenfabrik Villiger in der Schweiz und in Deutschland je zur Hälfte. Dem frischgebackenen 25jährigen dipl. Ing. ETH wurde die operative Leitung des in der Schweiz domizilierten Stammhauses der Villiger Söhne AG anvertraut. Die Firma wurde 1982 durch eine Fahrradfabrik in Buttisholz erweitert. Als Chef eines erfolgreichen Unternehmens vermochte sich Kaspar Villiger sowohl praktische wirtschaftliche Kenntnisse und Führungsqualitäten als auch soziale Kompetenz anzueignen. Dabei erkannte er die grosse Bedeutung der Politik bei der Definition der wirtschaftlichen Rahmenbedingungen und begann die These zu vertreten, dass sich die Unternehmer vermehrt im politischen Kräftespiel engagieren müssten. Er wurde prompt beim Wort genommen und auf Drängen aus Partei- und Wirtschaftskreisen 1971 auf der Liste der Liberalen in den Luzerner Grossratswahlkampf geschickt. Der damals 30jährige Villiger landete auf dem Platz des ersten Ersatzmannes. Ein Jahr später nahm er nach dem Rücktritt von Gustav Amrhyn dann doch noch Einsitz im Kantonsparlament, aus dessen Betrieb er bald nicht mehr wegzudenken war. In der Folge wurden ihm auch wichtige Funktionen im Wirtschaftsbereich anvertraut. So amtete er unter anderem als Präsident des aargauischen Arbeitgeberverbandes, als Ausschuss-Mitglied des Zentralverbands schweizerischer Arbeitgeber-Organisationen und als Verwaltungsrat verschiedener Gesellschaften wie zum Beispiel der «Neuen Zürcher Zeitung».

1979 scheiterte Kaspar Villiger im Kampf um einen Sitz im Nationalrat. Drei Jahre später, als Erwin Muff nach der Wahl in den Luzerner Regierungsrat aus der grossen Kammer des eidgenössischen Parlaments zurücktrat, erbte Villiger dessen Sessel. Als Parlamentarier schuf er sich in Bern den Ruf eines unermüdlichen und redlichen Schaffers und erwarb sich eine Akzeptanz und einen Bekanntheitsgrad, die ihm in den Ständeratswahlen von 1987 ein Glanzresultat nur knapp hinter der routinierten und populären CVP-Vertreterin Josy Meier bescherten. In der kleinen Kammer zählten die Wirtschaftspolitik, das Aktienrecht, die Landwirtschafts- und die Energiepolitik zu seinen bevorzugten Themen. Seine Ratsarbeit zeichnete sich aus durch wohlüberlegte Voten, gut begründete Entscheidfreudigkeit sowie die Fähigkeit, Andersdenkenden zuzuhören und sinnvolle Kompromisse einzugehen. Bei seiner Tätigkeit als eidgenössischer Parlamentarier verlor er nie das Gemeinwohl aus den Augen, das er einmal als den «Gewinn, den der Staat abzuwerfen hat», bezeichnete.

Die Wahl in den Bundesrat

Am 12. Dezember 1988, fünf Tage nach ihrer Wahl zur Vizepräsidentin des Bundesrates für 1989, erklärte die Vorsteherin des Eidgenössischen Justiz- und Polizeidepartements, Elisabeth Kopp, unter dramatischen Umständen ihren Rücktritt: Die erste Frau in der Landesregierung war über die umstrittenen geschäftlichen Aktivitäten ihres Ehemannes gestolpert. Frau Kopp hatte ihrem Gatten in einem kurzen Telefongespräch empfohlen, aus dem Verwaltungsrat der Shakarchi Trading AG zurückzutreten, nachdem man ihr aus Kreisen ihres Departements «inoffiziell» zugetragen hatte, die Firma sei in den Akten zur sogenannten Libanon-Connection, der grössten bis dahin in der Schweiz je aufgedeckten Geldwäscherei-Affäre, registriert. Dieser vom Ehemann in einem Interview in Gegenwart der Bundesrätin zunächst bestrittene Telefonanruf war, nach ohnehin mannigfachen Zweifeln an der Seriosität der Geschäftstätigkeit von Hans Kopp, der Tropfen, der das Fass zum Überlaufen brachte. Der im Volk beliebten Bundesrätin blieb kein anderer Ausweg als der Rücktritt. In der darauf folgenden Diskussion um die Nachfolge von Elisabeth Kopp verzichteten der Reihe nach der Präsident der FDP Schweiz, der Aargauer Ständerat Bruno Hunziker, und der Präsident der FDP-Fraktion in der Bundesversammlung, der Zürcher Nationalrat Ulrich Bremi, sowie mit der Zürcher Nationalrätin Vreni Spoerry die einzige zur Diskussion stehende Frau auf eine Kandidatur. Damit rückte der damals 47jährige Ständerat Kaspar Villiger rasch ins Zentrum der Aufmerksamkeit. Obwohl der Zürcher «Wirtschaftsfreisinn» in den Augen der Öffentlichkeit diskreditiert schien, wollte die FDP des Kantons Zürich den gewohnheitsrechtlich begründeten «Zürcher Sitz» im Bundesrat indes nicht kampflos preisgeben. So hatte sich Villiger in der fraktionsinternen Ausmarchung gegen den Zürcher Ständerat Riccardo Jagmetti sowie gegen die Nationalräte Franz Steinegger aus dem Kanton Uri und Georg Stucky aus dem Kanton Zug durchzusetzen. Die FDP-Fraktion der Bundesversammlung entschied sich nach längerer Debatte für eine Einerkandidatur. Daraufhin erfolgte Villigers Nomination zum offiziellen Bundesratskandidaten diskussionslos in geheimer Abstimmung.

Im Vorfeld der Bundesrats-Ersatzwahl konnte sich Villiger vieler öffentlicher Sympathiekundgebungen und ihm günstig gesinnter Medienkommentare erfreuen. Da wurde etwa seine Bescheidenheit, gepaart mit diskret gehandhabtem Selbstbewusstsein, hervorgehoben; seine Gelassenheit in der nach dem Kopp-Rücktritt angespannten politischen Atmosphäre wurde belobigt; seine auf sozialem Verständnis beruhende Integrität als Unternehmer wurde angesichts des innenpolitisch angekratzten Vertrauens in die politisierenden Wirtschaftsvertreter besonders betont; seine Selbstironie und sein Worthumor, seine für einen Vertreter der katholischen Innerschweiz untypische calvinistische Nüchternheit, sein Intellekt und seine vielseitige Begabung wurden positiv vermerkt. In der Presse wurde auch festgestellt, dass es seit der 114 Jahre zurückliegenden Demission von Melchior Josef Martin Knüsel keinen freisinnigliberalen Bundesrat aus der Innerschweiz mehr gegeben habe. Kurz: Villigers Chancen, die Nachfolge von Elisabeth Kopp antreten zu können, wurden laufend besser bewertet.

Am 1. Februar 1989, in der Sondersession der eidgenössischen Räte, wurde Kaspar Villiger denn auch schon im ersten Wahlgang zum 99. Bundesrat der Eidgenossenschaft gewählt. Er übertraf mit 124 Stimmen knapp das absolute Mehr von 118. Auf den fraktionsintern unterlegenen Urner Nationalrat Franz Steinegger entfielen 35 Stimmen, während Villigers offizielle Herausforderin, die von der LdU/EVP-Fraktion portierte unabhängige Zürcher Ständerätin Monika Weber, lediglich 33 Stimmen auf sich vereinte. 19 Stimmen entfielen auf Georg Stucky. Der Vertreter des Zürcher Freisinns, Riccardo Jagmetti, erzielte nicht genügend Stimmen, um in der offiziellen Wahlstatistik separat aufgeführt zu werden. Damit hatte den Kanton Zürich dasselbe Schicksal ereilt, das die Berner am 5. Dezember 1979 mit der Niederlage von Werner Martignoni gegen den Bündner Leon Schlumpf erlitten hatten: Erstmals seit der Gründung des Bundesstaates im Jahr 1848 verfügte der bevölkerungsreichste Kanton der Eidgenossenschaft über keinen Vertreter mehr in der Landesregierung. In einer ersten Erklärung nach seiner Wahl unterstrich Bundesrat Villiger, er wolle durch seine Arbeit und seine Amtsführung zur Überwindung der innenpolitischen Vertrauenskrise beitragen. Denselben Anspruch erhob übrigens die in der gleichen Sondersession der eidgenössischen Räte installierte Parlamentarische Untersuchungskommission (PUK). Villiger bestätigte seine persönliche Glaubwürdigkeit durch die einwandfreie Trennung von öffentlichem Auftrag und privatem Interesse, indem er, wie bereits vor der Wahl vorbereitet, seinen 50prozentigen Anteil am Familienunternehmen an seinen Bruder Heinrich verkaufte. Die Reaktionen auf Villigers Wahl fielen allgemein günstig aus, wobei allerdings die Tatsache, dass der Bundesrat nun wieder zu einem reinen Männergremium geworden war, Anlass zu Kritik und Unzufriedenheit gab.

Vorsteher des Eidgenössischen Militärdepartements

Zwei Tage nach Villigers Wahl in die Landesregierung nahm der Bundesrat die Departementsverteilung vor. Nachdem sich der bisherige EMD-Vorsteher Arnold Koller für den Wechsel ins Justiz- und Polizeidepartement entschieden hatte und die andern fünf Regierungsmitglieder keine Lust auf eine Veränderung bekundeten, wurde Kaspar Villiger das Militärdepartement zugewiesen. Hier hatte er sich als erstes mit Krisen und Skandalen um die nachrichtendienstlichen Geheimorganisationen P-26 und P-27 sowie mit der Fichenaffäre auseinanderzusetzen. Indem er sogleich die nötigen korrigierenden Massnahmen ergriff und indem er sich bei seinen Auftritten vor der Parlamentarischen Untersuchungskommission durch Aufrichtigkeit, Glaubwürdigkeit, aber auch durch eine angesichts seiner erst kurzen Amtsdauer bemerkenswerte Abgeklärtheit auszeichnete, gelang es ihm, das Vertrauen ins EMD wieder herzustellen und sein Departement ohne Schaden aus der Krise herauszuführen.

Die zweite Bewährungsprobe für den neuen EMD-Chef stellte die Volksabstimmung über die Armeeabschaffungsinitiative dar. Kurz vor dem eidgenössischen Urnengang war die Berliner Mauer gefallen, der kommunistische Ostblock brach auseinander, der kalte Krieg wurde als beendet erklärt, und für ganz Europa schien ein friedliches Zeitalter anzubrechen. Angesichts dieser grundlegend veränderten aussenpolitischen Rahmenbedingungen wurde die von der «Gruppe Schweiz ohne Armee» (GSoA) lancierte Initiative am 26. November 1989 zwar abgelehnt; doch angesichts einer unerwartet starken Minderheit von 35,6 Prozent der Urnengänger, die dem pazifistischen Anliegen zustimmten, war die Landesverteidigung endgültig kein Tabu-Thema mehr, die «heilige Kuh» Armee war geschlachtet, die alten Rezepte aus der Zeit des kalten Kriegs hatten ihre Gültigkeit verloren. Villiger erkannte den Veränderungsbedarf rechtzeitig. Mit der grossen Armeereform, die als «Armee 95» in die Geschichte des schweizerischen Wehrwesens eingehen sollte und die er selber als «Spiegel der neuen Sicherheitspolitik» vorstellte, schuf er für die militärische Landesverteidigung einen neuen Rahmen: Mit einem Auftrag, der nicht mehr nur die Verteidigung, sondern auch Friedensförderung und Katastrophenhilfe umfasste, gelang es Villiger, der Armee in den Augen der schweizerischen Bevölkerung wieder Legitimität und breite Akzeptanz zu verschaffen.

Die Glaubwürdigkeit des EMD-Vorstehers zahlte sich politisch auch aus, als mit einer Volksinitiative der Kauf von 34 amerikanischen Kampfflugzeugen des Typs F/A-18 verhindert werden sollte: Die Initiative «für eine Schweiz ohne neue Kampfflugzeuge» wurde am 6. Juni 1993 mit 57,2 Prozent Nein-Stimmen bei einer hohen Stimmbeteiligung von 55 Prozent ebenso abgelehnt wie am gleichen Tag, mit 55,3 Prozent Nein-Stimmen etwas weniger deutlich, die Volksinitiative «40 Waffenplätze sind genug – Umweltschutz auch beim Militär». Dabei hatte die Beschaffung der F/A-18 zu Beginn der Abstimmungskampagne bereits als klar gescheitert gegolten. Ein Jahr vor dem Urnengang schien der GSoA bei der Einreichung der Initiative (mit über einer halben Million gesammelter Unterschriften) ein fast unglaublicher Abstimmungserfolg zuteil zu werden: Meinungsumfragen prophezeiten eine Zustimmung von 72 Prozent zum Volksbegehren gegen die neuen Kampfflugzeuge. Die Initianten führten nicht zuletzt finanzielle Argumente ins Feld, waren doch für die 34 Kampfjets über 3,5 Milliarden Franken veranschlagt. Kaspar Villiger setzte in dem von ihm mit hohem Einsatz und grossem Engagement geführten Abstimmungskampf sein ganzes Prestige aufs Spiel – und gewann. Eine wissenschaftliche Analyse der Universität Zürich stellte nach geschlagener Schlacht fest, dass sich die Abstimmung über die F/A-18 von der eigentlichen Sachfrage gelöst und zu einem Grundsatzentscheid über die Zukunft der Landesverteidigung entwickelt habe. Als Entscheid für eine moderne Sicherheitspolitik und für die Fortsetzung des Reformprojekts «Armee 95» interpretierte Kaspar Villiger das Verdikt der Stimmberechtigten.

Nach fünf Jahren in der Landesregierung, in denen er als Verteidigungsminister unter anderem die Sowjetunion, die USA, Grossbritannien und die Tschechische Republik besuchte und in denen es ihm gelang, der schweizerischen Sicherheitspolitik in einer weltpolitischen Umbruchphase wieder einen festen Orientierungsrahmen zu geben sowie gegen Zweifler und Bremser, nicht zuletzt solche in den eigenen Reihen, mit Behutsamkeit und Beharrlichkeit die Armeereform in die Tat umzusetzen, nach fünf erfolgreichen Amtsjahren als EMD-Chef galt Villiger als einer der unbestrittensten und angesehensten Politiker der Schweiz. Dieser Wertschätzung vermochte auch die Niederlage in der Abstimmung über das Blauhelm-Gesetz vom 12. Juni 1994, als es um den Einbezug der schweizerischen Armee in friedenserhaltende UNO-Operationen ging, keinen Abbruch zu tun. Am 7. Dezember 1994 wurde Villiger von der Vereinigten Bundesversammlung turnusgemäss mit beachtenswerten 186 von 200 gültigen Stimmen zum ersten Mal zum Bundespräsidenten gewählt. In dieser Funktion trat er am 1. Januar 1995 die Nachfolge des Sozialdemokraten Otto Stich an.

Bundespräsident und Finanzminister

Hatte er 1989 in seinem ersten Amtsjahr als EMD-Vorsteher die schon vor seiner Amtszeit aufgegleisten, umstrittenen «Diamant»-Feiern zum Gedenken an die 50 Jahre zuvor erfolgte allgemeine Kriegsmobilmachung eröffnet und als Redner begleitet, so hielt er nun als Bundespräsident am 7. Mai 1995 anlässlich der Gedenkfeier zum 50. Jahrestag des am Ende des Zweiten Weltkriegs geschlossenen Waffenstillstands vor der Vereinigten Bundesversammlung eine aufsehenerregende, weil ungewöhnlich mutige Rede. Mit einem kritischen Blick zurück in die Aktivdienstzeit sagte Villiger, es stehe für ihn ausser Zweifel, dass die Schweiz im Zweiten Weltkrieg mit ihrer Politik gegenüber den verfolgten Juden Schuld auf sich geladen habe. Im Namen des Bundesrats sprach er sein tiefes Bedauern und eine ehrliche Entschuldigung dafür aus, wohl wissend, dass solches Versagen letztlich unentschuldbar sei. Es bedurfte schon der moralischen Autorität Kaspar Villigers, um in einer durch die kontrovers geführte Debatte über die Rolle der Schweiz im Zweiten Weltkrieg angeheizten Stimmung ein solches Schuldeingeständnis öffentlich auszusprechen, ohne damit Empörung und breit angelegten Widerspruch auszulösen.

Im Rahmen einer durch den Rücktritt von Bundesrat Stich ausgelösten Rochade in der Landesregierung übernahm Villiger am 1. November 1995, nach beinahe sieben Jahren an der Spitze des EMD, von Otto Stich die Leitung des Eidgenössischen Finanzdepartementes, während Adolf Ogi, der im Verkehrs- und Energiedepartment dem neugewählten Sozialdemokraten Moritz Leuenberger Platz machen musste, die Nachfolge Villigers als Verteidigungsminister antrat. Auch in seiner neuen Funktion als EFD-Vorsteher erwartete Villiger eine äusserst schwierige Aufgabe, die seine wirtschaftlichen Kenntnisse, seine unternehmerischen Fähigkeiten und sein aussergewöhnliches Kommunikationstalent mehr als je zuvor herausforderten: Die Wirtschaftskrisen der 1990er Jahre und die ständig ansteigenden Ausgaben liessen den Bundeshaushalt tief in den roten Zahlen versinken. Das Defizit der Bundeskasse belief sich Jahr für Jahr auf zwischen fünf und neun Milliarden Franken. Die «Gesundung der Bundesfinanzen», wie das Anliegen der finanziellen Sanierung im allgemeinen Sprachgebrauch genannt wurde, war Villigers vordringlichste Aufgabe, die er, ungeachtet der Tatsache, dass sich Sparprogramme kaum je grosser Beliebtheit erfreuen und dass die Ausgaben mehr vom Parlament denn vom Finanzminister beschlossen werden, mit Nachdruck in Angriff nahm. Am 7. Juni 1998 hiess das Volk mit 70,7 Prozent Ja-Stimmen die «Massnahmen zum Haushaltausgleich» gut. Ein beschleunigtes Wirtschaftswachstum trug ebenso wie Villigers Stabilisierungsbemühungen, unter anderem mit einem runden Tisch als «intensiverer Form der Vernehmlassung», dazu bei, dass das Defizit im Bundeshaushalt fortlaufend reduziert wurde. Das Stabilisierungsprogramm 98 und das «Haushaltziel 2001» wurden, wenigstens vorübergehend erfolgreich, in die Praxis umgesetzt; die Neuverschuldung wurde stark gebremst. Im Jahr 2000 konnte anstelle des budgetierten Fehlbetrags von 1,8 Milliarden Franken sogar ein Gewinn von 4,5 Milliarden verbucht werden, was allerdings bei Politikern jeglicher Couleur neue Begehrlichkeiten zu Lasten der Bundeskasse weckte. Die Stimmberechtigten indes honorierten Villigers glaubwürdige Finanzpolitik am 2. Dezember 2001 in der Abstimmung über die «Schuldenbremse» mit überwältigenden 84 Prozent Ja-Stimmen. Trotz seiner unermüdlichen Sisyphusarbeit war es Villiger jedoch nicht vergönnt, in seiner Amtszeit das Ziel eines nachhaltigen Gleichgewichts des Bundeshaushalts zu erreichen.

Villigers Tätigkeit als Vorsteher des Finanzdepartements bestand indes nicht bloss im täglichen Kampf für schwarze Zahlen in der Rechnung des Bundes. Zu den zahlreichen Schwerpunkten seines Wirkens als EFD-Chef gehörten unter anderem die Unternehmenssteuerreform 1997, das Geldwäschereigesetz, das 1998 in Kraft trat, die Revision der Stempelsteuer, die Steuerreform 2001 zugunsten von Ehepaaren und Familien, sein Engagement für eine schweizerische Luftverkehrsgesellschaft sowie für die Solidaritätsstiftung, die von den Stimmberechtigten im September 2002 bachab geschickt wurde, ferner das in der Volksabstimmung vom 26. November 2002 gutgeheissene neue Bundespersonalgesetz, welches unverkennbar Villigers Handschrift trägt, die Aufgabenteilung zwischen Bund und Kantonen mit dem neuen Finanzausgleich (ein monumentales Projekt und gemäss Villigers Worten die «letzte Chance für den Föderalismus») und schliesslich, in seinem letzten Amtsjahr, ein 3,3-Milliarden-Sparpaket sowie, im Ringen um die bilateralen Verträge II, die Verteidigung des Bankgeheimnisses und das Zinsbesteuerungsabkommen mit der Europäischen Union und damit die Erhaltung eines attraktiven Finanzplatzes Schweiz.

Am 5. Dezember 2001 wurde Kaspar Villiger von der Bundesversammlung mit 183 Stimmen zum zweiten Mal ins Amt des Bundespräsidenten gewählt. In sein Präsidialjahr 2002 fiel der Beitritt der Schweiz zu den Vereinten Nationen. Villiger hatte die UNO-Mitgliedschaft zu Beginn seiner politischen Karriere in den 1980er Jahren, wenn auch ohne sie vehement zu bekämpfen, so doch dezidiert abgelehnt. Im Verlauf seiner Tätigkeit in der Landesregierung war aus ihm ein überzeugter UNO-Befürworter geworden. In seinem Heimatkanton Luzern, dessen Standesstimme in der Abstimmung vom 3. März 2002 schliesslich den Ausschlag gab, hatte er sich im Vorfeld des Urnengangs stark für den UNO-Beitritt der Schweiz engagiert. Villiger selber bezeichnete es deshalb als einen der Höhepunkte seiner politischen Karriere, dass er am 10. September 2002, bei der offiziellen Aufnahme der Schweiz als 190. Mitgliedstaat in die Vereinten Nationen, sein Land vor der UNO-Generalversammlung im Glaspalast am East River in New York als Redner repräsentieren durfte.

Rücktritt aus der Landesregierung

Angesichts zahlreicher Spekulationen über sein mögliches Ausscheiden aus dem Bundesrat am Ende des Präsidialjahres sah sich Villiger veranlasst, an einer Medienkonferenz nach der Bundesratssitzung vom 30. September 2002, an der seine sozialdemokratische Kollegin Ruth Dreifuss ihren Rücktritt auf Ende Jahr bekanntgab, seinerseits klarzustellen, dass er bis Ende der Legislaturperiode im Amt bleiben und aller Voraussicht nach auf den 31. Dezember 2003 aus der Regierung ausscheiden werde. So war es denn auch alles andere als eine Überraschung, als er ein Jahr später, am 16. September 2003, offiziell seinen Rücktritt erklärte.

Am 10. Dezember 2003, bevor die Bundesversammlung die Vertreterin der CVP, Ruth Metzler, aus dem Bundesrat abwählte und an ihrer Stelle Christoph Blocher von der SVP zum neuen Mitglied der Landesregierung bestimmte und bevor Hans-Rudolf Merz zum Nachfolger von Kaspar Villiger gewählt wurde, würdigte der Präsident der Vereinigten Bundesversammlung, Max Binder, den scheidenden Magistraten als unermüdlichen, redlichen, diskreten, ruhigen Schaffer und als mit den typischen helvetischen Tugenden ausgestatteten Staatsmann: In seiner ganzen Zeit als Bundesrat habe Villiger nie aufgehört zuzuhören, zu diskutieren, zu argumentieren, abweichende Meinungen zusammenzubringen; nie habe man ihn entmutigt oder gegenüber seinen politischen Gegnern respektlos gesehen, nie habe er sich von seinen schwierigen Aufgaben verdriessen lassen. Die National- und Ständeräte verabschiedeten Villiger nach dieser Laudatio mit einer lang anhaltenden stehenden Ovation.

Ende Dezember 2003 räumte Kaspar Villiger seinen Schreibtisch im «Bernerhof», dem Sitz des Eidgenössischen Finanzdepartementes, dessen Angestellte ihn als einen hervorragenden und beliebten Chef in Erinnerung behalten. Im Bundesrat hinterliess der durch Sachkenntnis überzeugende und kompetent argumentierende, aber stets auf Ausgleich bedachte Magistrat eine spürbare Lücke. Der Schweizer Bevölkerung bleibt Villiger als toleranter, immer auch andere Meinungen respektierender Politiker im Gedächtnis. Wer Mehrheiten erreichen wolle, sagte er in einer politischen Bilanz anlässlich seines Rücktritts, dürfe Minderheiten nicht diffamieren, weil die Minderheiten, in immer wieder anderer Zusammensetzung, zur Lösung der grossen Probleme unseres Landes benötigt würden. Deshalb war Respekt vor Andersdenkenden ein zentraler Wert der von Villiger gepflegten politischen Kultur, zu der auch die nachdrückliche Befürwortung der Konkordanz sowie eine zutiefst demokratische Gesinnung und – wie dieses Buch mannigfach beweist – ein scharfsinnig formulierter und vorbildlich praktizierter Liberalismus gehörten. Vor allem aber hatte die Schweiz mit Kaspar Villiger ein Regierungsmitglied von höchster persönlicher Integrität.

Konrad Stamm

Register

Die wichtigsten politischen Stichworte

Das Register strebt keine Vollständigkeit an, sondern es beschränkt sich auf eine Anzahl ausgewählter politischer Stichworte und auf jene Fundstellen in den Redetexten, wo zum betreffenden Stichwort eine Aussage gemacht wird.

Abgabenquote 177, 179f.
Abhängigkeit 146
Abrüstung 41
Abstinenz (politische) 135
AHV 185f., 215, 313
Airline 306f.
Aktivdienst 30ff., 38
Albisgüetli 68
Alleingang 107
Angebotsorientierung, angebotsorientiert 200
Anpassung 153, 163
Anspruchshaltung 117
Äquivalenz, fiskalische 259, 261
Arbeitslosigkeit, Arbeitslosenversicherung 106, 215
Armee 31f., 34, 36f., 41, 43f., 47ff., 64f., 67ff., 72ff., 87f., 90f., 95, 111, 163
«Armee 95» 39, 46f., 50, 65, 70, 73, 76f.
Armeeabschaffung 95
Armeeleitbild 73, 98
Armeereform 76
Assimilation 350
Asylpolitik 349f.
Aufgabenentflechtung 261
Aufgabenteilung 255, 258, 260

Aufschwung 232
Ausgaben (-politik, -wachstum) 179, 187, 201f., 215, 258f.
Ausländer (-politik), ausländisch 108, 111, 349
Aussenpolitik 310f., 343
Autonomie 103, 146

Bedrohung 162, 164
Beitrittsgesuch (EU-) 114
Belastungsausgleich 263
«Bellevue Palace» 219f.
Bergier-Kommission (s. Historikerkommission)
Berufsparlament 137
Besitzstanddenken 336
Bilaterale Verhandlungen, Verträge 114, 237, 248, 283
Blauhelme 143
Boulevard (Medien) 292
Bundesbrief 279f.
Bundesfinanzen 177, 196, 201, 212
Bundespräsident 121, 156, 293
Bundesrat 124f., 138, 158f., 174, 352, 354
Bundesratskandidat 25
Bundesverfassung 213, 223, 282
Bürger 144, 157

367

Bürgerliche (Partei) 251 f., 300, 327, 329
Burger, Hermann 81 ff.

Chance 233 ff., 315 f.
Classe politique 224, 250, 282, 303 f., 343

Defizit 105, 178, 180, 182, 201
Delamuraz, Jean-Pascal 227 ff.
Demographie, demographisch 179, 186, 245 ff., 313, 336, 340
Demokratie (direkte) 55, 58, 59, 86, 102, 112, 126, 134 ff., 153, 167, 194, 224, 256, 286
Demokratie (parlamentarische) 112
Demokratieverlust 286 f.
Deregulierung 108
Deutschland 37, 162 f.
Dialog 316, 318 f.
«Diamant» (-feiern) 29, 31, 34
Dienstleistungsstaat 117
Disponibilität 65
Dissens 300 f.
Dissuasion 32, 34, 92

Eidgenössisches Militärdepartement (EMD) 48 ff., 73 f., 79, 96
Eidgenössische Technische Hochschule (ETH) 130
Eisenbahnprojekte 184
Effizienz 118, 125, 131, 138, 212, 259
EFTA (s. Europäische Freihandelszone)
Entschuldigungsrede 161
EU-Beitritt (-Mitgliedschaft) 145 ff., 158, 237, 248
Europa 51 f., 55, 63, 72, 113, 128, 145 f., 158
Europäische Freihandelszone (EFTA) 56, 107
Europäische Gemeinschaft (EG) 52, 60, 104, 114, 145

Europäische Union (EU) 145 f., 236, 286, 343
Europäischer Wirtschaftsraum (EWR) 51, 56 ff., 100, 103 ff., 107 f., 127, 136, 147, 283
Exekutive 122

F/A-18 79 f., 85, 88
Filz (politischer) 137
Finanzausgleich 182, 254 ff., 260, 264 ff.
Finanzdepartement 176
Finanzplatz (Schweiz) 178
Finanzpolitik 176 ff., 257 ff.
Flüchtlinge 36, 111, 166
Flugzeugbeschaffung 79
Föderalismus, föderalistisch 55, 86, 112, 133 f., 153, 183, 193 f., 223, 239, 254 ff., 304 f.
Fraktionszwang 122
Freihandelsabkommen 114
Freiheit 40, 155, 318, 335
Freiheit und Verantwortung 27 f., 131, 144, 155, 171, 191, 210, 273, 297, 314, 326, 328
Freisinn, Freisinnige, FDP 61, 129, 150, 155, 176, 189 ff., 195, 250 ff., 324, 327 f.
Friedenserhaltung, Friedenspolitik 90, 322
Führungsschwäche 138

GATT 108
Gemeinsamkeiten (politische) 118, 157
Gemeinsinn, Gemeinwohl 45, 95, 137 f., 335
Gemeinwesen 115, 131
Generationenvertrag 341
Geschichte 29, 32, 35, 115, 166 f., 190, 220 ff., 225, 277 f.
Globalisierung, globalisiert 197 f., 204, 234, 245 f., 279, 281, 296, 316 f., 332
Goldreserven 218, 313

Gotthard 278f.
GSoA (Gruppe für eine Schweiz ohne Armee) 39, 72, 85
Gute Dienste 312

Handlungsfreiheit 147
Haushaltsziel 240
Heimat, Heimatmüdigkeit 302, 303
Helvetik 222
Historikerkommission 221
Hochlohnländer 198
Holocaust 217

Identität (nationale), Identitätskrise 54f., 58, 191, 209, 225
Indiskretion 271
Individualismus 209, 285
Inflation 178
Information 97, 169ff., 290
Initiative 95f., 136
Instrumentalisierung (Medien) 271
Integration (-spolitik) 40, 52f., 113, 166, 236
Interessenausgleich 118, 120
Interessenbindung, Interessenpolitik, Interessenvertretung 26, 137, 343
Investitionsprogramm 203
Isolation 107, 111, 114
Israeli 350f.

Journalismus 269, 289f.
Jubiläumsfeier (150 Jahre Eidgenossenschaft) 219ff., 232
Juden 161, 165
Judenstempel 165
Jugend 106

Kampfflugzeug 75, 78f., 88, 93f., 97
Kanton 255, 264ff., 305
Kantonalpartei 190
Kantönligeist 134
Kapitalgewinnsteuer 214
Kippeffekt 178
Kollegialsystem, -regierung 120, 138f.

Kommunikation (-swissenschaft) 121, 169, 174, 275
Kompromiss (-fähigkeit, -kultur) 119, 139, 277, 287, 327
Kompromisslosigkeit 327
Konferenz für Sicherheit und Zusammenarbeit in Europa (KSZE) 64, 71, 89, 143
Konfliktaustragung 119, 139, 142
Konjunkturprogramm 203
Konkordanz (-system) 111, 119f., 122, 126f., 138f., 159, 163, 224, 256, 283, 333f., 353
Konkordanzregierung 354
Konkurrenzsystem 122, 125, 140, 333f.
Konsens, Konsenspolitik 208, 300ff.
Kooperation, internationale 107, 146
Krieg, Kriegsende 33, 66, 161, 205
Kriegsmobilmachung 29
Krise 196, 232
KSZE (s. Konferenz ...)
Kultur, politische 86, 110, 256f., 332, 348

Landesverteidigung 37, 64, 85
Langsamkeit 135
Lastenausgleich 262
Legitimation, politische 134f.
Leistungsprinzip 148
Leitbild (Schweiz) 131, 148, 157
Liberal, Liberale 53, 61, 190, 195, 329
Liberalisierung 108, 198, 317
Liberalismus 150f., 154f., 190, 316
Luftverteidigung 78f.
Luftwaffe 78

Maastricht (-Kriterien) 193
Machbarkeitsillusion 337
Macht (Staats-) 169ff., 191
Malaise 233
Manager 285, 325, 335
Marktwirtschaft (soziale/liberale) 140f., 191, 197, 305, 329

Maximen, politische 132, 207
Mediatisierung (der Politik) 121
Medien 169 ff., 269 ff., 290, 334
Medienfreiheit 268 ff., 273 ff.
Medienschaffende 171
Medienvielfalt 269
Mehrheitsentscheid 45
Mehrwertsteuer (-prozent) 186
Meinungsbildung 175
Meinungsfreiheit, -pluralität 97, 171
Migration 347
Militärausgaben 47
Militärdienst 98
Miliz (militärisch) 91, 95
Milizsystem/-prinzip 26, 55, 65, 86, 101, 112, 137, 193
Minderheiten 55
Mitbestimmung 131
Mitsprache 153
Moralisierung, Moralisieren (Politik) 337 f.
Moratorium 148, 333

Nachrichtenlose Vermögen 205
Nationalsozialismus 30, 162
NATO (Beitritt) 89
Neutralität 66, 75, 86, 89, 94, 163, 241, 311 f.
New Public Management 183, 239

Oberkommando der Wehrmacht 37
Öffentliche Hand 105
Ombudsmann 48
Opposition 119, 139, 334
Ordnungspolitik 141
Ordnungsprinzip 140
Osteuropa 71

Palästinenser 350 f.
«Parents' Circle» 350 f.
Partei 54, 251 ff., 327
Parteipresse, Parteizeitung 291 f.
Partikularinteresse 335
Partizipation, politische 297 f.

Polarisierung 118 ff., 139, 192, 211, 354
Politik 130 ff., 157, 220, 252
Preis-Leistungs-Verhältnis, staatliches 246
Pressekonzentration 170
Prioritäten 148
Protektionismus 140
Publizität 291

Qualität (Medien) 273

Rahmenbedingungen (wirtschaftliche) 105, 108, 128 f., 141, 148, 177, 199, 238, 297, 302, 307, 326, 339
Rassismus 154, 162, 345, 348
Raumverteidigung 92
Rechnungsausgleich 184
Rechtsraum 64
Reform (-projekte) 45, 53, 91, 98 f., 126, 139 f., 148, 152, 184, 205, 226, 238 f., 327, 336, 354
Reformfeindlichkeit 336, 339
Regelungsdichte (-geflecht) 132, 134
Regierung 125
Regierungskoalition 334
Regierungsmitglied 27
Regierungspartei 119, 251, 334
Regierungsreform 117, 121 f., 123, 148
Regierungssystem 110, 126
Regierungsverantwortung 120, 353
Rentenklau 336
Respekt 347, 353
Ressourcenausgleich 262 f.
Revitalisierung 109, 141
Risiko 145, 232 f.
Rüstung 93
Rüstungskontrolle 41
Rütli 277 f.

Säulen (zweite; Prinzip der drei ...) 215, 336

Sanierung (-sprogramm, -spolitik) 180, 196, 201 f., 213 f., 240
Schuldenbremse 181, 309 f.
Schuldenwirtschaft 201
Schutzmachttätigkeit 163
Schweizerische Volkspartei (SVP) 68, 300
Selbstbehauptung 36, 95
Selbstbestimmung 131
Selbstverantwortung 144, 148, 209, 287
Selbstverwirklichung 131, 133
Shareholder-Denken 314
Sicherheit 142 f.
Sicherheitspolitik 62 f., 65, 68 ff., 72, 80, 87, 143, 166
Sicherheitssystem, europäisches 71, 89
Solidarität 109, 186, 207 ff., 285, 287 f., 322
Solidaritätsstiftung 216 f.
Sonderfall (Schweiz) 104, 149, 208, 280, 283 f.
Souveränität 103, 222, 245, 247 f.
Sowjetunion 40
Sozialausgaben 203
Sozialismus, sozialistisch 140, 154, 191 f.
Sozialpolitik 109, 329
Sozialwerke, Sozialversicherungen 181, 185, 215, 240, 247
Sparen, Sparpaket 212 f.
Sprachgrenze 106
Spill-over 255
Staat 151 ff., 194, 252, 297, 305, 325, 328, 337, 352 f.
Staatsaufgaben 148
Staatsgedanke 248 f.
Staatshaushalt 179
Staatsinterventionismus 343
Staatsquote 134, 177, 182, 188, 307 ff.
Staatsräson 165
Staatsverdrossenheit 135
Staatsverschuldung 134, 179, 181, 307 f.

Stabilität 246 f.
Stagnation 243
Ständemehr 55, 134
Standortqualität 326, 339 f.
Steuergeschenke 214
Steuererhöhung 179
Steuern, Steuerpaket, Steuerpolitik, Steuersenkung 182, 260, 307 ff.
Steuerquote 177, 179 f., 182, 246, 257, 307 f.
Steuerwettbewerb 260
Strategische Fälle 42
Strukturwandel 102, 280 f.
Subventionen 183, 260
Subsidiaritätsprinzip 115, 183, 259
Sündenbock 347
Swissair 297, 306, 310

Talgemeinschaften (-genossenschaften) 280, 282
Terror (-ismus) 319, 322
Toleranz 347
Totalrevision (Bundesverfassung) 223
Trittbrettfahrer 88, 143, 255
Turnaround 211

Überforderung (des Staates) 118, 135

Unabhängigkeit (Medien) 292 ff.
UNO (-Beitritt) 311 f., 320 ff.
Unternehmensbesteuerung 187, 204
Verantwortung (s. auch Freiheit und Verantwortung) 170, 318, 335, 354
Verdrängungswettbewerb (Medien) 270
Vereinte Nationen (s. UNO)
Verfassung (s. Bundesverfassung)
Verflechtung, Vernetzung internationale 132, 286
Verleger (s. Zeitungsverleger)
Vernetzung 137
Verschuldung (s. Staatsverschuldung)
Versicherungsmentalität 199
Verteidigung (-sfähigkeit) 77, 92, 143

371